ECOLOGENIA
GLOBAL

Ecologenia, Econogenia
Constitución Asamblearia

GABRIEL SILVA

1

ECOLOGENIA GLOBAL

Gabriel Silva

ISBN 978-1-4709-4642-5

Tres libros en uno (Ecologenia, Constitución Asamblearia y Econogenia)

NOTA PRELIMINAR: Este volumen contiene los tres libros básicos de política global destinados a servir de guía para el cambio que la humanidad exige: "ECOLOGENIA, Política de Urgencia Global", "CONSTITUCIÓN ASAMBLEARIA" y "ECONOGENIA (Economía Ecologénica)". Algunas partes han sido enriquecidas con detalles prácticos y la utilidad de este libro sólo dependerá de la sinceridad y la voluntad de los nuevos líderes. Algunas aparentes utopías, podrán verse en su factibilidad siguiendo los pasos indicados en este volumen.

La gran mayoría de los grupos de reacción política que se suponen "indignados" ante el sistema de esclavitud económica, financiera y mediática global, han sido infiltrados y/o manipulados -y en algunos casos creados- por agentes al servicio de los poderes gobernantes globales.

El contenido de este libro ha de servir a los verdaderos indignados, para dejar de serlo y pasar a ser "determinados", es decir auténticos realizadores de la política que la mayor parte de la humanidad merece o cree merecer, pero que en realidad todo el mundo desea y no vislumbra el camino para acabar con la esclavitud económica, la miseria, las guerras y la perversión de valores.

Se ha evitado en lo posible la repetición de los conceptos, pero algunos que se presentan reiterados, no lo son tanto como se debería, toda vez que estos libros no sólo tienen por objeto guiar a los nuevos líderes en el terreno práctico, sino también abrir la conciencia de las masas para que contribuyan con su empuje y vitalidad, a concretar lo que en cada país, la dirección Ecologénica vaya determinando. Esa dirección requiere -si se desea un cambio real de paradigma político- de la *participación consciente* de la multitud, no de la mera expectativa y espera. En la política, la "esperanza" de los pueblos, es un arma más en manos del enemigo de la humanidad. Hay que reemplazarla por la "DETERMINACIÓN".

El símbolo del Movimiento Ecologenista es el Trébol de Cuatro hojas, formadas éstas por cuatro corazones en color rojo. El corazón como símbolo del Amor, no es ajeno a la auténtica política. Sin Amor no se tiene otra política que la de la esclavitud.

Sus respectivos tallitos verdes forman un Lauburu, cuyo auténtico significado es el retorno al Paraíso Terrenal. No en el sentido bíblico, sino esotérico.

Puede entenderse como el retorno a la vida armónica y al equilibrio de las emociones.

La estrella de ocho puntas se llama lepum, que representa al sol, al Ser Humano en movimiento armónico y es la primera de las Runas Nórdicas. Posiblemente, el símbolo más antiguo de la Humanidad.

ECOLOGENIA

POLÍTICA
DE
URGENCIA GLOBAL

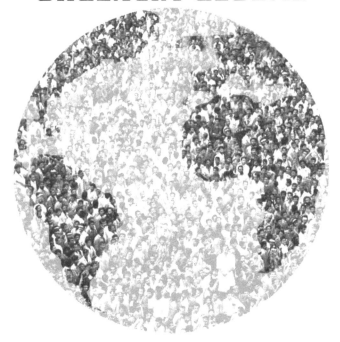

ECOLOGENIA es una forma de vida, aunque hay una forma de gobierno ecologenista. Puede definirse como la suma armónica de Conciencia Ecológica, Política Natural con Economía Natural, Demografía y conocimiento masivo de las Leyes Naturales.

Le dejaremos un par de preguntas cuyas respuestas tiene sólo Usted. ¿Cómo le gustaría que fuese el mundo? y ¿Qué clase de *mundo* les dejaremos a nuestros hijos?

ESTE LIBRO ES AMARGO EN LA BOCA PERO DULCE EN LAS ENTRAÑAS.

Para comprender la **Política de Urgencia Global**, primero debe tener muy clara la situación actual.

Que la Primera Parte no le haga pesimista, aunque algunas cosas de la que le cuesta enterarse, le revuelva de asco. No le pedimos que crea en nada, sino que a pesar de sus convicciones e ideas, a pesar de su fe religiosa y sus criterios personales, a pesar de que crea estar muy bien por su situación económica actual e incluso si ocupa un cargo de poder, lea hasta el final y saque sus conclusiones libre de dogmas y prejuicios. Lo amargo en la boca (el conocer la Verdad que podrá dilucidar por si mismo) se hará dulce después, cuando sepa que hay modos de librarse de la culpa, de la hipoteca, de los miedos y de la incertidumbre... Y de otras desgracias que casi todo el mundo padece creyendo que son "*cosas naturales*". Sin la comprensión total del problema, no es posible hallar la solución. La creación de un mundo mejor se hará sobre las ruinas totales de éste, o podemos cambiar inteligentemente el rumbo político, para que el cambio no sea un trauma. Depende de la cantidad de personas que se sumen a esta Alternativa.

"Conoced la Verdad, porque sólo ella os hará libres".

PRÓLOGO DE PEPÓN JOVER

Hace aproximadamente tres años que empecé a despertar a la verdadera situación de nuestro planeta y civilización, y confrontarme con la mentira en la que vivimos. Hasta la fecha considero que estaba bien dormido a pesar de mi gran recelo al sistema; no me gustaba, pero no sabía por qué. Mi camino personal había transcurrido únicamente por lo interior, eso sí, con gran intensidad. Este mismo camino de despertar interno (¿quién soy?) me llevó a un despertar externo (¿dónde estoy?), haciéndome sentir que el periodo de contemplación había terminado. Era necesario pasar a la acción. En esa acción, la vida me trajo múltiples oportunidades para abrir ventanas y mirar fuera de casa. En una de ellas, me encontraba en uno de los aeropuertos de Londres para regresar a Barcelona por Navidad. Lo que viví me puso los pelos de punta y me entristeció tanto que al subir al avión sentí como se me encogía el corazón. ¿Pero en qué mundo vivimos?, ¿qué está pasando?, "*yo no quiero este mundo para las próximas generaciones...*". Algunos ya os podéis imaginar... los procesos de control de seguridad del aeropuerto estaban militarizados y no me hicieron quitar los pantalones porque la cola era muy larga. Hoy, como en Manchester, ya tienen máquinas de rayos X que nos quitan los pantalones y todo lo demás por nosotros! Eso sí, todo por nuestra seguridad...

En conjunción con esta experiencia, estaba el libro editado por George Green "*Manual para el nuevo Paradigma*", en el que mi mujer, leyéndolo por aquel entonces, insistía que todo lo que se describe en él era real. Hoy todavía sonrío cuando me recuerdo a mí mismo diciendo que era exagerado, que no podía ser, que era paranoico... sonrío, por mi inocencia e ignorancia, y porque se quedaba corto! Me puse a hacer los deberes e investigar lo que decía el libro paralelamente, y para mi asombro, la oscuridad no tenía límites! Por otras fuentes encontraba lo mismo. Al sacar algo de esa oscuridad me daba cuenta que siempre había algo enlazado, y así fui tirando y tirando del hilo hasta que me calló gran parte del pastel encima. Expresiones como, "que barbaridad", "que horror", "pero dónde estamos viviendo", "qué es esto", "qué podemos hacer", "esto lo ha de saber todo el mundo", y sintiendo en muchas ocasiones como el corazón se nos encogía con ansiedad y angustia al descubrir la mentira, la corrupción, la manipulación, las atrocidades de nuestra historia y las que se están cometiendo actualmente en nombre de la democracia y la libertad de los pueblos...

Evidentemente desde entonces, mi visión de la vida, la realidad y el mundo en el que vivimos no tiene nada que ver con el mundo en el que creía estar viviendo antes, y ahora sé porque no me gustaba el sistema.

Cuando me llegó la información de que el día 3 y 4 de Octubre se iba a celebrar en Barcelona una conferencia de más de 20 horas sobre muchos de los temas que habíamos descubierto a lo largo de estos años, me alegré mucho. Básicamente porque a excepción de los congresos de Ciencia y Espíritu que se celebran en Barcelona, no había oído de ningún congreso o conferencia que se dedicase a informar, denunciar y aportar soluciones ofreciendo una perspectiva global integrada de los temas más importantes. Gabriel Silva, psicólogo, arqueólogo, científico e investigador de los beneficios de las pirámides, iba a ser el ponente invitado. Nos atrajo la conferencia, aparte de por la temática, por haber visto a Gabriel hablando en un video que habíamos comprado años atrás sobre las pirámides de Egipto, el cual encontramos fascinante!

Sería demasiado extenso hacer un recorrido por la temática presentada, para aquel lector que no estuviese, o estuviese parcialmente, dada la gran cantidad de material y la complejidad del mismo. No obstante, y estoy totalmente de acuerdo con los organizadores, que coger partes sueltas del mismo podía generar malas interpretaciones tanto sobre el tema como sobre el ponente. Cuando se desnuda al rey o se muestra directamente la mentira en la que estamos viviendo, produce, inevitablemente un shock a todo aquel que oye por primera vez ciertas informaciones. Se produce lo que en teoría psicológica se denomina "disonancia cognitiva", una fricción entre esquemas de la realidad que incomodan al que lo experimenta, negando la información de entrada como mecanismo de defensa o incluso haciéndole sentir ansiedad, rabia, ira y/o violencia. Es necesario un proceso de asimilación y reestructuración de la realidad en la que creemos estar viviendo.

Todo esto es fácil escribirlo, y se escribe rápido, pero las implicaciones que tiene son inimaginables! Toda la teoría de la evolución de Darwin, las teorías científicas actuales y sus tecnologías derivadas, el origen de la vida, de Dios, de nuestra naturaleza, del propósito de la vida, del sentido del trabajo y nuestro lugar en el Universo, se ven truncadas inmediatamente, ya que son incompatibles con la información de la realidad. Pero lo peor de todo no es esta información en si, sino que **nos la están ocultando!**

Ocultar la información contenida en este libro conlleva permitir el sufrimiento sobre la Tierra, ya sea como consecuencia del hambre, de la enfermedad, por guerras, por pobreza, por injusticias y por muchas causas más. ¡Existe solución para todo! Esto es lo que es INTOLERABLE. Pero más intolerable es saber que existe un programa de despoblación planetaria, una *eutanasia colectiva* a través de múltiples vías: (1) la comida y las semillas modificadas genéticamente (2) tóxicos como el flúor en el agua y otros productos como pasta de dientes, (3) la industria farmacéutica, el negocio de las enfermedades y las vacunas (4) los Chemtrails o estelas químicas que espolvorean metales pesados y virus, (5) los campos electromagnéticos de todos los aparatos electrónicos, (6) la cultura del miedo, el terror, la amenaza constante del 'terrorismo' y el recorte de libertades como solución (7) el negocio de las armas y las guerras, (8) armas de destrucción masiva y control mental como HAARP, (9) tecnología nuclear, radiación nuclear, utilización de uranio empobrecido, bioterrorismo, (10) la utilización del dinero como medio para esclavizar al ser humano, ya que el dinero es únicamente deuda que se multiplica, (11) la utilización de nanotecnología como la enfermedad de Morgellons para matar, (12) la privación del uso de tecnologías limpias, de fuentes ilimitadas de energía (electromagnéticas) que resolverían el problema de la contaminación y destrucción del planeta y su biosfera, (13) la negación y ocultación del Verdadero Conocimiento que podría liberarnos, tanto en la medicina como en un gran etcétera.

El psiquiatra, psicólogo y alquimista, C. G. Jung, decía, "*uno no se ilumina imaginando figuras de luz, sino haciendo consciente la oscuridad, lo que ocurre es que este procedimiento no es agradable y por lo tanto poco popular*". Si queremos una Nueva Humanidad, es necesario enfrentarse a la sombra colectiva, para que se produzca, utilizando terminología Jungiana, un verdadero proceso de *individuación colectiva* con el fin de evolucionar hacia una nueva civilización más avanzada espiritual y psicológicamente. Si no nos enfrentamos a la oscuridad, haciéndonos conscientes de ella, ésta siempre gobernará nuestra consciencia desde lo inconsciente, desde lo oculto. Ya sea la sombra individual o colectiva, dado que aquello que desconocemos siempre tiene poder sobre nosotros. La única manera de recuperar el poder interno que todos tenemos, es reconociendo la sombra interna y externa e integrándola en nosotros; en otras palabras, encendiendo la luz que llevamos dentro, ya que la oscuridad es únicamente ausencia de ésta. Este proceso de integración conlleva inevitablemente numerosas muertes, tanto simbólicas como reales, llegado el caso. Pero es importante recordar las palabras de Martin Luther King, *"Ignorar el mal es ser cómplice de él"*. Si de verdad queremos un nuevo mundo, es imprescindible conocer la sombra para que en la construcción de éste, seamos realmente más libres, de lo contrario seremos como dice M. L. King, cómplices de ese mal que seguirá perpetuándose por nuestra ignorancia.

Es importante que cada cual sea responsable e investigue por sí mismo toda la información presentada. No hay que creer, hay que saber, aunque este ejercicio sea costoso. No hay que creer a nadie, sino hacer los deberes e investigar por uno mismo, con una mente abierta, y siendo consciente de que ¡ la realidad supera la ficción ! Valga decir que, a pesar de que nunca antes había oído a alguien dar una visión integrada de lo que pasa en el Planeta, y que sin duda ha sido un privilegio poder estar presente en su exposición y conocer a alguien con su capacidad, valentía y fuerza, no puedo decir que esté en total acuerdo con lo expuesto por él. Sí en la visión global de la situación planetaria en la que nos encontramos y la urgente necesidad de despertar y actuar. Pero al margen de ello, pienso que tampoco hay demasiado tiempo para detenerse en los detalles, ya que la agenda de la élite global sigue avanzando y es necesario unirse sumando recursos para hacer frente a sus planes, como el de la vacunación. Es urgente la visualización y creación de un nuevo mundo a medida que éste se desintegra en su propia corrupción y degradación.

A colación de lo anterior, sentí a lo largo del fin de semana que somos sin duda *la resistencia*, una resistencia que se reúne para informarse en un espacio bajo tierra (de forma simbólica, ya que la sala del hotel, estaba por debajo del nivel de la calle) y que no sabe cuantas más veces podrá reunirse... Hubo también un momento en el que se produjo mayor intercambio de información y recursos entre el público y el ponente para buscar soluciones y salidas a la posible implantación forzosa de microchips bajo la piel o a través de la vacuna. Alguien del público habló de cómo la utilización de imanes de neodimio pueden neutralizar los microchips. Pude sentir ese espíritu de colaboración entre desconocidos para ayudarnos unos a los otros, y poder salvarnos ante lo que está por venir.

Algunas personas asistieron a la conferencia esperando básicamente información sobre piramidología, otro de los campos de los que Gabriel es un gran experto, y así lo expresaron en voz alta. Comparto la opinión de que hablar de pirámides y del beneficio que éstas tienen para nuestra salud y en la curación de enfermedades, es una información coja si no se conoce lo qué está ocurriendo en el Planeta. De hecho es más importante conocer la situación planetaria que las pirámides en sí, aunque la construcción de casas piramidales constituye una arquitectura que sin duda pertenecerá a la Nueva Humanidad. Personalmente no sabía nada de este tema, y quedé gratamente impresionado de su potencial. Me fui con la idea de que era posible a través de la influencia de la fuerza del campo de forma de la pirámide afectar a nuestro ADN y repararlo para reconstituir nuestra naturaleza original. La naturaleza de los 'Dioses' de los cuales somos a imagen y semejanza, pero con un ADN limitado.

El secreto mejor guardado por la élite global es el secreto de "**quiénes somos**" realmente, y han hecho todo lo posible (a través del ocio, la creación de falsas necesidades y la esclavitud del trabajo) para alejarnos de nuestra fuente, ya que de lo contrario sus días estarían contados. Descubrir nuestra verdadera naturaleza es descubrir el enorme potencial que reside en nuestro interior. No somos seres unidimensionales viviendo en una realidad tridimensional. *Somos seres multidimensionales en conciencia viviendo en una realidad multidimensional*, y este hecho nos dispone de múltiples herramientas y conocimiento para reactivar lo que somos, transformarnos y ayudar a transformar el mundo en el que vivimos. Hemos de dejar el victimismo, el pensamiento pusilánime de que no podemos hacer nada y asumir la responsabilidad de cambiar el mundo cambiándonos primeramente a nosotros, tal como argumentaba Mahatma Gandhi: "s*é el cambio que quieres ver en el mundo*". Ser testimonio del cambio es fuente de inspiración para otros, y como suelen decir, una imagen, un testimonio, vale más que mil palabras y discursos.

Para terminar, me gustaría recomendar para todos aquellos lectores que se sientan identificados con el arquetipo de *guerrero*, la inestimable ayuda que ofrece el Mito del "*viaje del héroe*". Un camino que todos estamos recorriendo desde el momento en el que despertamos, abrimos los ojos, y reconocemos el estado de inocencia e ignorancia, de esclavitud y automatismo, de desconexión con nuestra esencia y atontamiento en el que vivimos. El mitólogo Joseph Campbell en su libro "*El Héroe de las mil caras*", describe excelentemente el camino que en todos los tiempos y culturas de la historia conocida los héroes han atravesado. Despertando dentro de la comunidad, retirándose de la misma para iniciarse, y regresando para servir y transformarla con su conocimiento adquirido. Esto es precisamente lo que muchos estamos haciendo, y a mi entender, aporta mucha comprensión y fuerza saber que estamos siendo impulsados por un arquetipo universal! Adelante con la valentía y el coraje de iluminar la oscuridad con la luz de la Verdad!

"Un hombre lo puede perder todo, pero si pierde su libertad, a perdido su vida. La Verdad os hará Libres y la Ignorancia Esclavos. Abrid los ojos y ayudad a que otros también los abran. Sólo abriéndolos seremos Libres".

Con esperanza, Pepón Jover

"Nunca dudes de que un *grupo* de ciudadanos conscientes y *comprometidos*, pueden *cambiar el mundo*, de hecho *siempre ha sido así".*

Margaret Mead.

CAPÍTULO Iº

DOS GRANDES PROPÓSITOS
LIBERTADORES CONTRA ESCLAVISTAS

Ocultos a la vista de la mayor parte de la Humanidad, hay dos planes, dos propósitos opuestos. O mejor dicho absolutamente enemigos, porque sólo hay dos bandos en contienda en el mundo: Los *esclavistas* y los *libertadores*. A los primeros, se les llama "demiúrgicos", que significa "*Creadores de pueblos*", a los libertadores se les llama "Teúrgicos", que significa "Creadores divinos". Los demiúrgicos crean o estimulan la creación de pueblos esclavos. Para ellos la meta principal es crear pueblos de escaso intelecto, con toda clase de enfermedades, fáciles de gobernar y fáciles de someter. Violan de muchas maneras las leyes naturales, y así como crean pueblos, los hambrean, los someten y finalmente, para mantener sus reinados cuando la reproducción supera los recursos del mundo, los destruyen. Así ha ocurrido muchas veces sobre la superficie de este mundo, pero este libro sólo tocará la historia en sus partes esenciales. Lo importante es que ahora mismo estamos al borde del colapso demográfico.

Los planes de uno y otro muchas veces quedan ocultos pero los hechos son visibles, pueden analizarse con método científico. Existen conspiraciones elaboradas por ambos bandos y la principal diferencia está en que los demiúrgicos las hacen ocultamente, operan en las sombras, ponen a la cabeza dirigentes títeres, ejércitos inconscientes y emplean toda clase de mecanismos e instrumentos destructivos; mientras que los teúrgicos hacen conspiraciones abiertas, difundidas, con planes que se dan a conocer incluso al enemigo y los mecanismos e instrumentos casi nunca son destructivos, aunque algunas veces hayan tenido que apelar a la fuerza e incluso enfrentar guerras que no han provocado, para sobrevivir o para realizar obras especiales de las que hablaremos más adelante.

Este libro está escrito por el Bando Teúrgico, a fin de denunciar los planes y conspiraciones de los esclavistas modernos, así como para divulgar las soluciones reales que existen como alternativa a los mismos, ya que hay un gran problema demográfico de fondo, que afecta realmente a ambos bandos, pues estamos en la superficie externa de un planeta donde los recursos son cada vez más escasos y la población mundial crece de modo alarmante, dejando al planeta como un barco cada vez más lleno de viajeros, con las bodegas vacías y sin puerto donde atracar. Pero las soluciones son bien distintas para cada bando. Mientras los demiúrgicos propician la reproducción desmedida, prohíben o desalientan los métodos anticonceptivos según las necesidades estratégicas de lugar y momento para luego pasar por el genocidio (selectivo o no) a los "marginados", los teúrgicos proponemos una educación muy diferente, con enseñanzas científicas laicas, libres de dogmas académicos y religiosos, pero no exentas de espiritualidad en su más puro y manifiesto estado. Hay claves ecológicas para aplicar a la Humanidad sin perjuicio de nadie, sin necesidad de asesinar marginados porque nadie queda marginado; nadie queda como los obreros de la industria del mercado "despedidos" cuando ya no conviene a un patrón o empresa que sigan trabajando. Tampoco se da en la ecologenia la necesidad "socialista" de pagar a gente en paro, pues no hay necesidad de paro en una sociedad inteligente. En un mundo ecológénico, la Humanidad es realmente libre, individual y colectivamente; no hay lugar para el esclavismo en ninguna forma de las tantas que ha tenido desde que existe dinero. Antes de ello también había esclavitud, por el mero hecho de que existen personas muy inteligentes con aberraciones psicológicas de las cuales el esclavismo, es la peor de todas. Pero en vez de avanzar la Humanidad hacia la ecologenia, lo hizo gracias al dinero, hacia formas de esclavitud más refinadas, más disimuladas y hasta con la aprobación y participación de la masa esclava; sin darse cuenta que caería en la trampa más ingeniosa y efectiva jamás inventada, merced a su propia codicia y egoísmo. Estas aberraciones son el mayor factor de afinidad entre esclavos y esclavistas. Unos codiciando poco y otros codiciándolo todo, pero al fin, el juego quedó de tal manera armado que ahora la civilización se encuentra deprimida, atontada, impotente y sometida a los designios de unos pocos grandes conspiradores.

Cuando hablamos de conspiraciones, algún desinformado puede pensar que somos "*conspiranoicos*". El término se inventó para ridiculizar de antemano ante la opinión pública, cualquier denuncia contra las conspiraciones políticas que tanto favorecen (o son parte) de la mayor conspiración urdida en esta civilización: La de las familias de banqueros. Crearon las banderas y consignas sionistas para utilizar al sionismo como baluarte secreto (o semi-secreto) de ataque, y para tener mediante ellos, un control sobre el pueblo hebreo y ponerlo a trabajar para el beneficio real de esos pocos conspiradores; pero en el fondo, esa gente está por encima del judaísmo, el catolicismo, el islam o cualquier otra religión. No tienen ninguna religión, ninguna bandera, ningún Amor, ningún lazo con nadie, salvo entre ellos mismos, por el simple conocimiento de que comparten el "ideal" de dominar al mundo. Y lamentablemente lo han logrado. Lo proyectado en los "*Protocolos de los Sabios de Sión*", cuya redacción acusaron como invento de los espías del Zar, se ha cumplido a lo largo del s. XX y sigue cumpliéndose con todo rigor hasta la fecha de fines de 2009. No está demás que el lector se instruya mejor buscando ese libro, pero en éste dejaremos las cosas bien claras, al margen de cuestiones históricas.

Vamos a proponer cambiar el mundo, a hacerlo mejor, a romper muchos mitos, a desmontar los planes de los que gobiernan en las sombras. Ecologenia es la única alternativa para que la Humanidad pueda librarse a sí misma de las cadenas de la esclavitud a que viene siendo sometida desde que en 326 D. de C., el emperador Constantino creara la primera banca privada: la Banca Bizantina.

ECOLOGENIA CONTRA DINEROCRACIA

Este libro va dirigido a los católicos, a los judíos, a los musulmanes, budistas, sintoístas, hinduistas, satánicos y angelicales, a los pobres y a los ricos, a los patrones y a los empleados, a los egoístas y a los solidarios, de todas las razas, de todo el mundo… Porque todo el mundo está engañado. Todo el mundo vive lleno de prejuicios, miedos, odios, vicios y falsa información. Algunos están mejor informados que otros, pero ni informados ni informadores dan respuestas claras y concretas, ni alternativas de solución para ninguno de los problemas mayores que agobian a la Humanidad. La finalidad de este libro es ayudar a que despierten de los múltiples engaños en que vive la civilización global, a la vez que invitarles a participar en una salvación mundial, y no nos referimos sólo a "salvación espiritual" tan comercializada por los demiúrgicos, sino hablando de salvar nuestras vidas, nuestra libertad y nuestro derecho a la Felicidad y Seguridad.

A nadie le servirá darse por aludido o tocado en sus íntimas emociones y creencias, porque para comprender la Verdad hay que escuchar todas las campanas, liberarse de los condicionamientos de la educación, la tradición, la religión y la costumbre, cosas éstas que forman todos los prejuicios. No vamos a plantear aquí "nuevas creencias". Pero tampoco deseamos que nadie abandone la espiritualidad, sino justamente, ayudarle a encontrarla en su más puro estado: el de la Realidad, libre de dogmas, libre de temores y de obligaciones de servicio a un dios tiránico o a sus supuestos intermediarios. Todos los grandes Profetas y Maestros han dejado enseñanzas muy claras y maravillosas. Es momento de recuperar su esencia, pero sin despegar los pies de la tierra, sin dejar de ver los errores a los que grupos de tiranos nos han inducido durante milenios, con el solo fin de esclavizar a todo el mundo, de ostentar el control y poder más absoluto sobre las todos los Seres.

No deseamos que los lectores se hagan seguidores de nadie, ni pretendemos que "*esté de acuerdo*" en las opiniones, porque este libro no representa una "opinión". Es producto de análisis en los terrenos científicos de antropología, psicología, sociología y política, con auxilio de ciencias de la información y ayuda de expertos en inteligencia de Estado, civil y militar, historiadores, etc. Aunque parece que no se trata de "ciencias exactas" hay cosas que son tan indiscutibles como las matemáticas, a pesar de lo abstractas que puedan parecer al intelecto común, demasiado expuesto a aberraciones educativas, a la distorsión de las ideas mediante el academismo interesado y manipulado, junto con la mediática del sistema que ha llegado a niveles en extremo vergonzosos y destructivos.

Casi todos los Grandes Próceres en todos los países, han sido personas magníficas, con grandes ideales, teúrgicos de corazón, pero han caído casi todos, tarde o temprano, en las trampas de los esclavistas, por no poder o no saber anticiparse a las jugadas de los genios del mal, de los astutos esclavistas cuya inteligencia, si bien no hay que temer ni sobrevalorar, tampoco hay que despreciar o minimizar. Cierto es que sus conciencias -como explicamos enseguida- oscilan apenas entre la parte alta de la segunda dimensión de la conciencia y parte baja de la tercera, pero su nivel de inteligencia de ajedrecistas de élite, aunque es muy elevada, no tiene el ingrediente de Amor que posee el hombre de Cuarta Dimensión, el que Ama a la Humanidad, el que lucha por la libertad real del Reino Humano. La inteligencia de los esclavistas es agudísima, pero mediocre en el sentido más elevado de lo que es la Inteligencia como Principio Universal.

Psicológicamente, los esclavistas son personas muy enfermas, aberradas en lo más profundo de su mente; basan su seguridad en su poder, no en su Ser. Desconocen la Felicidad como estado natural, teniendo siempre un arduo trabajo obsesivo para mantener un poder sobre los demás, cuya pérdida sería la perdición de sí mismos. Muchos miembros de esa "sinarquía" (gobierno por contactos y amistades de conveniencia material), han muerto asesinados por sus pares ante desobediencias al grupo, pero más son los casos de suicidio, al verse retados, disminuidos, desacreditados o con algunas pérdidas financieras que impliquen pérdida de parte del poder.

Los verdaderos gobernantes actuales del planeta son una pandilla de banqueros encargados de fabricar, manipular y dirigir el dinero, como medio que es para controlar la tecnología, la política, los ejércitos y a toda la humanidad. Las dos Guerras Mundiales del s.XX tuvieron como verdadera causa (al margen de los pretextos empleados y ataques de falsa bandera), la abolición y/o prohibición de la usura por parte de algunos países sometidos en extremo. Han creado desde hace siglos la idea masiva de que sin dinero es imposible la civilización, han mantenido desde la educación, la literatura y -más modernamente- la cinematografía, la mentira de que todas las civilizaciones antiguas usaban dinero. La antropología de la vieja escuela (aquella que exigía entre 12 y 14 años para llegar a un título) fue desmontada y reemplazada en menos de un siglo por una carrera de cuatro años, plagada de absurdos y falsedades; más que inútiles, perniciosas. Aquella escuela demostró reiteradamente que los "talentos" romanos eran *medallas*, documentos personales intransferibles hechos por un cuño con la cara del César por un lado y por un orfebre en el otro, con el rostro del dueño, constando así una capacidad laboral. Los sestercios, en cambio, eran *fichas* también sin valor alguno para el particular, pero útil para el Estado como instrumento de contabilidad, en la que los ciudadanos del Imperio colaboraban conservando los recibidos tras las entregas de partidas de bienes materiales a los almacenes o servicios realizados. Estas fichas se devolvían una o dos veces al año, a fin de corroborar las cuentas de los Censores y sus ayudantes, que eran los administradores materiales de los bienes y servicios del Imperio. En Egipto ni siquiera existía este tipo de administración, siendo más sencilla en razón de su geografía. No existía la "Banca del César", ni el "Banco del Faraón". No existía la hipoteca, ni la "deuda externa" con que se esclaviza modernamente a los países y ciudadanos. Los documentos que se suponen como "letras de cambio" babilónicas, romanas, egipcias, etc., no eran más que mandatos de construcción o de distribución de bienes, de llevar y traer mercaderías. Tampoco existían los "esclavos" como nos ha hecho creer la educación falsa de los dos últimos siglos, siendo tanto romanos y egipcios, como en América los aztecas, incas, chibchas y mongulas, imperios donde la esclavitud era considerada como el máximo crimen, incluso más punible que el homicidio pasional y al mismo nivel que la traición al Estado. Esa fue la causa por la que Roma como Egipto libraron duras batallas contra pueblos que acostumbraban a tener esclavos.

Sobre España y su actividad en América, se culpó a la Corona de todos los males causados por la invasión, pero en realidad fue usada, lo mismo que la Iglesia, para llevar a cabo un plan llamado "*Salto Marino*" en España y "Long Jump" (Salto Largo) entre los implicados, del que sólo Cristóbal Colón, gran patán y criminal, era conocedor como empleado de la ya gobernante sinarquía de banqueros.

Si el lector/a desea más información sobre estos particulares de la historia, no lo busque en internet, sino en las bibliotecas, en los libros más antiguos, en documentos históricos, en los Archivos de Indias, y verá que una cosa es la Historia, y otra muy distinta la "historieta" divulgada.

Para cambiar el mundo haciéndolo más justo, realmente humano, con una humanidad inteligentemente relacionada, feliz y no gobernada por tiranos desalmados, hay que conocer la Verdad, que "*es amarga en la boca, pero dulce en las entrañas*". Luego es preciso difundirla mundialmente, que llegue simple y clara hasta el último confín de la Tierra, que la lean los señores de las altas finanzas, los que van en un avión, los trabajadores de las fábricas, los policías, los militares, los médicos, los campesinos y hasta los más sacrificados "garimpeiros" que dejan sus huesos en busca de diamantes en las profundidades de la selva. Por eso, Querido/a Lector/a, es también tu responsabilidad, comprender lo que aquí se expone y luego difundirlo. De lo contrario, las mejores ideas serían semillas sin tierra donde germinar.

Todos los problemas del mundo están causados por los intereses de los esclavistas. El Hombre no es un ser naturalmente violento, aunque tenga una capacidad de defensa y ataque. A nadie le gusta la guerra, pero la "educación" lo forma para ella desde todos los frentes. Los videojuegos son en más de un noventa por ciento, juegos de guerra. El hombre actual padece aberraciones psicológicas que serían fáciles de tratar con el método adecuado y que existe desde hace muchas décadas. Pero hoy padece de una aberración accesoria, que llamamos "*mediatez*", es decir la idiotez aparente pero manifiesta en la práctica, fabricada por la desinformación, especialmente la televisiva por ser la más potente, pero que empieza en los manuales de historia de la escuela primaria, sigue en la mayoría de los libros-basura, en los supuestamente espirituales y en literatura que las editoriales del sistema sólo aceptan si va en conveniencia con los planes de gobierno mundial. Estos mecanismos son casi automáticos, toda vez que hace más de un siglo que las leyes del mercado han ido superando en concreción a las leyes de los países.

La mayoría de los escritos de grandes maestros del esoterismo, la metafísica, la psicología, la filosofía y la antropología del siglo XIX y principios del XX, han sido adulterados (mutilados, contrapolados, interpolados, etc.), especialmente a partir de una campaña mundial comenzada por los servicios de inteligencia de la sinarquía en 1956. No es que antes no se hiciera, pero ese año se produjo la mayor campaña de infiltración en todas las escuelas de pensamiento, se compraron las editoriales más fuertes y mediante sectas u órdenes esotéricas infiltradas, se empezaron a comprar todos los focos mediáticos, con lo que la pretendida "libertad de prensa", es hoy en día una gran mentira, salvo contadas excepciones. Los intereses del mismo sistema de mercado han generado el resto: autocensura, censura indirecta, etc.. Aunque los servicios secretos de los pandilleros financistas no descansa, las noticias que nos llegan todos los días están siempre cuidadosamente filtradas por un sistema que funciona prácticamente en automático. Cualquier noticia pasará por cuatro o cinco grandes "agencias de noticias", pero las locales que afecten al sistema, por más idealismo que tenga el periodista, serán censuradas por los anunciantes. Una llamada de un anunciante importante que amenaza retirarse como cliente, ya pone al medio de difusión en aprietos. Basta que ello suceda un par de veces para que el propietario del medio establezca "normas" que son en realidad censura. De modo que el periodismo no se enfrenta a un censor del Estado o a un dictador, sino a un sinnúmero de pequeños tiranos económicos.

Como iremos explicando, los factores son muchos, pero en síntesis, hay dos Grandes Propósitos: La esclavización de la Humanidad por un bando (cosa que prácticamente se ha logrado), y su liberación por otro. Una vez que se tiene claro a qué bando se pertenece, es preciso tener claros los medios y métodos que se van a usar. La liberación individual y colectiva es posible, pero sólo mediante la reacción de una "masa crítica" que es un porcentaje elevado de la población; especialmente de la clase intelectual, de las fuerzas armadas y del poder judicial de todos los países. Los que creen estar al margen de esto, son llamados "pasúes" (estorbadores) por algunos grupos liberadores, pero en realidad esos pasúes casi siempre son soldados inconscientes del bando esclavista. Nadie queda fuera del juego, todos somos piezas que los ajedrecistas tienen en cuenta a la hora de necesitarnos, usarnos o combatirnos. Los liberadores son, sin embargo, gente de mayor consciencia, aunque como hemos dicho antes, suelen caer en las trampas esclavistas en cuanto descuidan sus motivaciones y situación psicológica. Las vanidades, el ansia de poder "per se", la soberbia y el creerse invencibles, ha destruido a muchos grandes hombres, haciendo que sus magníficas obras pasen a favorecer al enemigo que deseaban combatir.

Los demiúrgicos han usado contra los auténticos políticos de mentalidad libertadora, en primer lugar la tentación sexual y de riquezas, pero luego la corrupción entre sus filas y cuando todo esto ha fallado, el asesinato. Lincoln, Kennedy y Gandhi son sólo algunos ejemplos. Muchos otros han caído antes de ser más famosos, pero la mayoría ha sucumbido a las tentaciones apenas alcanzaron el poder. Hoy apenas quedan valores políticos y los pocos que quedan están constantemente atacados, amenazados y mediáticamente ridiculizados; nada ha cambiado en casi diecisiete siglos.

Pero ahora, a finales del 2009, las cosas se han puesto en extremo graves. Los gobernantes ocultos consideran casi ganada la partida. De hecho son los que mandan, son los que tienen en sus manos el poder del dinero (no hablamos de las "grandes fortunas", sino del control del dinero en las finanzas de los Estados), controlan todo con el dinero, a los políticos de todo el mundo, salvo a tres o cuatro que les están parando un poco los pies. De modo que -como lo demostraron en dos guerras mundiales- tienen a su directa o indirecta disposición la mayoría de las fuerzas armadas. Pero lo que no tienen es el conocimiento de lo que siente el Hombre Libre de verdad. Hoy te tocar jugar a ti, Lector/a, porque estamos frente a un plan de genocidio como no ha conocido esta civilización anteriormente. Y existen abundantes pruebas de que la conspiración global es un hecho y sus planes también. Sólo hay que quitar la venda de los ojos, aunque sea desagradable el panorama y a partir de lo que vemos, *decidir qué vamos a hacer*.

En este libro se exponen unas opciones y métodos, de modo que al terminarlo, sabrás exactamente cuál es tu rol, cualquiera sea tu trabajo, profesión y ubicación geográfica. Tu conciencia te dirá exactamente en cuál de estas tres opciones estarás:

1.- Como contribuyente al genocidio que denunciamos. Quizá ya lo estás haciendo, engañado con promesas de elitismo o de "secretos de Estado" y supuesta protección del mundo con defensa del clima, participando en las fumigaciones (chemtrails) como piloto o como mecánico de aviación. Quizá ya te han invitado a uno de los varios búnkers que la sinarquía ha construido en Noruega, USA, Israel, Bolivia y otros sitios, y crees que luego vendrá un mundo mejor si esos planes se cumplen. Quizá eres un sirviente pagado para desinformar a la masa e informar a los amos. Recuerda que los obreros de los megalómanos y esclavistas, a lo largo de la historia, han sido asesinados en última instancia, pero los amos del mundo jamás compartirán el poder contigo. Si traicionas a la Humanidad, recuerda que los esclavistas desprecian y asesinan a los traidores y que la Lealtad sólo se tiene hacia alguien cuando representa los más altos y benignos ideales propios; recuerda que los criminales no tienen "leales", sino cómplices sometidos; que jamás podrás participar en un mundo mejor, sino que serás -hasta que decidan eliminarte- un miserable y servil esclavo. Sólo tú puedes cambiar eso.

2.- Si no tienes ni idea de lo que estamos exponiendo, puedes seguir desinformado y no preocuparte de nada, seguir mirando televisión y partidos de fútbol, peleas de los "políticos" y anuncios para estar a la moda, en cuyo caso vas a ser un "pasú" más entre los muchos millones; víctima que ni se enterará de lo que está ocurriendo, de lo que se cocina en la altas esferas políticas donde se decide tu vida, la de tu familia, de tus hijos, tus nietos y de todo el mundo.

3.- Tienes la opción de informarte y decidir si vas a contribuir a hacer un mundo como el que has imaginado en tus mejores sueños. Porque ahora, sinceramente que no tienes mejor opción. Como explicamos más adelante, existe un problema que se llama "demografía", del que ninguna ONG ecologista parece interesarse y justamente allí es donde está el quid de la cuestión, el meollo de todo el problema político global, como se explica más adelante en detalle. Aunque desde hace casi dos siglos los "dueños del mundo" han estado conspirando para mantener a raya el problema de la demografía mediante enfermedades, guerras y hambrunas, en este principio del siglo XXI el problema se ha hecho más grave y los "dueños" están preocupados. La demografía se les va de las manos, la tecnología también y temen perder su poder.

No te desalientes si parece que no compartes algunas ideas, porque para entender el fondo del problema es preciso que primero entiendas otros aspectos y detalles de la realidad global. Recuerda que estamos explicando para los más inteligentes así como para los jóvenes y hasta los niños que pueden llegar a leer este libro, pero con iguales derechos a la comprensión, de modo que el objetivo es que no sólo entiendas, sino que vayas comprobando, al menos en forma dialéctica, cada punto del problema.

CAPÍTULO IIº
EL MITO DE LA CUARTA DIMENSIÓN

Sin duda todo lector se sentirá "tocado" o "molesto" en uno o en muchos puntos de este libro, según su grado de inteligencia, su rigidez de criterios (mal llamada Fe) y -sobre todo- en qué *dimensión* se halle su conciencia. Por ello cabe ahora mismo la siguiente aclaración sobre un tema muy usado en los planes de desinformación masiva. El mito de la "*Cuarta Dimensión*" a la que debe pasar la Humanidad. No se trata de un factor "vibracional" ni tiene relación directa con la física cuántica o la teoría de los universos paralelos. Y aunque es cierto que hay una relación con la teoría esotérica de la Ascensión Crística, esa relación debe ser bien entendida. Si bien es cierto que la conciencia humana (o más bien la Esencia del Ser) puede influir en la materia y -como lo explica la física cuántica- crear circunstancias (de hecho así ocurre aunque no nos demos cuenta), no hay que confundir ese mito engañador y casi redentorista de que por efectos solares y otros factores cósmicos vamos a pasar a una dimensión o "Reino vibratorio" diferente.

En este libro no podemos ni debemos abarcar asuntos "esotéricos", ya que nos enfrentamos a realidades muy terrestres, políticas, económicas y demográficas, pero iremos aclarando el panorama para evitar los efectos de la desinformación y las confusiones creadas por los agentes políticos de la sinarquía financiera. Lejos de negar lo referente a lo verdaderamente esotérico, en la bibliografía recomendada al final, sugerimos algunos de los pocos libros serios al respecto.

Los esoteristas de principios del s.XVI dividieron los estados de la conciencia según lo observado en infinidad de individuos, para hacer clasificación psicoantropológica, es decir una clasificación de individuos según su comportamiento. Como puede deducirse, Sigmund Freud no ha sido ni de lejos "*el padre de la psicología*", sino sólo el padre de una escuela incompleta y en buena medida aberrante. Ya había un buen sentido de la psicología como ciencia en el siglo XVI y se estudiaba el comportamiento humano en todos sus aspectos, así como en sus procesos. No evolucionó rápidamente porque los postulados obtenidos por los filósofos y psicólogos iban en contra de los intereses del mercado, de las finanzas, de las creencias religiosas que ya estaban dando el "Gran Salto Marino", invadiendo América.

Las órdenes herméticas del s.XVI ya dividían a la humanidad en tres "dimensiones", aunque se referían estrictamente al desarrollo de la conciencia y no al "alto, largo y ancho" de la física. Y es importante comprender que la inteligencia cerebral y grado de abstracción disponible por el sujeto, no está directamente relacionada con su posición "dimensional". La inteligencia inherente a la Conciencia funciona en base al Amor como sentimiento puro. Hay -cerebralmente hablando- genios e imbéciles en cada uno de estos estados dimensionales que explicamos:

La Primera Dimensión: Es la del YO. (Y sólo YO), la dimensión en que el individuo es bestialmente egoísta, sin respeto por otros seres, salvo el impuesto por el grupo y mínimamente necesario para obtener beneficios para sus placeres y supervivencia inmediata.

La Segunda Dimensión: Es la del YO y *mi* pareja, *mis* hijos, con sentido de "propiedad" como si fuesen objetos. Estos sujetos tienden a someter a su familia y cualquier otro individuo humano, cualquier otro es en su mente "objeto móvil".

La Tercera Dimensión: Es la del YO y mi Familia (Y mi perro, mi casa, mis amigos, mis parientes, mi Patria...). Hay mayor respeto y menos -o ningún- sentido de "propiedad", pero el individuo sigue siendo más egocéntrico que lo propio de un Alma evolucionada.

La Cuarta Dimensión: Cuando los esoteristas decían que la Humanidad debía Trascender y para eso era preciso que alcance la "Cuarta Dimensión", se referían a que el YO debe unirse a todos los demás Yo de seres Humanos en primer lugar, y posteriormente elevar o ampliar su Amor e identidad inteligente con todos los Seres del Universo, hasta alcanzar la Yoga (Unión) con lo Incognoscible, llámese Dios, Absoluto, Único o Eterno.

En términos más mundanos, la cuarta dimensión es el estado de conciencia que alcanzará la Humanidad, únicamente en el caso que se logre el objetivo político de detener a los delincuentes que han provocado durante casi dos milenios la degeneración de todos los valores éticos y deontológicos, la destrucción ecológica del planeta; que han aberrado masivamente la psicología, llenándola de mentiras, falacias, engaños, distorsiones históricas y conceptos absurdos. No es posible alcanzar un estado superior de conciencia desde el estado de la esclavitud psicológica y emocional, pero también es difícil alcanzarlo desde la esclavitud física, manifestada en la política económica esclavista.

CAPÍTULO IIIº
LA POLÍTICA ACTUAL

Los problemas más graves del mundo no han sido generados por una supuesta naturaleza violenta del hombre. El hombre psicológicamente aberrado y políticamente engañado, es violento. Si es estrangulado emocionalmente por la miseria, por las deudas, por infinidad de deseos creados por la publicidad y frustrados por la "economía", es violento. El hombre educado en una "cultura" falsa, contradictoria, religiosamente fanática, científicamente dogmática y criado entre mentiras por infinidad de pretextos cotidianos, es violento. Todas las aberraciones recibidas por engramas (inconscientes) y por "mediatez", lo hacen violento. Los miedos y los odios lo hacen violento. Pero todo eso es impuesto en la psique por las religiones, la educación tradicional, la mediática y por las enseñanzas escolares. Aprendemos a ser violentos desde pequeños y crecemos viendo violencia constante. A ello se agrega el efecto de las drogas y el alcohol, y los efectos secundarios de drogas como el prozac y muchas otras de consumo más habitual cada vez, que alteran brutalmente las funciones cerebrales. Hay un sistema legal cada vez más complicado y contradictorio, que busca detener con leyes y cárceles lo que debería tratarse con terapia y educación, pero tan corruptas las leyes como las alternativas, con terapias ineficientes, con educación represiva en vez que comprensiva… Así que entramos en un círculo vicioso del que casi ningún ciudadano escapa, manteniéndose la población al filo del delito a cada instante.

ABERRACIONES POLÍTICAS

EL COMERCIO JUSTO

La idea de *comercio* es una aberración en si misma y que encima sea "justo", una utopía de gente idealista pero ingenua. El comercio es algo que muchas civilizaciones que duraron milenios tuvieron absolutamente prohibido. En cambio funcionaron con la mentalidad solidaria del reparto equitativo y sólo de ese modo pudieron abarcar extensiones políticas que hoy no alcanza país alguno. No disponían de la tecnología actual, ni carreteras ni vehículos más rápidos que el caballo. Sin embargo Alejandro Magno, como el Imperio Romano, pudieron desarrollarse y "conquistar" (que no es lo mismo que violar o invadir) a otros muchos pueblos. La *historieta* oficial y el cine nos cuentan que por la fuerza de las espadas, por la oratoria y sus misteriosas dotes políticas y de convencimiento. Sin embargo la razón era mucho más simple. Tan simple como que ponían en marcha un mecanismo natural, como podrá el Lector apreciar esbozado en este libro y compararlo con la "economía del mercado" que rige al mundo desde la caída de Roma.

El comercio es una idea que tiene que cambiar de raíz, de lo contrario ni Verdes ni ONGs, ni agrupación de ninguna clase tendrá éxito alguno en su búsqueda de soluciones (que siempre serán parciales y nunca de fondo), porque "comercio" implica "dinero" y el dinero es un valor artificial en manos de los más astutos y menos humanitarios, y en el mejor de los casos implica "trueque" que a la postre, viene a ser un juego donde sólo ganan los más hábiles y menos solidarios. Los trabajadores, mediante el trueque, terminarán -quieran o no- cambiando sus diamantes, esmeraldas y oro, por cuentas de vidrio. Los agricultores cambian su riqueza legítima por una quinta parte del valor de su mercadería, porque un ejército de mercaderes (intermediarios) vive a sus expensas.

La Ecologenia es en realidad, sólo la propuesta de recuperación de la política que la historia adulterada nos oculta, pero aprovechando todas las ventajas alcanzadas por la ciencia y la tecnología. Su fundamental premisa es la eliminación de la usura, luego, en un paso más lejano, la eliminación del dinero y finalmente toda forma de "comercio", porque éste ´-incluso cuando no existía el dinero- hacía posible el "trueque" donde se cambiaban bienes, joyas, armas, alimentos, etc., por esclavos.

Si a esto le agregamos el factor "*dinero*", el resultado es la sociedad actual, que algunos ven como un "*gran logro de la civilización*", porque ni siquiera saben para qué viven, de dónde vienen ni a dónde van, o no les importa, o ni siquiera se han puesto a pensarlo. Aún así, si el Lector pertenece a esa categoría, le recomendamos leer hasta el final, porque sin duda, no volverá a ser el mismo y tarde o temprano agradecerá haber leído este libro. Dicen que el saber no ocupa lugar, pero vaya haciendo un lugarcito en su mente, porque el verdadero saber remueve toda clase de porquerías inculcadas y acumuladas durante la vida. Tendrá que sacudirse ideas como la del "comercio justo" que es más o menos como decir "esclavitud humanitaria", "engaño legítimo", "enfermedad saludable" o "tortura piadosa". En el comercio lo que hay es intención de ganar y siempre habrá quien quiera ganar a costa de quien sea, a costa de lo que sea y como sea. La verdadera **distribución justa** de bienes y servicios, de atención médica, de seguridad y de educación, no tienen nada que ver con la palabra "comercio".

Conspiraciones y conspiranoicos:

El plan de dominio mundial que empezó a tomar cuerpo con Constantino, puede parecer una teoría paranoica solamente a los "analfabetos políticos", a los desinformados, no documentados y a la gente poco pensante. Cuando se forma un partido político, técnicamente se hace una "conspiración" para acceder al poder, con los mejores o los peores ideales, pero conspiración al fin. Cuando un grupo de inversores se reúne para hacer un plan comercial, técnicamente se reúne para "conspirar" en pos de ganancias económicas. Así que el término "conspiranoico" es una creación para desalentar y ridiculizar de antemano las denuncias de los ciudadanos más informados. Como es lógico, hay una diferencia entre "reunirse para hacer algo" y "reunirse para conspirar". Hay varias diferencias, pero las dos mayores son la intención egoísta con daño consciente para otros y el secretismo (lógico, dada la intencionalidad).

Los planes políticos no debieran estar fundados en conspiraciones, pero ciertamente las hubo a lo largo de toda la historia y las hay en la actualidad más que nunca. La mayor parte de esas conspiraciones son a la vez políticas y económicas. Pero la sociedad está como peces en el agua turbia, que no ve quién es el pescador. Suponen realmente que los bancos son "entidades públicas", cuando son **empresas privadas**, sociedades comerciales (anónimas o no). La Reserva Federal de USA sólo tiene de "federal" el nombre. Es una empresa de tipo Sociedad Anónima, pero con muy pocos "accionistas" que se conocen muy bien entre si, que tienen pactos "sagrados", como los de cualquier mafia. Nadie da información fiable sobre su constitución, pero ha quedado bien claro para todos los investigadores, que los cuatro o cinco más famosos y ricos banqueros están a la cabeza, rigiendo desde ese banco a todos los demás del mundo. Si el Lector busca en Internet "Nesara", hallará más datos.

Lo que se presenta en los medios como "**Teoría** de la conspiración", es más bien un **teorema**, que puede resolver cualquier ciudadano con algunas neuronas libres de "mediatez". Si el gobierno de USA, -como casi todos los gobiernos del mundo- le debe dinero a los bancos ¿Quiénes son esos acreedores? ¿Cómo se llamaría al "negocio" que se ha hecho a espaldas del mundo, en total secretismo, comprando a políticos corruptos para dar a los bancos poder sobre todo, incluido sobre los propios gobiernos nacionales? ¿Acaso se puede pensar que las reuniones del Grupo Bilderberg, realizadas con el mayor sigilo posible, no son conspiraciones?.

Cierto es que dichas reuniones son una tapadera y en ellas se juntan sólo los socios menores, es decir los "empleados mayores", haciendo de blanco para los espías rebeldes, los periodistas especializados, para "pulsar reacciones", tanteando el terreno social, pero... ¿Cómo le llamaríamos a lo que supuestamente traman? Y peor aún:

¿Cómo le llamaríamos a las **verdaderas reuniones** de los **verdaderos señores** todopoderosos, dueños de las más altas tecnologías, que pueden reunirse sin que ningún periodista fisgón les moleste? No creerán los lectores que esa gente pueda ser pillada sin más, por un periodista, o que tengan necesidad de reunirse en un hotel famoso...

Hasta la burda historia que nos cuentan en la escuela primaria está llena de ejemplos conocidos de conspiraciones, ya para proclamar la "independencia" de un país, ya para ganar dinero o una guerra con fines supuestamente patrióticos, como los históricos y bien conocidos "affaires" de Armand-Jean du Plessis conocido como Cardenal Rechelieu, que dedicó su vida a la conspiración interesada entre la Iglesia, la Corona francesa y los intereses económicos ingleses. Decir que existe una *tendencia patológica* que sufren los llamados "conspiranoicos", es una calumnia, una aberración.

POLARIZACIÓN:

Una de las tácticas más remanidas, pero no por ello ineficaz. Se trata del bien conocido "dividir para reinar", pero no sólo dividiendo los estamentos de poder que el poder mundial controla con el dinero. También se trata de mantener a la población completamente polarizada, mediante la pornografía deportiva (mirando cómo juegan otros), generando infinidad de escándalos y entretenidos partidos y luego largos programas para comentarlos. Polarizando las opiniones evitando que la razón lleve a los discutidores a un terreno intermedio, razonado, inteligente. Podrá verse este fenómeno en mil cosas, pero vamos a la polarización política, que ha sido siempre la cumbre de la táctica y la más evidente aplicación.

La supuesta democracia se fundamenta en la falsa idea de que el pueblo gobierna y lo hace a través de sus representantes. Esto únicamente sería -más o menos- factible si no fuese que los intereses económicos son siempre los que determinan a la corta o a la larga, toda acción de gobierno. Pero en todo caso, las elecciones no se hacen porque los políticos rindan exámenes y oposiciones, como hacían en la Roma Antigua o en el Egipto de los faraones. Se vota a "partidos", o sea a entidades que supuestamente representan una ideología. Sin embargo, toda diferencia queda en las formas, no en el fondo. Los políticos, como ya dijimos, tienen que ocupar la mitad de su capacidad de trabajo, tiempo y recursos, para llegar al poder y seguir haciéndolo para mantenerse. Nadie puede negar que la conducta evidente, tanto en el poder ejecutivo como en el legislativo, sea un cúmulo de vergonzosas peleas dialécticas y a veces a puñetazo limpio. Imagínese cuál es la perspectiva de una familia donde papá y mamá están constantemente y por sistema, discutiendo y hasta golpeándose. ¡Y todo porque supuestamente desean lo mejor para los hijos…!

Lo que buscan los políticos en esos debates cargados de hipócrita diplomacia e insultos disimulados o no, no es lo mejor para el pueblo, en la mayoría de los casos; pero los pocos políticos honestos no tienen ni remota posibilidad de hacer valer sus argumentos. Porque en una sociedad donde los valores económicos priman sobre cualquier otro en la crudeza de la práctica, sólo ganarán los más astutos, los mejor pagados, los que insisten una y otra vez en imponer leyes pedidas por los especuladores financieros. Si una ley no es promulgada a gusto de los financistas hoy, lo será luego, más tarde o más temprano. El proceso corruptivo de los intereses es lento pero inexorable. Se podría decir que en el comunismo eso no pasa, sin embargo los países comunistas no dejan de usar dinero, de modo que en el mejor de los casos hay un "capitalismo de Estado". ¿Y qué pasa con los Estados así dirigidos?. Pues que si el gobernante es honesto, habrá una justicia social, un progreso real, una distribución equitativa de riqueza y recursos en general. O sea un "socialismo". Pero en la práctica, la mayor parte de los "socialistas" sólo lo son de nombre. Auténticos hay muy pocos y para la prensa internacional son "dictadores".

¿Pero qué pasaría si ese gobernante llega a abolir completamente la usura?. Que llegado el momento puede que intente abolir el uso del dinero, porque hay otras maneras muchísimo más eficaces de administrar una sociedad, sobre todo si ésta es solidaria y educada, en vez que egoísta y animalizada. Entonces hay que prepararse para que la pandilla multinacional y apátrida reaccione -tal como lo tienen previsto-, moviendo todos los mecanismos que controlan, llevando al gobernante "rebelde" a una constante difamación, demonización mediática y poco tardan en armar una guerra moderada según sus conveniencias, o una guerra mundial si el país es poderoso y el ejemplo empieza a cundir. Hoy ese riesgo es ínfimo considerando la situación demográfica, las crisis fabricadas por los propios usureros (que se les puede ir de las manos) y ante la perspectiva que irá viendo el Lector, no quedan muchas opciones. Ni capitalismo ni comunismo son alternativas válidas, aunque la Ecologenia se pueda parecer -muy desde lejos- a una forma de comunismo donde la democracia se hace realidad.

Como ya hemos dicho, a un gobernante honesto primero se intentará tentarlo y desviarlo, corromperlo. Luego se intentará corromper sus filas, infiltrar su plataforma de gobierno, buscando las debilidades de la gente hasta llegar a su plana mayor. Si esto no resulta, pues se le hará enfrentar con otros países, ya sea con ataques de falsa bandera, provocaciones reales o inventadas y argumentos de toda clase. La única manera de evitar esto, es que sean muchos los países que alcancen a la vez un estado de verdadera democracia y decidan de común acuerdo la abolición de la usura, que se declaren libres de toda "deuda externa" y que el dinero, que es la principal arma de los esclavistas, sea emitido exclusivamente por el Estado, y que los bancos sólo sean del Estado, es decir del pueblo, auténticos servicios públicos y no empresas privadas. En un paso posterior, sería posible abolir el uso del dinero, pero no para hacer un sistema de trueque del que siempre sacará tajada el codicioso, ni "créditos" o dinero virtual, que sería tanto o más peligroso que el dinero actual. Aunque usemos billetes y diferentes formas de "efectivo", el dinero globalmente ya es virtual y además, su misma creación implica deuda.

Antiguamente existía un respaldo oro, pero en 1971 eso dejó de ser válido. El dinero simplemente es deuda, son cifras en ordenadores, el más grande engaño de todos y el instrumento de dominio mundial. De modo que un país Ecologénico será aquel que, como se explica en el Plan TEOS, se independice de la banca internacional, prohíba la usura en cualquiera de sus modalidades, nacionalice los bancos y finalmente, con algunos pasos administrativos de conversión de valores, promulgue la abolición del dinero.

Si dicho país no tiene socios poderosos en el desafío, lo tendrá difícil, pero si se forma una alianza entre países medianamente autosuficientes en recursos y tecnología, la Humanidad tendrá la posibilidad de librarse de sus dos mayores lacras: El dinero como instrumento del esclavismo y la miseria generada por el sistema. La máxima polarización que cabe prever y que bien valdrá la pena para sacudir todas las desgracias globales, es la siguiente: *Civilización Solidaria* o *Civilización Esclava*. Ahí es donde los "poderosos" se encuentran con la suela de sus zapatos, porque la gente y sus gobernantes, si lo comprenden y actúan en consecuencia, se habrán puesto por encima de todas las falsas polarizaciones.

Podríamos exponer con profundidad de detalles los intrincados laberintos de la banca internacional, de cómo opera el sistema financiero, pero eso nos haría llenar volúmenes que no hay tiempo de escribir. Los lectores interesados en conocer ese laberinto lleno de trampas pueden buscar la abundante información que existe en Internet, pero es mejor que hagan un camino a vista de pájaro, analizando simplemente las noticias y filosofando un poco sobre las intenciones que hay detrás de todo juego en la bolsa, detrás de todo pacto entre banqueros, detrás de cada "crisis financiera", etc., para darse cuenta que esta civilización está sometida por su propia codicia y los más grandes codiciosos tiene además de esa patología, toda la inteligencia y desamor, falta de escrúpulos y voluntad concreta de ejecutar sus planes, en un tablero de ajedrez mundial en que todos somos piezas, nos guste o no, lo sepamos o no.

DERECHAS E IZQUIERDA: LAS DOS MANOS SUCIAS

Se ha formado un frente confuso entre la derecha y la izquierda como supuestos máximos paradigmas políticos globales. La derecha en Occidente, generalmente está asociada con la Iglesia Católica, mientras que la izquierda no parece asociarse más que con el ateísmo; pero esto es una visión muy general, porque hay un espectro muy amplio y variado de tendencias. Hay desde ultraizquierdistas católicos hasta ultraderechistas ateos, pasando por todas las combinaciones político-religiosas posibles. Pero en realidad, son dos manos de la misma inhumanidad, dos manos de la misma ignorancia puesta en la mente de la humanidad y ambas sucias por igual. No existe una "doctrina de la izquierda" ni una de la derecha; sólo ambiguas y difusas definiciones.

Las oligarquías se asocian a la derecha porque ésta sostiene en todo el mundo la dinerocracia más radical. Pero los socialistas y comunistas de casi todo el mundo están entrampados por igual, aunque tengan ideales más solidarios, criterios más justos e ideas más incluyentes. Y seguirán produciendo pobres parches a los problemas sociales, porque el problema de fondo es que siguen usando dinero, siguen usando el valor más arbitrario, artificial y diabólico inventado jamás. Siguen haciendo que un valor convencional manejado en sus altas esferas por unos pocos desalmados reemplace, limite y distorsione todos los demás valores, sean artísticos, intelectuales, sociales, culturales, tecnológicos y en definitiva, absorba toda la energía social humana.

Hay gobernantes que sufren la impotencia de no poder abolir el dinero por causa de su soledad internacional; si lo hicieran tendrían de inmediato la reacción de los resortes de la sinarquía: guerras totales con pretextos o sin ellos. Cuando tome conciencia de estas cosas una gran cantidad de gente, que les lleve a tener gobernantes de verdad, en vez que títeres de la sinarquía, habrá alianzas solidarias internacionales y el cambio podrá ser una realidad. Una Civilización Solidaria no puede usar dinero, no puede usar ningún sistema que reemplace a la administración de servicios y bienes por parte del Estado. La humanidad ha creído que mediante el dinero podía tener justicia, permitiendo al más capaz, al más trabajador e inteligente, progresar sobre el vago, el idiota o el que menos méritos tuviera. Pero la triste realidad es que en la dinerocracia sólo medran los más astutos en perjuicio de los más justos, los más ruines en perjuicio de toda la sociedad, los más charlatanes demagogos, en perjuicio de los pueblos. Los inventores que han podido enriquecerse, han sido aquellos a los que la sinarquía ha avalado y dado crédito porque convenía a los planes que traen entre manos desde Constantino o incluso antes. Cuando se rompan las cadenas armadas con el dinero, no habrá izquierdas ni derechas. Cuando se habla de eso, los que gritan justicia social y se supone que defienden al trabajador, se escandalizan. Cuando se habla de abolir la usura y el agio, los "humanitarios" de las "organizaciones benéficas" se quitan la piel de cordero y desenfundan sus dientes de lobos. Algunos, quizá, suponen que eso sería restringir recursos a su tarea de alargar agonías, pero no consiguen imaginar que en un mundo donde no exista la lacra del dinero, no habría miserias que paliar y hablar de "justicia social" será algo incomprensible, como podrá verse en la Parte Segunda. Si hablamos de buscar "justicia social", es porque hay *injusticia social*. Mientras haya derechas e izquierdas, sólo habrá eso y las consignas de la Revolución Francesa serán una quimera.

Hoy existe un incesante lidiar de trabajadores contra patronal, con los sindicatos -corruptos o no- de por medio. Los gobiernos de derechas administran bien en los países desarrollados, pero venden todo a las multinacionales en ellos y peor aún sucede en los no desarrollados. Los gobiernos socialistas financian la vagancia, promueven la enfermedad al pagar la hipocondría, pero no permiten la práctica de la verdadera medicina. Las pequeñas empresas, las empresas locales, se encuentran en su gran mayoría al borde de la desaparición. Los sindicatos les presionan para mayores sueldos, los bancos les ahogan y los gobiernos les succionan como un socio parásito, la tercera parte de los beneficios. Los antiguos almacenes de barrio desaparecen bajo el aplastante peso de las grandes superficies, pero los precios no bajan, sino que se establecen más grandes monopolios de toda mercadería. Pero esto es un ejemplo de lo que ocurre en todos los rubros de actividad comercial y productiva, con perjuicio en especial para el trabajador.

En una sociedad democrática -todo lo contrario a la dinerocrática- no habrá problemas de empresas y trabajadores. Cuando toda la Nación es una empresa, todos los ciudadanos son socios. No serán necesarios los sindicatos, porque no habrá injusticia social alguna a la que poner ese amortiguador.

Mucha gente se preguntará ¿Y para que serviría mi profesión en una civilización así?. Pues un contable tendrá arduo trabajo, pero sin riesgos de quiebra y despido. Hay una larga lista de correspondencias laborales. La forma de administración, como se verá luego, es bien diferente y cada uno trabajará según su vocación. Nadie estudiará para tener una profesión de la que ganar dinero y vivir. Se debe estudiar siguiendo una vocación, no una necesidad de supervivencia. Nadie que tenga ideas creativas tendrá que endeudarse para ponerlas en práctica. Nadie ha nacido para ser empleado disconforme, cajera de supermercado, o gerente de banco. Estos últimos podrán en una sociedad ecológica, ser censores, regentes, almaceneros, etc.. Nadie ha nacido para la guerra. Todo eso se hace por distorsión de la vocación, para ganar dinero o dar rienda suelta a instintos que deberían pasar por terapia o reconducidos hacia otras actividades.

Algunos militares lo son realmente por vocación, pero el espíritu militar original, sano, es el que defiende de agresiones externas, de intentos de esclavización. El militar de alma no disfruta en una guerra como un simple asesino. Disfruta con las expediciones de exploración, con las obras de gran importancia donde hace falta movilizar ejércitos de trabajadores. La disciplina que caracteriza al verdadero militar le hace apto para instruir a otros, para formar conciencia, no para hacer hombres-máquinas. Es posible que ni alcanzando el ideal perfecto de sociedad global ecologénica, dejen de ser necesarios los militares. Pero no serán como hoy, meras piezas inconscientes de un ajedrez político que les manda a matar o morir fuera de sus países, por mandato indirecto de las multinacionales mineras o petroleras y otras que sirven a la sinarquía.

EL VOTO ANÓNIMO

El voto "secreto" es una aberración política de menor gravedad, pero igualmente se ha prestado a toda clase de trampas, llamadas eufemísticamente "fraude electoral". Si bien en la mayoría de las partidocracias da igual quién gane porque los candidatos ya están comprados por quienes financian sus **campañas publicitarias** (eufemísticamente "**electorales**"), así y todo hay trampas por el poder. Unas veces ejecutadas por los mismos partidos, otras veces -cuando algún candidato parece no responder a los "intereses"- por maniobras informáticas, agentes de infiltración en las juntas electorales, etc. ¿A quién le importa que el voto sea secreto, si todo el mundo sabe a qué partido responde cada uno? ¿No se juntan miles de personas en los mítines políticos, ante cámaras y micrófonos? ¿No andan los partidarios gritando a voces su afiliación o tendencia? ¿De qué tienen miedo al momento de echar una papeleta?. A veces se andan matando los fanáticos cuando se encuentran pegando carteles, pero los actos violentos no tendrían lugar en votaciones locales por una u otra persona, si no hubiesen partidos. Ni sería necesaria campaña alguna, como veremos más adelante… Por otra parte, es increíble como luego de algunas elecciones, las consultas y estadísticas populares de los periodistas son toda una sorpresa porque nadie parece haber votado al ganador o lo ha hecho una minoría. ¿Conciencia con problemas o fraude evidente? No hay cómo saberlo, no hay cómo procesar legalmente a un culpable de tamaño delito contra la voluntad popular y -en el mejor de los casos- se hace necesario duplicar el costo de tiempo y recursos en una nueva elección. ¿Y qué garantía hay de que no ocurra fraude otra vez? Hay tantas maneras de trampear las elecciones, como magos en los escenarios, aunque haya "veedores internacionales", se haga en cajas precintadas o por medios informáticos. Este último es el sistema más fácil de "hackear".

ENTRETENIMIENTO Y DESVÍO

Táctica igual de vieja que la polarización, pero que sumada a ésta da resultados magníficos entre la masa, movilizando sus más bajas pasiones y emociones. En el tema de los "extraterrestres", -por ejemplo- que abordaremos porque tiene gran importancia en nuestros días y tiene mucho que ver con la acción política encubierta, existe una confusión enorme, noticias falsas de todo tipo mezcladas con reportes auténticos y todo obedece a la simple razón de que hay que ocultar una verdad muy terrícola y nada extraplanetaria.

Exponemos este asunto por su relación contractual de máxima importancia, pero no es el único donde el Lector podrá constatar que las técnicas de "entretenimiento y desvío" se usan políticamente La exopolítica ha tomado gran importancia en nuestra sociedad, porque no es lógico pensar que estamos solos en el Universo, pero lo cierto es que nuestra civilización tampoco está sola en la Tierra. Las conclusiones de dos equipos de investigación militar en la década de 1980, uno de Chile y otro de Argentina, fueron exactamente coincidentes y han sido refrendados en los últimos años por muchos investigadores:

1.- Existen apariciones de naves de origen no humano y cuyos tripulantes no pertenecen a ninguna raza parecida a las terrestres. Su avistamiento es fortuito y aunque hay miles de casos investigados, todos rehúyen o intentan evitar el contacto. La única referencia histórica de contacto concreto -y nada bueno- ha sido la del pueblo dogón, en Mali. En los pocos casos científicamente verificados, no ha habido mensajes muy especiales o aportación de conocimientos tecnológicos (*con excepción del caso "Umo" que aportando datos científicos poco conocidos, no son desconocidos en círculos científicos de élite*). En general, los "mensajes extraterrestres", sólo son consejos de aplicación ética y universal, de acuerdo a la capacidad mental del ocasional contactado. O sea: Nada que no sepamos.

2.- Las abducciones verificadas han sido apenas tres y con aceptación del abducido, mientras que las visitas de dormitorio han sido en su totalidad fenómenos psíquicos explicados y reproducidos en laboratorios propios mediante técnicas de psicotrónica. Aunque parece de ciencia ficción, es menos impresionante que la aparición de extraterrestres de verdad, pero lo peor es que se trata de técnicas relativamente fáciles de reproducir. Sólo hace falta un capital de unos diez mil euros, una emisora de radio potente y entre cinco y ocho técnicos. Uno de ellos, debe tener un buen entrenamiento en métodos de concentración mental.

NOTA: Es preciso recordar el significado de estos términos. *Emisor:* persona que emite un pensamiento, imagen o secuencia imaginada, que puede estar previamente elaborada en un libreto.

Receptor: Persona que sabiéndolo o no, es objetivo del experimentador psicotrónico.

Hz = Ciclo por segundo.

Es posible hacer soñar a una persona o grupo, un libreto elaborado previamente o hacerle ver imágenes, ideas y conceptos en diversos momentos, según su estado psicológico (especialmente en el entresueño). Esto es simple telepatía, pero amplificando millones de veces la potencia de la emisión radial de la glándula pineal. Para ser más exactos, el promedio de emisión de una persona normal, es de 0,02 microvoltios, en una frecuencia cercana a los cuatro trillones de Hz. Cuando pensamos concentradamente en una imagen, ésta es transmitida por la pineal porque es como una "radio orgánica" Puede ser captada a una distancia de algunos metros por una persona cuya capacidad interpretativa de la recepción sea aceptable.

Pero si a esa emisión le agregamos emoción, y más aún si nos identificamos con el receptor, la recepción puede producirse a muchísima distancia, tal como demostraron algunos experimentos de la NASA, conectando telepáticamente a los astronautas con sus esposas.

Si además, esa emisión pasa por un sistema de bio-feed-back que permite al emisor un mayor control y previo entrenamiento, y agregamos a la emisión de salida una potencia de diez mil vatios (una radio nacional normal) con una onda portadora adecuada, tendremos una población entera (o al menos un buen número de sujetos en ella, según la identidad conseguida por el emisor) que ha experimentado una abducción o lo que se le quiera hacer soñar, pero no admitirá que ha sido un sueño, dado el grado de "sensación de realidad". Aunque es terrible y se practica, imponiendo ideas, arquetipos, etc., estas prácticas han debido ser cuidadosamente administradas, porque los sujetos usados como emisores tienen muy corta duración. Mueren, enferman o se vuelven locos, porque el factor de afinidad crea empatías tremendas con sus víctimas. Mientras éstas tienen un trauma del que pueden salir o manjar de diversas maneras, el emisor sufre luego un "enganche" por afinidad, aún no explicado científicamente, con los receptores. Esta es una de las armas más secretamente desarrolladas, pero tiene problemas hasta ahora insalvables:

a.- Un emisor detectado, convencido para que acepte el trabajo y entrenado durante años, se vuelve loco perdido tras dos o tres tareas. Mucho dinero y tiempo tirado al manicomio, de modo que sólo se usan contra un líder que amenace verdaderamente el sistema de poderes. La Ley de Causa y Efecto en esas frecuencias de actividad mental, es demasiado inmediata y por eso resulta más efectivo al poder económico global, usar el cine, la prensa, la televisión y subliminales en todos esos medios para producir el engaño masivo y la estupidización colectiva.

b.- Hay equipos de psicotrónica altruistas que están trabajando para desmontar el caro chiringuito de esos servicios de inteligencia tecnificada. Cuando la intención de los emisores es altruista, creativa, constructiva, protectora (en una palabra, *amorosa*), no hay locura, sino mejoras en la propia vida y desarrollo de la consciencia..

3.- Hay un aumento exponencial en los contactos de segundo tipo (observación de las naves) a partir de 1943. Los primeros reportes, hasta 1953, no hablan de alienígenas, sino de armas secretas alemanas. Muchas fotografías son evidencias de desarrollos tecnológicos de los germanos. La estadística global de los dos equipos de inteligencia militar, coincide con la elaborada por los grupos de investigación independiente, en que los modelos de naves fotografiados con insignias alemanas, son más del 96 % (Noventa y seis por ciento) de los casos de avistamiento cercano. Del tres por ciento restante, sólo unos pocos casos parecen ser realmente alienígenas y el resto queda sin clasificar.

4.- El gran montaje de los círculos de los cereales, supuestamente hechos por extraterrestres, se inició en setiembre de 1965, pero en Berkshire, Inglaterra, el 04 de Septiembre de 1967 se descubrió el origen real de las figuras. Ese día, tanto reporteros como la policía local, tomaron estas fotos.

Los dos aparatos caídos en la zona de operación quedaron a disposición del gobierno y -como siempre-, luego desaparecieron del alcance de los periodistas y por lo tanto del público. Funcionan en base a motores de gravitación (en realidad se trata de dos poderosos rotores electromangéticos girando en sentido opuesto), diseñados por ingenieros alemanes y cuyos planos fueron sustraídos por la inteligencia inglesa en las requisas posteriores a la caída de Berlín, es decir a lo largo de todo el mes de mayo de 1945.

Con estos platos voladores a control remoto, que no pudieron reproducirse para conducción personal debido a lo incompleto de la tecnología copiada, se montó el gran fraude, diseñado para dejar grandes y enigmáticas marcas en los campos de cultivo, achacables así a extraterrestres. Los efectos sobre los cereales están dados por el fuerte campo magnético de los aparatos que los aplasta sin tocarlos, sin dejar huellas en el piso porque lo hacen desde apenas un metro de altura y en algunas ocasiones han dejado filamentos de composiciones minerales raras. Han sido divulgados dos videos, uno de ellos por el equipo de investigación de Fernando Giménez el Oso.

Aquel 4 de setiembre de 1967 se destapó el asunto, como es evidente por una falla técnica, así que mientras afinaron las cuestiones de ingeniería, dejaron de aparecer las marcas que se habían empezado a ver desde dos años antes. Tras aquella caída, los experimentos se reiniciaron dos años después pero en Australia, en sitios donde se preveía que la cosa no sería muy publicitada (por si ocurrían otros fallos). En 1976 volvieron a aparecer en Inglaterra y luego se hicieron en muchos otros países. De ese modo se mantiene la discusión confusa dando lugar a un montón de teorías, sobre si son un fraude de agricultores, si son marcianos, de Venus o de Orión, si representan un mensaje, etc. Sin duda que el plan ha resultado, pues surgen infinidad de "contactados" y de reportes de experiencias tan extrañas como indemostrables, tras la visita turística a los "*crop circles*". Todo ello aleja al público de la realidad que veremos enseguida.

Los técnicos de la sinarquía no han podido crear flotas de estas naves para ser tripuladas, porque los pilotos en algunas ocasiones han enloquecido debido a los efectos de los campos magnéticos tan potentes que aún no saben manejar adecuadamente para hacerlos innocuos para el organismo, y porque cuando lo lograron, al menos un piloto ha desaparecido llevándose el aparato. ¿Quién querría quedarse en esta civilización teniendo un vehículo con el que puede "volar" durante semanas o meses hacia cualquier planeta y volver? Además, el hecho de fabricar aparatos que con poca energía libre y gratuita (se llama electro-magnetodinámica) se pueda incluso viajar a otros planetas, es algo que afecta gravemente a otras civilizaciones. Ni siquiera se permite a ésta enviar nada al espacio, salvo los satélites y algunas sondas. .Por esa razón no hay vertederos nucleares en la Luna y jamás un astronauta norteamericano ha pisado en ella. El gran engaño lunar aún mantiene crédula a mucha gente desinformada, televidentes y carentes de conocimiento científico como para darse cuenta. Así son, sin saberlo, sirvientes inconscientes del sistema de mercado y/o de la tiranía académica. Muchos desengañados que ocupan puestos académicos o científicos, no hablan en público del tema para no perder su trabajo.

5.- La enorme y terrible realidad, es que se nos oculta algo que nada tiene que ver con conspiraciones entre la pandilla del Nuevo Orden Mundial y los extraterrestres, aunque sería posible que existan realmente algunos colectivos no terrestres viviendo en "vacuoides" (grandes espacios vacíos del interior de la corteza terrestre). Pero la real conspiración no tiene protagonistas de otros planetas, porque ya hay aquí mismo gente emanada de esta civilización, altamente tecnificada, que no lo permitiría:

El secreto mejor guardado desde 1945 es que de alguna manera, la Segunda Guerra Mundial no ha terminado del todo, o al menos los germanos no fueron realmente derrotados, aunque capituló Alemania como país beligerante y se rompió el Eje. Esto puede comprobarlo el Lector mediante miles de artículos antiguos en las hemerotecas, libros editados inmediatamente posteriores a 1945 y fotos como esta postal del Escuadrón Juvenil de Bomberos de Berlín, 1944.

La siguiente fotografía fue retocada en años recientes, pero también el original, bastante parecido, fue postal el mismo año de 1944 y apareció en revistas alemanas, danesas y suecas en diversos años hasta incluso 1948. (dice: "Los últimos batallones de Hitler se acercan"). Sin embargo las naves eran pocas y se destinaron prioritariamente a trasladar personas y recursos a las bases establecidas en la Antártida desde 1936.

Los planos del modelo Haunebu II puede que hayan sido conseguidos casi íntegramente por los agentes británicos en junio o julio de 1945. En base a ellos los ingenieros seleccionados por la sinarquía empezaron a trabajar en USA e Inglaterra con esta tecnología, que además resultó inconveniente porque se rompen las pautas esclavistas del mercado.

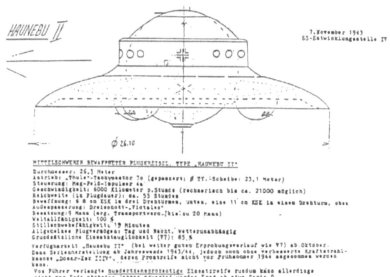

HAUNEBU II

7.November 1943
SS-Entwicklungsstelle IV

⌀ 26.10

MITTELSCHWERER BEWAFFNETER FLUGKREISEL, TYPE „HAUNEBU II"

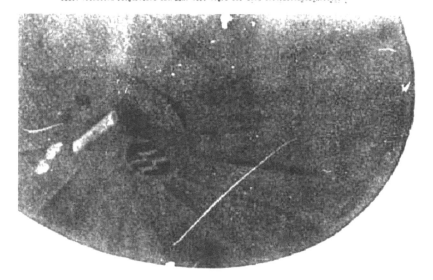

En 1976 Hugo Blaschke, el dentista de Hitler, declaró que los rusos le pusieron una pistola en la sien y le hicieron identificar una dentadura obligándole a firmar como perteneciente a Adolfo Hitler, cuando no lo era. Pero si Hitler murió o no en Berlín, no es tan importante como el hecho de que **_cien mil oficiales_** seleccionados de la élite alemana, con sus mujeres e hijos, fueron transportados en esos aviones electromagnéticos hacia diferentes bases, en la Antártida, a una base ubicada en fondo marino de la plataforma continental chilena y posiblemente a una base del actual Parque Noreste de Groenlandia. Ese es el tema que se ha tratado de ocultar y en gran medida se ha logrado. La "Operación Abwesend" dirigida por un servicio de inteligencia británico inmediatamente finalizada la Segunda Guerra, reveló esa desaparición. En Nüremberg sólo fueron enjuiciados 24 oficiales y otros doce en USA. Unos dos mil cuatrocientos no seleccionados para su traslado o que no pudieron acceder por circunstancia a la evacuación, se refugiaron en Argentina, Chile y Brasil, pero los cien mil restantes y sus esposas e hijos, nunca aparecieron.

Desengáñese el Lector, porque no vendrán hermanitos de otros planetas a salvar a una humanidad cuyas aberraciones son evidentes cada día en los noticieros. Quizá los *malos de la película* no sean tan malos como nos han hecho creer, puesto que si hubieran querido ganar una guerra, lo hubieran hecho a costa de la masacre total del enemigo (Hay una consigna táctica que dice: "*Cuando se dispone de un arma muy efectiva pero en provista escasa, hay que usarla con toda contundencia o el enemigo la sustraerá y usará contra sus creadores*"). Los *chicos malos* no la usaron, como no usaron los dos mini-reactores nucleares que un comando americano robó del búnker de Dinamarca, que luego el "genio" de Albert Einstein convirtió en sendas bombas atómicas. Desde 1941 Hitler estaba en conocimiento y posesión de la energía nuclear y podría haber hecho bombas atómicas. Cabe preguntarse si no las usó porque no querría destruir el mundo que deseaba conquistar, pero lo cierto es que algo más grande e importante se cocía en los laboratorios alemanes: El desarrollo de los motores de gravitación, que finalmente constituyeron el máximo avance realizado durante la guerra. La desmaterialización y recomposición material de los aviones electromagnéticos gravitacionales, ya estaba proyectada en el programa "Gespenst" que autorizó Hitler en agosto de 1944, fue lograda más tarde y el intento de emular esta tecnología (Experimento

Filadelfia) terminó en un gran desastre. Se decía que era un experimento de teletransportación, pero en realidad se trata de desmolecularización, modificación vibracional, que permite a los aparatos hacerse invisibles y al parecer, de atravesar cualquier materia (una montaña, por ejemplo), reconstituyéndose luego a la materialidad normal. Aunque parezca al lector desinformado pura ciencia-ficción, se trata de tecnología terrestre, tan terrestre como la que nos legó Nicolás Tesla y nos oculta la sinarquía. Inaplicable a un barco (que se hunde), a un vehículo terrestre que también se hundiría y perdería en la tierra, o a un avión que perdería su sustento aerodinámico.

No creemos que estos germanos (que deben haber duplicado su población y avanzado aún más en la tecnología y en todos los órdenes sociales, etc.), vayan a volver para atacar y tomar revancha; ni vendrán de la Luna como presenta en forma humorística la película "Iron Sky" (en proyecto), aunque es casi seguro que también existen bases "nazis" allí. Pero más seguro aún, es que no vendrán a ayudar a una humanidad que les odia por influencia de la mediática, pues la gente desinformada y teleidiotizada ve una swastica (símbolo solar del budismo y otras muchas religiones antiguas) y se asusta, sin siquiera saber sobre su significado: "*Purifícate y retorna al Paraíso*".

Lamentablemente, la asociación mental de casi toda la Humanidad con un Holocausto del que existen cada vez más dudas e infinidad de pruebas en contra de su realidad, haría que cualquiera que vea un plato volador con la swastica del aire (cruz fraccionada, símbolo de la Luftwaffe), aun suponiendo las mejores intenciones que pudieran tener sus tripulantes, provoque una huída o un ataque por parte de los asustados testigos, como ya ha ocurrido en algunos casos.

Fuera del tema extraterrestre, basta ver unos minutos de televisión analíticamente para ver cómo funciona la polarización y la confusión. Si observa la *pornografía deportiva*, podrá ver como se forman dos "energías" opuestas no ya en los jugadores, sino un par de nubes con cargas opuestas (para describirlo de alguna manera) entre ambas multitudes de espectadores. Esa energía suele terminar en peleas callejeras y asesinatos en tal magnitud y cantidad, que las policías de muchos países "democráticos" tienen prohibido reportar a la prensa, y todo "*en bien del deporte*".

Si el Lector suele ver los noticieros, no hace falta decirle más sobre el efecto de la polarización dentro de esa otra aberración política que es el poder legislativo aparentemente separado del judicial…

Se realizan, como ya hemos dicho, aplicaciones psicotrónicas desde 1965, produciendo psicosis sobre invasión extraterrestre, abducciones, etc., manteniendo una polarización constante entre creyentes y escépticos. Lo mismo ocurre en el terreno esotérico, donde cartomantes, astrólogos comerciales y psicómetras más o menos entrenados, hacen un circo espectacular, del que sacan dinero gracias a la ignorancia y desesperación de la masa, pero también denigran totalmente al verdadero esoterismo y a la parapsicología, que nada tienen que ver con ellos y que siguen métodos puramente científicos para investigar la historia, fenómenos extraños, etc.. Por cada periodista y/o investigador de misterios decente, hay cinco charlatanes, especialmente los que autotitulan defensores del "pensamiento crítico", que trabajan -conscientemente o no- para mantener los dogmas académicos.

En cuanto al ocio, el entretenimiento está más que asegurado en casi todo el mundo y la pornografía deportiva (ver como lo hacen otros y cómo ganan dinero) no sólo entretiene, sino que también polariza, divide hasta tal punto que en algunos países en disconformidad social y personal, la multitud gasta su energía en las euforias y depresiones pre y post-partidos, así como en batallas campales de la que resultan unos cuántos muertos cada fin de semana en los países más embrutecidos… Pero eso sirve a los políticos para desviar la atención de la masa de los verdaderos problemas que le aquejan.

SOBRE TERRORISMO Y FALSA BANDERA

Estas dos técnicas se aplican constantemente. El ejemplo más moderno es la caída de las dos Torres Gemelas el 11S, con su dueño Larry Silverstein asegurando "*contra accidentes*" los edificios por dos mil millones de dólares, dos semanas antes, pero con falsos atentados comenzó la guerra de Vietnam, y con atentados de falsa bandera comenzaron dos Guerras Mundiales del s. XX y antes la guerra contra España y son demasiadas para extendernos aquí. El terrorismo lo mete en la gente el Estado traidor cuando prácticamente hay que desnudarse para pasar por un aeropuerto, siguiendo las directivas de USA en "política de seguridad" cuando los supuestos terroristas de las Torres Gemelas (que están vivos) secuestraron los aviones *usaron cuchillos de plástico* ¿?.

Es una pena que los policías y agentes de los aeropuertos no se den cuenta del absurdo papel que les hacen desempeñar en esta gran farsa y se hagan cómplices de ella. Los odios y los miedos metidos en la psicología de la gente son una forma más de envenenarla.

ANARQUÍA ¿POLÍTICA O FILOSÓFICA?

La anarquía política es otra aberración creada por rebeldes ignorantes y también por los mismos metapolíticos de las finanzas internacionales. Aunque sea preferible a la esclavitud, es una utopía absoluta. La anarquía filosófica es la que practican las personas más sensatas y desengañadas, que no precisan que nadie les diga qué deben hacer y no participan de la farsa mundial.

Política y dialécticamente es una paradoja, ya que se trata de la forma de gobierno sin gobierno. Del griego αν (*an*) "no" o "sin", y la raíz del verbo αρχω (*arkho*), o sea "jefe". La primera vez que aparece la palabra "anarquía" en la historia conocida es en la obra de Esquilo de Eleusis "*Los Siete Contra Tebas*", en el 467 A. de C..

Pero aunque Esquilo pueda considerarse el padre de la tragedia griega, su obra no dejó impronta en lo filosófico y su impacto político está en duda. Para comprender la anarquía desde aquella época hasta la actualidad tenemos que apreciar un amplio espectro de diferencias ambientales, la evolución socio-política, la economía y la demografía. En su época los gobiernos opresores no contaban más que con algunos miles de ciudadanos y algunos cientos de esbirros muy firmemente adiestrados, así como una mediática basada sólo en el rumor, ya que sólo un porcentaje ínfimo de la población sabía leer y escribir. Sin embargo jamás pudo realizarse el ideal derivado de aquella obra, que ni siquiera propone una forma de vida sin gobierno, sino el derrocamiento del existente. La comunicación más rápida era el mensajero a caballo y aunque esa situación informática existió hasta mediados del siglo XIX, la anarquía jamás pudo ponerse en práctica ni en las más pequeñas tribus aborígenes de todos los continentes.

En el ideal anárquico se supone que todos los individuos saben lo que tiene que hacer y que son responsables de sus actos, pero que cuando ello no es así, la sociedad reacciona localmente y puede generar las defensas necesarias e inmediatas. Los anarquistas se dividen históricamente en dos grupos: Los políticos y los filosóficos, pero hacer coincidir los criterios e intenciones de unos y otros es algo que nadie ha logrado hasta ahora. Sin embargo, el movimiento anarquista ha tenido alguna influencia -y sigue teniéndola- en la sociedad. Por eso vamos a desglosar ordenadamente los aspectos de cada tendencia.

ANARQUÍA POLÍTICA

Esencialmente se trata de dejar a la tribu, comunidad o país sin gobierno alguno, difundiendo para ello muy variadas consignas, pretextos, etc., hasta convertir en slogans algunas frases recortadas o intencionadamente manipuladas como *"Cada ciudadano sabe lo que quiere"*, *"Podemos gobernarnos a nosotros mismos"*, *"El poder corrompe"*, *"Los pueblos desean vivir en Libertad*", etc.. Pero ninguna de estas consignas puede hacerse real sin una organización y sin un alto grado de conciencia y disciplina de la masa involucrada.

Entre los anarquistas famosos destaca Gerrad Winstanley (1609 - 1676) calificado de "*comunista utópico*", a la vez que cristiano. Su vida fue en extremo difícil, quizá más que sus coetáneos de una Inglaterra repleta de injusticias sociales, ya que se empeñó en combatir contra los poderes económicos de su tiempo, pero cometió el error de lanzarse contra la Corona, en vez de buscar el enfrentamiento entre ella y los usureros que tenían tan sometida a la Corona como al pueblo. Su obra "The Law of Freedom" (La Ley de la Libertad) causó un impacto ideológico importante mucho tiempo después de su publicación. A él y sus seguidores sólo causó problemas, no por ir en contra de los poderes fácticos y por mezclar asuntos eclesiásticos donde su idea del "Reinado de Cristo" molestaba a los acomodados líderes religiosos, sino que no tiene sentido hacer una crítica sin presentar alternativas. Por otro lado, su ideal anárquico se matizaba contradictoriamente con su creencia en la República Democrática Cristiana, de modo que ni solución alternativa ni coherencia doctrinaria.

Los anarquistas políticos activos -salvo raras excepciones como Winstanley- han sido siempre activistas subversivos, gente que sin proponer alternativas de gobierno han combatido al régimen del momento, pretendiendo que todo ciudadano tiene un mínimo de coeficiente intelectual que le permite gobernarse solo y -lo más utópico- que toda persona "quiere" gobernarse sola, decidir por si misma, atenerse a sus propios criterios para vivir, educarse, trabajar, administrarse, etc.. La Anarquía Española ha sido la que más se ha acercado a lo que podría llamarse "éxito" en lo político, pues llegó a tener varios personajes famosos, pero muchas veces se confunde el término "anarquista" con "terrorista" o "magnicida". Así es el caso de Mateo Morral, que puso una bomba a Alfonso XIII, sin lograr su objetivo pero matando a 23 personas. La lista de personajes más o menos identificados con el anarquismo pasa de quinientos en todo el mundo. El problema es que ninguno ha conseguido nada realmente valioso para su entorno social y político.

Los actuales movimientos de "indignados" van por el mismo camino, por más que tengan la movilización pacífica como pauta fundamental. Sólo harían efectiva su capacidad movilizadora instaurando una forma de gobierno diferente, tal como se propone en "Constitución Asamblearia". ¿Creerán que los políticos -incluso los lacayos menores de la sinarquía- no preveían estas reacciones?.

Desde la caída del Imperio Romano hasta ahora, la mayoría de las revoluciones han sido guiadas por grupos con intenciones bien definidas, desconocidas para la masa manipulada, pero en muchísimas ocasiones han usado el pretexto del ideal anárquico para derrocar a los gobiernos, dejándolos en un caos, que es lo que produce en la práctica la anarquía, sometiendo luego a los países acéfalos a los intereses de los grupos que siempre han manejado la verdadera política mediante el dinero. Incluso el ideal anárquico se ha intentado mezclar en revoluciones republicanas, produciendo dolorosas confusiones en las poblaciones así manipuladas. Por eso la constitución de un gobierno ecologénico ha de fundamentarse en un profundo y clarísimo conocimiento por parte de los líderes, así como de un conocimiento general aceptable, por parte de la masa, de los conceptos principales de Ecologenia.

Desde el 326 D. de Cristo, cuando Constantino creó -además de la Iglesia Católica- la primera banca privada, en reemplazo de la economía del talento romano que regía desde dos mil años antes, los agitadores pseudoanarquistas han estado siempre al servicio de los manipuladores políticos y trabajan para la oculta dictadura económica. El ojo más o menos entrenado en asuntos antropológicos y sociales puede observar y diferenciar entre los manifestantes que -por ejemplo- se movilizan cada vez que hay una reunión del G8 (Los ocho países más industrializados del mundo: Canadá, Alemania, USA,

Francia, Japón, Inglaterra y Rusia), o en otras manifestaciones antiglobalización. Si bien la mayoría de las reivindicaciones exigidas son absolutamente justas, muchas de estas acciones populares están provocadas y dirigidas por pseudoanarquistas para entretener a las masas usando a los políticos visibles como cebo. En esas manifestaciones se hacen controles muy cuidadosos, se pulsa el accionar de determinados individuos a modo de análisis focal, se hacen filmaciones y registros metódicos y sondean las reacciones populares.

Muy raramente esas reuniones anunciadas tienen una verdadera finalidad de llegar a algún tipo de acuerdo, porque lo que define las acciones políticas -sobre todo a nivel de política internacional- no son los criterios ecológicos o los intereses del ciudadano medio, sino los intereses económicos. El Congreso de los Estados Unidos quizá sea la muestra más clara de que los intereses financieros son los que realmente mandan y las reuniones entre políticos y financistas, aunque son de público conocimiento, no se hacen públicas las conversaciones. Luego en el Congreso lo que se hace es votar cada uno por los intereses que representa, con lo que en realidad el interés de la ciudadanía es una utopía. No es de extrañar entonces que los movimientos anarquistas en USA tengan un carácter más filosófico, ya que muchos ciudadanos estarían encantados con cualquier otra forma de gobierno o aún un desgobierno, al comprender lo corrupto del sistema en que viven.

Pero no habiendo intereses más poderosos que los del sistema, los pseudoanarquistas sólo son "necesarios" cuando hay que asesinar a un Presidente que no acata las órdenes de los banqueros: Mientras, cualquier corriente anárquica se combate con medios que van desde las sutiles campañas de manipulación mental (películas, conspiraciones de terrorismo para culpar a agentes externos, etc.), hasta la represión pura y dura de cualquier manifestación pro anarquía.

En Europa las cosas son iguales en el fondo, pero funcionan de otra manera, ya que los pueblos tienen aún cierta capacidad de reacción y se busca sobre todo mantener un buen nivel de vida, con mínimos de pobreza, consiguiendo un conformismo general que encubre las falencias del sistema político-económico.

ANARQUISMO FILOSÓFICO

Desde el punto de vista estrictamente dialéctico y lógico, la anarquía es una utopía irrealizable (no es una redundancia, porque la mayoría de las utopías tienen alguna posibilidad y a lo largo de la historia se han realizado la mayoría), pero la anarquía como forma de vida es algo que jamás se ha conseguido y no será posible mientras que cada individuo sea autoconsciente y diferente de los demás.

Se da una interesante paradoja en los intentos de concebir un mundo anárquico y es que conseguir que cada individuo piense por sí mismo, se gobierne a sí mismo, se administre y controle a sí mismo, implicaría llegar a un comportamiento social similar al de las hormigas o las abejas, donde cada uno cumple una función de manera inexorable y perfecta, sin contradicción con ninguna otra función de ningún otro individuo. Pero sucede que hormigas y abejas tienen sus reinas, tienen su gobierno, aunque la sociedad se mueva por órdenes establecidas en la programación genética individual y colectiva. Ninguna sociedad animal -ni las bacterias- ha existido sin gobierno, de modo que mientras más nos acercamos a lo natural, menos podemos creer en la posibilidad de una sociedad anárquica, a menos que alcancemos un "consciente colectivo" donde -sin perder la individualidad- podamos funcionar en plena armonía.

Mientras eso no ocurra, al menos podríamos vivir en una verdadera democracia, que es la forma de vida donde se hace posible un gobierno ecologénico.

LA UNIFICACIÓN Y DIVISIÓN NACIONALES

Hay gente muy buena, con altos ideales que llevada por la ignorancia política, auspiciada algunas veces en forma muy directa por infiltración de agentes encargados de la perversión de las ideologías, termina proponiendo cosas del todo ridículas, como la unificación de toda la Humanidad en los aspectos en que no debe ni puede unificarse, a menos que se haga bajo las cadenas del esclavismo. Las partes aberradas de esta idea son:

a) *"Una única raza, la Humana"*, Como si fuese posible borrar de un plumazo las diferencias culturales, biológicas y de idiosincrasia de las razas y naciones. Sólo podría hacerlo el esclavismo y de hecho lo está logrando, perdiendo así cada nación y cada raza los valores que le son propios y ancestrales, para caer en las ridiculeces de una sola moda, de un solo "*modus vivendi*" que se llama consumismo, control individual extremo, hipoteca, idiotización comercial...

b) *"Un solo país":* Caben las mismas consideraciones que para el ítem anterior. Los mismos que promueven la unidad bajo los principios del capitalismo y el mercado, son los que financian y controlan mediante sus servicios de inteligencia privados, las divisiones nacionales. Un buen ejemplo es España, país al que se ha buscado dividir y destruir como a Alemania, por tener valores culturales, sociales y arquetípicos muy inconvenientes a los objetivos globalizadores del mercado.

c) *Una sola cultura:* ¿Y tiramos todos los folklores, el canto, la danza, las fiestas y costumbres -pintorescas o didácticas- de todos los pueblos, para sentarnos frente a la TV a tomar cocacola y mirar lo que nos quieran hacer creer?

d) *Una sola religión.* ¿Cuál religión?. ¿La que tiene a la gente arrodillada y culpándose? ¿La que tiene a los más fanáticos golpeándose la cabeza (con protección, claro) clamando poder para tomar venganza en nombre de su dios? ¿O nos unificamos en la idea de que si no lo hacemos el karma nos convertirá en hormigas?

Cierto es que la Nueva Humanidad tendrá que unificarse y urge hacerlo, pero no bajo esas premisas tan absurdas, imposibles y en último caso, fatales. El concepto lógico de Unificación pasa por un proceso que en la Parte Segunda exponemos en detalle, pero en líneas generales el mundo sólo puede y debe unificarse en:

A) *Un solo gobierno.* Esto es muy fácil si se acepta que se haga según el plan actual en marcha de los esclavistas genocidas. Basta que cada uno deje de colaborar con los grupos ecologénicos y siga entregado a la política actual. Pero si se quiere hacer una Humanidad unida en consciencia, en felicidad, verdadera libertad y armonía con el Universo, de tipo evolutivo, no será tarea fácil, pero tampoco una utopía.

Puede lograrse si el pequeño porcentaje de innovadores, ese pequeño porcentaje de personas inteligentes que siempre ha destacado por su creatividad, genialidad en algunos casos y altos ideales, consigue ponerse de acuerdo y dejar todos sus personalismos y egoísmos, la pereza y los problemas psicológicos, para unirse a una causa de la que damos aquí los lineamientos generales. Pero de ninguna manera se alcanzará ese ideal de un día para otro ni a nivel global en muchos años. Eso significaría romper con todos los valores que cada Nación tiene, con la lamentable y consecuente pérdida cultural. Lo que es realmente un imposible, es que los pueblos acepten perder su identidad. No puede ni debe ocurrir eso, como no puede ni debe ocurrir a nivel individual. Aunque la sinarquía esclavista consiguiese su objetivo, aunque la población mundial sea masacrada en gran parte, aunque quedara disminuida mentalmente y controlada al extremo con los nanochips, siempre habrá focos de resistencia, siempre aparecerá por alguna parte el espíritu de libertad y éste acabará con el sistema de control, por más refinado que sea.

Pero si triunfa la postura ecologénica, la conciencia de los individuos debe alcanzar máximos, liberarse de las taras psicológicas las falsas creencias políticas llamadas "ideologías", las falsas religiones y falsas teorías en todas las disciplinas humanistas, antes de pretender alcanzar una unificación global. Mientras, el proceso puede y debe iniciarse a nivel de Naciones. En un futuro cuya distancia será determinada por la reacción de las multitudes ahora mismo, será posible un gobierno mundial realmente Humano; pero jamás puede hacerse como lo intenta el mercado, a costas de las libertades individuales, el terror, las guerras, las pestes fabricadas para vender sus medicamentos y el genocidio como modo de controlar la demografía.

B) Una sola economía. Pues claro, eso sí que es posible incluso mucho antes de tener un gobierno mundial, esclavista o no. De hecho eso ya existe y estamos sometidos a ella… El desafío es hacer una *economía global solidaria, altruista, liberadora, justa, no dineralizada* y no "liberal" como hasta ahora, donde la única libertad que da, es al astuto esclavista, al especulador y al usurero que siempre vivirá del trabajo de otros.

C) Un solo idioma. Es menos utópico y existe uno: el esperanto, pero su difusión por simple educación colectiva se hará posible bajo los gobiernos nacionales ecologénicos. Igual puede consensuarse el inglés, tal como ocurre hoy y parece funcionar bien en las relaciones internacionales de gobiernos y personas, pero de ninguna manera debe constituir un reemplazo de los idiomas nacionales establecidos. Es imprescindible que toda la Humanidad cuente con un idioma común que permita la comunicación fluida entre todos los seres, pero así mismo es fundamental que cada país conserve su lenguaje, porque como se explica en la psicología junguiana, así como en dianética, a partir de los idiomas se contraen engramas (aberraciones psicológicas durante traumas) y sólo conservando las lenguas maternas pueden hacerse ciertas terapias. Ni siquiera debe permitirse la pérdida de las lenguas y dialectos que dan identidad propia a las diversas comunidades.

Al hablar esperanto sólo en la internacionalidad, no se activan engramas, la psicología de individuos y colectivos se mantiene al margen de los engramas que se contraen en casa, en lenguas locales. Por otra parte, existen millones de documentos históricos de enorme valor cultural que sólo podrán ser aprovechados por la Nueva Humanidad si las lenguas se conservan. Mientras la evolución no nos permita alcanzar la telepatía, no deben perderse los idiomas que actualmente hay.

[**Nota:** Dianética es la escuela psicológica desarrollada por L. Ronald Hubbard y cuyos resultados son maravillosos, con aplicación en todos los campos de la medicina, no sólo en la psicoterapia. Resulta perfectamente compatible con la Medicina Germánica del Dr. Hamer y un avance sobre la psicología junguiana. Sin embargo esta escuela ha sido y es combatida por la psiquiatría del mercado y luego monopolizada por la Iglesia de la Cienciología, fundada por el mismo Hubbard, pero que fue rápidamente infiltrada por la sinarquía y desviada de los objetivos de este genial investigador. La Iglesia de la Cienciología deberá hacer una drástica limpieza de sus cuadros para retomar el cauce original y servir a la Nueva Humanidad.**]**

Aclarado esto, cabe decir que los nacionalismos falsos son otra aberración. El ejemplo español no es único, pero es el más didáctico para el caso. Si a los independentistas de las diversas comunidades se les da la "independencia" que piden los grupos de fanáticos -ideológicamente manipulados-, no sólo quedarían esas comunidades aisladas cultural y socialmente del resto de la Nación que es España, sino que quedarían más rápidamente sometidas a los intereses económicos del mercado financiero, que lo que menos desea es conservar los valores culturales, folklores e idiosincrasias populares.

SOBRE LA DEMOCRACIA

Uno de los conceptos más aberrantes de la política de los dos últimos siglos es -aparte de una flagrante mentira- que la democracia es una forma de gobierno. En realidad es una **forma de vida**, con matices sociológicos, filosóficos, espirituales y antropológicos, pero no puede ser una forma de gobierno. La forma de gobierno podría ser muy variada, pero cualquiera sea, sería un _derivado_ de la forma de vida democrática.

Vamos a lo comprensible hasta para el menos perspicaz. ¿Acaso tienen más poder los políticos que los banqueros? ¿Acaso tiene alguien, más poder en este sistema que los dueños del dinero? Los políticos obedecen a quienes financian sus campañas, el pueblo tiene dos o tres figuras a las que votar, pero ¿Acaso les conoce realmente?, ¿Alguien puede negar que son apenas excepciones, aquellos políticos que cumplen sus promesas electorales?: Un pueblo culto vota una idea, vota a quien parece que las tiene más claras, pero en la estadística global, las promesas políticas son charlatanería y para colmo, las pocas promesas coherentes con la realidad son olvidadas apenas alcanzado el poder. Los planes políticos anunciados son subjetivos y sin ninguna propuesta de cambios de fondo, sólo cambian las formas: 1) Más créditos, 2) más leyes, 3) más "justicia social", 4) más trabajo, 5) menos delincuencia. Sólo se cumplen las dos primeras promesas. Más créditos en vez de más dinero en los bolsillos y más leyes para complicarnos la vida. La "justicia social" suele quedar en justificación de la vagancia y nada de educación social. El "más trabajo", sólo lo es para los legisladores y la "menos delincuencia", compruébelo el Lector en la estadística y los noticieros…

Ningún político -salvo unos pocos demonizados- habla de Amor; nadie habla de cambiar las reglas de juego a favor de la abolición de la usura, el agio y la especulación financiera. ¿Cómo podrían si están financiados por usureros? Nadie propone cambios de modelo. Los pocos que se han atrevido, se han arriesgado a la masacre total auspiciada por los conspiradores internacionales de las finanzas. Nadie ha enseñado la ciencia política al pueblo, salvo esos pocos demonizados. Cuando surge un individuo que tiene el real conocimiento de la política, es automáticamente marcado con la palabra "dictador". Se ha usado la prensa, el arte, la literatura y los planes de estudio escolares para generar la idea aberrante de que dictadura es igual a tiranía y que es de por si, algo malo.

Sin embargo, los dictadores a lo largo de la historia conocida han tenido mejores resultados económicos, sociales, educacionales, etc., que las tan cacareadas democracias. Quienes hemos tenido ocasión de vivir bajo las dictaduras como simples ciudadanos y observadores imparciales, hemos podido verificar que aún la dictadura ejercida por alguien que no tiene gran habilidad política, tiene más justicia social, eficiencia burocrática, rapidez en la Justicia, menos o nada de paro laboral, poco o nada de deuda externa y un grado de coherencia política imposible de lograr en las *"partidocracias"*.

Basta observar los noticieros y pensar un poco: ¿No es la partidocracia un juego absurdo donde el partido de la oposición, el que no fue elegido, practica una constante sedición contra el gobernante elegido? La casta política, aún con ideas completamente contrarias (en teoría) a lo que ha elegido la mayoría, se asegura así su *"puesto de trabajo"* y se dirá que de ese modo están *representadas las minorías*. ¿Es que acaso necesitan esas minorías estar representadas para obstaculizar la acción coherente del gobierno? En teoría, ambos partidos -o todos ellos- desean el bien común, es decir los mismos beneficios para todo el pueblo. ¿Acaso puede lograrse eso implementando lo que dispone el gobierno y a la vez lo que quiere la oposición, cuando las propuestas son del todo opuestas o cuando menos, incompatibles? ¿Quién gana cuando derecha e izquierda mantienen en vez que diálogos, constantes peleas por intereses irreconciliables? Pues sólo ganan los charlatanes hipócritas de un lado y del otro, ya que finalmente harán las cosas a conveniencia de sus mandantes, los verdaderos políticos de las finanzas. Cuando un gobernante no cae en esas trampas y decide dar coherencia al accionar de gobierno, se le llama "dictador", aunque la mayoría sea bien recibido por el pueblo harto de incoherencias o incluso elegido con toda la legalidad de las votaciones.

Cabe un ejemplo práctico actual, considerando que ni el autor ni ninguno de sus más de treinta asesores y cerca de medio centenar expertos consultados, pertenece a la sociedad venezolana, y que ninguno milita en ningún partido de izquierdas, así como algunos hemos podido comprobar *in situ* todo lo que detallamos: En Venezuela Hugo Chávez intentó llegar al poder por la fuerza, en cumplimiento de su deber como militar y su conciencia como ciudadano. No resultó, pero luego ha ganado las elecciones. Ganó con apenas algo más de la mitad de los votos, pero ahora cuenta con un respaldo popular superior al 82 %, según encuestas de observadores extranjeros totalmente imparciales. Aunque queden infinidad de cosas que arreglar en su país, ha logrado una revolución sin precedentes en la historia moderna, porque Venezuela ha pasado de ser un país de miseria espantosa, oligarquía reinante y analfabetismo lastimoso, a un país digno, donde el estudio es casi gratuito y accesible a todas las clases; la medicina ya no es un lujo y las chabolas y villas miserables han sido reemplazadas por casas decentes con todos los servicios básicos. Lo realmente inédito es que semejante revolución se haya hecho sin asesinatos, sin masacres, sin deportaciones masivas e incluso sin abolir la legislatura. Lleva a la fecha diez años de gobierno y se mantiene por voluntad popular legalmente manifiesta y aprobada por veedores internacionales. ¿Por qué la prensa internacional insiste en rotularlo como "dictador"?

Se intenta demonizar su persona y acción política con técnicas de recorte y pegado en videos, textos y fotos, sin embargo está permanente enfocado por las cámaras y su pueblo puede seguir todos sus pasos, palabras y actos, cosa que prácticamente no ocurre con ningún otro líder. Cierto es que tiene una forma de hablar demasiado diferente en tono y lenguaje de lo "políticamente correcto", pero ¿Acaso alguien puede acusarle de mentiroso, de no haber cumplido sus promesas o de haber engañado a quienes le votaron?, ¿Preferimos el discurso político de vendedor moderado y hábil, o un discurso campechano claro y sin mentiras?

Es posible que Venezuela pueda convertirse en una Nación Ecologénica si se mejora aún más el sistema, pero para ello sería necesario que todo el pueblo dejara de caer en la trampa de la polarización y que los países vecinos tomen los mejores ejemplos y apoyen esa revolución. Si en América la Revolución Bolivariana emprendida por Chávez toma el sentido de la Ecologenia, logrará más rápidamente sus objetivos. En Venezuela la especulación y los abusos se van terminando, pero los ricos en Venezuela que trabajan honestamente, no han quedado menos ricos. Eso es lo que hace que mucha gente "de derecha" ya no sea tan "derechista".

Cierto es que ha habido excepcionales dictadores que han llegado por la fuerza o el engaño, vendedores de patrias, puestos por los mismos usureros de siempre para derrocar a un gobierno honesto pero débil. Así y todo, esos falsos dictadores no han sido tantos ni tan descarados como los "democráticos", que han vendido casi todo a las multinacionales y cuando no lo han hecho totalmente (por estar bajo lemas supuestamente socialistas), han dejado en manos de los banqueros el verdadero poder. Cualquier persona puede comprobar estas afirmaciones con sólo analizar las noticias desde una óptica global e imparcial, o con investigar la historia económica, la estadística judicial y los resultados sociales de los países, para apreciar las diferencias.

Entonces el recurso fundamental de la sinarquía para dar a las dictaduras el carácter de demoníaco, es la supuesta matanza que ha hecho el dictador para llegar al poder. En muchos casos, por no decir la mayoría en la historia, las matanzas estaban en marcha por asuntos del mercado, por religiones o las polarizaciones ideológicas, obligando al dictador a jugarse la carta de tomar el poder e imponer orden en el caos y terminar con la guerra interna. Que luego el dictador se perpetúe en el poder, en vez de educar al pueblo en la verdadera democracia, es otro tema. Y allí ha estado el fallo.

Veamos qué pasa cuando un dictador no educa al pueblo en la ciencia política y por muerte, cansancio o presiones, viene la supuesta democracia.

Como hemos dicho antes, y diremos muchas veces, la democracia es una forma de vida, no una forma de gobierno. Cuando se habla del "Estado de Derecho", se supone que hay un sistema de justicia eficiente y que para que esto sea realidad, se presume que debe haber necesidad de división entre poderes. Entonces hay un presidente o primer ministro cuya campaña ha sido financiada por los intereses usureros, que son -sin excepción- de lo más espurio, falto de ética, falto de solidaridad y de interés por el bien común. La mayoría de las empresas se crean con una filosofía, con el ideal de alguien que quiere dar algo que ha creado, un invento, una idea de servicio, etc., pero los bancos no se crean con esa finalidad, sino para administrar y ganar dinero. Y a tal punto llega lo desalmado del banco como institución en la mayor parte del mundo (no nos referimos a los empleados, a los cajeros, meros ciudadanos inconscientes de casi todo lo que estamos exponiendo), que ni siquiera existen baños para los clientes. Una cafetería sin baños en condiciones, no dura un día porque el municipio le cierra. Los bancos argumentan "*razones de seguridad*". ¿Tienen dinero para campañas publicitarias formidables y no lo hay para un baño alejado de las cajas, aunque el cliente deba pedir la llave?

Pues ese "espíritu" es el que gobierna por encima de los gobiernos que supuestamente elegimos. ¿Y la democracia?...

Por otro lado, tenemos un poder legislativo, que se dedica a crear leyes. Es decir que en vez de un dictador, hay *un ejército de "pequeños dictadores"* que tienen que gastar -igual que el poder ejecutivo- la mitad de su energía, tiempo y recursos, para llegar y mantenerse en sus puestos, lidiando cada día con sus pares de otros partidos (otro factor a ver en el apartado de "polarización"). ¿Necesita un pueblo que cada día le estén imponiendo nuevas leyes? Las premisas legales dicen que el desconocimiento de la Ley no exime de su cumplimiento ni de las consecuencias de su violación. Esto sería justo si las leyes no estuvieran cambiando y agregándose leyes nuevas. Pero sí constituye una injusticia, cuando ni siquiera el letrado más experto es capaz de conocer en el instante todas las leyes, ni puede saber al momento qué leyes aplicar, aparte de que éstas pueden tener infinidad de interpretaciones.

Entonces tenemos Jueces que deben decidir en base a la Ley. Esto obliga a dichos funcionarios a actualizarse constantemente respecto a nuevas leyes, aparte de que la corrupción y contradicción de las leyes, la educación aberrada, la estimulación de la codicia y las bajas pasiones de la ciudadanía, les obliga a atender cada día más casos delictivos y reyertas de todo tipo, creando una situación que les convierte en los funcionarios más agobiados, laboralmente presionados y en definitiva, incapaces humanamente de resistir las presiones a que están siempre expuestos. A esas personas les tenemos que pedir Justicia cuando hay problemas, pero sus criterios y sabiduría muchas veces chocan con lo absurdo de las leyes a las que deben atenerse. Entonces, si disponemos de Jueces ¿Para qué queremos más leyes de las existentes?. Si hay que estar en permanente reforma de la Ley es porque algo está fallando en el fondo, en la filosofía de gobierno, en las entrañas del sistema o mejor dicho, en toda su estructura.

Si hay que atenerse estrictamente a las leyes creadas por los legisladores, no haría falta Jueces. Hoy más que nunca, basta un ordenador bien programado, que podría dictar sentencia rápida... Mejor dejar eso ahí, porque lo peor es que ya está pensado por el Nuevo Orden Mundial. ¿Acaso no hay experiencia como "humanidad" y como "civilización" para hacer un **cuerpo de leyes simples** y atenerse a ellas? Bastaría dar a los Jueces el poder para hacerlas cumplir y confiando en su sabiduría, aplicarían sus criterios con la flexibilidad necesaria a cada caso, sin que los procesos lleven años. Pero de eso hablaremos más en otro capítulo.

Trataremos de ilustrar algo más sobre la democracia mal entendida, con ejemplos sencillos pero claros: Imagínese que su cerebro es un "dictador" que sin lugar a quejas ni discusión de ningún órgano, miembro o célula de su cuerpo, ordena lo que cada uno debe hacer y a la vez deja que las funciones automáticas sean reguladas por el propio organismo. Pero su cuerpo se hace "democrático". Su mano **derecha** quiere mandar e imponer sus criterios. Su mano *izquierda*, supuestamente con derecho a voto, derecho a réplica y derecho a la *participación democrática*, tiene que lograr un acuerdo con su mano derecha para cualquier actividad. Ambas manos desean ser la elegidas para hacer las cosas, cada una a su manera… ¿Cuánto demoraría en peinarse?.

Tenemos una policía muy especializada con uniformes blancos que apenas entra un intruso a hacer daño, van y lo eliminan. Ese cuerpo "*fascista*" se llama sistema inmunitario. Pero una parte de hace "democrática", y decide que deben morir otras células del cuerpo o hacer las cosas de otra manera, porque en alguna parte se cambiaron las leyes; o bien resuelven que hay que hacer un montón de consultas, preguntar o pedir permiso, analizar si no se estaría violando algún código y que luego sean castigadas… O la médula se hace "democrática" y en vez de obedecer a la voluntad central del cerebro, empieza a fabricar cantidad enorme de funcionarios inservibles. Eso se llama leucemia. En vez de mandar el cerebro, otras partes del cuerpo funcionan fuera de las directivas centrales. Imagínese a cualquier organismo de la naturaleza intentando sobrevivir mientras le cambian las leyes (pautas de comportamiento, directivas, etc.) a cada instante…

Aunque digamos que el Hombre forma civilizaciones, que es un animal político y cuantos pretextos se pongan al absurdo, la Humanidad no debe funcionar fuera de la lógica, de las Leyes Naturales y jamás podrá evolucionar favorablemente si cree lo contrario, como ningún cuerpo puede mantenerse sano si vive drogado, por más que el sujeto se crea muy fuerte. No tenemos ni podremos tener jamás un dominio tal de las Leyes Naturales, que podamos evitarlas. Sin embargo podemos conocerlas, servirnos de ellas, pero jamás "ir en contra" de esas Leyes que el Universo ha impuesto. Cualquier individuo de cualquier grado de evolución que viola las Leyes Naturales, no las inhibe, no las burla; sólo marcha a contramano del Universo y caerá inexorablemente en la involución, con todas las secuelas de sufrimiento inherentes a ella. A diferencia de las supuestas democracias, el Universo no modifica sus Leyes, pues son Eternas, inexorables, inalterables, inmutables, simultáneas y coetáneas con todo momento y lugar. Son siempre las mismas. Dios (el Creador Universal, no el personaje maldecidor de La Biblia), no tiene un "*Parlamento Celestial*" que fabrique leyes. Y éstas son considerablemente pocas, teniendo en cuenta que de ellas depende la Existencia Eterna del Universo, aunque haya criaturas que atropellen la genética y hagan toda clase de desastres nucleares. Sobre esas Leyes Naturales el esoterista Ramiro de Granada y el Votivvm Hermeticvs han revelado el cuadro principal o Tabla Máxima, del que se derivan todas las Leyes Naturales conocidas académicamente. Ese material se encuentra en "La Biblia III Testamento de Todos los Tiempos" y ha dejado de ser exclusivo de las órdenes que conservaban esos Conocimientos.

Si la Humanidad se atuviera a ellas, no tendría necesidad alguna de crear nuevas leyes; simplemente adaptaría su condición humana y su relación con el entorno, a ese conjunto de Principios y Leyes Naturales, que los Egipcios llamaron "Arcanos" (Ocho Principios o "Arcanos Mayores" y Siete "Arcanos Menores" conformando cada Principio). Los místicos, adivinos y charlatanes desfiguraron el sentido del Tarot, pero éste es un juego de cartas en que cada una representa una Ley

Natural. Ya en las últimas dinastías es posible que se perdiera parte de su valor técnico, pero ese conjunto era una especie de computadora gráfica, algo que sólo puede ser útil si se conoce la Tabla Máxima, que no se operaba con elementos del azar. ¿Se pondría a adivinar un ingeniero o arquitecto las cifras de una obra, tecleando al azar en el ordenador? Una calculadora científica no sirve para nada si no se conocen las matemáticas, así que el Tarot es para el "adivino" un pretexto comercial ante sus clientes.

Las leyes egipcias eran copia adaptada de esos Arcanos y su civilización vivió en armonía, abundancia y paz durante trece milenios. El Egipto de los Faraones era ya una lejana reminiscencia de la civilización que construyó las Grandes Pirámides y cuyo destino desconocemos porque no dejaron cadáveres. A diferencia de ellos y de las etapas civilizatorias siguientes, esta civilización moderna está violando mediante la aceptación del "sistema de mercado", la Ley de Solidaridad, que es una ley de la ecología. La medicina del mercado viola la Ley de Mentalismo, cuando promueve miedos y enfermedades falsas, con falsos diagnósticos y terapias mortales como la radio y quimioterapia para ganar dinero, para vender una farmacopea que no sólo no sirve en más del noventa por ciento, sino que más de la mitad de los medicamentos son letales.

Los médicos que practican la medicina del mercado con el mismo espíritu de los banqueros, conscientemente o no, están violando la Ley de Concienciación, al igual que todo criminal, aunque tenga un título que en muchísimos casos es una licencia para matar. El sida existe, pero no hay ningún virus, el cáncer existe, pero tiene remedio real en terapias baratas y sobre todo, en psicoterapia junguiana y/o dianética, así como veremos luego, en la Medicina Germánica del Dr. Hamer. Pero estas enfermedades llenan demasiadas arcas para acabar con ellas. La medicina del mercado vive de la enfermedad, no de la salud. En vez de curar, en el mejor de los casos alarga agonías. Por eso disponemos de un gran avance científico, pero la gente vive llena de enfermedades.

Se está violando la Ley de Evolución cuando la religión somete al espíritu humano alejándolo de la ciencia espiritual, cuando calumnian y ridiculizan a las órdenes esotéricas, y cuando éstas son políticamente infiltradas para distorsionar sus enseñanzas. Se viola la Ley de Finalidad, cuando en aras de la ganancia material se esclaviza la mente de la masa haciéndola "dinerodependiente", haciéndole olvidar su razón de existir, sus verdaderas necesidades y su verdadera esencia como persona, convirtiéndola en "consumidor", en "cliente", en "comprador", antes que cualquier otro rótulo.

Afinando un poco en lo espiritual o filosófico: si Usted ocupa la mitad de su tiempo vital y la mitad de su emocionalidad en los problemas económicos, en cómo pagará la hipoteca, en como manejará todas esas cosas tan ajenas a la Naturaleza, tan fuera de las situaciones para las que su genética está preparada, su matrimonio será un desastre, su vida un infierno y terminará con cáncer o cualquier otra enfermedad, porque el banco manda hasta sobre sus más íntimas funciones vitales.

Se puede decir que un cuerpo sano, es un cuerpo "democrático", porque -como hemos dicho- la democracia es una *forma de Vida*, implica armonía, igualdad *relativa* ante las Leyes (un demente no es juzgado igual que alguien que *se supone* que es normal). Sin embargo un cuerpo humano, o cualquier cuerpo vivo, o cualquier grupo social de cualquier especie, funcionan bien solamente cuando hay UNA inteligencia central. Un país donde todos creen que todos y cada uno tiene algún poder de decisión sobre la política, sobre las funciones integrales del organismo (individual o colectivo), es como un cuerpo cuyas células se desmandan y cada una hace lo que quiere, sin importar lo que haga el resto, porque supone que vive en democracia y puede hacer lo que se le dé la gana. Hay una idea aberrada de lo que es "libertad", se confunde con libertinaje. **La verdadera Libertad es un**

estado del Ser, el más preciado valor, pero se sustenta en dos pilares que son *Lealtad* y *Dignidad.* La Lealtad humana en su sentido más pleno, es el respeto, el amor y la intención de servicio hacia toda criatura del Universo, incluso si tiene que matar a alguna para proteger al resto. Quien tiene esa Lealtad no duda en matar una araña si debe hacerlo, pero lo lamenta de verdad. Agradece a una planta, sin caer en misticismos, cuando debe cortarla. Vive en armonía con toda la Naturaleza. La Dignidad es el punto de conciencia que le dice que nada ni nadie es "superior" en esencia del Ser, por lo tanto nadie tiene derecho a esclavizarle, humillarle o engañarle.

Si bien el Hombre se diferencia de los animales hasta tal punto de conformar un Reino Natural superior a todos ellos, no está exento de muchas de las fallas que observa en la etología o que considera como cosas "bestiales". Así que a nivel grupal, aunque haya caído en la barbarie actual, tiene mucho más que dar de si mismo que cualquier especie animal, sobre todo si estamos de acuerdo con Aristóteles (sobre que el Hombre es un animal político). Pero eso no quiere decir que cualquiera pueda decidir políticamente. En una verdadera democracia hasta los niños deberían saber más de política que los que hoy se llaman "políticos", pero en esa real democracia no habrían "opinantes" hablando de política en televisión, sino que lo harían los verdaderos políticos.

De la misma manera que nunca ponemos a un barrendero a "opinar" cómo debería hacerse un puente, ni a un ingeniero le preguntaríamos cómo tratar a un demente, ni le preguntaríamos a un médico cómo se fabrica un ordenador, es en extremo absurda la idea de que todo el mundo puede tomar decisiones políticas. Ni siquiera puede todo el mundo elegir a quien le represente políticamente en un estrato más elevado que lo local. ¿Puede el voto de un individuo con un coeficiente intelectual de 150, tener el mismo valor de una persona con menos de 100? Si ha pensado que sí, que es justo, entonces apliquemos el mismo criterio a la hora de hacer el edificio donde vive ¿Le preguntamos a todos los futuros vecinos cómo hacer el edificio? Apliquemos ese criterio en un hospital cuando Usted o un hijo suyo se está muriendo. Le preguntamos a las enfermeras, porque ellas saben bastante, le preguntamos qué hacer a cuarenta médicos de todas las especialidades y ya que estamos al farmacéutico, al anestesista, a los administrativos...

La persona que tiene dirigir el destino de un país, o tan siquiera el de una tribu, tiene la responsabilidad de que todos vivan sanos, de que todos tengan alimentos excelentes, que tengan una educación que les permita evolucionar hacia una trascendencia y no ser sufriente implorantes ante una imagen ni clamando venganza eterna en un muro de lamentos. El líder de un mundo, de un país o de una tribu no puede ser un mentiroso, un ególatra, un hipócrita, un incompetente, un charlatán que promete lo que no cumplirá, que no da respuestas de fondo a los problemas. Ni siquiera debería "haber problemas" si el líder es un verdadero político, salvo los producidos por catástrofes naturales (hoy más que nunca, previsibles), para las que debe tener planes preventivos efectivos. ¿Qué clase de democracia es aquella donde la casi totalidad de los llamados "políticos" tiene todas esas características antes mencionadas?

Y lo peor es que no existe ese "líder", sólo existe un títere mayor, gobernado ocultamente por los usureros. Y detrás hay un "partido", lleno de parásitos, de fabricantes de leyes con las que someten e inhiben en gran medida la sabiduría innata y vocacional del único estamento éticamente válido: el Poder Judicial. En una comunidad realmente democrática, los únicos cargos que deben ser por elección directa, son los Jueces, porque son quienes en primera instancia decidirán lo mejor para los demás y porque pueden surgir de la voluntad de sus vecinos, que les conocen y con los cuales conviven. Más adelante comprenderá el Lector el papel del Poder Judicial en una verdadera democracia.

La política es una ciencia y lamentablemente está tan desvirtuada como la historia, la antropología, la arqueología y casi todas las demás, sumisas a la política del mercado, que siendo la única real en la dinerocracia del sistema, nos muestra el siguiente ejemplo:

Las empresas funcionan con una única cabeza, aunque (en el caso de las sociedades anónimas) haya miles de accionistas. El directivo de la empresa no es "elegido" por esos accionistas, sino que ocupa su puesto por ser el fundador o heredero con mayoría del capital accionario. O porque aparte de ser uno de los accionistas mayoritarios, ha demostrado ser eficiente (astuto, perspicaz, insensible, ambicioso) a un pequeño comité de accionistas, el cual funciona como una especie de poder judicial. Entre el director o presidente no existe ningún "Poder Legislativo". Semejante lacra política inhibiría al presidente, al Consejo Directivo y volvería locos a los empleados de todas las secciones. Debería todo el mundo ocupar la mayor parte del tiempo para ir conociendo las nuevas leyes que ese grupo promulgara, modificando los modos de trabajo, en vez de mejorar técnicamente la producción. ¿Qué empresa podría mantenerse con esa estructura? ¿Por qué no tiene ninguna empresa ese "órgano democrático"?

Aunque la historia que nos han contado puerilmente diga que se originó en Grecia, han existido infinidad de auténticas democracias a lo largo de la historia desde hace muchos milenios; pero como hemos dicho y repetiremos hasta que el público lo entienda del todo, *la democracia no es una forma de gobierno, sino una forma de vida*. La democracia se ejerce únicamente cuando el pueblo tiene un grado de conciencia colectiva solidaria y cada individuo un grado elevado de conciencia autónoma. Las democracias han estado vigentes durante el gobierno de grandes reyes, faraones, emperadores e incluso "dictadores", sin que estos títulos hayan sido obstáculo para el ejercicio democrático.

Uno de los criterios más aberrantes y contradictorios de los Estados que se supone "democráticos", es que se le hace suponer al pueblo que tiene madurez para elegir sus representantes, pero no tiene madurez para poseer armas. Así que el Estado (sí, ese Estado traidor o inepto, endeudado por los banqueros), tiene casi todas las armas. Necesita ejércitos supuestamente para defenderse y contrata mercenarios, gente que por dinero matará o morirá donde le manden, pero también se contrata gran cantidad de mercenarios extranjeros ¿Para qué? Pues para que no proteste si el "político" le manda a asesinar a su propio pueblo. Los más poderosos envían las tropas a otros países por "razones humanitarias" que casi siempre encubren meros intereses económicos. Se envían tropas para proteger a sus propios empresarios, en un marco de corrupción internacional de fondo que cuesta ingentes víctimas.

Un gobierno verdaderamente democrático no necesita mantener ejércitos permanentes, salvo unos pocos militares instructores; convierte a cada ciudadano en un soldado, armado y preparado para defender su país, a su familia y a su gobierno. Un gobierno realmente democrático no teme rebeliones del pueblo, sino que cuenta con su incondicional apoyo, porque da muestras de verdadera sabiduría, entrega y altruismo desde su mayor responsable hasta el último funcionario. Entonces eso es signo de que el organismo llamado país, nación, pueblo, vive en democracia, porque si su gobernante no cumpliera con ese auténtico sacerdocio que implica ser un verdadero líder, nada le costaría al pueblo echarlo y poner en funciones a otro mejor.

La división de poderes implica una neutralización en muchos aspectos, especialmente en lo que atañe a la justicia, representa un costo enorme a la economía nacional pero sobre todo, la existencia de un "poder legislativo" representa una cuña magnífica para los banqueros. Sin legisladores cambiantes que puedan ir cambiando las leyes, no podrían ir infiltrando y pervirtiendo los valores de la sociedad. No habrían podido secuestrar al mundo como lo han hecho, apoderándose de todo mediante el dinero. Sin esa aberración de *lesa política* y por lo tanto de *lesa humanidad*, llamada "poder legislativo", no habrían podido destruir los ejércitos patrióticos. En connivencia con ello, han pagado a supuestos *objetores de conciencia* para crear ese titulillo y movilizar a otros, con que se enorgullecen los vagos, los ignorantes de los deberes patrios, los jóvenes analfabetos políticos, en la creencia de que así no habría guerras. Pero estos objetores de conciencia sólo han dejado el espacio para que lo ocupen mercenarios extranjeros o los más violentos y desalmados asesinos del propio país, prontos a invadir otros territorios como a masacrar a su propia población. Hemos conocido a más de un "objetor de conciencia", que luego busca inscribirse en las fuerzas armadas merced a la desesperación económica y el paro.

En varios países, a lo largo de los dos últimos siglos, luego de desaparecido un dictador o un presidente honesto, se ha instaurado la "democracia" e inmediatamente se ha montado farsas "golpistas". En todas las ocasiones, algunos militares de principios, honestos y patriotas, han caído en la trampa y puede que aún se repita esta sucia estrategia. Deben tener en cuenta esos señores militares que la única manera de volver a una verdadera democracia en una verdadera Patria, no es contando con un ejército o un grupo militar, sino con un pueblo educado. Y de cualquier manera, mediante votaciones populares, a pesar de todas las falencias que pueda tener el sistema.

Dado el hecho de que la mayor parte de los militares están sometidos directamente a los políticos e indirectamente a los designios de la banca; que el pueblo está desarmado y que por desgracia existen grupos armados buscando dividir más los países, nada puede ni debe hacerse con las armas de guerra. Hay armas más efectivas para derrotar la falsa democracia y a los usureros, como explicamos en la Parte Segunda.

LA MEDIÁTICA

Es una vergüenza que un logro tecnológico como la televisión se haya convertido en la mayor propaladora de mentiras. Podría servir y sirve parcialmente en su versión más informática que es Internet, para educar, comunicar de manera interactiva, pero si embargo existe una emisión permanente de televisión, sólo porque el mercado lo tiene montado así. La mayor parte de la gente cree casi todo lo que ve en televisión, se viste, come, habla y piensa en función de lo que ve en la mal llamada "caja boba". La caja no es boba, sino quienes la miran demasiado tiempo y peor aún si lo hacen sin agudizar el sentido crítico. Hoy existen dos clases de personas respecto a la manera de pensar y grado de información: los internautas y los televidentes. Los que mantienen conexión a tiempos iguales, en pocas semanas van dejando la televisión sólo para ver noticias y películas en ciertas horas, pero pueden apreciar una diferencia monumental. En la televisión apenas se tocan temas políticos alternativos, medicinas alternativas, en los noticieros principales no hay eco sobre las diversas campañas que los internautas hacen para denunciar toda clase de irregularidades, ni tiene el televidente una verdadera interacción, salvo por los mensajes SMS que además de tener un costo, muchas veces son censurados. Los debates televisivos son en su gran mayoría manipulados, convertidos en bolsas de gatos donde se discuten banalidades, donde la gente desnuda sus intimidades a cambio de un poco de dinero y las morbosidades se convierten en "show".

Lo mismo ocurre en la mayor parte de los medios y el que mejor parado sale, por lo difícil que se hace la censura y el control sinárquico, es la radio, sobre todo las Fm locales. La prensa escrita es algo que desaparecerá muy pronto, porque ya no queda mucho de dónde sacar madera para hacer papel. La tecnología disponible en la actualidad ya debería haber barrido con la prensa escrita, pero hasta ahora los intereses del mercado han podido con la inteligencia de los ecologistas.

Sería largo enumerar todas las aberraciones políticas que se desprenden de lo ya dicho y que el Lector podrá deducir de aquí en adelante, así que ahora nos centraremos en el tema más importante y urgente: Las alternativas políticas al problema ecológico y demográfico.

SOBRE LA TOLERANCIA

El concepto de tolerancia en física es algo que puede servir a un ingeniero, a un arquitecto o a un químico, para calcular resistencia de estructuras, propiedades físicas o manipular reacciones químicas. Hay para esa "tolerancia", cifras exactas. Pero en psicología no hay cifras exactas y el manejo del concepto es mucho más difícil. Digamos que un individuo tolerante es aquel que puede comprender a sus semejantes y obrar con respeto ante la incompetencia, la ignorancia, la ingenuidad y hasta ante la estupidez (que es una mezcla de ignorancia y mala intención). Pero ¿Cuál es el grado de tolerancia que puede tenerse?. ¿Se le debe dejar "opinar" en política al ignorante o al estúpido y diremos ante sus tonterías que "hay que tener tolerancia"? Si creemos en esa tolerancia, dejemos que ese mismo "tolerado" haga nuestra casa sin ser arquitecto ni albañil. Dejemos que un violador cuide nuestros hijos. Deje la mujer a una ninfómana que atienda a su marido y que éste deje a su mujer ser atendida por varios amigos. ¿Cuál es la medida de la tolerancia que se debe tener con el asesino en serie, el pederasta, el que entra a su casa para robar, sabiendo que puede tener que matarle?

La mentalidad ecologénica, como luego se verá, es muy tolerante en el sentido de la comprensión y la aplicación de normas destinadas a la recuperación de los individuos. Pero de ningún modo esa tolerancia implica que el ladrón pueda hacer de las suyas y que le suelten en menos tiempo que lo que tardó el policía en arrestarlo. No es "tolerancia" sino mera injusticia que un esclavista, ladrón, usurero o asesino se burle de la sociedad saliendo de una cárcel para volver a cometer sus habituales fechorías. Un político ecologenista debe ser justo, no tolerante, porque la tolerancia con el delincuente es injusticia contra sus víctimas. La Ley debe ser justa, no tolerante, porque de lo contrario no se cumpliría o lo haría en perjuicio de la sociedad, no protegiéndole de sus agresores.

Los homosexuales no tienen por qué pedir "tolerancia". Nadie tiene que "tolerar" a una persona por sus inclinaciones sexuales mientras sus acciones no sean lesivas psicológica y/o físicamente para otros. En todo caso, lo que deben pedir es la eliminación de los prejuicios, justicia y trato igualitario. Por otra parte, la moda mundial para los machistas es "tolerancia cero". Eso está muy bien. Pero no se arreglará con leyes el problema. Hay más leyes, pero los maltratos y homicidios no han disminuido. Sólo se ha agravado la situación de muchos varones maltratados psicológicamente por sus mujeres y poniendo en mayor peligro a ellas, porque el fondo está en la falta de educación y terapia.

LA PATRIA

Se ha conseguido formar civilizaciones gracias a que existe un espíritu colectivo y éste funciona bajo leyes universales de afinidad. Esas afinidades han dado lugar a la formación de Patrias. Pero las invasiones, las infiltraciones de los más grandes codiciosos de la historia, el egoísmo inculcado junto con los absurdos de las religiones distorsionadas y el uso del patriotismo mal entendido, han producido una pérdida lamentable del verdadero sentido de la Patria. La ignorancia cívica al respecto, es evidente en los "objetores de conciencia", pero también lo es en tanta gente que repite ser "ciudadano del mundo". Eso podría llegar a ser y debería ser una realidad, pero para que llegue a serlo sin perder los valores que cada colectivo tiene y -por ende- sin pérdida de los valores culturales de cada individuo, debe primero hay que recuperar el verdadero sentido de la Patria. Ni con el extremismo de los independentistas que sólo facilitan el "dividir para reinar" de los esclavistas, ni con la unificación forzada y brutal del mercado. Las Patrias actuales que llevan al menos dos siglos de supuesta independencia, deberán permanecer como tales, porque siete u ocho generaciones han formado afinidades importantes. Pero las que aún no se han "independizado" deberán plantearse seriamente cuál es la verdadera Patria; cuál es la Nación y cuál es el País. La Humanidad no necesita más "independencias" políticas, que terminan siendo todas ventajas para los esclavistas. Tampoco necesita de los apátridas, que no tienen identidad grupal, que no tienen respeto por los valores de cada Nación o simplemente no tienen ni idea de lo que todo eso significa.

El hecho de sentirnos ciudadanos del mundo y podamos viajar por todas partes con todos nuestros derechos asegurados como en casa, no significa que debamos renunciar a todo lo bueno y bello que significa pertenecer a una cultura en especial, hablar un idioma de clan o grupo, tener una serie de afinidades con un grupo nacional, etc. Es decir que el hecho de estar en la cuarta dimensión de la conciencia, no implica pérdida de los valores ganados en la primera, segunda y tercera dimensión de conciencia, ni que estén presentes en nosotros esas dinámicas mentales y espirituales, que siguen existiendo en nosotros como base del Ser. Si perdiéramos una de esas "dimensiones" o "estados de conciencia" no estaríamos en la cuarta dimensión, sino en el manicomio.

Un auténtico Patriota es alguien que comprende y ama a todos los valores de su grupo nacional, pero eso es justamente lo que le da el sentido de respeto a todo otro grupo, del mismo modo que sólo el individuo que se comprende y respeta a sí mismo, puede comprender y respetar a los demás. Los patriotas verdaderos no son invasores de otras patrias; más bien están lo suficientemente conscientes del valor de la Patria, como para ayudar a otras naciones, formando alianzas de cooperación para liberarles de sus yugos, del mismo modo que sólo un individuo libre es capaz de liberar a otros. El auténtico Patriota comprende que ayudando a otras naciones a liberarse de la esclavitud, evita que los esclavistas les usen como base de ataque para su propia nación.

PERPETUACIÓN EN EL PODER

Una idea constantemente machacada en la conciencia colectiva, es que la perpetuación en el poder es nefasta, que "*el poder corrompe*", que los cargos políticos deben renovarse constantemente para ser "democráticos". Lo cierto es que el poder no corrompe a nadie. Lo malo son los corruptos que llegan al poder. Si alguien parece que se corrompe al llegar al poder, es porque viene corrupto de raíz. Lo que realmente corrompe es el dinero, sin el cual el trabajo del político pasa a ser igual que el de cualquier trabajador, aunque sea el de máxima responsabilidad y exija una formación tan especial como completa e interdisciplinaria. En una sociedad realmente democrática no existe el dinero, por lo tanto no existe el principal corruptor. El gobernante no tiene todas las armas, no tiene la suma del poder como veladamente lo tienen hoy los "genios" de la sinarquía. En esa sociedad la democracia se ejerce de tal manera que el gobernante sólo será reemplazado si no cumple correctamente con su trabajo. Ese gobernante debe ser virtuosamente **amoroso,** profundamente **sabio y poderoso** como persona, no por el rango que ocupe ni los atributos que le permiten ejercer el gobierno ¿Cuántos políticos hay realmente así?.

¿Qué problema hay si un gobernante es realmente bueno y el pueblo no quiere que se lo cambien?. El problema lo tienen los tramposos de las finanzas internacionales, los holdings de especuladores, las empresas multinacionales… En síntesis, la perpetuación en el poder de un gobernante querido por su pueblo, es un problema para los apátridas. El cambio constante de gobierno, fluctuando entre "derecha e izquierda" es como dejar que dos conductores que quieren ir por diferentes caminos, nos lleven por turnos, a los tumbos de un lado a otro, en vez de seguir una ruta coherente. Así es como las naciones -incluso las más desarrolladas- sólo han llegado a un estado de depresión nacional, de deudas impagables con los bancos que deberían ser un servicio público y no empresas en manos privadas. El cambio constante de gobernante asegura a los usureros que si algo no lo consiguen hoy, lo conseguirán mañana, tal como lo han montado con el "poder legislativo".

LA MEDICINA GENOCIDA DEL MERCADO
VACUNAS Y FUMIGACIONES

Más de la mitad de los médicos son meros vendedores del vademécum, sirvientes inconscientes de la política comercial de las multinacionales de la "farmafia". La otra mitad, héroes que no sólo luchan contra la enfermedad, sino también contra una parte del propio gremio que les ridiculiza y ataca. Lo que no pasa por la pildorita y poco más de la alopatía, o lo que conviene a esas multinacionales, es llamada "medicina alternativa", cuando justamente la alopatía es la menos aconsejable de todas las alternativas. Veamos sólo un par de ejemplos entre los miles de temas que hay sobre corrupción médica.

Escándalos como la persecución realizada en España contra el equipo del Dr. Rafael Chacón, cuyo padre, el Dr. Fernando Chacón creó el "bio-bac" que cura a más del 95 % de los cánceres tratados, destapó en España el *modus operandi* de la "farmafia" internacional y la red de contactos corruptos tanto en el gobierno de Aznar como entre los socialistas, el uso político-económico infame que se hace de cuerpos del prestigio de la Guardia Civil, cuyos agentes han tenido que operar muchas veces contra sus propias conciencias. Pero nadie ha juzgado a esas mafias por los daños causados a los médicos y a la población. Un caso aún más escandaloso de repercusión mundial, fue el del Dr. Ryke Geerd Hamer, cuyas teorías y aplicaciones terapéuticas dieron como resultado tal cantidad de curaciones de cáncer y otras dolencias, que la mafia médica internacional comenzó a actuar de modo descarado, llevándole a una cárcel francesa en 2004 (un complot organizado entre los corruptos de Francia y España).

Para resumir, reproducimos textualmente una carta de este valiente médico a quien debemos uno de los más importantes avances en la medicina:

Carta del Dr. Ryke Geerd Hamer al Sr. Paul Spiegel

6 de Diciembre del 2000

Dr. med. Mag. Theol. Ryke Geerd Hamer

Sr. Paul Spiegel Presidente del Consejo Central de los judíos de Alemania

Leo-Baeck-Haus
Tucholskystr. 9 10117 Berlin

Asunto: La Nueva Medicina

Estimado Sr. Paul Spiegel,

Me dirijo a usted como Presidente del Consejo Central de los judíos en Alemania en referencia a un asunto presumiblemente horrible que podría afectar a todos los judíos del mundo durante los próximos siglos. Se trata de la prohibición del conocimiento de la Nueva Medicina para los no judíos desde hace casi veinte años.

En primer lugar quiero decir que si usted o sus hermanos de creencia o la prensa tachan de racista o antisemita a quien nunca censuró a ningún paciente o alumno por su raza o religión, es como si dijeran que una vaca es un carnívoro. Y si sus amigos de B´nai B´rith, la superlogia israelí, la máxima logia, intentan asesinarme, no les va a valer de nada porque después de esta carta, publicada en internet, se sabría que ha sido B´nai B´rith, como ya lo intentó anteriormente (mediante el segundo de Menachem Schneerson).

Por cierto, voy a pedirle a mi abogado, el Sr. Walter Mendel, quien le conoce muy bien, que él personalmente le entregue esta carta. Al lado de su lugar de nacimiento, cerca de Krefeld, mis padres escondieron, con peligro para su vida, en la Guerra, un número grande de sus hermanos de fe. Ahora pasemos al asunto por el que escribo esta carta:

Desde hace casi veinte años existe la Nueva Medicina. Ésta ha sido verificada oficial y públicamente en veintisiete ocasiones, lo que solamente es posible con una ciencia natural tan rigurosa como la Nueva Medicina, y no con las 5000 hipótesis de la medicina oficial.

La Nueva Medicina tiene una tasa de supervivencia, por ejemplo respecto al cáncer, de un 98%, mientras que la medicina oficial, con su pseudoterapia con quimio, radiación y morfina, tiene una mortalidad del 98% (según el Centro de Oncología alemán en Heidelberg).

En los años '80 impartí innumerables seminarios a los cuales asistieron un 80% de rabinos entusiasmados por conocer la Nueva Medicina. En 1986 me quedé de piedra cuando el superrabino de París, Sr. Denoun, nos reveló a mi amigo Antoine Graf D´Oncieu y a mí, que había recibido, como todos los rabinos, una carta del supremo rabino Menachem Schneerson, en la que comunicaba que debían ocuparse de que todos los judíos fueran tratados con la Nueva Medicina, ya que había sido verificada y era correcta. No obstante, esto debía hacerse secretamente, de forma que los No-Judíos no tuvieran conocimiento de ello. Adjunto la carta que envié a Menachem Schneerson tras escuchar estas declaraciones. Recibí su respuesta en forma de intento de asesinato mediante su inmediato inferior.

Recientemente un médico judío, el Dr. Rozenholc de Argentina, confesó en uno de mis seminarios delante de la cámara y de 33 asistentes, que desde hace entre 15 y 20 años, en todo el mundo, todos los judíos en secreto y bajo falsas etiquetas, han sido tratados con mucho éxito con la Nueva Medicina. Mencionó un hospital en Israel donde cambiando los términos con los que yo he denominado mis sucesivos descubrimientos, por supuesto el nombre de Hamer nunca se ha escuchado, se utiliza la Nueva Medicina para los pacientes judíos.

Después de la publicación en internet de las declaraciones del Sr. Dr. Rozenholc, se han desencadenado toda una serie de acontecimientos. El profesor Israel, de 81 años, quien desde hace décadas ha sido el líder del Centro Nacional del Cáncer de Villejuif y mi peor enemigo, junto con su asistente Claude Sabbah (hijo y nieto de grandes rabinos de Casablanca), quien asistió por lo menos a 20 de mis seminarios, pretenden haber descubierto, independientemente de mí la Nueva Medicina. Por ejemplo, cambiaron el nombre S.B.S. (Programa Especial Biológico con sentido, con utilidad) por suceso-SOS. Y, de repente, descubren sus hermanos de doctrina que el cáncer no es una enfermedad sino un programa especial biológico con pleno sentido que está dirigido desde el cerebro. De Hamer, por supuesto, los dos estafadores, a nivel científico, nunca han oído nada. Ahora, vayamos al problema Sr. Spiegel:

Según parece, los israelíes practican en todo el mundo y secretamente desde hace 15 o 20 años la Nueva Medicina (ver News nº 45 del 9 de noviembre del 2000). Con esto pueden sobrevivir el 98%. Pero los medios de comunicación que, en cierto sentido, el 100% pertenece a sus amigos de B´nai B´rith, están propagando la quimioterapia, la radioterapia y la morfina para los no judíos desde hace 20 años. El 98% de los enfermos No-Judíos, es decir, dos mil millones de seres humanos, parecen haber sido torturados hasta la muerte de la forma más cruel por la represión del conocimiento de la Nueva Medicina, hecho del cual sus amigos son responsables.

Como ya he dicho, Sr. Spiegel, yo soy lo contrario de un racista. Yo me sentaría con la misma paciencia a los pies de la cama de cualquier alemán, chino, africano o judío e intentaría ayudarle. Pero si algunos chinos asesinan, yo estoy en contra de estos chinos. Y si han sido los judíos los que han cometido el más grande y horrible crimen de la historia del mundo, haciéndose pasar por los perseguidos y las víctimas, entonces, yo estoy contra estos judíos. Si sus amigos han cometido este horrible crimen, y yo pienso que sólo la suprema logia B´nai B´rith es capaz y tiene los medios para cometer un crimen perfecto de una dimensión tan enorme como es la represión de la Nueva Medicina, no van a admitirlo ya que no están autorizados para hacerlo. Pero usted podría ayudar para terminar con este crimen después de 20 años y dos mil millones de muertos.

Es posible que sus amigos hayan subestimado ciertas cosas, por ejemplo, que la misma persona que ha descubierto la Nueva Medicina también sea capaz de descubrir quienes son los responsables del bloqueo de dicho conocimiento. Después de esta carta hecha pública, no les va a ayudar cometer un nuevo atentado contra mi persona.

Sus judíos podrían descalificarse como seres humanos para los siglos venideros por silenciar la Nueva Medicina para los No-Judíos. Deberían temer no sólo por los familiares de los asesinados sino también por el "ejército de los muertos".

Atentamente
Dr. med. Mag. Theol. Ryke Geerd Hamer

Sin duda, el pueblo hebreo -como toda la civilización del mercado- tiene la desgracia de contar entre sus líderes, con algunos de los más corruptos de la historia, pero -como cualquier otro pueblo- cuenta con héroes y amantes de la Verdad. Por ello reproducimos esta importantísima denuncia de estos valientes judíos noruegos, que extraemos de www.free-news.org

"El 17 de Diciembre del 2008 ha tenido lugar en Noruega un acontecimiento que pasará a la historia de la humanidad. El Gran Rabino Dr. Esra Iwan Götz ha firmado un documento en el que reconoce públicamente que los Doctores judíos, y especialmente todos los oncólogos, mayoritariamente judíos, efectúan a sabiendas dos tipos de tratamiento (según la religión). A los judíos se les trata según la Germánica Nueva Medicina ® y a los no judíos se les da el tratamiento oficial de tortura con quimio y morfina.

Esta es la traducción del documento firmado en Noruega el 17 de Diciembre del 2008:

Editorial de la <u>Germánica Nueva Medicina</u> ®

Extracto de la reunión mantenida el 17-12-2008 en las oficinas del abogado Erik Bryn
Tvedt. En presencia de los
siguientes participantes:

Sra. Erika Pilhar; Sra. Olivia Pilhar;
Sr. Ing. Helmut Pilhar; Sra. Vera
Rechenberg; Sra. Arina Lohse;
Rabino de rabinos Dr. Esra Iwan
Götz; Sra. Bona García Ortin
Dr. Ryke Geerd Hammer

Los participantes en esta reunión manifiestan una alarmante preocupación por el hecho de que cada día, y tan solo en Alemania, más de 1.500 pacientes son maltratados y torturados hasta la muerte con quimio y morfina. Con ayuda de la Germánica Nueva Medicina ® casi todos podrían sobrevivir. Esta situación que ha llevado a la muerte, tan solo en Alemania, a más de 20 millones de pacientes no judíos es el motivo de esta reunión.

Los participantes han constatado que:

1.- La Germánica Nueva Medicina ® fue descubierta hace 27 años e inmediatamente divulgada. Desde entonces, y mediante un articulo redactado por el Sumo Rabino Menachem Mendel Schneerson e incluido en el Talmud, todos los rabinos del mundo deben hacer que los pacientes hebreos sean tratados con la Nueva Medicina (así denominada al inicio), ahora denominada Germánica Nueva Medicina ®. La terapia de la Germánica Nueva Medicina ® permite un 98 % de supervivencia.

2.- Lo peor fue, como el propio Gran Rabino Dr. Esra Iwan Götz testifica, que en dicho artículo se añadió que deben utilizar los medios necesarios para impedir que los pacientes no judíos practiquen la terapia que ofrece la Germánica Nueva Medicina ®. Según el Gran Rabino Dr. Esra Iwan Götz, lo más aberrante es, no sólo que todos los rabinos conocen que la Germánica Nueva Medicina ® es verdadera y han cumplido la orden de que ningún paciente judío sea torturado con quimio y morfina, sino que todos los doctores, mayoritariamente judíos, efectúan a sabiendas dos tipos de tratamiento, una verdadera terapia o un tratamiento de tortura (según la religión).

3.- El boicot a la Germánica Nueva Medicina ®, como ha sido confirmado por el Gran Rabino Dr. Esra Iwan Götz, no es una cuestión de ignorancia, de error o de falta de información, sino un genocidio dirigido, planificado.

4,. Frente a este monstruoso crimen, a causa del cual en los últimos 27 años han sido sacrificados alrededor de 2 mil millones de seres humanos, los participantes de la reunión piensan que es necesario urgentemente informar sobre este delito a la opinión pública mundial.

Entre los judíos existen corrientes tales como «WORLD UNION FOR PROGRESSIVE JUDAISM» (UNIÓN MUNDIAL PARA UN JUDAÍSMO PROGRESISTA), a la cual pertenece el Gran Rabino Dr. Esra Iwan Götz, que rehúsa ser cómplice de este crimen.

Por esta razón, hacemos un llamamiento a todos los hombres y mujeres íntegros para que se comprometan en poner fin a este crimen, a fin de que <u>todos</u> los pacientes, <u>también no judíos</u>, puedan beneficiarse de la Germánica Nueva Medicina ®.

Junto con el Gran Rabino Dr. Esra Iwan Götz hacemos un llamamiento a todos los Rabinos, y especialmente a los oncólogos para que: «Detengan este crimen y este genocidio mundial de los no judíos».

Sandefjord, a 17.12.2008

Sra. Erika Pilhar
Sra. Olivia Pilhar
Sr. Ing. Helmut Pilhar
Sra. Vera Rechenberg
Sra. Arina Lohse
Sra. Bona García Ortin
Rabino de rabinos Dr. Esra Iwan Götz
Dr. Ryke Geerd Hammer.

Este texto y estas firman han sido certificados legalmente por el abogado Erik Bryn Tvedt, en su despacho: Rechtsanwalt Erik Bryn Tvedt (Abogado)

Germanische Neue Medizin Forlag

Niederschrift über eine Konferenz in den Amtsräumen des Rechtsanwaltes Erik Bryn Tvedt am 17.12.2008

Mit folgenden Teilnehmern:
Frau Erika Pilhar
Frau Olivia Pilhar
Herr Ing. Helmut Pilhar
Frau Vera Rechenberg
Frau Arina Lohse
Oberrabbiner Dr. Esra Iwan Götz
Frau Bona Garcia Ortin
Dr. Ryke Geerd Hamer

Die Konferenzteilnehmer treffen sich in großer Sorge unter dem Gesichtspunkt, daß jeden Tag weitere 1500 Menschen allein in Deutschland mit Chemo-Misshandlung und Morphium zu Tode kuriert werden. Mit Hilfe der Germanischen Neuen Medizin® könnten fast alle Betroffenen überleben.
Dieser Zustand, durch den bisher mehr als 20 Millionen nichtjüdischer Patienten, nur in Deutschland, gestorben sind, ist das Thema dieser Konferenz.

Die Konferenzteilnehmer haben festgestellt:

1. Seit 27 Jahren ist die Germanische Neue Medizin® entdeckt und bekannt. Und etwa seit dieser Zeit sind aufgrund eines Artikels von Weltoberrabbiner Menachem Mendel Schneerson im Talmud alle Rabbiner dieser Welt verpflichtet, dafür zu sorgen, daß alle Patienten jüdischen Glaubens mit dieser früher bezeichnet „Neuen Medizin" jetzt genannt „Germanischen Neuen Medizin®" therapiert werden.
Diese Therapie hat eine 98 %-ige Überlebensrate.

2. Das Schlimme war, was auch Oberrabbiner Dr. Esra Iwan Götz bestätigt, daß nach dem gleichen Artikel im Talmud den Patienten nichtjüdischen Glaubens eine Therapie nach der Germanischen Neuen Medizin® unmöglich gemacht werden sollte. Geradezu unfaßbar ist, daß laut Bestätigung von Oberrabbiner Dr. Esra Iwan Götz, nicht nur alle Rabbiner gewußt haben, daß die Germanische Neue Medizin® richtig ist und dafür gesorgt haben daß kein jüdischer Patient mit Chemo und Morphium mißhandelt werden durfte, sondern, daß auch alle jüdischen Professoren und insbesondere Onkologen, die die große Mehrheit darstellen, vorsätzlich zweierlei Be- und Mißhandlungen durchgeführt haben.

3. Der Boykott der Germanischen Neuen Medizin® ist, auch das kann Oberrabbiner Dr. Esra Iwan Götz bestätigen, nicht etwa eine Sache der Unkenntnis, des Versehens oder der mangelnden Information, sondern ein gezielt geplanter weltweiter Genozid.

4. Angesichts dieses ungeheuerlichen Verbrechens, dem in den letzten 27 Jahren schätzungsweise über 2 Milliarden Menschen zum Opfer gefallen sind, halten es die Konferenzteilnehmer für dringend erforderlich die Weltöffentlichkeit auf dieses Verbrechen der Menschheitsgeschichte bekanntzumachen und hinzuweisen.
Auch unter den Juden gibt es Strömungen, wie die „World UNION FOR PROGRESSIVE JUDAISM", der Herr Oberrabbiner Dr. Esra Iwan Götz angehört, die sich mit diesem Verbrechen nicht identifizieren möchten.

Aus diesem Grunde rufen wir alle redlichen Menschen auf, sich dafür einzusetzen, daß dieses Verbrechen beendet wird, und alle auch nicht jüdischen Patienten in den Genuß der Behandlung der Germanischen Neuen Medizin® kommen.
Mit Oberrabbiner Dr. Esra Iwan Götz fordern wir alle Rabbiner und auf dem medizinischem Gebiet insbesondere die Onkologen auf, „Stoppt dieses Verbrechen und diesen weltweiten Genozid an den nichtjüdischen Patienten".

Sandefjord, den 17.12.2008

Frau Erika Pilhar

Frau Olivia Pilhar

Herr Ing. Helmut Pilhar

Frau Vera Rechenberg

Frau Arina Lohse

Frau Bona Garcia Ortin

Oberrabbiner Dr. Esra Iwan Götz

Dr. Ryke Geerd Hamer

Die Richtigkeit der Konferenzniederschrift nebst Unterschriften bestätigt Rechtsanwalt Erik Bryn Tvedt in seiner Kanzelei.

Rechtsanwalt Erik Bryn Tvedt

A pesar de la evidencia y de la valentía de esta gente absolutamente intachable, tanto moral como profesionalmente, ningún tribunal se ha hecho cargo de investigar y condenar el crimen de *lesa humanidad* de casi dos mil millones de personas durante más de dos décadas por parte de los dirigentes judíos. En cambio se sigue haciendo un escándalo mundial con el tema español de los muertos en la guerra civil, se siguen juicios contra los alemanes y un machaque cinematográfico constante con el Holocausto y las supuestas miles de víctimas de las dictaduras militares en Chile, Argentina y otras historias de hace muchas décadas.

Análisis de la materia caída por condensación y falta de dispersión, tras el paso de grandes aviones fumigando vastos territorios, (firmados por profesionales imparciales y algunos de los cuales obran en nuestro poder), han revelado composiciones como ésta, que se pidió analizar a un biólogo completamente desconocedor de estos temas:

Informe de Análisis microbiológico de 4 muestras de , superficies naturales dispersas, obtenidas en la Sierra de Guadarrama el 3 de Julio de 2009 y tomadas con algodón, procedentes de chemtrails.

1-Algodón 1: exceso de enterobacterias intestinales (>105 ufc/muestra) con presencia casi exclusiva de Enterobacter cloacae ¿posible descarga de las cisternas del baño? pero con curiosa ausencia de E.coli, que sería la Bacteria más frecuente si se tratase de descarga de cisternas de baños humanos.

2-Algodón 2: exceso de enterobacterias intestinales (>105 ufc/muestra) con presencia casi exclusiva de Enterobacter cloacae y secundariamente de Shigella sonnei y Yersinia enterocolitica. ¿posible descarga de las cisternas del baño de una persona con gastroenteritis? pero con curiosa ausencia de E.coli, que sería la Bacteria más frecuente si se tratase de descarga de cisternas de baños humanos.

3- Algodón 3: exceso de enterobacterias intestinales (>105 ufc/muestra) con presencia casi exclusiva de Enterobacter cloacae y secundariamente de Shigella sonnei ¿posible descarga de las cisternas del baño de una persona con gastroenteritis? pero con curiosa ausencia de E.coli, que sería la Bacteria más frecuente si se tratase de descarga de cisternas de baños humanos.

4- Algodón 4: exceso de enterobacterias intestinales (>105 ufc/muestra) con presencia casi exclusiva de Enterobacter cloacae y secundariamente de Yersinia enterocolitica. ¿posible descarga de las cisternas del baño de una persona con gastroenteritis? pero con curiosa ausencia de E.coli, que sería la Bacteria más frecuente si se tratase de descarga de cisternas de baños humanos.

Notas y Conclusiones: En todos los casos se trata de una elevadísima concentración de bacterias Gram negativas y fermentadoras facultativas (oxidasa- y catalasa+), resistentes a las sales biliares y por tanto de bacterias cuyo hábitat es el tracto intestinal. La especie dominante es en los cuatro casos Enterobacter cloacae. Sin embargo llama la atención el hecho de que las proporciones entre especies no se corresponden en ningún caso con lo que sería esperable en el tracto intestinal de un humano sano, donde más del 95% de la flora sería E.coli, mientras en las muestras esta especie ni siquiera aparece.

No podemos extraer conclusiones definitivas sobre la procedencia real de las muestras, sólo decir que no se corresponden con un hábitat natural sano, y mucho menos esparcidas por un jardín y el monte de la sierra de Madrid.

Valdemorillo, 21 de Septiembre de 2009

Jorge Sanchis Solera

Biólogo colegiado 02537-C

Este documento ya se encuentra a disposición de todos los juzgados del mundo cuyas copias soliciten, así como se ha iniciado una campaña de presentación ante tribunales en todo el mundo, porque a los Jueces es a quien corresponde "tomar el toro por los cuernos". De los órganos internacionales -como los que jamás hicieron justicia por Sabra y Chatila, el autoatentado del 11S o la guerra contra Irak *que no tenía armas de destrucción masiva*- nada puede esperarse. Un Juez de cualquier lugar puede y debe actuar cuando sobre los cielos de su ciudad se está fumigando con elementos letales, y tiene recursos para investigar y obrar contra los causantes.

Si hay una buena cantidad de Jueces dispuestos, estén o no de acuerdo total o parcialmente con los planes de la Ecologenia, la Humanidad puede ganar la batalla más dura a la que se ha enfrentado jamás en la historia conocida. El equipo de *www.humanidadlibre.com* se ha comprometido a facilitar el contacto seguro y secreto entre los Jueces que accedan a recibir las denuncias en todo el mundo, en lo posible previos contactos personales con ellos. Del mismo modo, se ha lanzado un llamamiento mundial a los Jueces y a los cuerpos de policía, para que se hagan cargo de las denuncias existentes en todo Internet sobre la mafia médica, del mismo modo que se haría si alguien denuncia haber sido testigo de un asesinato o una violación. Y rogamos a todos los Jueces del mundo que no impongan demasiadas formalidades a los escritos, que no permitan la unificación de las causas, que cada uno actúe con toda la fuerza que tiene a su disposición, porque la unificación de las causas contra los máximos criminales sólo les simplificaría las cosas: Bastaría cambiar el fiscal general o el Juez donde las causas se unifiquen y poner un esbirro suyo. En este caso, hablamos de auténtico terrorismo, aunque sean los propios políticos los implicados. No pedimos que se haga juicios al propio Estado, sino a las personas, sean éstas militares o del poder ejecutivo, o incluso del poder legislativo en cuyo caso debería sentarse jurisprudencia invalidando sus fueros e inmunidades parlamentarias, por tratarse de crímenes de terrorismo y genocidio.

Todas estas consideraciones pasan también por el programa mundial de vacunación, toda vez que se ha comprobado reiteradamente que las vacunas entrañan un riesgo seguro y otro previsible. El seguro es que los efectos secundarios de todas las vacunas, en especial los de la gripe, son peores que los de la enfermedad que supuestamente previenen, cosa que tampoco evitan totalmente. En el mejor de los casos, las vacunas hacen dependiente al sistema inmunitario y lo destruyen son sus "coadyuvantes". Un técnico checoslovaco ha salvado en enero de 2009 a muchos miles de europeos al constatar en un examen extra y "*casi innecesario*", que la farmacéutica norteamericana Baxter había remitido para su uso contra la gripe estacional en Austria, Alemania, la República Checa y Eslovenia, 72 Kilos de material biológico infectado con virus vivos de la gripe A (virus A/H5N1) combinados con virus vivos de la gripe de cada año (virus A/H3N2).. Sin la acción intuitiva del técnico checo de BioTest, habrían muerto entre 30 mil y 35 mil personas. Baxter aludió primero "secretos comerciales" y luego "errores humanos", prácticamente imposibles en la seguridad biológica de "nivel 3".

Las denuncia efectuadas por la monja y médico Teresa Forcades, la periodista Jane Burgermeister y cientos de médicos que han dado la cara en internet y los medios televisivos que lo han permitido, hoy hacen posible que los Jueces de verdadera vocación puedan actuar.

LOS NANOCHIPS

La peor parte de la vacunación, ya peligrosa por sus efectos "normales", es el riesgo previsible y harto denunciado por analistas científicos y periodistas en diversos idiomas a través de Internet, sin que ningún gobierno "democrático" parezca saber nada ni la mediática comercial hable de ello: Se trata de la implantación de nanochips, muy superiores a los microchip que ya tiene medio millón de personas en todo el mundo. Los nanochips tienen un tamaño apenas superior a un eritrocito, o sea que pueden inocularse miles en una inyección. Tienen una pila que funcionará durante setenta y cinco años, que puede ser detonada desde un satélite mediante un impulso de alta frecuencia codificado; pueden transmitir una gran cantidad de datos (temperatura corporal y otros), posiblemente sonido y -con seguridad- localización global exacta (GPS). Existen nanochips con funciones de robot, como barrenadores, destructores, etc., pero aunque los fabricantes los anuncien como magníficas herramientas para la medicina, ya sabemos en qué manos está todo. Un control absoluto para una humanidad convertida en ganado cada vez más esclavo.

LA CRISIS DEMOGRÁFICA
ECOLOGÍA y ECOLOGENIA O GENOCIDIO

El Mundo es un Ser precioso, una Madre infinitamente Amorosa. La Vida es un Milagro que merece ser experimentado y disfrutado, una aventura que merece ser vivida. Pero para extraer de ella la esencia de Conocimiento -que es la razón de la Vida en el Mundo-, es preciso poner valentía y conocer sin desmayos las realidades que nos afectan.

Hay varios miles de ONGs en el mundo intentando de todo para frenar los desastres producidos por las industrias contaminantes, para evitar la desaparición de los bosques, para salvar especies animales en el mar y en la tierra, para alimentar y/o educar a los millones de Seres Humanos marginados o -como eufemísticamente llaman algunos políticos- *"Los más desfavorecidos"...* Porque suena más suave que hambreados, apestados, marginados, segregados o pauperizados, que son los calificativos reales de la condena a la que somete el actual sistema de mercado a más de mil setecientos millones de personas. Unos cuatro mil millones viven hipotecados en forma directa o mediante las deudas externas contraídas por los políticos delincuentes aunque tienen cubiertas sus necesidades básicas. China tiene 1.400 millones y también el sistema se hace ecológicamente insostenible en el Celeste Imperio.

De los 4.000 millones no marginados (fuera de China, que estudiamos aparte), 2.000 millones están mal alimentados, sin posibilidades de desarrollo sostenido y los otros dos mil millones de "favorecidos" por el desarrollo civilizador en USA, Canadá, Europa y algunos pequeños focos dispersos en el Tercer Mundo, viven con abundancia pero repletos de necesidades artificiales, hipotecados hasta sus nietos y/o con la angustia y depresión por falta de valores por los cuales vivir, lo que produce indecibles conflictos individuales y grupales, que se reflejan más en la juventud pero abarcan todo el espectro social. De toda la población mundial, unos 1.500 millones viven más decorosamente, dispersos por el mundo bajo economías rurales, ni apaleados por la vida inhumana de las grandes urbes, ni hambreados, ni con problemas existenciales. La mayor parte de esa gente afortunada se encuentra en Asia y el resto dispersa en el mundo. Pero igual le afecta directa o indirectamente los problemas ecológicos y más le afectará en el futuro no muy lejano, porque el problema demográfico se expande vertiginosamente.

El cuadro de situación real del planeta apesta, pero no sólo por la injusticia social mundial, en la que los principales defensores y realizadores de la globalización son causantes, sino que apesta por muchas cosas que hay que analizar al menos brevemente, aunque el público lector desglose a fondo cada asunto tras la primera lectura de este libro. Sin este análisis, toda campaña ecológica de cualquier orden resultará infructuosa en alguna medida. Es preciso comprender y cambiar asuntos de fondo para no perder el tiempo, a la vez que urge mantener las campañas ecológicas y humanitarias en el ámbito local. Pero en todo caso el accionar local debe estar imbuido en la comprensión de lo global. De lo contrario, la frase *"Pensar globalmente, actuar localmente"*, por falta de la primera premisa (pensar -conocer- lo global) queda en mera retórica. Así es como muchas ONGs, investigadores y voluntarios con el mejor corazón terminan sin saberlo, trabajando para las multinacionales financieras y/o explotadoras o para los intereses económico-religiosos que suelen servir de máscara a muchas actividades supuestamente humanitarias. No es posible ni siquiera lograr soluciones locales efectivas sin comprender los asuntos globales que se detallan:

1.- POLÍTICAS COMERCIALES

La mentalidad "demiúrgica" del mercado, está auspiciada principalmente por la educación religiosa fanática. La misma que ve a Dios como un Varón, sin reconocer jamás su aspecto femenino. La misma que hace ver a Dios como un creador monstruoso que puede condenar al sufrimiento por toda la eternidad... Esta mentalidad repleta de confusiones y contradicciones lleva a los poderosos a calcular la demografía de acuerdo a sus intereses económicos, en vez que a la sostenibilidad ecológica, el criterio humanitario y las más elementales pautas de inteligencia civilizadora. Quienes manejan la economía global desean "*mantener las cosas como están*", poniendo algunos parches aquí y allá de vez en cuando, practicando genocidios selectivos y disimulados (guerras, enfermedades, hambrunas, etc.) y no tan selectivos cuando algún pueblo no tiene ya posibilidades de ser usado, porque el mercado necesita (siempre bajo el inhumano espíritu de los negocios) mano de obra barata para obtener mayores ganancias.

No les sirven -por ejemplo- algunos pueblos de África que resultan una grosera muestra de los efectos de la esclavitud, el expolio y el posterior desinterés en ellos. Se los usa para experimentos químicos, farmacéuticos, etc., como el caso del SIDA, en que una bióloga alemana logró evitar el genocidio de millones de personas propiciada por los laboratorios que fabricaron millones de dosis mortales de un "medicamento" que hubiera aniquilado a todos los niños y jóvenes en cinco países. En este caso se trata de *Eutanasia social* porque esa gente morirá igual en poco tiempo, si no por SIDA, por hambre. Pero hablamos de una acción de *lesa humanidad* tan aberrante como la *masacre*, que es una forma más directa. Desde 1961 -tres lustros después de acabada la Segunda Guerra Mundial y no antes- venimos leyendo y oyendo sobre un Holocausto ocurrido como cosa única, exclusiva, irrepetible (cosa que muchos niegan pero se prohíbe legalmente hacer revisión histórica). Sin embargo quienes hemos nacido durante o después de la II Guerra somos testigos del asesinado directo o indirecto de mucho más que seis millones de personas (330 veces más). Somos testigos de la degradación de todos los valores éticos y deontológicos, expresada en la inanición de una quinta parte de la humanidad y la degradación y extinción de los recursos, por no poder sostenerse el ecosistema ni siquiera mediante esas *masacres* y *eutanasias*.

Se usa la historia -o mejor dicho un cuento deformado de la misma- para que pensemos que lo malo ya pasó, que hoy estamos bajo la protección de financistas y políticos muy preocupados por nuestro bienestar, muy empeñados en terminar con el terrorismo... ¿De quién; de cuáles terroristas?.

Increíblemente, a pesar de la información existente, aún muchas personas confían en el sistema... ¿Somos realmente consientes del grado de esclavitud que tenemos y nos impide hablar libremente de tantas cosas?

Se consigue mano de obra muy barata aumentando la cantidad de gente en los pueblos indefensos y sin educación. Esas maniobras a escala global implican cuidadosos trabajos de antropología y psicoantropología aplicada, inteligencia social e inteligencia política; pero se consiguen millones de empleados reducidos casi a la esclavitud, con un porcentaje enorme de muertes por hambre, desnutrición y sus secuelas. En realidad, el sistema propicia una verdadera masacre a escala global. Hoy son millones los que mueren de hambre pero la mayor parte del resto de la Humanidad apenas se entera. La gente ve esas miserias en televisión y le parece que todo eso está muy lejos... Pero si no se corrigen rumbos morirá asfixiada, ahogada, quemada, aplastada por pestes fabricadas en laboratorio y metidas en vacunas y en fumigaciones globales toda la Humanidad, merced a la entropía económica y ecológica, que auspicia desde guerras hasta desastres climáticos peores que los que ocurren natural y cíclicamente.

La solución básica a este problema global consiste en tres acciones sobre los pueblos más afectados, aunque válidas también para nuestros propios países "desarrollados":

a.- Generar y sostener polos de producción agrícola, como que son la única riqueza legítima y sustento natural de la Humanidad. Más tractores y menos armas, más pozos de agua y menos limosnas que sólo prolongan agonías. ***Prohibición absoluta de semillas transgénicas***, que son uno de los peores peligros, ya casi mundialmente extendidos y cuyos efectos ya se están notando en muchos sitios. No sólo en el sentido legal por las leyes sobre sus patentes, sino que representan la extinción de las especies que nos alimentan. Más técnicas geobiológicas, agricultura biodinámica y otras técnicas "alternativas", menos agroquímicos.

b.- Educar en todo sentido, especialmente participando a los pueblos de las realidades que aquí se detallan, ya que estos problemas son más comprensibles para cualquier persona, cualquiera sea su grado de educación y aún entre analfabetos, que la educación académica ordinaria, que para colmo se encuentra viciada de toda clase de mentiras inducidas por la Sinarquía Globalista desde hace siglos.

c.- Enseñar y poner en práctica la ECOLOGENIA, que entre sus pautas tiene la natalidad Inteligente, que consiste en la educación sexual para evitar embarazos no deseados, pero también en la concientización de todo el mundo, de que seguir trayendo hijos en las actuales condiciones implica generar "rehenes" que utilizará el sistema sutilmente, así como entregar "carne de cañón" a los ejércitos, y empleados hipotecados en los países desarrollados, como esclavos desnutridos y condenados al hambre en los países que padecen miseria. Estas medidas pueden parecer aberrantes para quienes miran la cuestión con prejuicios religiosos o con el ansia psicológica de la perpetuación de la familia, el apellido, el clan, etc.. Pero es fundamental comprender que la conservación de la especie humana no se asegura hoy aumentando la natalidad, sino justamente todo lo contrario. La Tierra podría dar hábitat por tiempo indeterminado y sin grandes desastres a un poco más de gente que la existente ahora, pero aún así bajo lineamientos ecológicos, ecologénicos, políticos y económicos diferentes. Si se sigue estimulando irresponsablemente la natalidad, estamos "llenando el barco" hasta hacerlo naufragar por exceso de pasajeros. No hay bosque que pueda resistir al arrollador avance de la construcción. ¿Le podemos decir a la gente que no hay que talar árboles cuando no hay lugar dónde vivir?

LAS LEYES URBANÍSTICAS

Las leyes urbanísticas en muchos países (en especial en Europa, al colmo de la barbaridad) están destinadas a desalentar la vida rural, a nuclear a la población en las ciudades, donde es más fácil controlarla. Este asunto merece especial atención por parte de los activistas Ecologénicos que vayan consiguiendo acceder a cargos políticos. Es imperativo, ya como paso intermedio mientras existan poderes legislativos o cuando estos sean reemplazados por cámaras judiciales:

EVITAR el abuso que ejercen las autoridades sobre el patrimonio inmobiliario de los ciudadanos.

PROMOVER nuevas leyes simplificadas que respeten de verdad la propiedad privada, dejando sin efecto una enorme cantidad de leyes absurdas y limitantes para la vida y actividad rural.

EVITAR la inoperancia y corrupción política que en vez de dar soluciones a las necesidades habitacionales y el uso de la propiedad, impiden a los propietarios construir, realizar, progresar y habitar.

PROMOVER la agilización y simplificación burocrática, quitando trabas a las realizaciones de los propietarios.

EVITAR las aberraciones legales que con pretextos ecológicos, arqueológicos o de "falta de infraestructura" en el medio rural, convierten a las

ciudades en polos antiecológicos de promiscuidad biológica y existencial, y cuidar el uso de la palabra "ecología", que se hace tantas veces con fines políticos contrarios a la misma.

PROMOVER la VERDADERA ECOLOGÍA, que debe respetar la propiedad, una mejor distribución territorial demográfica y debe imponerse por educación, no por represión.

EVITAR las excesivas valoraciones arqueológicas e históricas, que producen enormes perjuicios a los propietarios y contra el expolio que se les hace en nombre del "bien común".

PROMOVER leyes que hagan al propietario del suelo, propietario de los valores arqueológicos que haya en él, y se le eduque y ayude para beneficio propio y público.

Se requiere una legislación más sencilla y justa, que sea comprensible al ciudadano común y tenga menos complicaciones jurídicas ante cualquier trámite o circunstancia.

RAZONES PARA LA ECOLOGENIA URBANÍSTICA

INCENDIOS:

Este es uno de los factores más preocupantes de la ecología y en relación a las zonas protegidas, ya que la mayor parte de éstas se compone de bosques. A todo el mundo le gusta ver el bosque, las montañas con toda su espléndida naturaleza, a todo el mundo nos gusta disfrutar de la Naturaleza y tenemos -unos más, otros menos- conciencia ecológica. Sin embargo y en contradicción con protección que supuestamente debe dar la ley, el 90 % de la superficie protegida **no está realmente protegida** porque no es viable económica ni prácticamente una protección si no se vive allí, por más que se esmeren en mejorar los sistemas de detección de focos de incendio.

La única manera realmente efectiva de cuidar los bosques es permitiendo a los propietarios de los terrenos que sean habitados. No se trata de hacer urbanizaciones ni de reventar los recursos, ni expoliarlos, ni explotarlos sin control, sino justamente de protegerlos de la única manera eficaz: Estando allí en una distribución edilicia adecuada. Muchos de los incendios son intencionales. Hace unos años se dictó en España una ley que prohíbe la recalificación de los terrenos con bosques incendiados. Allí se hizo una aberración histórica, que condena a una perspectiva de recalificación tramitada, por ejemplo, a 30 años de nulidad por causa de un rayo, de un vecino pirómano, de un descuido de un paseante o cualquier otra causa. Aún así, los políticos cambian y al dejar sus puestos vienen otros que recalifican con cualquier pretexto, siempre que haya suficiente dinero en juego. Muy diferente es cuando las personas tienen en uso controlado y moderado esas propiedades, cuando realmente disfrutan de sus bosques y como que son realmente propios, puede estimulárseles para mantenerlo limpio y con instalaciones para cuidarlos, como balsas, hidrantes, sistemas propios de detección de incendios, etc. Existen sistemas modernos que permitirían con bajos costos evitar los incendios y para tomar medidas inmediatas para apagarlos en su inicio, pero esto únicamente sería económicamente viable con la inversión de los propietarios. Basta ver las estadísticas de los últimos años en USA, Australia y Europa para comprender que un incendio arrasa miles de hectáreas y no hay posibilidades de detenerlo en muchos casos por falta de recursos. Por heroicos que sean los bomberos, cuando éstos son insuficientes, con escasos aparatos y con bosques donde no hay caminos adecuadamente mantenidos, el fuego se hace imparable. No suele ser suficiente una picada cortafuegos cuando no puede accederse a ella o desde ella por caminos en condiciones. Pero quien tenga una casa en el bosque -y mucho más si vive allí- no dejará de invertir lo necesario para asegurarse que su entorno no se incendie. Será el primer interesado en cuidarlo, con todo lo que contenga, mucho más que los ecologistas o el propio Estado.

La verdadera ecología se practica con inteligencia, no sólo en beneficio de unas determinadas especies animales y vegetales, sino especialmente de nuestra propia especie. El Ser Humano, con leyes o sin ellas, con o sin organizaciones ecologistas, se encuentra inmerso en cualquier momento y lugar, en guerras brutales donde se incendian bosques, poblaciones, ciudades y personas, y mueren de hambre multitudes cada día. Generar condiciones justas en nuestro propio medio, aunque parezca que no tiene relación, generará mayor justicia social y mejoras ecológicas en todo el mundo. Un Estado con conciencia ecologénica **comprará y cuidará** los terrenos que desea proteger por motivos ecológicos o de cualquier otro orden, en vez de someter a sus propietarios con impuestos sobre lo que no puede usar, cuidar y ni siquiera tocar. Que se consiga esto y encima con precios reales, si tanto se valora, es otro tema. No obstante, sigue siendo la mejor opción, permitir que la gente viva con cierta dispersión en medio del bosque y el Estado debería dar medios y/o recursos para que además sea rentable a los propietarios. Ya sea por la extracción moderada y controlada de resinas, maderas, uso de caza, etc..

DESERTIZACIÓN

Aunque lenta, resulta inexorable en algunas regiones cuando no se las habita. Si bien el hombre es un gran depredador, destructor de la Naturaleza cuando las civilizaciones alcanzan ciertos niveles demográficos bajo pautas irrespetuosas como las del mercado, también es cierto que gracias al hombre se han convertido en vergeles grandes superficies, que sin su accionar, sin sus cultivos, sin sus trabajos de irrigación y sus proyectos, serían eriales carentes de toda vida visible.

La desertización tiene causas naturales y otras que no lo son. Las no naturales se deben en algunas regiones como el Amazonas o gran parte de África, a una acción deletérea del hombre (minería, vertidos tóxicos, tala incontrolada, conversión de jungla y bosque en campos ganaderos y cerealeros, etc.), pero en otras ocurre justamente lo contrario: o sea por su abandono. En Europa, lugares como el Sur de España y en América toda la cuenca amazónica y regiones subtropicales, están sufriendo una progresiva y acelerada desertización por la simple razón de que a nadie se le deja hacer en sus terrenos nada redituable; mucho menos ha de pretenderse que se cumpla la verdadera función del Estado, que debería dar medios y elaborar planes concretos para la conversión de las zonas áridas y prácticamente desérticas, en algo más que un escenario para películas del Oeste yanqui.

En China se ha ganado en los últimos cien años a los desiertos una superficie equivalente a cuatro veces la de España, gracias a los planes de distribución agraria, aliento a la agricultura y revalorización del turismo rural, por encima de la ganadería extensiva y disposición inteligente de recursos hídricos. En el caso español, una liberalización del suelo en Andalucía, Murcia, Alicante, Extremadura y otras zonas de riesgo de desertización, con apoyo para emprendimientos agrícolas, daría al país un importante avance económico, con producción de riqueza legítima y se espantaría el odioso fantasma de la desertización. Hay técnicas y estudios muy buenos sobre recursos hídricos subterráneos y abunda el agua en casi todo el mundo. Habría que investigar a fondo por qué se falsean datos a nivel oficial y se ocultan esos recursos en vez de abrirlos para el desarrollo de las regiones. Hay técnicos bastante preocupados por esta razón y esperamos que la **Ecologenia** sirva para canalizar las inquietudes de todo ese personal técnico conocedor total o parcial de estos problemas, tras los que hay muchas cosas que destapar, aparte de los acuíferos.

EL CUIDADO DEL PAISAJE

Aquí deben hablar a los expertos, pero vamos dejar claros algunos puntos:

1) El paisaje debe protegerse, pero ello no debe hacerse impidiendo a los dueños de la tierra que la ocupen.

2) El control urbanístico rural (ni el ciudadano) no debe extralimitarse al punto de convertir la propiedad en una carga insoportable para el propietario. Las "democracias" acusan al comunismo de un excesivo control sobre la propiedad o la ausencia de propiedad privada. ¿Hay realmente propiedad privada cuando el Estado puede expropiar forzosamente?. Deberían ser los factores de conveniencia, los que impulsen a los propietarios a ceder o vender tierras al Estado, no imposiciones forzosas. Vivimos bajo un gobierno dinerocrático, con leyes de mercado que imperan sobre el trabajo, los bienes y los servicios. ¿Por qué debemos soportar la contradicción de tener las propiedades bajo un régimen "comunista" en que el Estado tiene más derechos que el propietario?. Si el Estado va a decirnos qué podemos y qué no podemos hacer con nuestras propiedades, que también nos asegure el trabajo vocacional y el sustento, que asegure gratuitamente nuestra educación y la de nuestros hijos, que garantice un sistema sanitario y de prevención de desastres tan eficiente como el cubano, que elimine la publicidad de la televisión y la vía pública... ¿Vivimos en una democracia o en comunismo?. Se supone que en una democracia, aunque sólo para elegir representantes, pues en realidad el régimen se llama Mercado. Pero a juzgar por las leyes urbanísticas, el Estado es comunista. Quizá ni democracia ni comunismo sean malos *per se*, una vez quitados los poderes legislativos y la usura, pero la mezcla de criterios legales de aplicación produce contradicciones nocivas, con grave perjuicio económico para todos.

3) Los estilos, colores y demás aspectos estéticos de la construcción, pueden y deben ser sugeridos por los arquitectos e ingenieros paisajistas, pero nunca deben ser impuestos con fuerza de ley, ni nacional, ni de Comunidad Autónoma o Provincia ni por los municipios. Si alguien quiere tener su casa pintada estilo punky, pues debe poder hacerlo ya que es **el dueño**.

4) El paisaje debe tener mejoras y cuidados como producto de la *educación* no de la represión legal o de impedir su habitabilidad.

5) Así como actualmente muchos Estados imponen a los propietarios rurales prohibiciones, dictan como si fuesen dueños pautas constructivas y estéticas, se guardan muy bien de hablar sobre los cableados, carreteras y puentes, parques industriales, embalses, obras y transformaciones que inauguran con bombos y platillos, muchas veces en contra de los deseos de los habitantes.

6) En estos momentos, cientos de miles de propietarios de todo el mundo están imposibilitados de vender o usar honestamente sus propiedades en razón de que pasa sobre ellas una línea de alta tensión o hay planes de construcción de carreteras. Es difícil estar en contra de estas "mejoras" cuando realmente lo son, pero el Estado no da soluciones rápidas a los perjuicios económicos de los particulares afectados, que tras una expropiación tardan años en cobrar miserias de indemnización, por más que la Ley (poco comprensible para el ciudadano común) contempla en alguna medida su defensa. Lo peor es que existe una total desinformación a los propietarios sobre esos planes, conociéndolos ya sobre el momento del inicio de las obras. Esto perjudica a propietarios, posibles compradores y agentes inmobiliarios.

Una zona donde "*es posible que pase una nueva carretera*" se convierte en una zona económicamente muerta, a veces durante décadas, desde que se sabe sobre el plan pero no se conoce el trazado. Hasta que se concretan los acuerdos con las empresas camineras, se hacen los estudios geológicos de confirmación y se comienzan las obras, pasan muchos años y los afectados están en una injusta incertidumbre sobre el destino de sus propiedades. Los especuladores bien informados por los pocos conocedores de esos trazados, hacen su negocio con el perjuicio de muchos. Finalmente, una propiedad que no se podía usar porque las protecciones ecológicas, paisajísticas, urbanísticas o simple "*ausencia de planes*" lo prohibían, se ha convertido en una carretera, con toda su polución, su ruido y adiós paisaje.

7) Un bosque incendiado por falta de cuidado, merced a la imposibilidad de ser habitado por sus dueños, es un paisaje para llorar. Un paisaje de bancales abandonados porque sólo se permite al dueño hacer una "*casita de aperos*" y no puede vivir allí para disfrutar de su campo, también es algo muy triste y económicamente un perjuicio para el afectado, para la Comunidad y para el Estado.

8) Si se pretende cuidar el paisaje para una mejor industria turística, cabe resaltar que los senderistas no son un porcentaje muy importante en el turismo, pero aún ellos buscan casas rurales y campings donde alojarse. Los que quieren aislarse de la civilización y no ver ni una casa, se van a la selva amazónica, al Sahara o a cualquier otra parte. Aún con una buena distribución demográfica y liberalización del suelo, no faltarán lugares de paseo, montañas que escalar y bosques donde esconderse. Lo que sí habrá, será menos incendios de bosques, y menos destrucción de valores históricos y arqueológicos, porque sus propietarios estarán allí para cuidarlos.

PROTECCIÓN DE LA FLORA Y LA FAUNA

1.- La primera especie a preservar de la extinción y de todos los daños posibles, es la nuestra: La humana. Para ello es necesario tanto el cuidado del entorno ecológico como las condiciones de vida en el marco legal. Sin una aplicación bien entendida de la **Ecologenia**, no hay ecología posible. Los ecologistas son activistas inteligentes y altruistas, pero la mayor parte de las organizaciones están infiltradas para mantenerlos entretenidos en salvar especies animales, sin darse cuenta que el verdadero peligro está en la demografía. Sin control de la natalidad humana extinguiremos todos los recursos incluyendo a los animales que se pretende proteger.

2.- La protección de las especies debe hacerse respetando la propiedad privada, en base a la educación, no a la represión, y mediante la compra justa, no mediante la expropiación forzosa, que genera polos de resistencia en las clases media-altas que son las que poseen mayor cantidad de terrenos grandes.

Esperamos la colaboración de los auténticos ecologistas que inteligentemente propongan soluciones verdaderas, es decir las que por razón y justicia conforman a todos los criterios e intereses en cada país y región.

INDUSTRIA Y ECOLOGÍA

Hoy no falta tecnología para hacer de la Tierra un Paraíso. El problema es por un lado, la mediocridad enorme en sectores políticos y por otro algo contrario a la mediocridad, pero igualmente espantoso: La soberbia del poder.

Sabiendo que los tecnólogos de élite superior suelen servir con preferencia (por falta de escrúpulos y ambición económica) a la industria bélica, pero que además muchos son empedernidos "experimentadores", a los que no asustan experimentos que pudieran destruir el mundo o todo el universo, es difícil que las sociedades quieran quedar a merced de una "tecnocracia". Pero lo que se hace urgente es que los tecnólogos con ética, sentido común y respeto por la humanidad, comiencen a ocupar los puestos que ahora ocupan sus colegas de menos conciencia social. Y que impulsen a los políticos a hacer las cosas bien.

La industria reclama -ya que no lo hacen con más énfasis los políticos y menos aún los economistas- que los tecnólogos resuelvan los problemas de contaminación que actualmente generan las grandes fábricas. De ello dejaremos hablar a los expertos en tecnología, pero en relación a la liberación del suelo, diremos que muchos de los problemas ecológicos causados por la industria se resolverían mucho más fácil. Una de las razones es que bajaría el consumo de muchas cosas que no pueden producirse en las ciudades, pero que sí pueden producirse en un pedazo de tierra. La educación para el uso de los minifundios y pequeños terrenos será un asunto vital más adelante, pero sin duda muchas industrias caseras surgirán, permitiendo un desahogo de la saturación industrial actual.

Esto no significa necesariamente una pérdida para el mercado industrial, sino que lo obligará a revisar pautas, a mejorar calidades para competir con la producción casera y pequeñas empresas, a presentar ventajas ecológicas reales para poder funcionar. Las industrias del futuro cercano deberán dedicarse a simplificar y mejorar la calidad de vida rural, en vez de alimentar la polución de las grandes ciudades y la producción de basura. Aunque esto pueda sonar como utópico, la realidad es que no tenemos opción. Mejoramos todo a pesar de las tendencias del mercado, o destruimos el planeta y a la especie humana con él. De nada valen todos los esfuerzos de los ecologistas si no se resuelven los puntos claves y se dan soluciones de fondo. Los parches que intentan poner las ONGs cada vez duran menos.

La liberalización del suelo bajo las pautas expresadas en la Parte Segunda, es una de esas soluciones de fondo, es una clave para reactivar la economía a través de la construcción, de los emprendimientos en pequeña escala, de la industria casera y el desarrollo y mejora de las industrias de energías renovables. El grave problema del paro desaparecería en muy poco tiempo con esta aplicación. También es cierto que estas energías (eólica, fotovoltaica, etc.) requieren de elementos contaminantes, como las baterías, pero su reciclaje y manejo son fácilmente controlables, realizables a bajos costos y no es ni de lejos, tan peligroso como los transformadores en las calles de las ciudades o los peligros de los residuos nucleares, de los que un solo accidente puede dejar sin vida (o peor, por mutaciones genéticas) a vastos territorios. Por otra parte, cabe sincerarnos con las realidades actuales para comprender que una planta nuclear es una bomba atómica que un probable enemigo o un loco sólo debería detonar, sin necesidad de transportar…

ENERGÍA Y ECOLOGÍA

Hace ya un siglo Nicolás Tesla desarrolló la ciencia de la electricidad como nadie hasta entonces y como muy pocos y secretamente hasta ahora. Pero no fue el único que aportó a la ciencia maravillas de las que no gozamos hoy, merced a las mafias de poder político-económico mundial, que ven en un cambio drástico de los sistemas de extracción de energía, nada más y nada menos que un cambio de manos de su poder. Un ejemplo que debió estremecer los cimientos de la secta del Nuevo Orden Mundial, fue el caso del español que dio la vuelta a España con un coche de motor a agua a fines de los '70 aunque también lo hizo un uruguayo en Argentina en 1957 y otros de los que luego nada se sabe.

También hoy pueden verse noticias y conversaciones entre expertos en Internet, pero las multinacionales petroleras están empeñadísimas en conservar su hegemonía. Si analizamos a fondo el problema energético, si consultamos con decenas de ingenieros y luego con expertos en diversas áreas relacionadas, pero por la vertiente económica, veremos que no vivimos en un auténtico Paraíso Terrenal porque unos pocos señores conservan su poder sobre el mundo, mediante el frenazo de todo desarrollo que pueda quitarles el monopolio energético. Cierto es que la industria farmacéutica mundial hace estragos con la alopatía a ultranza, la radio y la quimioterapia, pero el problema humano más crucial está en la demografía, el dinero y la energía.

La superpoblación ha hecho escasos todos los recursos, ha ido agotando los recursos fósiles y minerales, así como algunos renovables y amenaza con saturar el mundo y destruir todo su biosistema. Pero gran parte de los problemas ecológicos se resuelven cuando la gente vive en sus terrenos en vez de urbanizaciones de "construcción horizontal" o sea de varios pisos (una aberración lingüística, porque en realidad se hace "vertical"). La ocupación de terrenos grandes promueve la producción de huerta casera, frutales, granja y un sinfín de productos caseros que aseguran la supervivencia de la gente ante diversas circunstancias como guerras, crisis económicas, cambios ambientales y otros, en las regiones de alta producción industrial y agrícola, etc.. Uno de los factores más interesantes ahora mismo, gracias a las tecnologías modernas, es la posibilidad de que cada tejado o unos cuantos metros de bancales se ocupen en molinos de viento o placas solares, ya sea para producción casera o de venta a la red. También será un impulso importante para las empresas que fabrican cámaras de reciclaje de materia orgánica, extracción de metano (biogas) y de eso cabe esperar mejoras técnicas que hagan un mayor aprovechamiento de la materia orgánica en descomposición como abono o combustible, sin caer en una de las peores aberraciones del mercado: Los biocombustibles como el biodiesel, que amenazan con transformar los campos de producción alimentaria en campos de materia prima para gasoil, tan contaminante como el extraído del petróleo a pesar de la desinformación realizada por todos los medios. Lo peor será el impacto en la economía y sus repercusiones sobre la ya dañada capacidad del mundo para producir alimentos sanos.

EL MOTOR A AGUA: Con patentes o sin ellas, debe difundirse en todo el mundo y para ello, los técnicos e ingenieros que lo desarrollen -no serán ya los primeros ni los únicos- deben tener en cuenta que dicho adelanto no puede ser "comercial", deben difundirse los planos gratuitamente, sin esperar un beneficio particular, a menos que se dediquen a fabricarlos y venderlos ellos mismos, de uno en uno, por publicidad boca a boca. Intentar patentar y vender semejante tecnología en el sistema habitual es una estupidez porque ningún gran inversor apostará contra algo que atenta contra los intereses económicos más poderosos del sistema.

Muchos técnicos sostienen, en sus cuadradas mentalidades, que producir hidrógeno demanda más energía que la que luego rinde. Eso se ha demostrado como falso, desde el momento en que varias empresas de automóviles han lanzado sus prototipos, así como la electrólisis no es el único modo de hacerlo. Los diseñadores alemanes durante el último año de la Segunda Guerra Mundial, dieron con la forma de separar el hidrógeno del oxígeno prácticamente sin coste energético. La clave está en hacer pasar agua destilada por un sistema de conductos capilares (muy finos), afectados con una serie de imanes.

Lamentablemente la noticia nos llegó cuarenta años después, sin planos ni más detalles que los históricos, pero los ingenieros creativos no demorarán mucho (y seguramente algunos lo han logrado) en hacer esa separación por medios magnéticos, en vez que por medio de la electrólisis. Este asunto ha hecho "desaparecer" a muchas personas y muchas otras desaparecerán si intentan, una vez descubierto o desarrollado el sistema, patentarlo o "venderlo" como proyecto industrial a grandes inversores. La única manera de hacerlo sin padecer persecución, es calladamente, ir construyendo y vendiendo sólo por referencia, empezando por los amigos. Así es como están difundiéndose muchas cosas que mejorarán el mundo si no lo acaba una tercera guerra mundial, o aún después que la hubiera (si queda alguien).

TECONOLOGÍAS PARA EL CAMPO: A la quema de madera hoy se le llama "energía mediante biomasa", eufemismo que no deja de ser simple y sencillamente "quema de madera". La liberación del suelo puede contribuir a aumentar por necesidad circunstancial a la quema de maderas, pero las empresas dedicadas a la tecnología **geotérmica** y **termosolar**, con varias décadas de demostrada eficiencia y alto beneficio ecológico y económico en Canadá, USA y Europa (especialmente en Noruega, Finlandia y Suecia), tienen la responsabilidad moral de hacerse fuertes e imponer sus productos a ritmo acelerado.

Las plantas provenientes de semillas transgénicas generalmente híbridas, pueden volver a dar semillas normales mediante polinización con su propia especia y con otras. La Naturaleza tiene infinidad de recursos, muchos de los cuales se encuentran en técnicas sencillas que los agricultores tienen la responsabilidad de recuperar y también tiene la responsabilidad de poner en práctica una ciencia agraria llamada *agricultura biodinámica*, desarrollada por Rudolf Steiner. Aunque parezca una mezcla de astrología aplicada, lo cierto es que sus resultados constatados científicamente por ingenieros agrícolas completamente escépticos de la astrología, son innegables, rotundamente exactos y de fácil aplicación.

LAS REDES ELÉCTRICAS: Nicolás Tesla desarrolló un sistema por el cual se puede transmitir electricidad por ondas hertzianas. O sea que no necesitaremos cables para transportarla, pero gracias a los banqueros que facilitaron las cosas a los pioneros conocidos de la electricidad, quedaron sin conocerse las lámparas irrompibles y de bajo consumo de Tesla y su sistema hertziano. ¿Por qué?, muy simple: No había cómo controlar el uso de cada receptor, no habría manera de cobrarla. O sea que no servía para un sistema de mercado que ya estaba fundado, con unos poderosos directivos con la energía llamada "dinero" en sus manos y con el petróleo también en pleno auge, por cuya comercialización ya se estaban estableciendo y programando guerras privadas y estatales. Si la civilización supera los retos actuales y sobrevive a sí misma, en unas décadas usaremos de la electricidad gratuitamente y sin cables que ensucien el paisaje. A lo sumo, tendremos que soportar los generadores eólicos, que muchos ecologistas denostan, como si pudieran dar una mejor alternativa a las centrales nucleares. Quienes preferimos ver un parque eólico en un campo en vez que un erial radiactivo como Chernóbil, también decimos que deberían buscarse compatibilidades agrícolas para que esos campos tengan otras utilidades. Por otra parte, mientras que no se libere la tecnología de transferencia eléctrica por ondas hertzianas (cosa que hace unas décadas se enseñaba en cursos por correspondencia y muchos ingenieros conocen), al menos se debería ir entubando las líneas telefónicas y las eléctricas de alta, media y baja tensión aprovechando las obras de carreteras, etc..

VALORES HISTÓRICOS Y ARQUEOLÓGICOS

Hay que cuidar tanto como sea posible, los valores históricos y arqueológicos, pero resulta injusto que dicho cuidado se haga a expensas de las personas que han conseguido ser propietarios de un terreno por compra o herencia. Hasta que se cumpla completamente el plan ecologénico en su parte política, es preciso que los propietarios de terrenos puedan utilizarlos racionalmente. En muchos casos el hallazgo de yacimientos arqueológicos causa tanto perjuicio económico a los propietarios de casas o terrenos, que raramente se desea denunciarlos. Ello produce la pérdida definitiva de gran cantidad de esos valores que se trata de defender con leyes, en vez de hacerlo con educación y sentido común. El problema viene cuando el Estado comienza a "defender el bien común" con criterios jurídico-coercitivos en vez que con educación y respeto por la Propiedad Privada. Así el Estado se apropia de lo ajeno; es decir, expropia bienes *"interesantes para las ciencias o las artes"*. Este no es el primer paso para sentar las bases de una auténtica tiranía estatal sobre la propiedad privada, pero es el más audaz y perjudicial, puesto que desencadena una larga cola de leyes, que es necesario cortar "por lo sano", con una *única Ley* de verdad, que defienda ante todo el derecho del Propietario del suelo, dejando que funcione en esto como en todos los demás aspectos de la Nación, la *"regulación del mercado*", que nos guste o no, será siempre más justa y menos perjudicial para particulares y el bien público, que la prédica democrática del Estado, con aplicaciones dinerocráticas para todo pero con contradictorias *implementaciones* comunistas sobre la propiedad privada.

Raro es encontrar algún campesino que no sepa que denunciar un hallazgo histórico o arqueológico representará la inutilización total de su propiedad, una pérdida económica y en algunos casos hemos sabido de amenazas de penalizaciones por destrucción de "*patrimonio cultural*" cuando un labrador ha roto alguna pieza arqueológica al pasar con el arado en su campo, como venía haciéndolo desde hace años, en el mismo lugar que lo hacía su padre y su abuelo. *¿Es este labrador un "ignorante" que no sabe diferenciar un hueso de vaca de un fémur de un homínido extinto y encima culpable de carecer de vista con rayos X ?.* Lo cierto es que si unos restos arqueológicos o lo que sea no pertenecen al dueño del terreno, pues no es tan dueño. Digamos que el Estado *"le permite usarlo bajo estrictas normativas"...* Con lo cual, además de no siempre poder producirle algún beneficio y que debe pagar un alquiler al Estado, verdadero amo y señor en la práctica, bajo el título de "impuestos", corre el riesgo de quedarse sin su terreno por la ley de Expropiación forzosa. Lo peor es que cualquiera sea el valor de lo hallado en su terreno, no le pertenece ni se considerarán plusvalías por ello en una expropiación. Cabe decir lo mismo para cualquier terreno, no sólo el rústico. En algunos estados de USA y en Inglaterra, la Ley es más justa.

La política represiva y perjudicial para los propietarios, termina siendo de enorme perjuicio para el cuidado de esos valores que se pretende proteger como cosa sagrada. Si tanto valor tienen esas piezas ¿Por qué no se le pagan al propietario del terreno como corresponde?. Es cierto que en raros casos el Estado se ha hecho cargo de los terrenos, pagando una indemnización por expropiación, pero son realmente una minoría de casos insignificantes y aunque ejemplares, no muy publicitadas. La mayoría de las indemnizaciones han sido poco más que limosnas para los dueños que se han quedado sin sus propiedades. Generalmente ocurre que las indemnizaciones las pueden cobrar empresas grandes, con capacidad para afrontar costosos juicios (especialmente si tienen contratos con el Estado o amistad o parentela con los políticos) mientras que el propietario de un terreno, el dueño de un campo o de una casa, no podría ni pensar en enfrentarse en juicio con el Estado, que en lugar de defenderle y protegerle, le hace víctima de la "histórica" mala suerte de encontrar un yacimiento para disfrute de los apasionados arqueólogos, a quienes su pasión hace que nada les importe de los perjuicios que ocasione, como si saber más del pasado les permitiera servir de algo a los problemas actuales.

La arqueología ortodoxa no ha sabido ni siquiera recuperar para el uso social las antiguas tecnologías, la antigua medicina ni nada que sirva para mejorar el presente, de modo que si se encuentra algo que pudiera estar en el rango de "hallazgo interesante" el propietario se piensa muy bien antes de abrir la boca y por lo general, si se informa adecuadamente, decide callar e incluso se han dado muchos casos de total destrucción de los valores históricos, ante el riesgo de perder más aún el carácter de "propietario" del terreno.

Si de verdad se desea preservar los valores históricos y arqueológicos, han de modificarse las leyes, proteger al propietario y al que hace el hallazgo y premiarle con ganancias, no con pérdidas. También, si analizamos en mayor profundidad (nunca mejor dicho), deberíamos remover todo el territorio europeo, hurgando bajo los cimientos de cada casa y hasta el último bancal, porque en diez milenios de historia es raro que haya un sitio donde el hombre no haya dejado rastros, construcciones, hogueras, herramientas, huesos... Y tanta sacramentación de los valores históricos y arqueológicos... ¿Para qué?. Para que el mundo siga creyendo las aberrantes historias de Hollywood, de romanos usando dinero. Nos siguen contando historias de egipcios construyendo pirámides con miles de esclavos o de terribles moros brutos que merecían ser expulsados por los cristianos; del hombre descendiendo del mono, en contra de las más elementales y bien conocidas leyes de la genética...

Pero encima de todo eso y los costos estatales de esa carrera, la inutilidad social, económica y política de la arqueología, la pagan los dueños de los terrenos que han sudado durante generaciones sobre ellos, en vez de pagarla el Estado demagogo que pretende "*cuidar los valores culturales*"..

El criterio que establecen las leyes sobre lo que es de "interés público" muchas veces no pasa en realidad, del interés de unos pocos. Mientras que el verdadero "interés público" está en que los propietarios -la gran mayoría de los ciudadanos- no se vean damnificados. En algunos países el Estado expropia y endosa los gastos periciales al propietario. El expropiado no dudará en vender un tesoro hallado a cualquier precio en el mercado negro, antes que denunciarlo al Estado, que pagará tarde y mal el terreno, pero nunca los demás valores requisados ¿Cuánto valen los huesos o huevos de un dinosaurio?: Entre 12.000 y 25.000 Euros en el mercado negro, por donde más circulan estas piezas. Si se quiere evitar esta circulación clandestina para el "bien común", páguese al **propietario** por dichas piezas.

Curiosamente la ley de expropiación en la mayor parte de los países europeos y americanos, no da competencia al poder judicial para tasar las indemnizaciones, a menos que no se llegue a un acuerdo con el propietario. Ello obliga a un juicio después de muchos trámites y costos a cargo del propietario afectado. Primero paga peritos, luego debe pagar abogados. Además, el "justiprecio" de las expropiaciones forzosas no contempla las pérdidas por planes de futuro, ni habla de los casos en que ya se ha comenzado una obra (muchos casos son así, porque se hacen los descubrimientos al cavar para la cimentación).

CONCLUSIÓN: No se trata de echar por tierra toda la protección de bienes históricos y arqueológicos, ni de desalentar ese cuidado, sino de modificar la ley drásticamente para que no resulte en perjuicio de los propietarios, para que no se extreme el criterio de importancia y en definitiva, lo más justo sería que cada propietario, a conciencia, sea *asesorado* por el Estado (ni reprimido ni expropiado) para decidir él mismo cuánta importancia tiene el hallazgo arqueológico para la comunidad. Luego de eso, decidir si lo que el Estado le pagará por su propiedad -y por el material histórico y/o arqueológico causante que le pertenece- merece la conservación de lo hallado o si le compensa más llevar adelante sus planes de vida aquí y ahora en su terreno. De esa manera, sin duda que muchos descubrimientos dejarían de ser rápidamente tapados, destruidos o vendidos en el mercado negro y podríamos apreciarlos en los museos. Bajo las condiciones actuales de la ley, lejos de estar en una democracia donde existe la propiedad privada, estamos bajo una "arqueotiranía", para regocijo de unos pocos académicos.

ESTRATEGIA POLÍTICO-MILITAR

La liberalización del suelo - distribución poblacional y recursos - la energía nuclear

"Nadie quiere pensar en la guerra, hasta que por no hacerlo a tiempo, hay que comer bazofia en una trinchera"

Uno de los errores estratégicos más lamentables, (en realidad bien inducidos por sinarquía en el ámbito militar) es la mala distribución demográfica. Esto no siempre es notable ni siquiera en la perspectiva histórica - a menos que se analice con cuidado- y pasa desapercibido por completo para el pueblo. Algunos militares lo saben muy bien, pero ese factor estratégico es complejo y ellos no pueden hablar sin ser procesados por un tribunal militar. Cierto es que nadie quiere pensar en la guerra y decimos "aquí no puede pasar". Ese ha sido el pensamiento de todos los ciudadanos del mundo, salvo unos pocos conocedores, hasta el día anterior a verse en medio de un conflicto bélico. Ver cada día los noticieros debería ser didáctico, pero nos adormece. Creemos que todo "*pasa muy lejos*" y que "*aquí nunca pasará*", sin comprender que los intereses que mueven el mundo son económicos y poco les importa dónde tengan que armar una guerra para conseguir lo que quieren.

Además de afectar al presente y en tiempos de paz, la escasa dispersión demográfica hace más vulnerables a las naciones en todo momento y llega al extremo del desastre en tiempos bélicos. Es de gran interés para los estrategas y de hecho el asunto se trata en las escuelas de guerra como de importancia fundamental. Si lo hacen los militares de todo el mundo ¿Por qué no analizar un poco entre simples propietarios y ciudadanos en general?.

Resulta muchísimo más fácil, barato y efectivo apoderarse de una gran ciudad que de una comunidad cuyos integrantes se encuentran dispersos, a decenas o centenares de metros. De la misma manera, hemos de considerar que una comunidad dispersa tiene muchísimas más probabilidades de sobrevivir a un ataque y defenderse, así como menos posibilidades de sufrir las consecuencias de un bombardeo o de cualquier acción de destrucción o control de un enemigo. La logística de un invasor se hace más difícil, centenares de veces más cara y vulnerable en el campo que en una ciudad. SI bien la "guerra de guerrillas" puede hacerse mejor en una ciudad para defenderse de los ejércitos, según las opiniones de algunos estrategas, en la actualidad la fuerza mayor está en las bombas, en los misiles teledirigidos y un sinfín de nuevas armas y no en los ejércitos. Tanto las bombas, los misiles como las nuevas armas, requieren mayor tiempo y número para conseguir algún poder en el campo, mientras que resultan devastadoras a "bajo costo" en las ciudades.

Por otra parte, las comunicaciones actuales (teléfonos móviles, radios, televisión, internet y la gran mejora actual que son las redes wifi), hacen viable una coordinación mucho mayor de las fuerzas locales defensivas (pueblo de campesinos convertidos en soldados defensores). Durante la Revolución Cubana o los intentos de contrarrevolución, defensa o guerra de guerrillas de hace medio siglo, esto quedó bien demostrado. La Revolución Cubana tuvo éxito merced a una preparación popular campesina y fue de las pocas con tales resultados. Un país previsor actualmente dependería menos de las comunicaciones vía satélite (internet, telefonía y televisión), y más en la vieja y remanida pero casi infalible radio. Las posibilidades de la radio para mantener una comunidad en contacto, especialmente de onda corta para las zonas montañosas, otorgó más victorias que la superioridad balística e incluso logística en muchos casos. La actual tecnología wifi, con algunos ajustes para independencia regional, puede hacer difícilmente vulnerables las comunicaciones de pequeñas y medianas regiones.

Una ocupación mayor del suelo por sus propios dueños (no estamos hablando de una revolución agraria al estilo comunista, sino de derechos de propietarios en un país democrático), permitiría al Estado hacer un plan defensivo con participación del pueblo sumamente efectivo. Uno de los problemas planteados en este sentido, es que los políticos -sobre todo los que estudian en universidades de USA y Reino Unido- salen con la cabeza llena de miedo a los militares de su propio país, a los que "*deben mantener a raya para evitar daños a la democracia*". No comprenden que lo único que hacen es mantener ejércitos mercenarios débiles, sometidos a organizaciones extranacionales, que cuando el gobierno del muy "estudiado" político se desmande de las directivas de las grandes potencias, no podrá hacer nada para defender la soberanía nacional. Pero esas fuerzas mercenarias le sirven para mantener a raya a su propio pueblo.

Además estos ejércitos no voluntarios (*gracias a la manipulación internacional de la mediática que ha creado los "objetores d conciencia"*) ahora son mercenarios. Gente que va a matar o morir a cualquier parte de mundo por dinero, con los pretextos humanísticos que quieran inventarse. Así las cosas, lo menos que podemos hacer en el ámbito privado, es defender nuestros derechos de la **propiedad privada**, con lo que seguramente cambiaremos algunas pautas de juego y posiblemente más y mejores de las que pensamos ahora.

Alguien dirá que España -por ejemplo- no tiene muchas posibilidades de volver a estar en medio de una guerra, por lo tanto lo expuesto carece de valor. ¿Puede alguien asegurar que España quedaría al margen de un intento de invasión por parte de otro país? o ¿Quedaría al margen en caso de un conflicto mundial como estamos a punto de protagonizar, a pesar de la "fiesta" con que los Juegos Olímpicos y partidos de futbol o carreras de coches enmascaran la realidad política?. Alguien puede decir que "*nadie quiere una tercera guerra mundial*". Preguntamos: ¿Alguien de los afectados quería la guerra de 1914-1918 y luego la Segunda Guerra Mundial o la Guerra Civil Española?. O todas las guerras que hubo, hay y habrá...¿?

Evitarlas sólo sería posible mediante una difusión muy intensa a nivel global de toda esta información. Haciendo que llegue a todo el mundo, traduciéndola a todos los idiomas.

DISTRIBUCIÓN POBLACIONAL Y RECURSOS

La existencia de una mayor actividad agrícola, ganadera y de granja en pequeña escala pero ampliamente difundida, asegura la logística poblacional, es decir su subsistencia, independiente del desarrollo de la guerra en las ciudades y puntos estratégicos. Eso sólo puede lograrse si cada propietario puede construir en su terreno y hacer algo con él que realmente le reditúe. La liberalización del suelo en España (sirva a modo ejemplar a otros países, bajo ecuaciones de extrapolación proporcional), significaría un aumento de entre 400 y 600 % de producción hortícola en un lapso de cinco años, o sea una recuperación proporcional aproximada de los baremos estadísticos porcentuales de 1976, cuando España exportaba el doble de alimentos que ahora mismo.

En un mundo convulsionado como el actual, donde las más avanzadas tecnologías se usan más para la destrucción que para servir al hombre, descuidar la cuestión estratégica es un error tremendo. Permitir a los dueños del suelo construir, realizar y vivir en él, además de todos los beneficios mencionados, representa una importante corrección a la falta de previsión estratégico-demográfica.

LA ENERGÍA NUCLEAR

Chernóbil no ha sido el único accidente nuclear que ha puesto en evidencia la realidad; sólo fue el más descontrolado en sus efectos. Aún hoy siguen naciendo niños con toda clase de defectos genéticos espantosos. Casi todas las centrales nucleares han tenido accidentes o momentos de descontrol que, aunque controlados rápidamente, han producido daños al medio ambiente y a las personas. Pero el cuadro de situación debe entenderse con más aspectos que el mero "accidente", porque: 1) Una central nuclear es una bomba atómica que un enemigo potencial o un loco no necesita construir ni transportar. Sólo tendría que bombardear o detonar.

2) Ninguna central nuclear está tan bien hecha como para resistir un terremoto y algunas de ellas se encuentran en sitios expuestos a la posibilidad de sufrirlo.

3) Los residuos nucleares no pueden ser todavía reciclados hasta perder su potencial destructivo. La vida media de los compuestos radiactivos es de varios milenios. Continuar generándolos y almacenándolos, por más medidas de protección que se tomen, es una Espada

de Damocles para nosotros y para las próximas generaciones.

4) Se ha probado en muchos estudios que no resulta ni de lejos tan "barata" como se nos ha dicho durante décadas.

5) Implica una total dependencia tecnológica a reducidos grupos de profesionales, muy al contrario de la eólica, la termosolar o la hidromotriz.

6) La continuación de producción nuclear aumenta exponencialmente las posibilidades de que grupos particulares (terroristas o simples estudiantes) accedan a material nuclear y produzcan desastres.

Cabe comentar que según algunos estudios sobre zonas tácticamente frágiles, presentan al Mediterráneo como uno de las peores. Aparte de estar cubierto su entorno de centrales y vertederos nucleares, bastaría una bomba atómica de unos 15 Kilotones (como la de Hiroshima), detonada en la superficie oceánica, para matar a unas 35 millones de personas sólo con el tsunami resultante. Si se ocupasen los territorios de otra manera, diversificando hábitat y turismo hacia interior, sin saturar las costas, aparte de minimizar los daños de tales muy probables situaciones, se reducirá notablemente la competencia nuclear para producción eléctrica, merced a la mayor demanda de energías alternativas.

EL PROBLEMA DEL AGUA Y OTROS RECURSOS

No hay recursos hídricos que puedan mantenerse limpios y potables para una población que se duplica cada cincuenta años a pesar de las guerras, el hambre y hasta el exterminio por inoculación de pestes, como se está realizado ya no sólo contra pueblos africanos desde 1950. O se practica la Ecologenia, como control ecológico inteligente de la explosión demográfica, o los poderosos seguirán practicando la masacre y la eutanasia demográfica, aún sin solucionar con ello en absoluto los problemas ecológicos, forestales, zoológicos, energéticos, climáticos y distribución global del agua.

Respecto al agua no es que falte, sino que se practican políticas tendientes a monopolizar el recurso, mediante una cadena de empresas privadas que abarca ya en 2009 más de veinte países. Los metapolíticos que manejan el cotarro mundial saben muy bien que las cosas podrían arreglarse en beneficio de todos mediante la Ecologenia, pero no les interesa, porque hacerlo implica, como no nos cansaremos de repetir, la distribución del poder. El agua constituye no sólo un recurso vital, sino una llave más en manos de los dementes poderosos, para el control de la vida o la muerte de los pueblos.

Otros recursos como el petróleo, abundan, aunque deberemos dejar de usarlo. Sin embargo es curioso ver algunas maniobras de los monopolios petroleros, como el cuento del "Infierno en Kola" (península rusa al Este de Finlandia). En los '80 se difundió que la mayor perforación petrolera realizada había terminado con una espantosa audición de voces, gritos y quejidos horribles. O sea que habían topado con el infierno. Un montaje que aún hoy sigue difundiéndose a fin de desalentar las prospecciones profundas en todo el mundo, porque se acabarían descubriendo toda clase de recursos, minerales, mares subterráneos y otras cuestiones que voltearían rápidamente el delicado equilibrio por los monopolios.

LA DEMOGRAFÍA CONCRETA

Cada niño que nace es:

* **Un fiel más**, un esclavo psíquico para los intereses religiosos. Y bien sabido es que a sus líderes les interesa en grado sumo el aumento de acólitos, lo que equivale a aumento de poder. Esa es la razón por la que todos los líderes religiosos están en contra de los medios profilácticos y el aborto. Con el aborto el tema es más discutible y en verdad que no debería ocurrir en una sociedad ecológica, salvo por accidente o por profilaxis médica cundo el riesgo de vida de la madre es muy

grande o la deficiencia genética del feto es extrema y bien conocida.

* ***Un consumidor más*** para infinidad de productos. Que pague poco o mucho, que viva poco o mucho, que trabaje poco o mucho, es lo de menos, porque de alguna forma mantiene activa y creciente la maquinaria monstruosa del dinero.

* ***Un votante más*** para los títeres de las pseudo-democracias, aunque en muchos países sólo un pequeño porcentaje llegará a la edad de votar.

PERO.... Por otro lado hemos de considerar la realidad ecológica, tan desesperante como la anterior, porque -en promedio mundial aproximado- cada niño que nace, antes de llegar a los veinte años:

* Habrá consumido cerca de ochenta árboles en uso de papel y derivados, sin contar la madera para calefacción y muebles.

* Consumirá cinco toneladas de comida.

* Echará unas tres toneladas y media de materia fecal al sistema hídrico, con lo que la capacidad de autogestión bacteriana de los ecosistemas se satura, derivando en una promiscuidad microbiológica que tarde o temprano genera toda clase de pestes.

* Usará unos doscientos kilos de ropa, que implican unos trescientos cincuenta kilos de de vertidos tóxicos entre los agroquímicos para producción de fibras y los químicos para la manufactura y químicos para autodestrucción programada (el 95 % de las ropas están tratadas químicamente para deshacerse en un tiempo calculado - en promedio de dos años-, mientras que las fibras naturales sin tratar pueden durar entre 15 y 20 años).

* También usará antes de alcanzar los 20 años, unos 400 litros (cuatrocientos) de productos químicos para su higiene personal, cosméticos, etc..

* Consumirá cerca de 20.000 (veinte mil) litros de derivados del petróleo sólo para su movilidad. En algunos países desarrollados esta cantidad se quintuplica.

Si a estas cifras las multiplicamos por siete mil millones tendremos una idea aproximada sólo de la actualidad ecológica global. Si la duplicamos el cuadro se hace imposible porque el mundo no puede contener en su biosfera tanta gente bajo pautas económicas en que la ecología de las ONGs, enfocada parcialmente, queda en un absurdo. La única alternativa viable para evitar el genocidio metódico y la esclavitud más acentuada, es derrocar al poder mundial actual, a la vez que distribuir el poder en la sociedad tal como lo perfilamos en la Parte Segunda, lo cual no eximirá a los nuevos gobiernos de educar a los pueblos para reducir en cantidad y mejorar en calidad la reproducción humana.

POLÍTICAS DE ENGAÑO GLOBAL

La cortedad de vistas y carencia de carácter humano de esos "genios" de la economía y la política global, les ha llevado a crear un sistema donde la astucia espanta y la inteligencia aplicada sorprende en algunos casos, pero que a la postre significará la caída estrepitosa de toda la civilización. Para empezar a comprender la realidad de la actual humanidad y hasta dónde podemos reorientarla, no sólo debemos pensar en salvar bosques y especies en peligro de extinción. Debemos empezar a pensar y obrar en soluciones de fondo, no meramente de forma. Para ello, aunque parezca algo que no tiene nada que ver, hay que entender que la democracia no existe y sobre lo que ya hemos explicado lo suficiente. Por lo tanto no se hallarán soluciones de fondo provenientes de los políticos que supuestamente la representan. La dinerocracia no nos dará solución alguna porque las soluciones implican la pérdida absoluta del poder global de las dieciocho familias que controlan el dinero global. Su "solución" es el exterminio directo de mil quinientos millones de personas y el exterminio selectivo en América y Europa de un número no conocido de personas. China, como bien se ha visto en los últimos años, se ha rendido a los intereses occidentales. Sus casi 1.400 millones de habitantes son cada vez más difíciles de gobernar bajo las reglas del mercado, incompatibles con el modo de vida tradicional de ese pueblo sabio y digno. De modo que se ha sumado al genocidio colectivo, se ha empezado a fumigar sus cielos (chemtrails, que antes nunca se vieron) y se obliga a la vacunación, tanto de propios como extranjeros.

Los pocos políticos con algún sentido e ideales, gastan toda su energía para alcanzar el poder y una vez que llegan a él, según su situación, se van enterando de quién manda en realidad. Quizá alguna vez alguien les diga las cosas por las claras, pero por lo general se tienen que dar cuenta solos, cuando empiezan las presiones y las corrupciones. Si no se prenden al carro de la dinerocracia, simplemente se los boicotea, se los echa como a perros con una revuelta (muy común en Sudamérica), un escándalo (al estilo Clinton) o una buena guerra como se hizo con Saddam Hussein, que además de asustar, deja ejemplo y asegura un buen porcentaje de ganancia a las petroleras occidentales, produce regios beneficios a la industria armamentista, que por ser una de las más fuertes en capitales concentrados (lobbies), da ciertos respiros a la economía de algunos países del Primer Mundo.

El ciudadano común cree que "elige" por votar a un candidato. Muy raras veces existe alguno que los señores de la Sinarquía Económica Global no tengan bajo su ala y aprobación. Si gana ese y no acepta el papel de "*empleado con privilegios*" que se le ofrece para permanecer "*en el concierto de las Naciones*", enseguida se le monta una campaña de prensa a nivel mundial por dictador, terrorista, demagogo, populista, pro-nazi y todos los calificativos denigrantes posibles. Muchas veces se pasa a la PMG (Política Militar Global), con una guerra.

POLÍTICA MILITAR GLOBAL

El candidato de cualquier movimiento político realmente honesto que desee cambiar las cosas y mejorar de verdad a su país, debe considerar que se enfrenta a los poderes internacionales del dinero, del monopolio tecnológico y de la inteligencia de la Política Militar Global, cuyos servicios secretos son difusos, de fácil infiltración, enormes en cantidad de agentes y que cuentan con medios económicos ilimitados y avances tecnológicos que no se han vendido a ningún país.

Ningún servicio de inteligencia estatal, militar o civil cuenta con la efectividad de esos verdaderos servicios de inteligencia internacionales, aunque nos presenten a los chapuceros de la CIA o el FBI como lo máximo en cuestiones de espionaje, manipulación, investigación, etc..

Para mantener a raya cualquier intento de sublevación contra el sistema, de autogestión o aplicación de políticas humanitarias que podrían liberar a los países del yugo de la dinerocracia, la primera treta que se pone en práctica es la polarización del pueblo. Si Juancito es el "genio de la política" a derrocar, se monta un antijuancismo, pero también se montan varias líneas de "juancistas", con diferencias pequeñas o grandes entre ellas, pero suficientes para dividir la energía del movimiento del líder y neutralizarlo por incoherencia de su propia finalidad y métodos.

Se ponen candidatos "juancistas" infiltrados en todas las filas, que harán de todo para disolver la fuerza de cohesión del partido o movimiento que haya llevado a Juan al poder. Si el líder es demasiado carismático e inteligente y sobrevive a esa primera estrategia, se buscará reforzar el antijuancismo hasta llevar al país a una guerra civil, apelando a todas las pequeñas, medianas o grandes diferencias históricas, religiosas y de todo orden que puedan convertir a la Nación en un tablero de ajedrez bélico, o sea dividido en dos bandos o más. Masacre asegurada en caso de conseguirlo, especialmente si se consigue una guerra civil como en España, o ahora en Irak y Afganistán.

La Política Militar Global utiliza la estructura militar y los servicios de inteligencia de algunos países absolutamente sometidos a la Sinarquía Globalista para desarrollar, administrar y accionar armas escalares. Algo que debería preocupar más a los ecologistas e investigar a fondo, es el tema de los "chemtrails" o estelas químicas, producidas por ciertos aviones, que para un observador atento no tienen nada que ver con los "comtrails" que dejan casi todos los aviones comerciales en algunas ocasiones pero que no persisten en el aire. Al respecto hay varias webs con abundantes fotografías e información. Una parte de esa fumigación -la mayor- se destina a la dispersión de material biológico patógeno, pero otra no sólo contribuye a esa barbarie, sino que con metales atomizados se densifica la atmósfera para optimizar el resultado de los cañones de impulsos de altas frecuencia (HAARP).

SOLUCIONES INMEDIATAS

Existen soluciones locales y globales, pero hay que entender que lo antes planteado es la manifestación visible del problema (aunque así y todo, apenas unos pocos sean capaces de verlo).

Por ello urge entender la perspectiva general, que presenta tres acciones principales:

1.- Ruptura mental con el sistema y supervivencia individual.

2.- Modificación del sistema y supervivencia global.

3.- Purificación y desarrollo de la conciencia, tanto individual como grupal, factor fundamental para mejorar ambas perspectivas. Sin él no será posible ni la supervivencia individual ni la corrección para una supervivencia global de la Humanidad.

En la primera cuestión, la de la supervivencia individual, miles de personas han preparado bunkers antirradioactivos, se hacen cursos especiales, se vive con miedo, se busca recuperar el cultivo ecológico, recuperar tecnologías simplificadas de los dos siglos pasados, que permiten con un mínimo de recursos obtener energía eléctrica, elaborar metales, construir casas, fabricar tejidos y todo tipo de cosas que faltarían casi de inmediato una vez caído el sistema global, ya sea por catástrofes naturales, por guerras o por la entropía y fragilidad del sistema financiero.

Todo eso está muy bien, salvo lo de vivir con miedo. La psicología del superviviente debe estar libre de esa y de todas las lacras emocionales. En realidad los problemas más difíciles a superar están dentro de cada individuo. Se trata de la estructura psicológica distorsionada de la gran mayoría de las personas, que haría insoportable la convivencia de grandes o pequeños grupos de supervivientes. Por lo tanto, la primera solución -o al menos la primera cuestión a solucionar- está dentro de cada uno, asumiendo la realidad en vez de huir de ella, pero desde ahora. No tiene ningún sentido esperar a que se cumplan los desastrosos vaticinios de muchos científicos, que no por pesimistas o porque también los pregonen los "iluminados y místicos", dejan de ser realistas y de evidente ocurrencia ahora mismo, antes de terminar esta primera década del milenio.

En esa solución tiene parte la Psicología Trascendental, que como no conviene al mercado, no se enseña en los colegios como hace poco más de un siglo. Sus postulados, ya enunciados en la filosofía de educación clásica de griegos, romanos y egipcios no son fáciles de hallar en las bibliotecas, sin embargo podremos ver en los libros ya mencionados, las claves de esta cuestión, que permiten al individuo prepararse psicológicamente para afrontar el presente y el futuro bajo cualquier circunstancia.

El segundo punto es el menos comprendido por los políticos honestos y de auténticos ideales. Para poder poner en marcha una verdadera solución, modificar el sistema y conseguir una supervivencia global, hay una serie de medidas urgentes pero que no pueden tomarse en un único país. Deben mantenerse firmes en estas acciones, todos los pueblos que vayan comprendiendo el problema, sus derechos y alternativas.

Las medidas a nivel individual son:

1. *No vacunarse ni permitir la vacunación obligatoria. En lo posible, desalentar toda vacunación.*

En lo posible, es preciso lograr cada uno en su comunidad mediante acciones legales (ante tribunales) que atendiendo lo ya conocido de los efectos nefastos de las vacunas y ahora el mayor riesgo debido a la existencia de nanotecnología, se prohíban las vacunaciones. Los Jueces tienen poder para hacerlo y a ellos es necesario recurrir. Toda otra acción es inútil y hasta contraproducente:

1-a.- Las manifestaciones multitudinarias sólo sirven a los poderosos y a sus títeres políticos para "pulsar" las reacciones, producen un gasto enorme de energía personal y tiempo; basta uno o dos agentes entrenados para romper la manifestación y convertirla en episodios violentos. Cuando realmente convenga hacerse, deben organizarse con conocimiento militar, formando equipos propios para neutralizar a los violentos, de modo que las policías no tengan que intervenir.

1-b.- Las recogidas de firmas no sirven para nada. Llegan a los poderosos sin ningún efecto legal. Les sirven para agregar marcas a los firmanes en sus bancos de datos y para ampliar sus estadísticas.

2. *Accionar judicialmente contra las vacunas y contra las fumigaciones* o cualquier otra operación que viole los derechos de los ciudadanos. No hay lugar para la objeción absurda de que son "estelas de vapor", cuando existen infinidad de pruebas materiales de la diferencia entre estelas de vapor y estelas químicas. La falsedad de la democracia en el contexto general y la aberración legislativa, no quita que el poder judicial tenga recursos materiales y sea un poder tan legítimo como efectivo. Es *muy importante* solicitar a cada Juez que lleve las causas sin traspaso a otros juzgados y que no permita que se unifiquen todas las similares en un solo juzgado ni fiscalía, ni defensorías del pueblo, aunque estas entidades puedan hacer por separado lo que les sea competente.

Que ningún político le quite a un Juez sus atributos, cuando es él y sólo él quien los tiene para proteger a los ciudadanos de su distrito o circunscripción. Si se unifican las causas y éstas derivan a una fiscalía general, bastará a los poderosos atacar o reemplazar a un solo fiscal y todo estará perdido. Ningún estamento internacional tiene en esta farsa política globalista del mercado, ningún valor ético y eso ha quedado infinidad de veces demostrado. Que los Jueces hagan interconsulta, ante las causas masivas para mantenerse informados y compartir ideas, estará bien, pero si formaran una asociación específica, sería como unificar las causas: Perderían su criterio y poder individual, dando a una asociación un poder unificador, fácil de politizar y de infiltrar en beneficio de los criminales a los que tienen que juzgar.

3. El dinero es el arma principal de los "poderosos". Sólo han conseguido ser poderosos merced a ese instrumento. No son Guerreros dispuestos a estar al frente de las tropas, a envolverse en el polvo de la batalla, ni se mezclan con "la plebe". No, ellos viven en la "sombra mediática", son duros y crueles cuando jóvenes, en las universidades donde forman logias y aprenden lo necesario para reemplazar a los que ya son carcamanes. Pero aunque astutos y crueles, no son más que una pandilla de degenerados, con mentes atrofiadas por la educación recibida. Así como a los pueblos se les educa en la "mentalidad de pobre", falseando la Doc-Trina que enseñaron los grandes Maestros, a ellos se les inculca la "mentalidad de ricos y poderosos". Ninguno ha podido hacer prevalecer su conciencia a los dictados monstruosos de una educación de esclavistas. Ninguno ha podido ha podido hacer prevalecer sus sanos ideales infantiles, los valores de su propia Alma ni su propia verdadera Dignidad, sobre la monstruosa idea inculcada de ser "elegidos", ya sea por un supuesto dios o por su clan.

En cuanto el mundo deje de usar dinero, lo cual debe hacerse por pasos, eliminando primero la usura en cada país, nacionalizando los bancos y declarándose "en quiebra" respecto a las "deudas externas", igual que lo hacen las empresas grandes o pequeñas, siguiendo incluso las mismas "leyes del mercado", el poder de los "poderosos" es mera sombra. No será fácil para ningún país en solitario, pero ya hay países que están en proceso de abolir la usura, donde las multinacionales no pueden seguir robando los recursos pagando prebendas a gobernantes comprados, ni pueden mantener a la población esclava. Esos gobernantes demonizados por la mediática internacional están haciendo que los pobres tengan acceso a la medicina gratuita y buena como derecho inalienable, que puedan mandar a sus hijos a las universidades, que tengan vivienda digna sin que pagar un sueldo cada mes por toda la vida. Esos gobernantes demonizados están haciendo que sus países no tengan paro laboral. Su "socialismo" no consiste en pagar a los haraganes por no trabajar, sino hacer que el trabajo no falte, que el progreso y el empleo no dependan de una empresa multinacional que busca mano de obra barata. Están haciendo sus propias empresas estatales, como las que llevaron a ser potencia a casi todos los países hoy tecnificados. Están haciendo que el dinero sea sólo un instrumento en manos del Estado, en vez que en manos de los especuladores de Wall Street. Las diversas bolsas del mundo, en última instancia responden en su juego a la conveniencia de ese pequeño grupo de astutos "poderosos" que han convertido el dinero que controlan, en una droga espantosa en el cuerpo social del mundo. Sin él, nada puede tenerse, ni comer, ni vestir, ni viajar, ni construir.

Los gobernantes demonizados por la "ultraderecha", sólo están sacando a sus países de esa trampa "globalizadora", haciendo como primer paso un "capitalismo de Estado", controlando ellos en vez que los usureros. Acuñando moneda e imprimiendo billetes propios, en vez de comprarlos a imprentas extranjeras a precio de "dinero". Como era de esperar, los gobiernos dinerocráticos no sólo hacen campaña de contra interna, sino también demonizándolos ante la opinión pública de los países vecinos.

Esos gobernantes demonizados por usar dinero propio y sin usura, son los que están haciendo en la práctica, lo que puede convertirse en Ecologenia, si lo entienden bien tanto pobres como ricos. En este mundo globalizado se busca romper todas las diferencias, se pretende que los negros seamos blancos y los blancos seamos negros, que los chinos sean arios y los negros sean hindúes. En un mundo ecologénico cada cual debe ser como sea y como quiera, mientras no dañe a los demás. Y para eso se debe educar, no obligar con leyes. Pero no habrá esa "obsesión por la igualdad", sino que debe romperse la única y mayor diferencia que este sistema de mercado sostiene y que es la más deleznable de todas: Ricos y Pobres. Los demonizados por los dinerocráticos, lo están haciendo. Y no haciendo que el rico sea menos rico, sino haciendo que el pobre sea más rico.

Ahora nos toca a nosotros, a los ciudadanos de todos los países, seguir su ejemplo y agrandar mundialmente la brecha que ellos han abierto. Los ecologenistas no queremos vivir en un *"mundo unido"* bajo las pautas de la dinerocracia. Queremos vivir en un mundo respetuoso, donde cada Nación conserve sus propios valores, sus propios idiomas, sus propias costumbres y si deben ser modificadas porque contienen patologías sociales y conllevan sufrimientos, sean transmutadas por efecto de la comparación y de la educación, no por efecto de mil leyes represivas, y menos aún que sirvan de pretexto para invasiones.

Los pueblos pueden sobrevivir a cualquier cosa si son solidarios. En ese caso, el poder práctico del pueblo está en negarse a pagar los impuestos y/o los servicios, con lo que los títeres políticos y los holdings empresarios mayores, se verán en apuros y no pueden obligar a una masa consciente y unida. En algunos casos los ecologenistas deberán -previo análisis cuidadoso- recurrir al poder judicial para que dicte las sentencias concretas contra los abusos de las empresas que dan servicios, o contra las personas de los políticos, a pesar de las inmunidades que se hayan auto-adjudicado. Pero eso requiere que cada ciudadano tome consciencia y *use las leyes con sentido comunitario*, no sólo para reclamar por boberías como ocurre en la mitad de los juicios.

4. Es preciso negarse a pagar cualquier tipo de usura. Esto lo debería ordenar el poder político, pero a la vista está que la mayor parte de los políticos del mundo trabaja para los usureros, de modo que la revolución ecologénica comienza con tomar conciencia en contra de esa trampa, que se suma a la lacra que es en si mismo el dinero. No contraer deudas, aunque se tenga que dormir bajo un puente o en la casa de un familiar, es parte de la solución, pero no podemos quedarnos ahí. Este es un lineamiento general que tiene diversas alternativas. Legalmente es posible utilizar la carta de Derechos Humanos ante un tribunal, para obligar al Estado a dar viviendas dignas y sin usura. Igualmente es posible, a pesar de los contratos firmados, dado que los Derechos Humanos son prioritarios sobre los contratos entre particulares o empresas, dejar de pagar hipotecas cuando éstas aumentan sus cuotas por encima de las posibilidades reales del deudor. En todos los países hay leyes aplicables en este sentido. Sólo hay que usarlas con decisión. Si es necesario, los Jueces deben empezar a **sentar jurisprudencia sobre la usura**, porque es lisa y llanamente esclavismo.

En la Parte Segunda ofrecemos un documento que no debería modificarse a pesar de los pequeños errores que pareciera contener. Pero sabemos que toda "Constitución" ha sido modificada de modo acorde a las situaciones de la época y lugar donde han regido.

Por otra parte, lo expuesto es un ideal general, al que habrá que acceder mediante algunos pasos intermedios como los antes descritos. Desde ya que puede parecer una utopía para aquellas personas apáticas, pusilánimes, indiferentes egoístas por la cosa pública, miedosos ante los cambios o simples inconsciente, faltos de comprensión subjetiva (sobre todo en sociología y política); pero téngase en cuenta que la Humanidad no tiene mejores perspectivas, como hemos dicho antes: Aniquilación, exterminio, genocidio de una buena parte de la población (selectivo en unos sitios y total en otros), con más control y esclavismo, o una movilización colectiva para producir un cambio de fondo, en el que no participarán ni extraterrestres ni otras civilizaciones terrestres. Ningún grupo en la historia se ha liberado realmente por la labor de los libertadores, sino que éstos sólo aportan su guía, sus ideas y enseñanzas, pero corresponde un enorme esfuerzo por parte de los esclavos que quieren dejar de serlo; una clara *voluntad activa* de los pueblos que desean vivir y definir sus propias condiciones de vida.

Si la civilización moderna ha alcanzado un grado de tal perversión, pareciendo una locura, un delirio y una utopía el avance técnico actual que no se hubiera imaginado hace dos siglos... Si unos pocos hombres han logrado apoderarse del mundo, malearlo a su materialista voluntad, dirigirlo mediante trampas económicas y políticas hasta "secuestrarlo" literalmente ¿Qué nos impide a unos cuántos altruistas con ideas claras llevar al mundo a la "utopía" de una sociedad sin guerras, a una verdadera Humanidad a pesar de todo lo que hay que reencauzar?. ¿Acaso cree el Lector que hay muchas madres dispuestas a enviar a sus hijos a la guerra? O si tiene Usted ideales y le gustaría vivir en un mundo mejor ¿Cree que es "uno de los pocos"?. Si es así se equivoca de cabo a rabo. En una encuesta de casi tres mil personas, realizada por un ecologenista entre 1985 y 1997, sólo el 1,3 por ciento está conforme con el mundo en que vive. Su *propio mundo*, claro.

Esto se hizo en un muestreo socialmente muy diverso en Argentina, Chile, Paraguay, Brasil y Venezuela. Se descartaron personas con psicopatías, presos, menores de edad, pobres extremos y aborígenes de vida silvestre. El 32,7 % quisiera cambiar completamente el mundo y el resto dio diversas respuestas, queriendo cambiar muchas cosas. Sobre la pregunta de "*¿Le gustaría vivir en un mundo justo, donde no hiciera falta el dinero?*", el 94 por ciento contesto que SÍ aunque a un 73 por ciento de ese total le pareció utópico.

Ahora, con las ideas más claras, con un propósito mejor explicado y circunstancias como las actuales, es posible que ese porcentaje haya aumentado y sin duda que no puede haber disminuido, dados los acontecimientos "económicos" que han sufrido esos países desde entonces. Es posible hacer ese mundo mejor y sólo hace falta que cada uno difunda esta información, que comprenda y luche por hacer comprender, que se dejen de "derechas" e "izquierdas", que renuncien a vivir en un mundo esclavo y se decidan a cambiarlo.

Si no lo hacemos, todo está perdido para nosotros y más aún para nuestros hijos y nietos, y basta afinar un poco el sentido crítico para verlo. Si ponemos todo nuestro empeño y la masa no colabora, habremos cumplido al menos con nosotros mismos. Pero si el grupo crece, si el Lector se suma en sentimiento, conciencia y acto, es decir en *Amor, Inteligencia y Voluntad*, la "utopía" deja de serlo y se convertirá en una fuerza arrolladora que se expandirá sin guerras, cortará cadenas sin violencia y hará de la Humanidad una sociedad inteligente, próspera y feliz. El amargo de esta Parte Primera del libro, es decir la toma de consciencia de la barbarie tecnificada del presente, será un recuerdo histórico para las generaciones venideras, a las que les costará creer que sus ancestros (nosotros) hayamos llegado. Y se preguntarán cómo hemos podido vivir y sobrevivir en estas condiciones, comiendo mientras vemos por televisión asesinatos reales y ficticios, niños raquíticos y llenos de moscas a punto de morir, personas destrozadas por bombas, aviones fumigando para reducir la población, médicos enfermando para ganar dinero, laboratorios inoculando virus y microchips, gente condenada a pagar durante toda su vida por un techo... ¡Los más afortunados!, llenando los tribunales de trifulcas y enemistades por "asuntos de dinero", haciendo sexo por dinero, matando por dinero, sufriendo por dinero, robando por dinero, casándose por dinero, políticos sin alma mintiendo y acusándose todo el tiempo, peleando ante de los ciudadanos por dinero. ¿Acaso el lector dirá -con una mano en el corazón- que nunca ha mentido por dinero?

Si bien es cierto que los más grandes criminales del mundo no comenten su gran fechoría **por** dinero, lo hacen **con** el dinero. Ellos no **tienen** dinero, no son *"los más ricos del mundo"* sino que lo fabrican, lo manejan. La Nueva Humanidad sólo puede surgir si vence este reto: Desentronizar al dinero, aunque en un principio deba seguir usándolo. *La gran trampa se desmonta muy fácil: No aceptando la usura, declarándola delito de lesa humanidad.* Cuando cada uno deje de ser egoísta, cuando cada uno pueda darse cuenta que la seguridad, la salud y la Felicidad de uno mismo sólo puede asegurarse en el bien común, ni siquiera necesitaremos dinero. El único valor económico será el trabajo y el trabajo será vocacional. Aunque tengamos distorsionada la genética primordial y seamos simples mortales, no estamos tan mal hechos. Es posible que hayamos estado ciegos y estúpidos por mucho tiempo, pero es hora de despertar. Mientras más poder político, económico, social y conocimiento científico poseamos, más responsables somos ante la Humanidad, ante las generaciones futuras y -si se es religioso- ante los ojos de Dios.

No importa cuánto sepamos de lo que viene después, pero es hora de aceptar que no somos meros organismos que pasan manifestándose un tiempo en el mundo. Con fe religiosa o sin ella, con convicción científica o sin ella, sabemos de algún modo que con nuestra muerte no se acaba el Ser que somos. Pero aún desconociendo o no importándonos eso, o si se quiere, con más razón para los ateos o los religiosos que sólo creen en una única existencia momentánea, cabe pensar lo siguiente: ¿A qué hemos venido?, ¿Qué haremos y qué vamos a dejar en el mundo?. ¿Sólo a pasarlo lo mejor posible?

No cabe eso último más que para los muy dormidos y en total inconsciencia, para los mediocres egoístas, que pueden comer tranquilamente mientras ven en sus televisores niños hambreados llenos de moscas, gente hecha pedazos por las bombas, inundados por imprevisión de los gobiernos, impresentables hablando tonterías, gente sin talento opinando sobre política o la vida de los demás...

Es hora de poner en práctica soluciones de fondo, no de forma, porque ni siquiera el que sólo quiere pasarlo bien, puede quedarse cruzado de brazos cuando le están fumigando, intentando enfermarle para venderle medicamentos o asesinarle si entra el cuadro de selectividad inconveniente…

PARTE SEGUNDA

PLAN T.E.O.S.

Tratado Educativo de Orden Superior

Aclaraciones previas:

La Constitución para una Nueva Humanidad ha sido elaborada con auxilio de exopolíticos, expertos en política e inteligencia militar, inteligencia de Estado, politicólogos y sociólogos que han militado en la derecha y la izquierda. Varios, en ambos lados alternativamente, hasta comprender -por fin- la trampa y la mentira de la pseudodemocracia. Algunos han fallecido y otros seguirá luchando por Amor a la Humanidad muchos años más, pero por lógica estratégica aparece un único autor del presente libro, pero la memoria de ellos, su espíritu de incansables Buscadores de la Verdad, sus aportaciones, consejos sabios y comprensión de las debilidades humanas, está presente en cada una de estas letras.

Sepa el Lector perdonar los errores que el Plan TEOS que se expone aquí pueda tener, ya que a pesar de nuestra mejor voluntad, de poner todo nuestro corazón y el conocimiento conseguido, somos simples personas, inspiradas por la experiencia histórica de la Humanidad. No importa que haya factores que no concuerden con su criterio, o que los realizadores de este Plan deban adecuar muchas cosas a su propia Nación, a las costumbres de sus pueblos, incluyendo una relación armónica con las creencias religiosas y -en principio- con sus sacerdotes. Estos también tienen la gran responsabilidad de producir las revoluciones espirituales y políticas necesarias en sus respectivas instituciones para reconducirlas a la espiritualidad no dogmática y sabia de los Maestros y Profetas.

Hemos de redefinir la palabra *Imperio*, que nada tiene que ver con la idea distorsionada modernamente por la historia falseada: El Imperio es una agrupación de naciones con gobierno ecologénico, con modo de vida democrático. El Imperio tiene un conductor común, elegido por los máximos representantes de cada país. Su vida, aunque disponga de un tiempo para su intimidad personal, es como un sacerdocio, al igual que los cargos importantes de todos los órdenes políticos. Se llega, como a todos los puestos políticos, mediante oposiciones con todos los exámenes correspondientes.

Sería utópico -salvo que se tuviera una poderosa fuerza altamente tecnificada y muy superior a lo que tiene la sinarquía financiera mundial-, intentar construir de un solo golpe un Imperio, un "Nuevo Orden Mundial" ecologénico, totalmente opuesto al genocida que han implantado los conspiradores Sólo es posible el accionar local de cada ciudadano y con ello llevar a su país a un gobierno ecologénico. Más tarde, cuando la potencia numérica y la masa de conciencia de la Humanidad lo permita, los gobernantes de cada país, siendo representantes y protectores auténticos de la ciudadanía, podrán formar un Imperio donde el Emperador no deberá tener gran trabajo. No será una conquista de un "genio de la política" como otras veces en la historia, sino un logro de toda una Humanidad.

En el ámbito de las Naciones, a lo que referiremos en adelante como objetivo del Plan Ecologénico llamado T.EO.S., el gobernante mayor puede ser llamado Rey, Presidente, Dictador, Máximo Juez, Conductor, Coordinador o como se le quiera designar. Para el caso, utilizaremos el nombre más generalizado de Presidente, aunque sus atributos y sentido serán similares a los del Rey, solo que de ninguna manera dinástico. Las dinastías, el gobierno como derecho de herencia ha sido la causa de la perdición para otras civilizaciones.

A) OBJETIVOS:

El Plan T.E.O.S. es un plan político y de educación humana basado en los más altruistas motivos de la enseñanza en cualquier nivel, carrera o especialidad: Hacer individuos física, mental y emocionalmente aptos para vivir en una sociedad solidaria, individual y colectivamente libre, digna y leal, con capacidad para cultivar, conservar y fortalecer sus propios valores, y para defenderse de agresiones externas, ya sean invasiones territoriales, infiltraciones culturales y/o económicas, o fenómenos naturales. Para ello, la Política, la Religión y la Ciencia deben ser coherentes.

La masa de ciudadanos participará conscientemente de la política, y no como ciego votante manejable e ignorante de los movimientos y planes del Estado Económico. En la República -término latino que significa "cosa pública"- el Presidente es el conductor y coordinador del Estado Solidario, y puede surgir por elecciones consecutivas en una pirámide de mando o por elección entre grupos selectos de individuos específicamente preparados para esa función. Pero el Presidente es lo opuesto al tirano, pues no gobierna masas inconscientes, sino a uno o muchos pueblos educados en la Razón, el Amor y la Voluntad, con Conciencia despierta, respetando a todos los individuos, sean de la raza o condición particular que sean. En el Imperio como en la Nación, la única igualdad válida es la de derechos y deberes ante la Ley y por lo tanto en cuanto a acceso a los bienes materiales y servicios. Toda otra diferencia será claramente reconocida, respetada y aceptada en tanto no perjudique a los demás ciudadanos. Hasta que ello ocurra como modo de vida global, buscaremos recuperar el valor, sentido y fuerza estructural de la Nación.

B) PAUTAS FILOSÓFICAS Y DOCTRINARIAS

Téngase en cuenta que estas bases serán para un futuro que hoy puede verse como utópico y lejano y

en todo caso podrán ser alcanzadas sólo mediante un proceso como el descrito en Constitución Asamblearia y Econogenia.

1.- El individuo no debe competir de ningún modo con sus semejantes, salvo en los deportes y la competencia aparente de los entrenamientos marciales, ya que en toda otra actividad debe estar dispuesto a poner toda su capacidad al servicio del bien colectivo. Por ello queda abolido todo sistema de calificación en la escolaridad primaria, la cual además de dar una formación acorde a la edad del niño, debe detectar y definir tempranamente sus inclinaciones vocacionales. La única competencia real, donde es preciso poner el máximo de capacidad de oposición, es la guerra, que aunque lamentable, es inexorable si la voluntad de otra Nación es someter a la propia. Mientras hay paz, los seres humanos deben ayudarse mutuamente en todos los campos, y no debe buscarse la superación mediante parámetros ajenos, sino que deben superarse las propias obras, disfrutando al hacerlo, y disfrutando de las obras de los demás, tanto en su aprovechamiento como en su contribución solidaria.

2.- *Estimular la creatividad y la solidaridad, en vez de la especulación y la competencia*; el Altruismo y la Heroicidad, en vez del egoísmo y la indiferencia cobarde. El hombre debe ser educado para ser **dueño de su destino** y no un obediente esclavo de los más capaces o de los más poderosos. La obediencia debe existir en las estructuras jerárquicas, pero no la humillación o la servilidad. Los más capaces deben acceder al Poder por Heroicidad, Altruismo y Sabiduría en todo sentido. Y la población debe estar preparada para reconocer y medir esas características en cada individuo, permitiéndole llegar al poder únicamente a aquellos realmente aptos.

En el modo de auténtica democracia no hay lugar para la anarquía, aunque cada uno sepa lo que debe hacer, especialmente ante una circunstancial falencia o carencia de dirección política. Esto permite el rápido restablecimiento del orden político, porque siempre habrá ciudadanos íntegramente aptos para conducir al pueblo.

3.- *La base doctrinaria espiritual y moral* de los ciudadanos, es la de la Metafísica, tal como lo enseñaran los Maestros como Iesus el Esenio, ya que en él hallan su más depurada expresión e interpretación la doctrina Cristiana, la Budista, la Mahometana y todas las antiguas religiones de los Sabios, los Héroes y los Maestros de la Humanidad. Pero un ningún caso ha de coartarse la libertad de culto en medida alguna. La Metafísica es una ciencia pura y no es incompatible en absoluto con lo místico, salvo con los absurdos y las aberraciones de las religiones instituidas.

Ninguna religión será un poder separado del Estado y su injerencia en los asuntos del mismo, serán considerados como sedición. El Naturismo incluirá el estudio de Principios y Leyes Metafísicas, que son la base de todas las Leyes Naturales más comúnmente conocidas. Será materia de estudio desde los seis años de edad, hasta el último año universitario, debido a su importancia y aplicabilidad, versatilidad científica y preceptos éticos y deontológicos, así como por contener la mayor cantidad de denominadores comunes de todas las culturas posibles.

4.- *La base doctrinaria en política,* es el ***nacionalismo cooperativista***, entendiéndose que la Nación es la suma de todos los intereses materiales, culturales, morales (éticos) y espirituales en común de los ciudadanos de un territorio en particular. Las provincias son -dentro de un territorio determinado- una organización administrativa de cooperativas, y éstas últimas son organizaciones de conservación cultural, producción, administración de bienes, insumos y servicios. El Estado debe asegurar la correcta EDUCACIÓN, JUSTICIA, SALUD, SEGURIDAD, GARANTÍA DE DESARROLLO ESPIRITUAL, BIENES Y SERVICIOS. Este Plan es el principal instrumento del primero de esos pilares de la sociedad: la Educación. La Justicia está dada no sólo en la aplicación del Código correspondiente, sino en todo el sistema. La Salud no depende de un factor tecnológico de prevención y cura, sino de una forma de vida sana, y la Seguridad no se fundamenta en un sistema de represión y satisfacción, encarcelamiento o libertad, premio y castigo; sino en una formación integral que no deje espacio a las deformaciones propias de los sistemas políticos corruptos de la dinerocracia.

Sin ser ni remotamente esta doctrina, una forma democrática como la que implantó el dinero, ni una forma de comunismo como el que implantó el mismo grupo sinárquico en Rusia, todos los ciudadanos responden al Estado porque cada uno de ellos lo integra directamente, aunque no pertenezca a la "**Conducción del Estado**". Es decir que todos trabajan **enseñando o investigando, protegiendo** (Fuerzas de Seguridad), **produciendo** (Arte, agro, ganadería y minería), **manufacturando, sirviendo, distribuyendo, administrando, planificando**, o cualquier otra forma de actividad en beneficio de su Localidad, Provincia y Nación. En esta forma de vida no existe el comercio ni el dinero, aunque la metamorfosis sea paulatina o por necesidad; ya que se impone como primer paso la eliminación de la usura, y posteriormente se impone el **"Patrón Trabajo"** como medida económica, en h/H "horas hombre" como unidad, quedando completamente abolido el Patrón Oro, así como toda forma de moneda.

El Estado asegura así una auténtica igualdad ante la Ley, teniendo todos y cada uno de los ciudadanos, acceso a todos los elementos y bienes materiales y culturales necesarios para desarrollarse humana, espiritual, vocacional y laboralmente; asegurando la alimentación, indumentaria, vivienda, locomoción por todo el territorio, esparcimiento y medicina. Todo ello con las mejores calidades y de por vida. Cada ciudadano podrá acceder a puestos jerárquicos superiores, únicamente en virtud de su probada idoneidad y Altruismo, pero esto no le proporcionará privilegios de ninguna especie, salvo el acceso a los medios técnicos que corresponda según su función. Los individuos vocacionalmente indefinidos o menos capaces, realizarán tareas acordes a sus posibilidades, donde resulten de mayor provecho comunitario y satisfacción personal, pero sus derechos a todos los bienes que la comunidad produzca, serán absolutamente los mismos que para el más capaz, así como su responsabilidad cívica será la misma que para el Jefe del Estado. La jornada laboral será de ocho horas como máximo y de seis como mínimo, salvo para los puestos superiores de gobierno, que requieren más tiempo, dedicación y esfuerzo. Para los trabajos insalubres la jornada debe reducirse al nivel necesario para evitar daños humanos, guardando la correspondiente equivalencia.

5.- ***La base doctrinaria de la economía,*** como ya se dijo, inseparable de lo político, es el reemplazo del dinero por una forma natural -la única- de economía, basada en el trabajo. El Patrón h/H (Hora Hombre) se entiende como una hora de trabajo aplicado, creativo y útil, bajo las mejores condiciones posibles de seguridad física, mental y emocional para el individuo, con plena conciencia de que su trabajo lo dignifica, le hace útil a sí mismo, a la Nación y al mundo entero, y le asegura todos los derechos como ciudadano. El trabajador debe saber que su trabajo no se convertirá en riquezas especulativas en las manos de usureros y jerarcas de ninguna especie, sino que así como *"gratuitamente"* lo hace, gratuitamente recibe el beneficio de todas las labores y actividades de la sociedad (La familia de palabra "gratis" debe desaparecer por inaplicable). Sus obligaciones laborales se ajustan a su vocación en lo posible, y a sus capacidades humanas para realizarlas óptimamente, sin excepción. Quienes por vocación se dediquen a un estudio que requiera una carrera universitaria, pasarán a cumplir una tarea acorde a sus estudios, inmediatamente de empezarlos. De ese modo, aparte de hacerle mejor profesional, sus aportes a la economía nacional serán visibles en la sociedad. Si no hubiera vacantes o necesidad de ello, podrá hacer algunas horas de trabajo para el que se sienta preparado física, mental y emocionalmente, sin ser obligatorio, pues la obligación está en el rendimiento estudiantil y el cumplimiento de los demás deberes cívicos.

Todo ciudadano tiene, con plena independencia de su profesión u oficio vocacional (talento), el derecho inalienable a la educación, al máximo de sus capacidades intelectuales. Por lo tanto el Estado asegurará la educación libre y gratuita para los ciudadanos de cualquier edad y profesión. Este derecho no exime de las obligaciones laborales y será ejercido con todas las exigencias académicas que correspondan.

DOCUMENTO ECONÓMICO Y LABORAL ÚNICO

El único documento económico en poder y uso del ciudadano -absolutamente intransferible- será su libreta de identidad, en la que constará su cumplimiento semanal de trabajo, y será expedido por el correspondiente ente estatal. Dicha libreta contendrá todos los datos de su propietario y especialmente sus talentos y habilidades demostrables. Bien podría denominársele "Talento". Este documento no puede en modo alguno ser única y exclusivamente electrónico.

Nadie tendrá derecho a acaparar para sí otros bienes que no sean los de uso personal (ver código de propiedad), o aquellos que haya construido con sus propias manos y esfuerzo, dentro del terreno y/o casa que el Estado tiene el compromiso de asignarle.

Todo individuo mayor de edad (18 años) o familia podrá poseer como propiedad privada, una superficie mayor de cuatrocientos metros cuadrados y menor de mil doscientos en radio urbano; Nadie podrá poseer terreno mayor de diez mil metros cuadrados ni menor de dos mil en zona rural. Todo terreno mayor de una hectárea podrá ser asignado para labor con exclusividad, pero no como propiedad privada o heredable. Ninguna familia debe carecer de vivienda digna. La propiedad asignada por el Estado es privada, inviolable, transferible únicamente con conocimiento y autorización del Estado, allanable únicamente por orden de un Juez y en presencia *"sine qua non"* del mismo, más un policía y un vecino testigo. Ninguna propiedad es transferible por herencia, salvo cuando un hijo sea menor de edad y el Estado aún no le haya asignado una propiedad.

El Estado es el único heredero de todo bien inmueble si no hay hijos mayores aún sin propiedad adjudicada. Todo otro bien y objetos menores no estratégicos para la seguridad de la Nación, son heredables. Esta forma de vida y esta economía serán defendidas por todos los ciudadanos desde los dieciocho años en adelante, poseyendo un arma debidamente registrada y luego de ser adecuadamente instruidos y examinados por un psicólogo. Dicha arma permanecerá en el domicilio mientras no haya necesidad legal de portación.

Ninguna forma económica justa puede ser defendida por un pueblo sometido, de modo que cada ciudadano debe ser un soldado entrenado en la defensa de su dignidad personal, y de todo el patrimonio integral de su Nación. Al no existir motivos para forma alguna de delincuencia privada por bienes materiales, las armas serán usadas únicamente en los entrenamientos militares y en caso de ataque militar externo; o por las Fuerzas Policiales en caso de infiltración subversiva o delitos privados (que en esta economía sólo pueden tener base psicopática y no de bienes).

Estas pautas aseguran que toda forma de riqueza sea por el Estado distribuida justa y equitativamente entre todos los ciudadanos, impidiendo naturalmente la posesión inútil de grandes extensiones territoriales o bienes materiales excesivos de cualquier orden, por parte de unos pocos, porque ello siempre produce la pobreza y la miseria de los muchos. El lujo artístico, la opulencia y la abundancia para todos, son un efecto natural de la productividad no limitada por valores artificiales, y por la conciencia creativa de todo el pueblo.

6.- *La base doctrinaria científica:* Debe resguardar los intereses físicos, mentales y espirituales de todos y cada uno de los individuos, y acrecentar su patrimonio cultural en idéntica medida que lo hace con el conjunto social. De ningún modo las investigaciones científicas atentarán contra los principios éticos definidos en la deontología. No se hará ningún experimento científico sin autorización del PRESIDENTE ni en secreto. *El periodismo* tendrá una función vital, difundiendo masivamente el desarrollo y resultado de todo avance. De este modo, todo el pueblo tendrá acceso a la educación científica de primera mano. Las reglamentaciones sobre ciencia y cultura en las diversas localidades deberán contener un espíritu de conservación de las culturas regionales, pues éstas son nada menos que la expresión espiritual de cada pueblo y lo más importante de su identidad.

La educación, será de orden masivo y no existirá monopolio de información o conocimiento, suprimiéndose definitivamente toda propiedad intelectual, en la razón de que la capacidad, invento o descubrimiento de un individuo o grupo, debe estar al servicio de toda la Nación, o sea al servicio de todos y cada uno de los ciudadanos que la componen. Lo contrario es considerado un delito de "lesa humanidad". Sólo puede ser verdaderamente libre un pueblo, cuando no hay ningún individuo sin acceso a la información de primera mano y a los beneficios de toda cosa útil que se invente o descubra, que se fabrique o construya, ya que todos y cada uno contribuyen directa o indirectamente a tal logro. En lo práctico, el avance científico, así como el aprovechamiento de los medios técnicos actuales, se emplearán con una conciencia ecológica plena, en la razón de que todo lo que dañe el equilibrio natural, daña también al hombre.

7.- *La base doctrinaria de la Justicia* se fundamenta en las dos motivaciones éticas principales del hombre: Dignidad: que representa la autoestima y el respeto por sus propios derechos, preparándolo para su propia defensa. Y la Lealtad: que representa el respeto y el amor al prójimo en el sentido de "todos los seres" (no en el sentido de que "prójimo" es el del propio pueblo). Pero la principal lealtad es a los principios de su propia conciencia. Cuando se pierde la Dignidad se cae en la esclavitud; cuando se pierde la Lealtad, se cae en la traición y la postre, en la esclavitud también. La educación infantil estará siempre destinada a hacer hombres dignos y leales; cualidades sin las cuáles no es posible hacer Hombres Libres. Cuando ambas -Dignidad y Lealtad- están en equilibrio, la Libertad no es una mera aspiración del espíritu, sino una forma de vida y un goce natural. La Justicia en la Nación estará representada por la **Cámara Judicial de la Nación**. Un Juez Local elegido directamente por el voto popular en cada comunidad de dos mil familias o menos, y aceptado por el PRESIDENTE según currículum personal. Para ser Juez, el candidato deberá ser casado y mayor de 40 años, haber terminado una carrera universitaria, o en su defecto tener aprobación unánime de la **Cámara Provincial de Jueces** y el PRESIDENTE. No existirá ningún poder legislativo ni consejero, aparte del PRESIDENTE y los Jueces, que tendrán atributos no sólo para hacer justicia, sino para establecer leyes lo más simples posibles.

Los Jueces asumirán la función legislativa pero sólo el PRESIDENTE podrá certificar una Ley o vetarla. En cambio, las leyes que pueda crear el PRESIDENTE, sólo podrán certificarse con la aprobación de la Cámara Judicial de la Nación. Ninguna Ley debe ser contradictoria con la presente Constitución.

[*Los fundamentos éticos de la Ley, son las Leyes Superiores de la Naturaleza, de modo que poco o nada deben cambiar las Leyes Humanas, si están bien establecidas. Harto demostrado está el axioma de Séneca de que* "mientras más leyes tiene un pueblo, más corrupto es"**].**

El PRESIDENTE es Poder Ejecutivo, Máximo Legislador y Máximo Juez.

NOTA: [*No existiendo comercio, ni dinero, nadie necesitará robar. No habiendo esclavos, sino hombres y mujeres que trabajan en lo que pueden y saben, al servicio de la comunidad, no habrá juicios laborales. Habiendo una buena formación ética y espiritual, no pasará mucho tiempo para que desaparezcan por completo los crímenes pasionales. La Justicia se enseñará desde los primeros años de la escuela primaria, desde lo formal hasta lo esencial. Al no existir comercio ni dinero, ni patrones ni empleados, ni riquezas vanamente acumuladas, sino hombres y mujeres organizados creativa, amorosa y tranquilamente, no habrá robo, ni estafa, ni coima, ni soborno, ni inseguridad, ni juicios por herencias, derechos o patentes, ni asesinatos por dinero, ni tráfico de drogas, ni prostitución, pues todas estas cosas sólo existen por causa del arquetipo materializado del dinero, mediante el cual todo pueblo es sometido a quienes manejan dicho dinero. Los delitos por infidelidad u otros delitos raros, derivados de las pasiones sexuales, tardarán algo más en desaparecer, pero al no existir publicidad (ya que no habrá comercio que trastoque los valores) la imposición de arquetipos y formas de asociación mental deformadas que llevan a la delincuencia, dejarán de tener su nefasta influencia.*]

Lo mejor que se invente o desarrolle se producirá masivamente y se distribuirá del único modo posible: gratuitamente. La "economía de guerra" aplicada en las Guerras Mundiales, demostró que un pueblo organizado siempre produce mucho más de lo que consume. Sin guerra mediante y sin esclavistas, hasta es necesario reducir las jornadas laborales, dando al hombre más tiempo para divertirse, estudiar, crecer espiritual y culturalmente, pasear y criar a sus hijos con más esmero, practicar deportes, etc.. Allí el Estado encuentra que su función más difícil es evitar que los ciudadanos caigan en el ocio pernicioso y los vicios, pero la naturaleza colabora, porque todo ser humano tiene aspiraciones, motivaciones artísticas, manuales, investigativas, exploratorias, etc..

Nada genera tantos vicios como el mercado que los instiga y los crea.

NOTA: *[Si los Inkas, que ni siquiera usaban la rueda, podían vivir sin comercio ni dinero, produciendo todo lo necesario y distribuyéndolo a miles de kilómetros... ¿Cómo no va a poder un pueblo moderno, organizado y tecnificado, vivir en un Paraíso?. Sólo requiere del uso de la inteligencia simple y no dejarse arrastrar por el engaño de "cuentas y espejitos" (o monedas y billetes conque los apátridas han esclavizado al mundo). El dinero no produce riquezas ni bienes de ninguna índole. No se come, no hace crecer semillas, no trabaja... pero incita a cometer todas las injusticias que esta civilización ha conocido.]*

El único instrumento económico válido en la sociedad nacional, será el documento de identidad intransferible, que dice "*Yo trabajé, trabajo, soy un ciudadano de esta comunidad, y tengo todos los derechos como tal. Tengo derecho a todos los bienes y servicios que la comunidad produce, porque soy parte de la comunidad*".

NOTA: *[En cambio, las monedas y billetes, podrían decir:* "Alguien se sacrificó como esclavo y me tuvo unas horas. Le costé días de trabajo y me cambió por la comida de menos días" o "El que ahora me tiene, me encierra en un banco, pero él no trabajó como mi anterior dueño, pues hizo trabajar al otro para ganarme. Me usa para dominar a otros y tener cosas que los que trabajan no pueden tener". *La única manera de vivir con justicia, es erradicar los instrumentos y causas de la injusticia. No se puede permitir ninguna forma de "dinero virtual" o de "crédito", porque se estaría en la misma trampa.]*

8.- En síntesis, la educación tendrá como objetivo, formar hombres y mujeres Dignos y Leales, por lo tanto Libres; sanos íntegramente, para que puedan disfrutar del camino de la Evolución sin miedos, sin religiones culpadoras, ni misteriosas ni esclavistas; sin ideas perversas, sin dañar al mundo ni a sí mismos. Con una clara conciencia de que sólo buscando el bien de todos, se asegura el bien individual, que *la verdadera espiritualidad se practica* y que cualquiera sea la idea de Dios sólo puede ser buena cuando lleva al Amor a todos los Seres de Universo y que el egoísmo lleva tarde o temprano a la esclavitud.

C) EDUCACIÓN ECOLOGÉNICA ESCUELA PRIMARIA

PRIMER GRADO: Escritura, manualidades, dibujo, cosmogonía, aritmética, geometría y naturaleza.

SEGUNDO GRADO: Ídem primero, más música, educación cívica, historia.

TERCER GRADO: Idem segundo

CUARTO GRADO: Idem tercero, más ética y moral.

QUINTO GRADO: Idem cuarto, más gimnasia mental (en forma de juegos)

SEXTO GRADO: Idem quinto, más gimnasia de yoga según raza: Blancos: rúnica, Indoarios, hindúes: asánica, Amarillos: tibetana, Negros: danza-yoga. Estos ejercicios, a modo de juegos, facilitan la integración racial y es recomendable el conocimiento de las diferencias, que permite la mutua comprensión. Entre los niños, esta educación hará desaparecer la xenofobia, el racismo e intolerancia que genera la ignorancia sobre "el otro".

SÉPTIMO GRADO: Idem sexto, más fundamentos de Metafísica en la asignatura "Naturaleza".

En todos los cursos y edades, pueden agregarse asignaturas voluntarias, como idiomas, geografía y otras que faciliten el desarrollo vocacional.

Las maestras deberán tomar clases intensivas basadas en la Tabla Metafísica, a la par que trasmiten los programas de estudio a los niños. Deberán hacer una clasificación vocacional o conceptual, pero nunca una clasificación numérica. De este modo se evitará la especulación y las vanidades o sentimientos de inferioridad que tantos traumas y desvíos han causado en la civilización. No habrá selección de abanderados, sino que todos y por turnos pasarán a las banderas y demás honores nacionales, que en todos los casos serán dos: La bandera local y la Nacional. En un paso futuro, quizá la Voluntad de la Humanidad lleve a usar una tercera bandera, la del Imperio Humano. Los egresados próximos (séptimo grado), llevarán todos y cada uno, una bandera durante los actos, que no se prolongarán más allá del tiempo que lleve entonar el Himno Nacional y otra Canción Patria o folklórica cualquiera, izar y arriar la bandera, y un discurso previo de no más de cinco minutos. Tanto en las formaciones matinales o vespertinas, a la entrada y a la salida, se enseñará el más correcto "*Orden Cerrado*", no represivo, sino formando coreografías simbólicas, y haciendo Gimnasia Psicofísica Primordial. Los deportes escolares resaltarán el espíritu solidario, realizando torneos interescolares e interprovinciales, y ello no significará honor alguno ni exaltación de la vanidad, ya que los "Campeones" serán escuetamente mencionados, y de ellos, surgirán los profesores de gimnasia y deporte de las futuras generaciones, con toda su fuerza vocacional.

Las programas de estudio de la escuela secundaria, así como los estudios superiores, serán diseñados de acuerdo a las necesidades de cada región, pero manteniendo la misma línea de valores que la escuela primaria. Se resaltará en dichos programas la enseñanza de los valores culturales propios de cada pueblo y región, a fin de mantener en permanente cultivo la identidad grupal. Esta conservación de las culturas en su más pura expresión debe ser atendida como más importante que la enseñanza técnica o profesional, entendiendo que la Unidad Imperial se basa en la riqueza de la Diversidad Cultural, lo que representa la libertad de espíritu de cada pueblo, sin la cual no puede existir la libertad de los individuos. La Nación unifica mediante valores espirituales comunes a todos los Seres: Amor, Inteligencia y Voluntad; pero merced a las infinitas formas de expresión de dichos valores. La Nación -como más adelante el Imperio- debe organizar, proteger y unir espiritualmente a todos los pueblos que deseen comprometerse a participar de sus lineamientos, y para ello es indispensable que cada pueblo conserve su identidad, tradiciones y valores ancestrales, pues toda tradición contiene o tiende a recuperar los arquetipos más elevados de cada raza por la vía más apropiada para cada pueblo, según su desarrollo histórico.

La escuela secundaria agrega al caudal de conocimientos del joven, el inicio de su etapa "técnica". Para que su persona no sea afectada por la incertidumbre vocacional y existencial, durante el ciclo primario habrá hecho su formación "humanística". La etapa técnica debe constituir una serie de logros personales en la realización material de su vocación. Dado que la Nación Ecologénica no prepara esclavos ni empleados de un "sistema", sino que debe preparar individuos libres y auto-conscientes, que luego conservarán el modo de vida democrático por propia comprensión de sus ventajas, no ha de darse en la escuela secundaria el agobiante caudal de teorías innecesarias de los siglos XIX y XX. No existirá teoría sin práctica. Aún en materias abstractas, como historia, se harán análisis objetivos de las realidades posibles y sus intencionalidades causales, no la mera crónica de hechos.

Las Universidades serán de orden absolutamente técnico. Las únicas carreras de "humanidades" en el orden universitario, serán los profesorados especiales, la **psicología y medicina (como inseparables)** y Política, cuyos egresados serán Jueces, Ministros, Administradores y Candidatos Presidenciales.

D) ESPARCIMIENTO Y TIEMPO LIBRE, orientados hacia:

1) La práctica de deportes: Se alentará especialmente los no competitivos (andinismo, acrobacia, paracaidismo, etc.). Si bien todo puede hacerse en competencia, los competitivos propiamente dichos son aquellos en que las voluntades de los participantes individuales o grupales están directamente enfrentadas en tiempo y/o espacio, como los de pelota, carreras, ajedrez, marciales, etc.. Estos servirán como entrenamiento físico, mental y moral, pero no serán difundidos públicamente para general los falsos ídolos de la civilización del mercado. La práctica material de los deportes por parte de todos los ciudadanos, reemplazará totalmente la expectación improductiva. Se prohibirá expresamente la emisión del desarrollo de eventos deportivos en todos los medios de comunicación, así como los resultados numéricos; pero se publicarán y promoverán sus realizaciones y se educará a la población sobre su práctica, entendiendo como una forma de pornografía la expectación sin práctica. Un ejemplo: Los amantes del fútbol no verán por televisión los partidos, sino las preparaciones de los técnicos y sus estrategias. Para ver los partidos irán a los estadios, pero principalmente serán protagonistas, irán a ser jugadores, no críticos y discutidores.

2) La práctica de artes marciales según edad y capacidad, resaltando los fundamentos filosóficos por sobre los técnicos.

3) Entrenamiento militar en toda su amplitud, para hombres y mujeres, a partir de los 18 años.

4) Instrucción política para todas las edades, a través de programas televisivos, radiales y cursos de tiempo libre, (no obligatorios), de modo que todos los ciudadanos sepan los fundamentos de la comunidad y sus leyes, estando preparados casi todos para asumir mandos por necesidad emergente.

5) Práctica y/o expectación de todo tipo de expresión artística auténtica: Recitales poéticos, folklóricos, operísticos, teatrales, danzas y acrobacia. Formación de talleres de artes plásticas (pintura, escultura, grabados, etc.) y talleres musicales, en interacción de todos los ciudadanos durante su tiempo libre, con los centros educacionales.

6) Turismo, relax, contacto con la Naturaleza. Se desalentará todo juego virtual, especialmente los de guerra, toda vez que violenta la mente sin conocimiento real de los sufrimientos que implica la guerra, pero se prohibirá terminante para los menores de edad. Así mismo, todo juego o videojuego que implique asesinatos o delitos de cualquier especie, será sancionado como delito de perversión. No se castigará al usuario, sino al fabricante. Sin embargo, como en todo el plan legal de la Ecologenia, más que por castigo, la solución pasa por educación y terapia. Una sociedad en contacto con la Naturaleza (que nunca debió haber perdido) recupera rápidamente todas las cualidades del intelecto superior.

7) *Otras formas de diversión:* La danza, las reuniones sociales, y todo otro tipo de esparcimiento y diversión que contribuya a la formación y elevación de los individuos, en vez de prácticas alienantes, perniciosas, insalubres o peligrosas en exceso, para la salud física o mental de los ciudadanos.

Se alentará prioritariamente el turismo interno, pero se realizarán convenios con otras Naciones que conserven la misma Doctrina y forma de gobierno a fin de que se garanticen todas las seguridades mutuamente, ya que el turista en el extranjero, tanto como el extranjero en la Nación, deberán gozar de todos los bienes disponibles, obviamente sin necesidad de aportar trabajo o pago alguno. Los convenios serán intercambios con iguales o similares cantidades de individuos paseantes, y la sola presentación de los pasaportes será suficiente para recibir en los Almacenes o restaurantes, etc., todos los bienes y servicios asignados a turistas.

E) ACTIVIDAD LABORAL orientada hacia:

1.- La producción comunitaria del alimento, mediante granjas y huertas orgánicas organizadas entre no más de mil familias, designándose un **Regente Agrícola**, cuya función será organizar a todos los ciudadanos mayores de 16 años que no se encuentren afectados a estudio, actividades militares ni de Conducción del Estado, para que realicen tareas de producción agrícola en general. Será la autoridad agrícola local, con arreglo a la *Cámara de Regentes del Agro* (Provinciales) y ésta enviará un delegado a la *Junta Nacional del Agro.*

2.- La construcción de viviendas, caminos, jardines, centros de recreo, escuelas e instalaciones civiles de todo tipo: Se designará un *Regente Constructor* cada no más de mil familias, el cual se ocupará de todo lo referente a ese rubro de actividad. Será la autoridad urbanística local, con arreglo a la *Cámara de Constructores* (Provincial) y ésta enviará un delegado a la *Junta Nacional de Constructores*.

3.- La producción industrial: A cargo del *Administrador Industrial* -según la estructura de administración que cada región posea- coordinará horarios, disponibilidades e inclinaciones vocacionales de los ciudadanos, de acuerdo con los Regentes Agrícolas y Regentes Constructores de todas las comunidades de su jurisdicción. Entre ellos formarán la *Cámara del Trabajo* (Provincial), que también funcionará como organismo censal. Esto permitirá la distribución de actividades del modo más justo y agradable a todos los ciudadanos, más por impulso vocacional creativo que por obligación, aunque las actividades que a algunos individuos puedan no gustarles, deban ser obligatorias en alguna medida, siempre que no pueda ser reemplazado. En esta cuestión, el Juez local podrá ser quien dirima por pedido del funcionario. Dado el orden social y económico en estas condiciones, difícilmente surja algún tipo de pesadumbre laboral, ya que las actividades humanas son tan variadas como vocaciones pueden tener los individuos. Además, el trabajo más pesado o desagradable que no puedan realizar las máquinas, será realizado por todos los ciudadanos en turnos mínimos, considerándose un mérito y no algo denigrante. Denigrante es hallarse desocupado en una civilización monetarista o trabajar como esclavo sin derecho a todos los beneficios que la comunidad produce.

El *Administrador Industrial* tendrá a su cargo un *Ayudante Industrial* cada dos, cuatro, cinco o diez mil familias, según la geografía y distribución demográfica local. Organizará su jurisdicción y analizará los potenciales que la misma posea, para radicar aquellas industrias que por sus cualidades tecnológicas excedan las capacidades de las comunidades pequeñas, y cuyo producto sea conveniente distribuir en toda la Nación. Será además, el **Jefe Administrativo** de todas los almacenes de la región y tendrá a su cargo a todos los **Almaceneros**, los cuales tendrán como función recibir, ordenar y entregar las provisiones a quien las solicite, si se trata de productos no racionados (abundantes), así como de racionar equitativamente aquellos que escaseen. El almacenero Informará al Ayudante Industrial semanalmente sobre los excedentes y las necesidades de su comunidad, a fin de que éste disponga de dichos excedentes para entregarlos a la **Junta Nacional de Administradores**, y pida a Ella aquellos productos que otras comunidades puedan poseer como excedente. Estos excedentes estarán en los Almacenes Mayores o en los Almacenes Provinciales, y ellos estarán a cargo de dicha Junta Nacional. Los Almacenes Locales (como los "supermercados") apenas requerirán personal. Las cajeras y vigilantes del sistema de mercado serán reemplazados por estas personas que sólo deben mantener las existencias en buenas condiciones y los productos al alcance de los ciudadanos que podrán retirarlos sin más trámite que la presentación de su documento de identidad (Talento).

La Junta Nacional de Administradores regirá el tráfico de productos entre las Provincias, encargándose también del intercambio con otras Naciones, el cual no se hará tampoco con mentalidad comercial, sino de modo solidario, empleándose el trueque, considerando el valor de los productos en la unidad de h/H (hora-Hombre) aproximado. Esta es una de las actitudes fundamentales que permiten la expansión política del sistema Ecologénico, produciendo una unificación mayor de Naciones, que darán en lo futuro un Imperio o Federación de Naciones más sólida cada vez. Sólo mediante estas pautas generales seguidas por todas las Naciones, es posible la INTEGRACIÓN MUNDIAL sin esclavitud ni carencias de ninguna especie, ni detrimento cultural. Es decir que el "comercio" debe ser absolutamente abolido para que las Naciones se unifiquen formando Imperios, y los Imperios, que corresponden a diversas razas o culturas muy diferentes, puedan interactuar solidaria y fraternalmente. Esto que parece utopía en el milenio del dinero, fue la realidad de todas las grandes civilizaciones antiguas. Inexorablemente lo será también en el futuro cercano. Incluso, un Imperio puede constituirse con pueblos de diversas razas, siempre que se respeten en todo sentido tanto las diferencias como los factores comunes.

En el trabajo, es fundamental que cada persona participe lo más directamente posible en las actividades relacionadas a la producción de su propia vivienda, su propia comida y su propia indumentaria. Los controles bromatológicos de todas las mercaderías, así como la instrucción popular sobre la producción, estarán a cargo de los Regentes, Almaceneros y Administradores. Estos tendrán que pasar un informe estadístico a los Jueces Locales, cada dos meses, del movimiento de mercaderías, a fin de que desde la cadena Judicial, que es la estructura de control político, se pueda inspeccionar la total y equitativa cobertura de bienes y servicios hacia todos los ciudadanos.

Las carencias que un ciudadano pueda sufrir, hallándose los bienes en posesión del Estado, se considerarán injusticias a transmutar de inmediato.

La Cámara Nacional del Trabajo podrá disponer la *liberación laboral* de cualquier ciudadano que lo solicite, comunicándolo a la Junta Médica Provincial. Este derecho a no trabajar y recibir todos los beneficios, bienes y servicios de la comunidad, sólo caben para ciertos enfermos mentales no recuperables y no peligrosos (en libertad) y discapacitados por certificado médico.

F) DISTRIBUCIÓN DE TIERRA, PROPIEDADES Y LOS ESTABLECIMIENTOS DE PRODUCCIÓN:

Todo individuo mayor de edad (18 años) o familia podrá poseer como propiedad privada, una superficie mayor de cuatrocientos metros cuadrados y menor de mil doscientos en radio urbano; Nadie podrá poseer terreno privado (heredable) mayor de diez mil metros cuadrados ni menor de dos mil en zona rural.

Las tierras serán distribuidas del modo más adecuado a las necesidades comunitarias. Los matrimonios que se formen no podrán juntar las propiedades de ambos cónyuges, sino que deberán optar por una u otra propiedad, entregando la restante al Estado. Cuando sus hijos fueran mayores, tendrán, al cumplir los dieciocho años, una propiedad asignada por el Estado, con arreglo a su ubicación más adecuada para el estudio, el trabajo, actores familiares y demás. Pero desde el casamiento de sus padres hasta ese momento, no habrá quedado una propiedad inútil, ni "alquilada", de modo que nadie pagará "derecho de piso" para existir en un lugar digno. Las extensiones mayores se asignarán a las Chacras y Granjas Comunitarias, en zona rural y semi-rural, pues en ella será preciso realizar algunos cultivos extensivos, como los cereales, etc.

Cada persona deberá tener conciencia de interacción con los Reinos Vegetal y Animal, que se re-creará la Cultura del Árbol, cuya única pauta es plantarlos en todos lados, cuidarlos, talar únicamente los imprescindibles y replantar de inmediato. Con relación a los animales salvajes, la regla es proteger sus hábitats, respetar las temporadas de caza y cazar únicamente lo que se comerá en forma inmediata. Respecto a los animales de crianza y consumo, deberán hacerse granjas extensivas, donde los semovientes o aves puedan desarrollarse del modo más natural posible, priorizando la calidad sobre la cantidad. La educación general orientará la alimentación hacia el frutivorismo, buscando la disminución espontánea del carnivorismo, hasta llegar a los niveles más adecuados para la salud.

Los establecimientos más peligrosos (como polvorines y similares del orden militar) se instalarán en zonas muy alejadas, evitándose toda otra industria que pudiera producir efectos tóxicos o deletéreos en cualquier forma, tanto a las personas como a los demás Seres de la Naturaleza. Debe recordarse que no habiendo monopolios tecnológicos, ni los arquetipos del dinero y el mercado, toda producción se hará mediante adelantos técnicos éticamente aprovechados, lo cual no representa una limitación, sino a la inversa. Un ejemplo de ello son ciertas las pilas y baterías de primitivo diseño que no generan problemas ecológicos y son "*demasiado baratas, efectivas y simples para el sistema "comercial*". Hay tecnología simple y ecológica, hay a disposición de la Humanidad todo un sistema de producción y manejo de la energía, como es el desarrollado por Nicolás Tesla. Es decir que si se difunde su uso -de éste como de miles de productos así-, no es posible el sometimiento económico-tecnológico. En el mismo orden se hallan la tecnología solar, la geotermia y la magnetodinámica. Los países que poseen gran cantidad de petróleo podrán usarlo más racionalmente, para ir poco a poco cambiando los sistemas a formas más ecológicas.

Los establecimientos de cualquier orden -salvo los militares- serán abiertos a todos los ciudadanos, con las prevenciones lógicas de todo lugar de trabajo. Los Administradores dispondrán la planificación de los lugares de esparcimiento, restaurantes, etc., en los que servirán aquellas personas que deseen hacerlo por vocación -como en todas las actividades-, de lo que se infiere una calidad de vida que el "hombre de mercado" ni siquiera puede imaginar, debido a su mediocridad y egoísmo recalcitrante. Es de prever, ante una organización ecologénica, que volverán las épocas en que las mayores preocupaciones del Estado serán la defensa -si es que quedan acólitos del demiurgo-, y el aprovechamiento constructivo del ocio. La sociedad así organizada gozará del trabajo y de su fruto, debiendo prontamente disminuirse los tiempos de trabajo, hasta tener que repartirlo en turnos y organizar grandes obras como las Pirámides de Egipto y muchas otras, que la historia malversada supone hechas por esclavos. Sin embargo, fueron construidas por voluntarios completamente libres y felices de la Vida, organizados en una Sociedad Imperial tecnificada y con economía natural.

LAS LEYES DE LA NACIÓN - PLAN T.E.O.S.

CÓDIGO DE JUSTICIA – (Ensayo que en la práctica se ajustará a las determinaciones de Asambleas y la Econogenia como estrategia económica)

PREÁMBULO

1) Vistos los efectos distorsivos en la justicia, que fueron producidos por el sistema de mercado: el egoísmo, el materialismo, la mentira, el odio, la ignorancia, el terror y las aberraciones de "lesa natura", generadas por el valor artificial de cambio (dinero), considérense estos factores como causa primigenia de casi toda forma de infracción, delito y crimen, y entiéndase como justicia, únicamente a aquel mecanismo que propicie y proteja una forma de vida digna, noble y libre para todos los integrantes de una comunidad, sin excepción, y que sea capaz de erradicar todo foco de distorsión de estos valores. Para que la Justicia SEA, deberán las leyes estar basadas en los Principios o Leyes Naturales, y ser aplicadas en forma terminante e inapelable, sin excesos ni perdones de ninguna índole, una vez determinada la culpabilidad y dictada la sentencia.

2) Tampoco cabe en el concepto de Justicia, forma alguna de fianza, o reemplazo de la pena por bienes materiales o prestación de servicios personales, salvo que la pena misma implique algún servicio determinado por razones psicológicas, y deba ser transmutado por razones médicas. El objetivo de la Justicia no será "castigar" sino recuperar socialmente a los individuos. Bajo ningún concepto la recuperación será en detrimento de su conciencia, sino todo lo contrario. La terapia y educación será el medio, dejando la prisión únicamente para los casos en que la ciencia no consiga recuperar la normalidad psicológica del individuo.

3) En la razón de que el aumento de la cantidad de Leyes implica una perversión del sistema, los "Decretos de Necesidad" tendrán como único autor al Presidente, pero estos nunca atentarán contra el Sistema Ecologénico y siempre deberán ser refrendados por la Cámara Judicial de la Nación, y tendrán una vigencia que expirará una vez cumplido el objetivo del decreto, no considerándose sobre el mismo, sentamiento de jurisprudencia; ya que los Decretos de Necesidad corresponden a circunstancia especiales que generalmente son únicas, y aunque se repitiesen deberán pasar por el análisis individual por parte de los Jueces y el Presidente.

La generación de nuevas Leyes contradictorias con la presente Constitución, llevaría a la confusión y desconocimiento de las mismas por parte de los ciudadanos en su mayoría, mientras que lo justo es que dicho conocimiento, así como la conciencia de respeto y aceptación por comprensión, han de ser transmitidos a la población por todos los medios necesarios. La complejidad jurídica que impide el conocimiento pleno de la Ley a todos los ciudadanos, constituye una Injusticia.

CAPÍTULO I°

COMPOSICIÓN DEL ESTADO

La Autoridad Máxima, que ostentará el cargo de Presidente será secundada por dos Ministros, los cuales nunca podrán llegar a ser Presidente. El Presidente será reemplazado únicamente a su muerte, por enfermedad prolongada o por disposición del Sistema Asambleario.

El Presidente no podrá ser jamás reemplazado en sus funciones de modo permanente por un Ministro. Los Ministros no podrán acceder nunca al cargo de Presidente. Podrán sustituirle por un lapso no mayor de treinta días, en caso de enfermedad o ausencia por viajes, aunque la Asamblea Nacional y el sistema Asambleario en conjunto podrá efectuar rápidamente el reemplazo. En caso de prologarse su estado de enfermedad e imposibilidad de continuar en el cargo, será reemplazado por un Candidato Presidencial elegido por la **Asamblea Nacional.**. El Presidente podrá volver al cargo una vez recuperado.

Los hijos o sobrinos en primer grado del Presidente ni de los dos Ministros Principales, no podrán cumplir nunca sus mismas funciones.

N. del A.: *[Considérese que no existe acumulación de riquezas inactivas ni cargas públicas especiales, ni impuestos, ya que no existiendo el yugo del dinero, la producción es enteramente administrada para la sociedad y sus representantes organizadores. Claro que en este sistema no hay propiedades inmuebles vacías (salvo por real excedente), ni pobres, ni gente sin techo, ni bienes acumulados en depósitos comerciales mientras otros los necesiten, ni destrucción ecológica, ni marginalidad de ninguna especie, ni amontonamiento de gente en hospitales, ni multitudes corriendo como ganado para poder subsistir entre inseguridades de todo tipo, ni controles por todas partes, ni publicidades consumistas, ni vocaciones frustradas, ni delincuentes por necesidad, ni los sufrimientos que pervierten el espíritu humano en las sociedades comerciales. La ausencia de publicidad no será precisamente un aburrimiento, sino todo lo contrario. La estética urbana llena de obras de arte, en vez que de publicidades; ciudades como las propuestas por el genial científico Jacque Fresco, el paisaje rural limpio de centrales nucleares, con una dispersión habitacional inteligente, no será precisamente un mundo aburrido. Los parques de diversiones se construirán con criterio científico, formativo e instructivo, didáctico y los ingenieros podrán poner en ellos mucho más de sí, que en los parques con intención comercial.*

Al principio de la creación de la Nación Ecologénica se repartirá entre el pueblo lo que haya, del modo más *justo posible, pero el perfeccionamiento tecnológico y la optimización política producirán en muy corto plazo un superávit general que permitirá a todos los ciudadanos, sin excepción, el goce de todas las comodidades y novedades producidas por un progreso auténtico. Las únicas formas de progreso real son el crecimiento espiritual, la conservación cultural y el avance científico capaz de mejorar y asegurar el modo de vida digno de todos, y no sólo de una parte, aunque sea la mayoría. También es auténtico progreso el transcurrir de una cultura o una civilización, a través del tiempo, sin dañar el medio ambiente en que tiene lugar, respetando la naturaleza y todos sus valores, no sólo por la utilidad que pueda darle al hombre, sino por sí misma, pues la naturaleza es anterior al hombre, y éste existe gracias a ella. La aberrante doctrina que considera a la Naturaleza una dispersión de objetos, desconoce la relación entre dichos componentes, que son **Seres** dotados de intencionalidad evolutiva. De esta comprensión depende la supervivencia de los Seres que Ella crea. Tampoco hay progreso más auténtico que la mejora física, mental y espiritual de las razas. Así como eso se aplica a los vegetales y animales, con más razón debe aplicarse a nuestra especie. Pero no por planes eutanásicos selectivos, sino por educación para la reproducción o profilaxis consciente.*

Toda forma de vida antinatural cae en el espejismo del progreso material egoísta, acumulación de bienes inútiles al poseedor y al conjunto social, y el desequilibrio ecológico en detrimento de la Naturaleza en general, y en especial del hombre mismo. La única economía válida es la de la Naturaleza, y el hombre debe adaptarse a ella. Puede hasta cierto punto, y en base a sus facultades superiores, moldearla respetuosamente para cubrir sus necesidades, en vez de avasallarla irresponsable, egoísta y estúpidamente, como viene haciéndolo desde hace muchos siglos. En fin, debe comprenderse que las pautas de la auténtica y única economía, capaz de darle al individuo y a la sociedad su digno lugar, nada tienen que ver con la aberración creada y difundida por los esclavista desde hace más 17 siglos.

Como estos creadores de la esclavitud no tuvieron acceso a América -hasta la Gran Invasión- merced a los Imperios Vikingos que la habitaban y protegían, los Incas, Mongulas, Mayas, Aztecas, etc., tenían un sistema solidario de distribución de bienes y de protección mutua similar a la "Pax Romana". No había comercio. Incluso una facción de los Caballeros Templarios, que hacían misteriosamente una gran fortuna en Europa, viajaban a América desde 1194 y cambiaban con los Vikingos que habían ido desde siglos antes, su buen acero toledano por plata peruana. Mas no estaba establecido un "precio" porque en América no había antes de 1.492, ninguna forma de comercio. El "Trueque" ni siquiera puede tener parámetros o equivalencias. Los "quipus" en Sudamérica y los "tipuc" en Norte y Centroamérica, no tenían valor como dinero sino como meros mensajes: "Tenemos tal cosa y en tal cantidad para el que lo necesite", y "Necesitamos tal cosa", o "El pueblo tal, ubicado en tal lugar, ofrece tal cosa y dispone de tantos hombres para transportar tanto".

Simplemente se ofrecía el excedente o lo que se tuviese en su territorio, a quien lo necesitara; o se pedía un determinado elemento a quien le sobrara. La función de "gochland" (viajeros) entre Incas y Mongulas era un honor muy grande porque estos hombres eran responsables de entregar las cargas donde fuesen necesarias. Los sacerdotes y jefes tribales informaban al Emperador las novedades, fiscalizando la correcta distribución de bienes. Tan eficaz organización -a pesar de carecer de medios tecnológicos- permitía a los Onas de Tierra del Fuego, beber mate (la Yerba mate se produce en la zona subtropical), y los Mongulas de Ecuador tenían aceite de focas para untar ciertos tejidos de fibras vegetales impermeabilizadas. En el archipiélago del sur chileno los aborígenes disfrutaban de la yerba mate y de las castañas de cajú (anacardos), que es de un árbol del Amazonas ecuatorial.

El avance científico actual aprovechado correctamente debe permitir al hombre liberarse de todas las limitaciones y conocer el Universo disfrutándolo, en vez de permanecer esclavizado, en aparente beneficio de unos pocos.

Este Plan de Educación está destinado a despertar la conciencia de millones de seres que durante diecisiete siglos han sido sistemáticamente dominados mediante la trampas diabólicas del comercio y el dinero, inventadas por un pueblo muy antiguo, cuyo objetivo fue desde el principio el sometimiento de todas las demás Naciones, las cuales no son consideradas hijas del mismo dios (y evidentemente -por fortuna- no los son).]

LA ESTRUCTURA JUDICIAL Y LA LEY

Art. 1º.- El Máximo Juez está encarnado en la persona del Presidente, y sus dictámenes son inapelables una vez ratificados por la **CJN** (Cámara Judicial de la Nación), toda vez que llegarán a El únicamente aquellos juicios que por su rareza o gravedad excedan la capacidad de decisión de los Tribunales Provinciales y de la CJN.

Art. 2º.- El Presidente podrá dictar Decretos de Necesidad, pero siempre fundamentados en la Ley, y no podrá agregar Leyes al Código, sino reformar las existentes con anuencia de la mitad más uno de los componentes de la Cámara Judicial de la Nación. Toda Ley deberá refrendarse en la Asamblea Nacional.

Art. 3º.- Los Jueces Locales surgirán del voto popular en proporción de uno cada diez mil habitantes o más, salvo que la distribución geográfica indique otras cifras. Los comicios se realizarán en las **Asambleas de Ciudadanos.** Ostentará el título de Juez Local, pero su función será además, de Jefe de la Policía de su jurisdicción. Podrá formar su cuerpo policial eligiendo vocacionalmente a los aspirantes, en acuerdo con los demás administradores, dirimir todas las cuestiones de conflictos entre personas, excepto homicidios y violaciones sexuales. Podrá dictar penas de prisión menores de seis meses, allanar domicilios, resolver y sentenciar sobre accidentes y toda otra emergencia de asuntos civiles. Podrá realizar detenciones por motivos de subversión, pero deberá comunicar en un plazo máximo de doce horas al Juez Provincial de Turno, con un informe escrito a mano, sobre la situación. Los homicidios y violaciones sexuales pasarán debidamente informados a la Cámara Provincial de Jueces en un plazo no mayor de 24 horas.

Art. 4°.- Los Jueces Locales tendrán un reemplazante para sus períodos de vacaciones, que deberá tener sus mismas condiciones pero éste efectuará cualquier otra función en la sociedad, que no resulte en perjuicio alguno al abandonarla para cubrir el cargo interino de Juez. Serán elegidos en forma independiente por el voto popular (cada votante lo hará presentando un voto por "Juez Local Titular" y otro separado, por "Juez Local Interino"), y como todos los votos en cualquier ámbito, se hará cantado públicamente, inscrito y firmado en una planilla.

Art. 5°.- El Juez Local Titular no tendrá jornada fija de trabajo, sino que deberá estar disponible en forma permanente para atender emergencias diversas. Podrá acordar con el Interino algunos turnos, así como las fechas de vacaciones anuales que serán de 32 días como mínimo y de 48 días como máximo.

Art. 6°.- Tanto el Juez Local Titular como el Interino, durarán cinco años en el cargo, pudiendo ser reelectos indefinidamente.

Art. 7°.- Ambos Jueces podrán ser removidos del cargo si resultaran acusados de delito alguno, o ineptos en sus funciones. Para ello cualquier ciudadano puede apelar ante el Juez Provincial de Turno, quien nombrará un reemplazante judicial proveniente de otra localidad, hasta que se resuelva la cuestión. Si la acusación es infundada, el denunciante podrá ser penado por la Justicia Provincial hasta con dos meses de prisión. Si se comprueba delito, el Juez Local queda inhabilitado de por vida para ejercer cargo judicial o militar alguno, debiendo elegir otra actividad inmediatamente y purgar condena y procesar en psicoterapia previamente en caso de delito. En caso de ineptitud las suspensiones podrán ser de dos meses a un año, en las que el Juez Local interino le reemplazará y el suspendido realizará tareas acordes a sus capacidades en cualquier ámbito no administrativo. Las resoluciones del Juez Provincial en este caso, son inapelables, salvo que se diera la circunstancia fortuita de parentesco cercano entre estos Jueces.

Art. 8º.- Entre el Titular y el Interino, así como en toda la estructura judicial, no podrán existir lazos familiares directos ni en segundo grado. Es decir que no podrán ser entre sí padre e hijo, hermanos, primos, tíos o sobrinos, cuñados o yernos. No podrán mujeres con hijos menores de 16 años, ocupar los cargos de Juez Local Titular, pero si en los cargos de Juez Local Interino.

Art. 9º.- Los Jueces Provinciales podrán ser varones o mujeres casados o no; se elegirán de entre los Jueces Locales Titulares e Interinos, por el Máximo Juez (el Presidente), así como de entre los Jueces Provinciales el Presidente elegirá a los integrantes de la Cámara Judicial de la Nación (C.J.N.) por los mecanismos que el Presidente considere más adecuados.

Art. 10º.- Los Jueces Provinciales tendrán las funciones de inspección del cumplimiento de las Leyes en toda la Provincia, y atenderán especialmente los casos de homicidio y violación sexual, debiendo resolver con Justicia y rapidez en un plazo no mayor de cinco días corridos, a la vez que elevará un informe manuscrito claro, sintético, pero completo a la C.J.N.. Otra función de los Jueces Provinciales será la de Jefe de la Policía de la Provincia mientras se halla de turno.

Art. 11º.- Los Jueces Provinciales serán **siete** en total, ocupando el turno sucesivamente, siendo éste de veintiocho días corridos, durante los cuales el resto de los Jueces harán funciones de investigadores en todos los casos requeridos por los Jueces Locales, no pudiendo actuar como tales en su localidad de origen. Los cargos de Jueces Locales o Provinciales vacantes por ser elegidos por el Presidente para un cargo mayor, serán reemplazados mediante una nueva elección entre los ciudadanos.

Art. 12°.- El Juez Provincial de Turno recibirá los informes de Subversión provenientes de los Juzgados Locales, y dará prioridad absoluta a estas cuestiones, informando al Presidente en forma inmediata, o a través de la C.J.N., movilizando a la vez todos los mecanismos que considere adecuados hasta recibir indicaciones precisas de la C.J.N. o del Presidente.

Art. 13°.- Los Jueces Locales dictaminarán sobre herencias, fallecimientos, casamientos, etc., y su función será inspeccionada por los Jueces Provinciales, así como la de estos será inspeccionada por los Jueces de la C.J.N..

Art. 14°.- La C.J.N. tendrá un componente por cada Provincia, y todos sus integrantes serán de Turno Permanente, debiendo realizar un informe individual semanal manuscrito para el Presidente, y un informe conjunto mecanografiado, firmado por todos, en forma sintética y específica de lo actuado mensualmente. En caso de delitos graves o de subversión, el Presidente de la C.J.N. informará al Presidente inmediatamente.

Art. 15°.- Tanto los Jueces Provinciales como los de la C.J.N. podrán ser varones o mujeres que deberán cumplir los siguientes requisitos: a) Mayores de cuarenta años y menores de setenta. b) Estar casados c) Un Currículum intachable. d) Entrenamiento Militar Básico. e) Estado psicofísico certificado anualmente. Durarán en el cargo lo que disponga la Asamblea Nacional.

Art. 16°.- Los Jueces, en base a los mecanismos que se establezcan según necesidad, tendrán autoridad sobre todo otro cargo o función pública o política, administrativa o científica, dado que no existe "división de poderes" en esta forma de gobierno. El Presidente es el Máximo Juez, Máximo Legislador y Máximo Ejecutivo. El

Presidente debe estar también capacitado para ser el conductor y vigilante de los avances científicos. No tendrán autoridad alguna sobre los Jueces, los sacerdotes ni los directores de educación, toda vez que los Jueces vigilarán que estas funciones se cumplan correctamente. Los Jueces recibirán órdenes en el siguiente modo: Los Jueces Locales, de los Jueces Provinciales. Los Jueces Provinciales, de la C.J.N., y estos obedecerán de manera interactiva al Presidente y a la Asamblea Nacional.

Art. 17º.- Los Jueces Provinciales podrán disponer prisiones de hasta un año, y los de la C.J.N., de hasta tres años. El Presidente podrá dictar condenas por tiempo indeterminado y destierro. La pena de muerte sólo podrá dictaminarse en acuerdo con la mitad más uno de los integrantes de la CJN, si la Nación en conjunto aprobase mediante referéndum la Pena Capital, realizando el Presidente en persona las ejecuciones en tal caso, por los medios menos dolorosos posibles, y en presencia de por lo menos uno de los Ministros, todos los Jueces Nacionales, el Juez Provincial de Turno y el Juez Local actuante, correspondientes a la jurisdicción del reo. *[Nota: El autor no es partidario de la pena de muerte, pero es el Pueblo quien debe determinar según sus circunstancias y situación histórica]*

CAPÍTULO IIº
LOS DELITOS Y LAS PENAS

PROLOGO ESPECIAL: Debe considerarse en todos los órdenes, que la Ley tiene por objeto prioritario resguardar los derechos de los inocentes, en mayor medida que los de los demostradamente violadores de esos derechos. La severidad de las penas definidas en el presente código, se basa en la necesidad de proveer al pueblo de una real garantía de seguridad, la cual no es posible mediante un sistema judicial incomprensible para la masa. El ciudadano no debe "creer" en la Justicia, sino conocerla y ser protagonista en cuanto le corresponda.

El lema de todo político y de cada ciudadano de la Nación Ecologénica, debe ser **"Justicia Inexorable, Abundancia de Recursos para Todos por Igual y libre conciencia, sean de la Raza y condición que sean."**

La palabra "prisión" debe considerarse el estado en que un individuo se encuentra con alojamiento de seguridad, respetados todos sus derechos fundamentales salvo el de salir del centro penitenciario. El objetivo no es "castigar", sino hacer las terapias necesarias para la recuperación integral del preso, en la medida que la ciencia lo permita.

Los Jueces podrán recabar información sobre códigos legales obsoletos y extraer sabiduría de ellos, sobre todo en el ámbito penal, ya que no existiendo dinero ni "comercio", los códigos civiles y comerciales son un absurdo en la sociedad ecologénica. La sociedad queda sujeta para su protección, al presente código y a la sabiduría innata de quienes entran por vocación en la carrera del Derecho y la Justicia.

Art. 1º.- Los delitos de SUBVERSIÓN: Quien tomara armas contra un Juez de cualquier escalafón, contra un Ministro o contra el Presidente, o instigara a otro a hacerlo; quien intentara modificar o falsear la letra de las Leyes sin que esta pase por el orden de Asamblea Judicial; quien cometa cualquier acto que atente contra la seguridad nacional, el orden político y social o quien promoviera desórdenes, ignorancia (mediante la distorsión del conocimiento patrimonial de la cultura nacional), forma alguna de comercio o transacción material, fuera de lo dispuesto por el Código de Distribución, será detenido, investigado y puesto a disposición del Presidente, quien podrá determinar su encarcelamiento por tiempo definido según la gravedad del hecho y acorde a las leyes.

Art. 2º.- Los delitos de DESACATO:

a) Quien faltara a las indicaciones de un Juez, de un Administrador o de un Policía sin perjuicio moral ni material para nadie, más que la autoridad afectada, podrá ser penado hasta con un mes de prisión. La primera reincidencia hasta con tres meses y la segunda reincidencia hasta con dos años. La tercera reincidencia será motivo de invocación al Presidente, quien podrá determinar el destierro definitivo del reo.

b) Quien por causa de desacato produzca daño material o moral al funcionario o a cualquier ciudadano, podrá ser penado hasta con tres meses de prisión la primera vez; con prisión de hasta un año la primera reincidencia, y la segunda reincidencia lo pondrá a disposición del Presidente.

c) Si el desacato resultara en homicidio del Juez, Periodista, Administrador o Policía, el causante será ejecutado si la Ley Nacional lo admite.

d) Si el desacatado resultara muerto, la autoridad deberá justificar debidamente su accionar ante el Presidente, quien ordenará a un cuerpo de Jueces de otra jurisdicción a su elección la correspondiente investigación

e) Si el desacato fuera en complicidad de tres personas o más, se lo considerará "delito de subversión".

f) Los únicos ciudadanos que no están sujetos a indicación judicial, administrativa o policial, sino por su propia cadena de mandos, son los periodistas, ya que ellos pueden y deben informar a la comunidad en directo sobre todo acto, procedimiento o hecho de interés social, político, cultural o científico. Por lo tanto sólo están obligados éticamente a aceptar indicaciones preventivas en situaciones de riesgo. Cuando un periodista fuese conminado a no trasmitir información o a distorsionarla, por parte de un Juez, deberá comunicar la medida al Juez inmediatamente superior y a su propia cadena de mando, asegurándose que dicha medida tiene el respaldo adecuado, que no puede haberlo en caso de instigación a la distorsión informativa. Ningún periodista podrá ser obligado a guardar información por más de cuarenta y ocho horas, salvo que la indicación sea dada personalmente por el Presidente o un Juez de la Cámara Judicial de la Nación.

Art. 3º.- Los delitos de HOMICIDIO: Se entiende como homicidio cualquier muerte producida por efecto de agresión, accidente por negligencia evidente o extrema, o por desórdenes psicológicos. Los homicidios por negligencia serán penados con un máximo de seis meses de prisión. Los homicidios por desórdenes psicológicos, con prisión de hasta tres años, y los homicidios por asuntos pasionales podrán ser penados hasta con siete años de prisión. Los homicidios resultantes de actos de subversión podrán serán penados con destierro, prisión perpetua o la ejecución sumaria del causante, según dictamine en cada caso la CJN.

Art. 4º.- Los delitos de PREVARICACIÓN: Si un Juez, Administrador o Policía faltara a sus obligaciones, será juzgado por el Presidente, quien dispondrá las medidas y mecanismos oportunos para el juicio, así como la pena. En ningún caso pasará de tres años de prisión, salvo que de la prevaricación resultara una situación grave de subversión o muertes.

Art. 5º.- Los delitos de VIOLACIÓN:

Inc. 1) No se considera posible la violación en el ámbito del matrimonio o en el concubinato. La mujer o el varón pueden denunciar maltrato o abuso sexual una única vez, con lo que bastará para la disolución matrimonial y alejamiento por orden judicial. La Cámara Provincial de Jueces podrá, según el caso, disponer el alejamiento geográfico y reubicación del acusado o acusada, así como el tiempo de prisión necesario para la psicoterapia correspondiente.

Inc. 2) Una vez comprobada la violación el causante será condenado desde seis meses hasta un año de prisión, siempre que la víctima sea mayor de dieciséis años. La primera reincidencia será motivo de prisión hasta cinco años. Si la violación fuese precedida o seguida de homicidio, pericialmente comprobados los hechos, el causante será pasible de la máxima pena establecida.

Inc. 3) Si la violación fuese consumada por dos o

más cómplices, los causantes mayores de edad serán de la máxima pena, aunque no hubiese homicidio.

Inc. 4) El abuso o corrupción de menores de dieciséis años, será considerado "delito de violación agravado", y penado con dos a cinco años de cárcel si no hubiera daño físico considerable. Pero si la víctima fuese menor de doce años, o perteneciera a otro grupo étnico, el causante recibirá pena máxima que establezca la Ley. En todos los casos, los delitos deben ser pericialmente comprobados y sin lugar a la menor duda.

Art. 6º.- Los delitos de FALSO TESTIMONIO: Cualquier falsedad ante la autoridad judicial, policial o administrativa, será penada de tres a seis meses de prisión cuando no causara mayores efectos. Si la falsedad produjera efectos mayores, el Juez Provincial de Turno aplicará la pena que corresponda a su criterio, o invocará la decisión del Presidente.

Art. 7º.- Los delitos de CORRUPCIÓN: Serán entendidos como tales, aquellas modificaciones que perturben o destruyan el orden político, social, jurídico o administrativo a partir de la Doctrina, de la enseñanza o de la práctica de coexistencia aplicada en este sistema. También entran en esta categoría los delitos de robo, es decir la ocupación de elementos materiales sin autorización de la autoridad administrativa, que produzca forma alguna de carencia o perjuicio a otros ciudadanos o de toda la comunidad. Estos delitos serán inmediatamente comunicados al Presidente y puesto el causante a su disposición. El Presidente dirigirá la investigación y decidirá las medidas a tomar y las penalidades con arreglo a la Ley.

Art. 8º.- Los delitos de EXTORSIÓN: Se considerará como tal, toda forma de sometimiento de una o más personas, por la cual se le/s obligue/n a hacer lo que no corresponda éticamente, lo que la Ley prohíbe o lo que la persona afectada no consienta con su propia dignidad. Sea cual fuera el motivo forma y consecuencias de la extorsión comprobada, el causante será penado por el Juez Local o si el caso reviste mayor gravedad, éste lo pondrá a disposición de la Cámara Provincial de Jueces. Tanto víctima (si accediera a la extorsión) como el victimario pueden ser penados con cárcel según el criterio judicial.

Art. 9º.- Los delitos de LESA HUMANIDAD:

Inc. 1) Se considerarán delitos de lesa humanidad, aquellos que atenten contra la evolución biológica, psicológica y espiritual real de la humanidad, teniendo como tal no sólo a las generaciones pasadas y presentes, sino muy especialmente a las futuras, así como los intentos de crear formas políticas antinaturales en la sociedad humana, como los "poderes legislativos" o cualquier otra trampa política para distorsionar la función del Estado y su transparencia ante los ciudadanos. No existe posibilidad de rebaja de penas para estos delitos.

Inc. 2) Se considerará como criminal el hecho de manifestar aversión o promoción del odio entre razas o diversos colectivos culturales, etc. No debe caerse en extremos como criminalizar el humor en referencia a ciertos colectivos, aunque la educación debe equilibrar sus aplicaciones.

Inc. 3) Se ha de considerar como "raza", al porcentaje genético mayoritario en cada individuo, de las cuatro razas raíces, es decir: Blanca (o Aria), Negra, Roja (o Cobriza) y Amarilla, y el Estado ha de educar a la población en el mutuo respeto y fraternidad en todo sentido. A los mulatos y mestizos de cualquier combinación, se les designará genéticamente dentro una raza determinada, según el porcentaje genético genotípico y fenotípico, en interacción con un análisis psicológico. No existe genéticamente un individuo con el 50 % exacto de mestizaje, de modo que se les informará -como a todos los ciudadanos- sobre los posibles problemas de su progenie. Existen conocimientos médicos (que el mercado ha ocultado) para evitar los problemas genéticos y la sociedad ecologénica debe usarlos en beneficio de la totalidad de las personas, sin excepción alguna, incluyendo la progenie futura.

Inc. 4) La única discriminación relativa y científica que debe hacerse entre todas las razas, es tomar conciencia de que procrear entre razas diferentes produce individuos física, mental y emocionalmente más débiles en la gran mayoría de los casos, ya sea su efecto notable y visible en la primera, segunda o tercera generación, asegurando un detrimento para ambas razas involucradas y por lo tanto para la humanidad futura. El Estado no prohibirá la procreación interracial, pero educará sobre los factores genéticos que intervienen, previniendo los daños en todo lo científicamente posible. Se acentuará la educación antropológica en la sociedad y se la inducirá a comprender la importancia de cuidar estos factores biológicos fundamentales para la reevolución de todas las razas originales en su divino derecho de existir y en su sagrada obligación de conservar todos los valores raciales. La distorsión de la educación antropológica y el conocimiento de la genética, sí podrán considerarse delitos de lesa humanidad y las penas serán determinadas por la Cámara Judicial de la Nación.

Inc. 5) Cualquier tentativa de utilizar factores puramente emocionales de la población para engañarla y restarle capacidad intelectual, será considerada crimen de Lesa Humanidad.

Inc. 6) Cualquier actividad científica que se proponga producir modificaciones y/o manipulaciones genéticas directas en cualquiera de los Reinos Naturales, con fines de cualquier índole, aún a pretexto de mejorías, será considerado igualmente como crimen de Lesa Humanidad, pero por tratarse de personas instruidas en asuntos científicos de alta complejidad, y por lo tanto de elevado nivel intelectual, se les aplicarán las penas con la mayor severidad posible. Únicamente se autorizará la investigación genética observadora para determinar su funcionamiento, pero la ingeniería genética trabajará a partir del funcionamiento de las Leyes Biológicas Universales: Evolución, Organización, Manifestación, Multiplicación, Selección, Adaptación y Sustentación.

Inc. 7) Los científicos de todas las ramas del saber tendrán conocimiento de las Leyes Naturales, es decir de los Ocho Principios Metafísicos o Leyes Naturales Mayores y sus correspondientes componentes: Las Leyes Naturales Menores, expresadas en la Tabla Máxima Hiperbórea, en un nivel más avanzado que el común de los ciudadanos. De modo que estos conocedores de las inapelables Leyes Naturales que forman parte esencial de la enseñanza colectiva, no tendrán excusas en caso de atentar contra el Reino Humano en cualquiera de sus formas.

Inc. 8) Se ha de considerar crimen de Lesa Humanidad toda forma de influencia que lleve a la misma a condiciones inferiores de vida, ya sea biológica, económica o culturalmente hablando, especialmente todo intento de creación de valores artificiales que reemplacen el valor h/H y/o que lo aparten del control del Estado. La única razón para crear valores artificiales es generar medios para la esclavitud, la que se considera entre todos los delitos, como el más aberrante. No existe educación posible ni terapia psicológica para el esclavista, de modo que las penas a determinar por el Presidente, podrán ser de prisión o incluso ejecución si así lo disponen las Leyes emanadas de las Asambleas de Ciudadanos.

[**Nota al Inc.8:** La pobreza generada por el sistema del mercado y las finanzas internacionales, causantes de la muerte por hambre y enfermedades de miles de millones de seres durante los dos últimos siglos (trescientas veces más que con las guerras), ha de considerarse históricamente el mayor crimen conocido. Los datos oficiales de muertes por desnutrición y secuelas de la misma, recogidos de más de cien países, entre l807 y 1997, revelan la escalofriante suma de dos mil millones de personas. Por causas de guerra, apenas veinticinco millones. Por causas de alcoholismo y drogadicción, antes de los treinta años, apenas doce millones. Por ello, y en la inevitabilidad de la guerra en determinados casos, no ha de ser una guerra considerada como crimen de Lesa Humanidad, porque en realidad es un efecto; pero sí ha de condenarse como tales criminales a quienes promuevan la economía del egoísmo, la especulación, la usura, o la mera imposición de valores artificiales, por encima de los valores humanos. Si bien los Presidentes tendrán en todos los tiempos una preparación adecuada para evitar en lo sucesivo estas lacras de la humanidad, desde comienzos del XXI, los testigos de la más grande barbarie humana desde que conocemos parcialmente su historia, les recomendamos la más sabia y prudente dureza e inflexibilidad en la aplicación de la Justicia, a fin de que el horror de la mentira, la miseria, la lenta inanición, el engaño y la indignidad -cosas éstas mucho peores que la muerte física-, no vuelvan jamás a ser padecidas por la humanidad mortal.]

Inc. 9) Cualquier otra situación o hecho no contemplado en el presente código, pero que afecte con verdadero peligro la dignidad, seguridad y bienestar de uno o más habitantes de la Nación, será juzgado con la mayor sabiduría posible, en un plazo no mayor de ocho días, a contar desde el momento de la constatación oficial, evitando toda distorsión de la verdad.

CAPÍTULO III°
DE LAS CÁRCELES

Art. 1°.- Las cárceles deben ser seguras para la comunidad y para los internados. Deben ser limpias y tan cómodas como sea posible. Su objetivo no es castigar, sino aislar a los enfermos mentales y/o psíquicos y/o espirituales para someterlos a tratamientos adecuados de reeducación, a fin de que puedan incorporarse al medio social sin representar un peligro para sí mismos y para la comunidad. Se considerará delito de prevaricación agravada todo tratamiento que propenda a transformar la reeducación en un mero condicionamiento auto-represivo del individuo. Una auténtica reeducación social no ha de minar la capacidad bélica ni la dignidad del individuo, ni su autoestima, sino que debe transformarlo en un individuo consciente de su importancia.

Art. 2°.- Las cárceles deben contar con cuatro secciones, que serán: *A) Previsión:* Donde se alojarán los infractores y los detenidos en espera de juicio y sentencia, y en donde se les realizará invariablemente un estudio psicológico con revisión vocacional, revisión médica general y los estudios accesorios que el Juez ordene. *B) Hospital:* neuropsiquiátrico para enfermos mentales no peligrosos. *C) Reclusorio:* Para enfermos psíquicos imputables y *D) Reclusorio extremo* para enfermos espirituales (esclavistas y criminales de *lesa humanidad*, desterrables, posibles condenados a muerte, o condenados a prisión por tiempo indeterminado).

Art. 3°.- Los presos serán bien tratados y en ningún caso se les aplicará castigo físico de ninguna índole. Si fuese necesario reprimir, se recurrirá prioritariamente a soporíferos y similares que carezcan de efectos deletéreos. Cada presidiario será visitado una vez semanal como mínimo, por el Juez correspondiente y dos veces por semana por el psicólogo asignado, quien podrá con autorización del *Regente Penitenciario*, aumentar el número de visitas según necesidad.

Art. 4°.- Los internados de reclusorio (C y D) no tendrán contacto entre sí, salvo las excepciones de servicio que algunos realicen dentro del penal, lo que también se evitará en lo posible. Los internos tendrán contacto directo con un familiar o amigo semanal durante dos horas y revisión médica diaria.

Art. 5°.- Los internados no recibirán noticias del exterior por ningún medio gráfico ni electrónico o cualquier otro que no sea personal, y sólo tendrán acceso a lectura autorizada por el Juez, el cual estará asesorado para cada caso por los Psicólogos. El criterio debe ser la pronta recuperación del individuo para sí mismo y para la comunidad, de modo que las cárceles no albergarán ociosos ni darán lugar a pergeñar fugas y/o la putrefacción emocional que producen las largas permanencias en cautiverio. Las penas sólo podrán ser rebajadas cuando los delitos no sean de lesa humanidad, bajo revisión cuidadosa por parte de la Cámara Judicial de la Nación y después del veredicto del Consejo de Psicólogos que proponga la rebaja.

Art. 6º.- Los internados no tendrán acceso a juegos ni entretenimientos de ninguna índole, cualquiera sea el tiempo de permanencia, ya que deberá ocupar todo el tiempo en reflexionar sobre su conducta, hacer ejercicios psicofísicos y prepararse para reincorporarse al medio social en óptimas condiciones psíquicas y morales.

Art. 7.- Los internados podrán completar su actividad correccional mediante escritura libre, canto, dibujo o trabajo manual, no interpretado esto como entretenimiento, sino como exteriorización creativa y terapéutica.

Art. 8.- Las cárceles contarán con sistema hospitalario completo propio, y todos los servicios que aseguren la salud y bienestar de los internados y del personal carcelario. El periodismo tendrá acceso semanal al penal, y podrá verificar personalmente el desarrollo de las actividades de los internos, pero para que algún interno sea filmado o reporteado deberá contarse con su consentimiento y con la autorización y presencia del Juez y el Regente Penitenciario. Toda otra medida que no contradiga la Ley ni la autoridad judicial, podrá ser tomada por el Regente Penitenciario.

CAPÍTULO IVº

ASUNTOS MILITARES Y DE ESTADO

Art. 1º.- La Estructura Militar será la siguiente: El Jefe Absoluto de las Fuerzas Armadas será el Presidente y las Fuerzas Armadas serán tres y tendrán el siguiente escalafón:

FUERZA AÉREA: Integrada por un sólo Brigadier General, un Brigadier Mayor y un Brigadier Táctico por cada división. Este último estará personalmente en el frente de operaciones. la cadena de mandos seguirá con: Coronel, Mayor, Capitán, Teniente, Subteniente, Principal, Sargento Mayor, Sargento, Cabo Primero y Cabo. La tropa se dividirá en Soldados de Primera, de Segunda y de Tercera, según capacidad, conducta y todo orden de méritos.

EJÉRCITO: Integrado por un sólo General Mayor, un General de División que estará en retaguardia o centro de mando y un General Táctico por cada División, que estará personalmente en el Frente de Operaciones. La cadena de mandos sigue ídem a Fuerza Aérea.

FUERZA DE ENLACE Y MARINA: Integrada por un sólo Almirante Mayor, un Almirante por cada División y un Almirante Táctico por División, que estará personalmente en el Frente de Operaciones. La cadena de mandos seguirá ídem a las otras Fuerzas.

Art. 2°.- La FUERZA AÉREA tendrá a su cargo todas las operaciones aéreas y los servicios de auxilio civil que le correspondiera, así como la distribución de bienes en que la tecnología a su cargo resultara más económica que otros medios de transporte. El EJÉRCITO tendrá principalmente la función de tener al pueblo entrenado en tiempo de paz, y en caso de guerra convocará a toda la Reserva Nacional, distribuyéndola en sí y en las otras Fuerzas según rol de combate de cada ciudadano. La FUERZA DE ENLACE Y MARINA tendrá a su cargo las comunicaciones militares, el desarrollo científico y tecnológico civil y militar, las operaciones en el mar, la construcción de bases y toda clase de instalaciones militares.

Art. 3.- El Presidente tendrá Mando Absoluto sobre todas las Fuerzas, tal como en el plano civil, pudiendo modificar parcial o totalmente el presente CAPÍTULO IV°, creando los reglamentos internos y leyes militares que considere necesarias para la seguridad del Estado.

Art. 4°.- La Reserva Nacional estará compuesta por los ciudadanos mayores de dieciocho años, los que al cumplir dicha edad deberán comenzar su instrucción militar. Los militares en función específica serán instructores permanentes de la ciudadanía.

Art. 5º.- Las nominaciones y ascensos en las cadenas de mandos serán otorgados únicamente por la Plana Mayor de las Fuerzas, integrada por el Presidente Los Tres Jefes y los Tres Subjefes de las Fuerzas. Dichas nominaciones y ascensos podrán ser propuestos por los superiores al candidato, con una jerarquía de por medio.

Art. 6º.- La Plana Mayor, completada por los Jefes Tácticos y un Fiscal elegido por la misma, constituirán el ***Tribunal Militar Superior***, pudiendo el Presidente crear Tribunales Menores si lo considerase necesario.

Art. 7º.- El Presidente tendrá a su cargo exclusivo el ***Servicio de Seguridad e Inteligencia del Estado,*** cuya estructura, integrantes y medios, así como sus funciones y limitaciones sólo serán conocidos por el Presidente.

Art. 8º.- Los Delitos de TRAICIÓN en el ámbito militar podrán ser penados con fusilamiento; y la desobediencia, si implicara traición tendrá igual pena. La INSUBORDINACIÓN (o desobediencia manifiesta) será analizada por el Tribunal correspondiente, en el criterio fundamental de que nadie está obligado a cumplir una orden que pueda poner en peligro evidente los objetivos inmediatos de una misión, y menos aún la seguridad de la Fuerza o de la Nación. Tampoco ningún soldado está obligado a cumplir una orden que a su sano juicio sea contradictoria con las órdenes emanadas de la Plana Mayor o que atente contra su dignidad personal.

[**Nota:** Deben compatibilizarse la inteligente iniciativa propia y creatividad de cada soldado, con la obediencia propia de la disciplina militar y la prioridad de mando, porque allí radica el espíritu de una Fuerza de Guerreros Auténticos. El soldado de una sociedad ecologénica no es una "*máquina de obedecer*". Sabe perfectamente cuándo le corresponde obedecer y por qué debe hacerlo. Jamás consentirá ser usado para someter a otros países o al propio en intereses económicos que ya no existen en la sociedad ecologénica].

Art. 9º.- Si un ciudadano se resistiera a tomar las armas para defender a su Pueblo y Nación, será privado de todos los derechos que la Patria le brinda como ciudadano, quedando resguardado en sus garantías personales como "Civil", sin derecho a la participación política.

Art. 10º.- Tanto en el orden civil como en el militar, en caso que las Asambleas determinen la existencia de la Pena Capital, el Presidente debe ejecutar la pena máxima sin intermediarios ni verdugos. Por ninguna causa se delegará esta responsabilidad en subordinados.

CAPITULO Vº
LEYES DE LOS PERIODISTAS Y LA INFORMACIÓN

Art. 1º.- Los **Periodistas** tendrán una cadena de mandos separada de los Jueces, la Policía y los Administradores, y serán elegidos por el Presidente en cantidad de uno por cada Juez Local, pudiendo modificarse esta proporción en menos, pero no en más. Los candidatos serán jóvenes mayores de dieciocho años y menores de veinticinco al comenzar la carrera, la que se iniciará por inscripción en un registro llevado por el Administrador Local. Estudiarán las materias específicas de su actividad, bajo la supervisión permanente de uno de los Ministros o del Presidente. Cada Periodista tendrá a su cargo un equipo de producción y comunicaciones a determinar por los Administradores y el Juez Local.

Art. 2º.- El PRESIDENTE designará un **Director Nacional de Difusión, (D.N.D.)** que tendrá responsabilidad sobre todos los Periodistas de la Nación. Este Director se encargará de todos los planes de educación masiva, designando los cargos de los Periodistas Locales y estos elegirán entre si, a un **Director**

Provincial de Difusión. Los Directores Provinciales formarán una ***Cámara Nacional de Periodismo*** (CNP) que se reunirá semanalmente con el Director Nacional de Difusión a fin de comunicar todas sus necesidades y proyectos. El D.N.D. puede convocar a reunión cada vez que lo considere necesario.

Art. 3º.- La función de los Periodistas no será obstaculizada por ningún funcionario, a menos que el Periodista viole alguna Ley. En tal caso será un Juez, quien directamente o a través de su jerarquía lo informará al Presidente o a un Director de la cadena mandos. Los Jueces Locales pueden negar información a los Periodistas, pero no así los Jueces Provinciales, Administradores, Directores de Cárceles o Policías. Estos últimos pueden negar información actualizada, por orden expresa de un Juez, y por un máximo de veinticuatro horas, a menos que se renueve la orden, o sea dada por tiempo indefinido por un Ministro o el Presidente.

Art. 4º.- El delito de falso testimonio por parte de un Periodista, puede ser punible con la pena máxima, a consideración del Presidente, en virtud de la inmensa responsabilidad que pesa sobre quienes deben comunicar la Verdad Doctrinaria, Científica, Política o de simples hechos, a nivel masivo. La distorsión de la Verdad por parte de un Periodista, puede ser considerada "delito de subversión", si ésta instigase a sedición o a pánico.

Art. 5º.- Si un Periodista descubre un hecho delictivo o cualquier tipo de injusticia que a su parecer deba recibir atención Judicial, debe comunicarlo primera e inmediatamente al Director Provincial de Difusión, y posterior e inmediatamente al Juez Local correspondiente. También pude acudir a la Estación Policial más cercana, pero en lo posible deberá informar primeramente a su Director Provincial. **[Nota:** En un Estado Ecologénico los Periodistas no necesitan *"competir por la exclusiva"*]

Art. 6.- El Periodismo deberá evitar el uso excesivo de papel, ya que no existiendo intereses monetarios, y contando la población con tiempo suficiente para actividades extras, es posible repartir una mínima cantidad de periódicos (no necesariamente diarios), con un máximo aprovechamiento en salas comunitarias de lectura. Por otra parte, la electrónica pude suplir completamente la prensa escrita. La información, de cualquier naturaleza, deberá ser expuesta sin inclinaciones ni opiniones subjetivas. Los Periodistas ecologénicos no son "*formadores de opinión*" (para eso está la escuela, la libertad de reunión y la **Asamblea de Ciudadanos** como derechos inalienables). Los Periodistas son responsables de llevar el conocimiento de los hechos y de la educación estatal a todos los ciudadanos, dejando a la población razonar libremente sobre la conveniencia o no de las medidas de Gobierno, así como sobre las causas de los hechos y las posibles mejoras. Se ocuparán los medios tecnológicos disponibles, evitando todo exceso de información, destacando únicamente los hechos que tengan alguna importancia social o cultural. En caso de delitos, pueden hacer seguimiento de las investigaciones y los procesos, pero restando todo sensacionalismo a la presentación de la noticia, pues aún estos hechos deben ser utilizados para mejorar la formación moral de los ciudadanos, y no para alimentar aspectos morbosos de las personalidades.

Art. 7.- Los Periodistas darán gran importancia a la difusión de técnicas de producción agrícola e industrial, así como a técnicas de construcción, previsiones de defensa civil, etc., a fin de que cada ciudadano sepa sobrevivir a cualquier situación, y para que en todas las comunidades puedan conocerse y aprovecharse los avances científicos y técnicos que cualquier persona o grupo produzca, en todos los campos de actividad. También se anunciarán los actos deportivos, pero no se difundirá su desarrollo por ningún medio, a fin de reducir la pornográfica expectación, para inducir a los ciudadanos a la práctica real de los deportes o cuando menos, la expectación material en los estadios. Los Periodistas serán los principales encargados de propiciar y organizar actos deportivos y prácticas artísticas colectivas, como coros, óperas, talleres de artes plásticas, etc., promoviendo la participación o la expectación en vivo de estos espectáculos. Esto tiene por finalidad elevar el nivel cultural y espiritual de los ciudadanos, lo que no debe interferir con las labores generales. Para ello organizarán en común acuerdo con los Administradores, ya que los organizadores y directores artísticos se dedicarán casi exclusivamente a esa actividad. Esto no es de modo alguno un "*entretenimiento del pueblo*", como en la civilización del mercado, puesto que éste estará permanentemente informado sobre la realidad en todas las cosas y en capacidad de reaccionar en defensa de todos sus intereses individuales y colectivos. No habiendo mentiras que ocultar, el Gobierno necesita que el Pueblo se encuentre en las mejores condiciones morales, espirituales y materiales, así como con plena lucidez intelectual para participar en las Asambleas.

Art. 8º.- Toda otra disposición sobre el Periodismo, provendrá únicamente del Presidente, quien podrá, en caso necesario, dictar un reglamento más específico, siempre que se atenga al presente Código.

CAPÍTULO VIº
LA ASAMBLEA DE CIUDADANOS

Ningún debate político entre ciudadanos tendrá valor y hasta podría penarse como delito de subversión según criterio del Presidente si se hiciera entre particulares fuera de la Asamblea de Ciudadanos o mediante las redes de comunicaciones. Se trata de una institución gubernamental, con un lugar asignado para la libre exposición de toda clase de ideas, incluyendo las políticas. Cada Asamblea tendrá capacidad para albergar entre cien y mil personas. En dicha Asamblea se reunirán todos los ciudadanos mayores de 18 años que lo deseen y podrán exponer sus ideas y criterios sin censura alguna. Nada de lo que se diga en la Asamblea podrá ser penado, ni siquiera ideas políticas que puedan considerarse subversivas en cualquier otro ámbito. Sólo podrán ser punibles las injurias o calumnias que afecten directamente a las personas, sea el Presidente o cualquier vecino. La Asamblea no tendrá derecho a promulgar leyes ni normas de ninguna índole en forma directa, sino mediante los mecanismos establecidos en la Constitución Asamblearia.

Si surgiese en la Asamblea la idea de modificar leyes, de formular acusaciones, proponer cambios estratégicos en cualquier función o hacer una petición que exceda a los atributos de las autoridades locales o éstas no atendieran a una primera instancia, podrá elaborar un acta con el consenso de la mitad más uno de los presentes y sus delegados elevarán dicha acta al orden provincial o nacional.

CAPÍTULO VII°
LEYES DE REGULACIÓN ÉTICA Y MORAL

Art. 1.- Se entiende por ética al conjunto de ideas de comportamiento que hacen al respeto y entendimiento entre las personas y se entiende como moral al conjunto de costumbres consensuadas por la mayoría de los ciudadanos. La ética, al ser de carácter intencional, intuitivo, innato, totalmente funcional como efecto de la conciencia en la persona psicológicamente sana, tendrá preeminencia sobre la moral en el criterio de los Jueces. Tanto lo antiético como lo amoral, se considerará como infracción y no como delito. Las penas que se establezcan para corregir ambas infracciones no superarán los tres meses de prisión en sección carcelaria tipo A o seis meses en el tipo B.

Inc. a) Cualquier comportamiento o proposición sexual inadecuada denunciada que no incluya violación, sólo podrá considerarse infracción y la víctima será puesta en terapia por el mismo tiempo que el victimario.

Inc. b) La desnudez humana no constituirá delito ni infracción en ningún caso, salvo en las fuerzas militares o policiales en momento de servicio, o cuando existan normas de seguridad laboral donde sea necesaria la indumentaria. **[Nota:** Una sociedad ecologénica no puede mantener las taras psicológicas producidas por la vergüenza de la propia naturaleza corporal. Está científicamente comprobado que las personas que practican el nudismo realizan en ello una catarsis psicológica natural y espontánea, quitando muchas de las psicopatías que producen violadores, reprimidos, etc. El ser humano tiene una necesidad genética de verse y ver a sus semejantes desnudos. Esta es la causa que la pornografía sea uno de los más grandes negocios del mundo, pero a la vez, la incitación real a la pederastia y otras psicopatías derivadas de la represión.**]**

Inc. c) La prostitución (masculina y femenina) será regulada por un ente creado especialmente por cada Juez Local y dirigido por un médico y un psicólogo. Tendrá carácter didáctico y terapéutico y estará al servicio de todos los ciudadanos varones y mujeres mayores de dieciséis años.

[Nota: Dado que no hay represión sexual, sino educación, la demanda de este servicio puede que sea escasa y hasta desaparezca espontáneamente, pero en todo caso, será una medida tendiente a evitar todas las lacras que produce la prostitución del mercado: Esclavismo, enfermedad, culpabilidad, desvío hacia la droga, marginalidad, etc. En la realidad del mercado, más de un noventa por ciento de las rameras lo son por necesidad económica, inducción obligada o frustración vocacional en otra área, así que menos de un diez por ciento de las prostitutas son "vocacionales", es decir promiscuas por naturaleza. Aún así, dicha "naturaleza" suele responder a engramas pre o postnatales perfectamente tratables con dianética y/o psicoterapia junguiana**]**.

Inc. d) Los delitos de atrocidad ética, como secuestro, tortura, abuso de autoridad, etc., omisión de socorro, uso indebido de vehículos, vandalismo, falsificaciones, serán juzgados según las determinaciones que haya establecido la Cámara Judicial de la Nación. También se considerarán delitos y no simples infracciones, los daños o ataques a centros de cualquier religión, cementerios o cualquier actividad que atente contra la libertad de culto y/o creencias escatológicas.

Art. 2.- El Presidente, sus Ministros y la Cámara Judicial de la Nación, son en conjunto el único organismo que podrá dictar leyes orgánicas de funcionamiento, adaptar las presentes a las costumbres y mejores conveniencias del país, a fin de que la ética y la moral no se vean minadas y se mantengan en armonía con las Leyes Deontológicas. Sus debates no podrán ser secretos, debiendo emitirse en directo por los medios tecnológicos existentes, que deben estar al alcance de todos los ciudadanos.

CAPÍTULO VIIIº
LAS LIBERTADES Y GARANTÍAS

Art. 1.- El Estado debe garantizar a todos los ciudadanos sin distinción de ninguna índole, la mejor medicina, trabajo con orientación vocacional, protección y seguridad, educación en todos los niveles y para todas las edades. Todo ciudadano debe considerarse parte del Estado, no un mero dependiente separado del mismo, cualquiera sea su puesto de trabajo. Las Asambleas de Ciudadanos serán el lugar de fermento para infinidad de mejoras, tanto legales como políticas, laborales, científicas y estudiantiles.

Art. 2.- Los cargos políticos son el de Presidente y miembros y delegados de las Asambleas, y los Jueces. Los demás se consideran cargos públicos o militares. Todos los cargos y actividades, incluyendo el de Presidente, podrán ser ejercidos por varones o mujeres, salvo el de Juez Local Titular, que podrá ser ejercido por mujeres sólo cuando no tengan hijos menores de 16 años. Los cargos podrán ser ejercidos sin importar la filiación religiosa, pero el Estado debe recomendar a los ciudadanos que prefieran cuando sea posible, candidatos laicos, a fin de garantizar la imparcialidad necesaria para mantener el respeto a la libertad de culto.

Art. 3.- Los ciudadanos podrán viajar por todo el territorio de la Nación, usar sin restricción los vehículos asignados al transporte general, disponer de un vehículo a motor de uso personal a partir de los 16 años y podrán acceder sin restricciones a cualquier establecimiento o instalación civil, con las lógicas restricciones de la seguridad, especialmente en las de investigación científica y las militares. Los Jueces Locales, Provinciales y Nacionales tendrán acceso irrestricto a cualquier dependencia civil o militar, mientras que los Periodistas tendrán igual acceso en toda instalación civil, pero sólo podrán acceder a las instalaciones militares en compañía de un Juez titular o interino de cualquier distrito.

Art. 4.- Todo ciudadano tendrá libre e irrestricto acceso a las redes de comunicación, comunicarse con cualquier otro ciudadano excepto los privados de libertad por la Ley, así como podrá publicar sus obras escritas y opiniones, con excepción de temas políticos, que sólo deben exponerse sin censura ni represalia de ninguna clase en las Asambleas de Ciudadanos.

Art. 5.- Los ciudadanos tienen derecho a la intimidad absoluta en el ámbito del hogar, sólo vulnerable mediante orden judicial presencial. Este ensayo de Constitución prohíbe la vigilancia mediante cualquier recurso tecnológico que permita registro y archivo de imágenes, en locales de ocio, servicios higiénicos, restaurantes, calles y plazas públicas. Sólo se autorizará colocación de cámara, filmación y registro en las dependencias militares, accesos a hoteles para turistas extranjeros, puntos de accesos a vehículos públicos e instalaciones estratégicas, así como dependencias donde la Cámara Judicial de la Nación considere convenientes para la seguridad de los ciudadanos o prevención de accidentes o desastres naturales.

Art. 6.- Los ciudadanos tienen el derecho irrestricto de salir del país y de regresar. El turismo hacia otros países ecologénicos no plantea dificultades, ya que los planes de intercambio turístico lo garantizan sin trabas económicas, pero viajar a países que aún conserven el sistema dinerocrático implica riesgos que corren a cargo del viajero, pues será viajar a países donde aún existe una forma de esclavismo. El Estado no se responsabilizará por esos ciudadanos fuera de su territorio, ni podrá intentar siquiera acciones diplomáticas, a menos que hubieran sido arrancados de él bajo secuestro. En este último caso, el Estado estaría en derecho de convocar a toda la ciudadanía para obrar según el Código de Guerra.

[**Nota:** Como antecedente histórico: La Corona Inglesa nunca prohibió a sus navegantes y a los ciudadanos en general, viajar a las zonas inexploradas donde había caníbales. Se limitó a advertir de los riesgos y de la imposibilidad de socorro. En aquellas épocas, la imposibilidad era técnica. En la Ecologenia, la imposibilidad es ética y diplomática.]

Art. 7.- Todo ciudadano tiene derecho a la alimentación natural, variada, científicamente controlada y certificada como sana, abundante en cantidad y disponible en los Almacenes como excedente. Las mercaderías que deban ser racionadas, se administrarán equitativamente. El Estado garantiza la existencia de una Reserva Nacional de Alimentos, distribuida estratégicamente, con sistema de conservación por liofilización natural y una Reserva Nacional de Indumentaria, igualmente distribuida. Así mismo, esta Constitución garantiza el derecho a la propia producción y almacenaje de alimentos e indumentaria. El Estado facilitará la construcción de bodegas o despensas caseras para esta finalidad. Los ciudadanos tienen derecho a requerir un bromatólogo para asegurar la calidad de las conservas de producción casera y toda producción de alimentos -ya sea industrial o artesanal- pasará por los análisis bromatológicos correspondientes antes de ser llevados a los Almacenes.

[**Nota:** La distribución urbana y la educación pública llevarán a un gran aumento de producción de alimentos en huertas caseras, indumentaria y toda clase de productos. Algo parecido han logrado algunos países comunistas, pero al no salir del círculo vicioso del dinero, no han logrado plenamente los objetivos planteados. La sociedad ecologénica es una concepción muy superior e infinitamente más fácil de lograr que la estabilidad económica relativa alcanzada por los países comunismos. Es posible que algunos Lectores supongan que el Plan Ecologénico es de orientación "comunista", pero sería comparar la carreta con el tren en algunos aspectos, y en otros sería como comparar aquella caja tirada por bueyes, con el avión. No obstante, serán algunos de esos países los que mejor comprenderán la Ecologenia, ya que la solidaridad social prima por necesidad, sobre los intereses esclavistas del mercado. Por otra parte, es posible que los países más sometidos a la dinerocracia vean con mejor perspectiva este plan, ya que representa la eliminación de la lacra que padece la gran mayoría de los ciudadanos, a pesar del *confort y bienestar"* que pagan con el "sin sueño" de la hipoteca y la deuda, la entrega de todo su trabajo a quienes ganan sobre él sin darle ninguna real garantía de justicia, perpetuidad de empleo, etc.]

Estimado Público Lector:

No importa si el Lector/a es Juez, funcionario, directivo de empresa, militar, marinero, barrendero, ingeniero, médico, está en desempleo o cualquiera sea su ocupación actual. Incluso si ha caído en la trampa de ser "legislador", ya sea local o nacional.

No importa cuán cómodo esté económicamente ahora, pero mire el mundo que le rodea y piense francamente qué grado de seguridad tiene, entre alarmas, guardianes, cerraduras y llaves por todas partes… Imagínese un mundo en el que la inteligencia humana deje de ser una utopía.

Imagínese un mundo donde las leyes y el sistema son tan simples; donde los Jueces tienen más peso que en la sociedad monetarista pero no están agobiados por infinidad de conflictos absurdos y egoístas. No hay "atentados terroristas" ni nadie precisa "guardaespaldas" porque nadie tiene fortunas personales que perder, ni cargos que no proteja todo el pueblo, porque han sido otorgados por él realmente, no por campañas manipuladas, por engaños colectivos, partidismo o sectarismo.

En una sociedad ecologénica no caben las absurdas luchas por el poder, pero tampoco hay juicios por herencias, ni parásitos políticos creando, modificando y derogando leyes cada día, ni hay que pagar hipotecas, ni hay que pagar nada, ni el productor debe pensar más que en producir y hacer mejoras a su producción, porque no tiene que encargarse luego de "vender". Ni se va al Almacén a "comprar", sino a retirar todo lo que hace falta y que debe haber de sobra, quizá en mayor variedad que en los supermercados de la dinerocracia. No es necesario que nadie controle qué ni cuánto llevamos, porque del mismo modo que entregamos toda la producción al almacén o brindamos un servicio según organiza el Regente, podemos retirar lo que nos hace falta... Nuestro trabajo no tiene que compensar al sistema para que nos vigile a cada paso, para que nos cobre, para que nos ponga multas; no hay que pagar ejércitos de contadores, comerciantes e intermediarios, sino unos pocos administradores para que nada falte en ningún sitio; ni hay que mantener ejércitos parásitos porque nosotros mismos lo componemos y estamos dispuestos a defender nuestro modo de vida, nuestra Patria y todos los valores de nuestra sociedad...

No necesitaremos casas con rejas, ni alarmas en casas y vehículos, porque no tendrá sentido el robo. Incluso las personas que no pueden o no quieren trabajar, no tendrán necesidad alguna de robar. Desde luego, en un sistema de reparto de trabajo por censo vocacional, encima de ello con auxilio de la tecnología, alguien que no quiera hacer nada útil sería una verdadera rareza fácilmente tratable con psicoterapia.

No serán necesarias las leyes de protección de la infancia, que sería como hacer leyes contra la extirpación de los ojos, ni existirán "propiedades" y herencias necesarias para asegurar el destino "económico" de nuestros hijos y nietos. ¿Les vamos a dejar herencias materiales sobre las que les cobrará alquiler el Estado las robará cualquier usurero, o les vamos a dejar un Estado donde no tendrán esas lacras que padece hoy la sociedad?

Al principio del libro le dejamos pendiente un par de preguntas: **¿Cómo le gustaría que fuese el mundo?, ¿Qué clase de *mundo* les dejaremos a nuestros hijos?** pero este libro es sólo una propuesta. Usted sigue teniendo la respuesta.

En el sistema de mercado y el dinero, cualquiera puede quedarse con lo suyo y con lo que pretende dejar a sus hijos. Y puede hacerlo sin gran esfuerzo, con astucia, como lo han hecho siempre los usureros, aprovechando el más mínimo descuido o imprudencia económica. En el sistema ecologénico eso no es posible. Pero tanto en el sistema de mercado, como en la sociedad ecologénica, nadie hará por Usted, la parte que a Usted le corresponde.

CONSTITUCIÓN ASAMBLEARIA

(Ecologenia II)

CONSTITUCIÓN ASAMBLEARIA

Introducción

Te han hecho creer que la política es sucia y corrupta, para que no participes, para que dejes "eso" en manos de los sucios y corruptos. ¿No has dicho alguna vez que la política "*es una mierda*"?

Te han hecho creer que los gobernantes deben mandar a los Pueblos. ¿No deberían los Pueblos decir a los gobernantes lo que deben hacer?

Te han hecho creer que "te representan" cuando les das el poder mediante un voto y que eso es Democracia.

Te han hecho creer que siempre hubo y habrá muchos pobres y pocos ricos. ¿Sabes contar, aunque sea con los dedos, para echar algunos cálculos de producción y distribución y de cuánto pagamos a políticos corruptos, funcionarios inútiles y banqueros despiadados?

Te han hecho creer que el patriotismo es una lacra, una idea que propicia el genocidio, para instaurar ejércitos de genocidas, al servicio de intereses apátridas. ¿No es eso lo que ocurre ahora, con ejércitos mercenarios que sólo van a la guerra tras los intereses del dinero?

Te han hecho creer que sólo se puede ser "de izquierdas" o "de derechas", que la izquierda es apátrida e internacional, que la derecha es mejor administradora. ¿Es que acaso no hay comunistas y capitalistas patriotas?

Te han hecho creer que sin dinero no puede hacerse nada y te han falseado toda la historia. ¿Acaso existían las finanzas, la usura y los bancos en las culturas iniciáticas que nos precedieron?

Te han hecho creer cien cuentos de "terroristas", para que vivas aterrorizado. Guerra atómica, meteoritos que impactan la Tierra, invasiones extraterrestres... Para ocultar que el verdadero peligro está en las armas escalares que controlan unos pocos tecnócratas al servicio de la élite de banqueros. ¿Dónde están los verdaderos terroristas?

Te han hecho creer que la anarquía es algo posible, y que lo contrario es la dictadura, cuando lo contrario a anarquía es organización participativa y asamblearia. ¿Acaso existe o ha existido algún colectivo sin organización?

Te han hecho creer que es igual dictadura que tiranía, y te han hecho creer que con votar a ciertos representantes, ya estás libre de los tiranos y los dictadores. ¿No vivimos en una dictadura oculta llamada "de los mercados"?

Te han hecho creer que todos los líderes de masas han sido y son dictadores, tiranos, antidemocráticos, cuando han disuelto los parlamentos corruptos, o cuando han abolido la partidocracia, nacionalizado la banca... ¿Vivimos mejor ahora, con crisis de toda clase?

Te han hecho creer que la educación privada siempre es mejor que la pública. ¿Te parece justo si acaso fuese verdad en alguna parte?

Te han hecho creer que mientras más estudios tienes, más sabes. ¿Sabes quién eres, de dónde vienes y adónde irás? ¿Han sabido los científicos oficiales arreglar los problemas del mundo?

Te han hecho creer que mientras más noticieros veas y periódicos leas, mejor informado estás. ¿Qué conoces de la Realidad Global?

Te han hecho creer que otros "pueblos gamberros" generalmente vecinos, están deseosos de invadir tu país. ¿Cuáles lo ha hecho, por qué y cómo?

Te han hecho creer que el campesino es bruto y el habitante de la ciudad es más culto. Que la agricultura es trabajo pesado, desagradable y hasta peligroso. Así te han alejado de la riqueza material más legítima, de la producción más sana, de la vida más armónica y así, en muchísimos casos, ¡Se han quedado con tus tierras!.

Te han hecho creer que hay trabajos degradantes. ¿No será que sólo es degradante la vida de los que no trabajan y viven del trabajo de otros sin aportar ni siquiera su capacidad organizativa dignamente?

Te han hecho creer que trabajar es una maldición, para ganarte el pan *"con el sudor de tu frente"*, como si eso fuera malo, ruin o sacrificado.

Te han hecho creer que eres libre, porque puedes elegir gobernantes, trabajo, qué comer, cómo vestir... ¿Cuántos lo son realmente? ¿Cuántos trabajan en lo que realmente les gustaría?, ¿Cuántos comen realmente en el mundo lo que les viene en gana?, ¿Cuántos visten como quisieran según su Ser Interior?

Te han hecho creer que el hambre y la miseria están muy lejos, en los países africanos, en las tribus indígenas. ¿Cuánto has andado por el mundo?

Te han hecho creer que el pueblo no debe tener armas porque es peligroso. ¿Crees que los ejércitos mercenarios y las policías se componen de personas mejores que tú?

Te han hecho creer que un día vendrá a salvarnos la virgen María, los hermanitos extraterrestres o el mismísimo Jesús, o el Espíritu del Profeta, o los ángeles de Iahvé. ¿Por qué no han venido antes para evitar los actuales sufrimientos, humillaciones y vejaciones? ¿Qué les dirías a los miles de millones de muertos en medio de espantoso sufrimiento desde hace siglos?

Te han hecho creer que "no puedes hacer nada" ante todo el dolor del mundo. ¿No te has planteado ser al menos alguien realmente libre, Uno en la conciencia de todos y poner al menos tu granito de arena?

Te han hecho creer que los políticos profesionales pueden encargarse de tu destino educacional, económico, de tu salud y la de tu familia. ¿Acaso eres un idiota que no cuenta a la hora de tomar decisiones?

Te han hecho creer que las vacunas realmente te protegen de las enfermedades y que no representan ningún riesgo extra. ¿Has averiguado cómo se fabrican, cómo se componen y las denuncias que hay al respecto?

Te han hecho creer que la mujer es el "sexo débil" para polarizarnos y enemistarnos allí donde más necesitamos uno de la otra, unidos, respetuosos y amantes. ¿Te podría haber parido tu padre o engendrado tu madre?

Te han hecho creer que sólo puedes trabajar en una cosa, ese trabajo de mierda que muchas veces matarías para que no te lo quiten. ¿Acaso naciste con una marca que diga "has nacido para esto"?. Eso es posible; y si es así, eres un afortunado entre cientos de millones.

Te han hecho creer que la política profesional no debe hablar de Amor, Inteligencia, Voluntad, valores humanos y espirituales como Lealtad, Dignidad, Misericordia, Autoconsciencia, Satisfacción Vocacional… ¿Les has escuchados a tus "políticos" hablar de estas cosas?

Te han hecho creer que Dios está fuera tuyo, que el poder no depende de ti, que no puedes evitar que el mundo vaya por donde va…

Te han hecho creer que mejorar el mundo es una utopía y que "utopía" es sinónimo de "imposible". ¿Sabías que todos los inventos y descubrimientos que hoy disfrutas fueron primero tachados de utopías, de absurdos, imposibles, y que sus inventores y descubridores tuvieron agrias luchas para poder imponerlos?

Te han hecho creer que no hay ninguna solución a la vista, y que el sistema es tan complejo que dejarían de funcionar las fábricas, las industrias, las producciones de alimentos, de indumentaria, etc. ¿No sabes que el trabajo puede continuar sin dinero mediante y así ha sido durante las guerras, con producciones fabulosas? Imagínate una economía de guerra… ¡Pero en plena paz, sin derivar esfuerzos a la fabricación de armas ni mantener ejércitos!

Te han hecho creer que toda o la mayor parte de la gente es mala, que es mala la naturaleza humana. ¿Es mala tu naturaleza? Puede que sí, porque puede haber excepciones, pero mírate en el espejo y piensa… "¿Quién soy yo?".

Te han hecho creer que eres culpable por lo que piensas, por lo que sientes o por lo que haces. Y quizá lo eres en algún sentido, puesto que lo has creído. ¿Eres culpable de los males del mundo?

Te han hecho creer que la Patria y la bandera sólo valen cuando hay que disputar un mundial de fútbol. ¿Has ganado algo cuando ganó tu club o selección favorita?

Te han hecho creer que los políticos que se eternizan en sus cargos son necesariamente dictadores o tiranos. ¿Sabes que los "democráticos" de la partidocracia que están sólo unos pocos años siguen cobrando de tus impuestos toda la vida?. Observa sin emociones y sin prejuicios las condiciones de vida en aquellas "dictaduras" de décadas y compáralas con las "democracias" que cada cuatro o seis año renuevan cargos, de los que igual pagarás vitaliciamente a los "ex …"

Te han hecho creer que la excepción, es la regla, y la regla la excepción. Te han hecho creer que es necesario mentir para sobrevivir.

Te han hecho creer que las empresas estatales son siempre deficitarias, pero no te contaron que durante las guerras produjeron superávits fabulosos, ni que los países donde lo fueron realmente, estaban en manos de banqueros que las boicotearon para finalmente quedarse con ellas… ¡Con TUS empresas!

Te han hecho creer tantas cosas irreales o parciales, que puedes sentir terror al darte cuenta. Es normal, pues los verdaderos terroristas que se dicen "antiterroristas" cuentan con ello. Sólo si te liberas de tus falsas creencias y empiezas a razonar sin miedo a la verdad, sin miedo a "*lo que pueda perder*" (trabajo, estabilidad, recursos, tu casa, etc.), descubrirás que los verdaderos terroristas son los genios de las finanzas internacionales; descubrirás que los políticos a los que votas son meros esbirros de esos poderes y a veces ni siquiera son conscientes de ello; comprenderás que en un Estado financiero con políticos al servicio de "los mercados", no tienes absolutamente ninguna seguridad. No hay en la falsa democracia de los "partidos" una sociedad de Ciudadanos que te respalde, ni un líder decente que se juegue la vida por ti. Si eres empresario, no estará segura tu empresa porque dependa de "los mercados" y de los bancos. Sólo estarás realmente seguro como productor, empresario, empleado o profesional, cuando toda la sociedad pueda respaldarte.

Estarás seguro de verdad cuando el valor "dinero" no esté en manos de usureros privados y más seguro estarás tú y tu familia y todos, cuando en un paso Ecologénico posterior, el Valor Trabajo reemplace definitivamente al valor de la moneda, y que ésta se convierta en "fichas", sin valor usurario, sin valor especulativo, como un mero instrumento del Estado y que tú seas parte de ese Estado.

¡… suena a comunismo…!

Cierto, esto último "suena" a Comunismo, **pero no lo es**; porque los banqueros internacionales crearon el comunismo ruso del mismo modo sangriento y corrupto desde el principio, como lo fue la Revolución Francesa. Con grandes, auténticos y bonitos ideales pregonados, sí, pero con una serie de "pequeñas aberraciones" sutiles, aumentadas por los cabecillas que en ambos casos fueron cuidadosamente preparados para dirigir a las turbas emocionalmente y sin organización Asamblearia, sin participación real en la toma de decisiones. Se formaron así diferentes movimientos políticos en América, dando lugar a supuestas "democracias", pero todas con una misma lacra: la **representatividad,** por sobre la **participación ciudadana,** cuando la primera sólo es válida cuando segunda es plena y prioritaria.

¡Aprende, comprende y actúa! Difunde esta información, pero lee también el primer libro de Ecologenia. Si no tienes en claro las facetas políticas del problema global, será muy difícil que ayudes a mejorar algo. Con su compra impresa nos ayudas a llevar adelante el plan global contra la tiranía "de facto" de los mercaderes del terror, nos ayudas en nuestra labor de promover una consciencia más evolucionada.

DEDICATORIA

A todos los colaboradores, cuya lista de nombres ocuparía un libro entero. A todos los Hombres (varones y mujeres) por los que vale la pena luchar, a

todos los dispuestos a ejercer la Verdadera Democracia.

A todos los esclavos conscientes que desean su liberación.

ECOLOGENIA es una forma de vida, aunque hay una forma de gobierno ecologenista. Puede definirse como la suma armónica de Conciencia Ecológica, Política Natural con Economía Natural, Consciencia Demográfica y conocimiento masivo de las Leyes Naturales.

¿Cómo le gustaría que fuese el mundo? y ¿Qué clase de *mundo* les dejaremos a nuestros hijos?

CONSTITUCIÓN ASAMBLEARIA (ECOLOGENIA II)
PRÓLOGO DEL AUTOR

Queridos Lectores:

El libro Ecologenia, Política de Urgencia Global ha sido menos leído de lo que me gustaría, pero más de lo que esperaba. Pensé que recibiría malas críticas, insultos e incluso amenazas, pero desde su edición el 11 de Abril de 2009, sólo he recibido muestras de gratitud, felicitaciones, mensajes de apoyo, y todas esas cosas peligrosas para los que tienen sus falsos egos fáciles de acrecentar. En mi caso eso no es muy fácil, pues no puedo ver a alguien como a "menos que yo", cualquiera sea su condición, salvo a los políticos corruptos, que siempre son menos que cualquiera. Pero lo mejor, han sido las preguntas y la calidad intelectual de los interesados, que indican el grado de influencia del libro y su valor social.

He recibido muchísimas preguntas; tantas que me he visto obligado a meditar respuestas en todos los temas y eso ha sido el combustible para escribir este segundo libro de política, del que - a pesar de tener claras las ideas de cómo debe desarrollarse una civilización de personas despiertas, conscientes y libres- sólo había formado un esbozo didáctico en mi mente. Es difícil hallar las palabras adecuadas a todos los intelectos y exponer en un mismo volumen el cuadro de situación global, con la infinidad de soluciones posibles y diferentes que puedan realizarse en cada país, bajo cualquier régimen político actual. ¿De qué serviría abrir una brecha de consciencia política importante en Occidente, -por ejemplo en España-, si no es aplicable en un país islámico? Tampoco serviría de mucho para cambiar el destino de la Humanidad, una política que no pudiera aplicarse localmente en un pueblo de China… Vivimos en una comunidad globalizada y es preciso aplicar soluciones generales acordes a la globalización, pero permitiendo que cada Patria, cada País y cada comunidad y cada individuo conserve sus valores e idiosincrasia particular.

La mayoría de esas preguntas recibidas en dos años pueden resumirse en *"¿Y qué puedo hacer yo desde mi puesto de trabajo, desde mi ciudad o pueblo, siendo un simple ciudadano de a pie?"*.

La respuesta es que puede y debe todo *"ciudadano de a pie"* hacer mucho, aunque no deba necesariamente dejar su trabajo, ni invertir recursos, ni ocupar demasiado tiempo. Y hay tanto que puede hacer, que he tenido que comenzar este libro para ayudarle a encontrar el qué, el cómo, para que pueda convertirse en artífice de su propia situación política local, contribuyendo a la mejora del mundo entero. Cabe aclarar que si en algo puede parecerse la Ecologenia a la "izquierda", sólo es un espejismo. En realidad la Revolución Bolivariana de Latinoamérica es lo más parecido a la Ecologenia, pues va en el mismo sentido, aunque Hugo Chávez, Evo Morales, Rafaél Correa sean constantemente denostados por la "prensa libre" en los países más sometidos al capitalismo (si cada periodista de la "prensa libre" hiciera examen de consciencia, pocos volverían a dormir tranquilos), se trata de Presidentes elegidos en forma democrática, es decir por la gran mayoría en sus respectivos Pueblos. Esa Revolución, un poco apadrinada por la Revolución Cubana, es en realidad una "evolución" de la misma, una adecuación a las circunstancias de cada Patria. Sus mandatos son los más legítimos que pueden existir hasta el momento, porque sus campañas no han sido pagadas por USA ni por los bancos ni empresas privadas, sino realizadas con muy poco dinero, por la movilización de los propios ciudadanos.

Así y todo, Ecologenia es un Movimiento Político surgido en España, según las necesidades de una sociedad también harta del capitalismo, pero con otras condiciones de vida. Así como la Revolución Bolivariana es una versión evolucionada del "Comunismo Cubano" (que en la práctica -para mejor- mucho mejor que el comunismo marxista que existió en la antigua URSS), Ecologenia es una versión más evolucionada de la Revolución Bolivariana en algunos aspectos, una adaptación circunstancial en otros, y - aquí lo mejor de todo- es que los Bolivarianos tienen en muchas de sus ideas, conceptos Ecologénicos, aunque su discurso esté terminológicamente adaptado a sus países y léxico local. Como autor del término "Ecologenia" y propulsor de este Movimiento, confieso que comparto algunos Maestros con algunos líderes actuales, de los que sigo su ejemplo de Hombres Honestos y Patriotas.

Sin embargo, el mérito mayor de dichos Maestros no es su gran sapiencia política, sino su Profundo Amor a la Humanidad, su espiritualidad libre de dogmas religiosos, su Enseñanza sobre el Despertar de la Conciencia, que es justamente lo opuesto a la "genialidad" de los Illuminatis y otros movimientos pseudo-místicos, serviles a un "golem" abstracto pero poderoso por los mentalismos que lo alimentan.

El mérito supremo de esos Maestros, es que dicen a sus discípulos que hablemos sin tapujos del Amor, de la Inteligencia y de la Voluntad en perfecto equilibrio. Han despertado en nosotros esa Chispa Divina que todo Ser tiene, para hacer la más grande y maravillosa de todas las revoluciones que puedan haber existido: La REVOLUCIÓN DE LA CONSCIENCIA DE LA HUMANIDAD.

Gabriel Silva

RASGOS GENERALES DE LA ECOLOGENIA

Sin la lectura de "ECOLOGENIA, Política de Urgencia Global", le será difícil a los lectores ubicarse en el sentido y causas de este otro libro, a menos que se encuentre muy bien informado de las aberraciones de la política del sistema del mercado y su "ideología" de fondo (si puede llamarse *ideología* al afán de esclavitud global).

Sin embargo, a lo largo del presente escrito irá descubriendo las enormes diferencias -realmente de forma y de fondo- que existen entre una comunidad mercantilizada y dineralizada, de una comunidad Ecologénica, así como los medios disponibles para contribuir a la transformación global.

Para sintetizar todo lo expuesto en el primer libro, digamos que las diferencias más radicales son:

A) **En el aspecto económico** estriba en el sentido del comercio, que en el sistema de mercado es el de ganar dinero u obtener ganancias desde un punto de vista individual o a lo sumo corporativo, mientras que en la sociedad Ecologénica la economía se basa en el trabajo y la distribución justa del poder, los recursos, los servicios y todo bien, incluyendo la educación para formar personas libres, en vez que mansos empleados del sistema. El dinero se usará en principio, hasta que la masa consciente de los verdaderos valores del Ser, lo haga innecesario.

Pero el primer paso consiste en que sean los Ciudadanos quienes lo manejen, o sea el Estado. Y que el Estado se asegure que ninguna mano privada sea "dueña" del dinero. Que éste resulte sólo un instrumento temporal para la distribución de la verdadera riqueza, que es el trabajo y su producto.

B) En el aspecto político, el sistema Ecologénico es *participativo, con preeminencia sobre lo representativo.* No queremos votar a un careto que nos represente hasta tal punto que decida por nosotros, sino elegir a un representante local que haga lo que le pedimos, que rinda cuentas ante nosotros sin excusas de que "ganó el otro partido", o "es que el partido ha decidido que…". Y en ámbitos mayores, (municipal, provincial, nacional) la suma de intereses, que estarán basados en las mismas necesidades humanas, será sin duda coincidente. La casi totalidad de las Naciones Ecologénicas deberán tender a modificar sus Constituciones, porque casi todas ellas son fundadas en los intereses de unos pocos manipuladores de ideas. Los ciudadanos deberán aprender que es más importante asistir a la *Asamblea de Ciudadanos* que cualquier partido de fútbol o que cualquier otra cosa que haya que hacer en el mundo. Porque allí, en la Asamblea de Ciudadanos es donde se definirá su economía, su trabajo, la educación de sus hijos, su futuro personal y el de su familia. Es su real y única oportunidad de saber qué es lo que pasa y lo que pasará, de influir en lo que crea que debe hacerlo. Es su única manera de ser un Ciudadano *con Voz* y Voto, en vez que un esclavo de un sistema, sujeto a los vaivenes, miserias, demencias, mentiras y egoísmos de unos pocos "políticos profesionales" que ya es hora de que se conviertan en una casta extinguida.

Cierto es que hay castas; cierto es que hay diferencias de toda clase y la Ecologenia respeta esas diferencias y puede conservar esa diferenciación de castas donde culturalmente las haya desde milenios. Pero jamás dicha diferencia debe convertir al "inferior" (intelectual o físico) en víctima del sistema, ni someterlo al desprecio, a la condena de la **pobreza** (palabra que debe extinguirse por obsolescencia) o a humillación de cualquier tipo. Los "auténticos inferiores" en una Sociedad Ecologénica son los corruptores, delirantes de poder, porque su psicopatía es demasiado especial, imposible de equiparar siquiera a los ladrones (que desaparecerán porque no tiene sentido robar en una sociedad justa y humanitaria), Los psicópatas de la política roban a los ciudadanos la conciencia, su trabajo, su energía, su tiempo, su esencia de Persona y lo convierten en un esclavo más o menos "cómodo" según las circunstancias, pero esclavos al fin. Los psicópatas asesinos, los pederastas y similares que a pesar de la educación ecologénica no consigan combatir internamente sus lacras psicológicas, tendrán cárceles que respeten su condición humana y tratamientos que permitan su rehabilitación social, pero sin riesgo para el resto de la sociedad. Sin embargo los más *"auténticos inferiores"*, para los que cada Nación aplicará lo que convenga y considere adecuado, son los *esclavistas*, cuya psicología es la más retorcida y enferma, causa de genocidios, holocaustos reales, cuyo carácter personal es el más hipócrita y difícil de detectar, porque trasciende el plano de la psicología ordinaria.

El esclavista es muy inteligente, astuto e incluso creativo, se infiltra en las sociedades y no piensa en sí mismo. En eso se parece a los grandes Avatāres de la humanidad, pues es capaz de pergeñar planes que pondrá en marcha para que se cumplan siglos después. No hablamos del vago ruin que tiene a otros trabajando para él y pagan sus lujos y placeres (simple aprendiz de esclavista, que también merece cuidado), ni del intelectual, profesional o dirigente que tiene criados o empleados a su servicio para cumplir una misión más importante (casta de innovadores que trabaja más que sus criados y que cualquiera, que están destinados a ser la Flor y Nata del Ecologenismo en su fase inicial). Cuando digo "esclavistas" me refiero a los especuladores económicos, a los usureros, a los que inventan (y manejan) diversas formas de convertir la esencia de la riqueza, que es el trabajo de cada uno y su producto, en valores artificiales como el dinero.

C) **En el aspecto Tecnológico**: En una civilización ecologénica, se utilizan los sistemas de "energía libre", que aunque descubiertos hace siglos, los esclavistas no han permitido usarse masivamente en la civilización mercantilizada, porque romperían con el cono de poder egoísta existente. Y digo "cono" y no pirámide, porque la Pirámide es una forma (cuerpo) geométrica que puede usar una civilización inteligente, pero no una mercantilizada. Hablamos de *"círculos políticos"*, de *"círculos sociales", "círculos económicos"*, y una sucesión de círculos ascendente en escala y reducida en número hacia arriba, da un cono, no una pirámide.

La emisión de ondas hertzianas y conversión en electricidad (y viceversa) fue un paso tecnológico de finales del siglo XIX y principios del XX, pero los "dueños del mundo" (económico) lograron restringir la cuestión al transporte de electricidad mediante cables de cobre, pasando por aparatos que pudieran "medir y cobrar". Para eso, lógicamente se ocultó todo el resto del desarrollo tecnológico de Nicolás Tesla y otros inventores, porque dicho desarrollo incluía la extracción de cantidades de energía relativamente ilimitadas, como por ejemplo el uso de la diferencia de potencial telúrico (medio Gauss en el aire, un Gauss en el suelo), aparte de la "energía radiante" propia del campo electromagnético terrestre en la capa atmosférica, la "energía cósmica" entre las que se encuentra la solar, fácilmente convertible en energía térmica y ésta en energía eléctrica...Y ni hablar de los motores de imanes permanentes, que muchos desarrolladores han fabricado y mantienen escondidos por miedo a las represalias de los intereses... Cuando lo que deberían hacer es fabricar y distribuir (vender, por ahora), incluyendo los planos para su reproducción por cualquiera con mínimos conocimientos de electricidad y mecánica.

Es comprensible que al hombre criado en esta civilización le parezca una "utopía" arreglar el mundo, aunque se derrumba a pedazos por todas partes, contaminado, esclavizado, hambreado, masacrado, engañado y relativamente superpoblado. Digo "relativamente" porque sólo lo está si consideramos el modo de vida del mercado y el consumismo. Cabrían en el planeta entre diez mil millones y catorce mil millones de personas viviendo en la abundancia, en la amplitud, en la plena salud natural y aprovechando buena parte de los desarrollos científicos actuales, si las pautas de manejo científicas, políticas, económicas, educativas y religiosas fuesen ecologénicas. Pero es imposible sostener las pautas del mercado unas décadas más, ni siquiera con la mitad de la gente que habita el mundo actualmente. Esa, y el temor a perder el poder sobre la Humanidad por parte de unos pocos genios dementes, es la causa del genocidio constante, mediante guerras, medicina degenerada, vacunaciones y la gran fumigación global (Chemtrails) de la que -increíblemente- la mayor parte de la masa "futbolizada" y "fashionizada", todavía desconoce. Los jueces se lavan las manos ante las pruebas existentes, como el informe técnico biológico presentado en el libro anterior.

La falsa democracia vestida de partidocracia, en realidad títere de la dinerocracia ejercida por una pequeña cúpula de banqueros, tiene un sistema de engaños muy refinados, mantenidos sólo por la esclavitud mental de la masa, que no tiene tiempo a pensar, a analizar y SER, porque las deudas, las hipotecas, el trabajo constante que le obliga a ganar sólo el dinero para subsistir (y el miedo a perderlo), absorben todo su tiempo y su energía vital.

La masa cree que sin dinero es imposible vivir, porque merced a la malversación de la historia, supone que todas las culturas que nos precedieron y originaron la civilización, usaban dinero. Sin embargo la única institución cuya historia está difuminada en tal forma que no festeja su creación, es la banca. Como si los trogloditas (en la versión antropológica retorcida de la dictadura académica y hasta en series de TV y cine) hubieran podido generar sociedades en condiciones de evolución, mediante trueque regateado o mediante dinero.

Revertir el Estado Económico Global, ya instaurado hace mil setecientos años con la Banca Bizantina ("*Banka Bizanthia*" Creada por Constantino en el año 326) no ha de ser tarea fácil, pero tampoco imposible. Monopolios, oligopolios, impuestos, pagos e impagos, activos y pasivos, deudas, miserias y toda la aberrada parafernalia de las "ciencias económicas", se hará añicos inexorablemente. La ciencia llamada Economía sólo es compleja en cuando se trata de vender y comprar, de especular con el trabajo de otros... La Economía Natural es extremadamente simple y está al alcance de los más elementales intelectos. La cuestión es si queremos dejar que la Comunidad Global se convierta plenamente en una sociedad orwelliana, inconsciente, esclava, robótica, con individuos débiles, temerosos, no pensantes; o si queremos una Sociedad Ecologénica, donde el espíritu grupal se forme por la educación ética, la autodeterminación de cada comunidad y Nación, con participación de hasta el último ciudadano en la toma de decisiones, felicidad, conciencia y desarrollo vocacional pleno de cada individuo. Y sobre todo, recuperando valores tales como el Amor, la Inteligencia y la Voluntad en perfecto equilibrio.

La primera y terrible opción está en marcha, está ocurriendo ahora mismo, aunque hay un pequeño porcentaje de la población bien informada, en parte por el boca a boca, pero en la mayor parte gracias a Internet (sistema de comunicación que no estaba en los planes de los gobernantes del mundo). Sin embargo, la mayoría de la masa, como buena parte de la informada mediante foros de internet, tiene una "*infoxicación*", es decir una *intoxicación informativa*, porque una parte de los datos son erróneos. Si bien Internet nos permite la interacción a niveles que a veces logran eco, como la movilización 15M (15 de Mayo 2011 en Madrid), las redes sociales no permiten a un ciudadano destacar algo importante, a la vez que también el sistema intoxica con información falsa, ya de modo específico, intencionado, ya de modo espontáneo por las creencias de los usuarios, con exageraciones, contradicciones, teorías absurdas o incompletas, etc.

Los gobiernos nos están poniendo, con pretexto de la seguridad y la lucha contra la delincuencia y el terrorismo, cámaras por todas partes, policías y ejércitos, controles humillantes y paranoicos en aeropuertos, estaciones de trenes y autobuses. Es evidente que nada de esto ha mermado la delincuencia y no sólo no ha combatido el terrorismo, sino que lo alienta, lo alimenta y es justamente, un terrorismo en sí mismo, convirtiéndonos en "sospechosos" a todos por igual, incluyendo a niños, que suelen sufrir toqueteos por parte de los empleados en los aeropuertos. Cualquier ciudadano es ante todo, sospechoso de ser terrorista, pero la violación de la intimidad de las personas, la sensación de estar en una gran cárcel, creará -tarde o temprano- reacciones antisistema cada vez más violentas. Ello aumentaría la represión, hasta que la sociedad se disuelva como tal en una nueva y brutal revolución. Pero esta alternativa terrible tiene aspectos más terribles aún, según se observa en los movimientos del "ajedrez mundial", pues el Plan de Genocidio Global para control demográfico ha alcanzado cumbres tecnológicas inimaginables décadas atrás. Y ahí está la parte más desesperante…

El Plan de Genocidio contempla la posibilidad de dejar viva a menos de una décima parte de la Humanidad, a fin de hacer un paraíso para la sinarquía directiva, pero con esclavos suficientes para continuar su "*modus vivendi*".

La otra opción, la Ecologénica, sólo podrá realizarse mediante el despertar de consciencia de una "masa crítica", de millones de personas comprometidas con la vida, con el mundo y con las generaciones futuras. Y que esta mentalidad "evolucionaría", no meramente "revolucionaria", abarque a los policías, a los militares, a los agentes de inteligencia… Ellos también son madres, padres, hijos, hermanos, esposos y esposas. Pero son casi todos, por ahora, "armas humanas" apenas conscientes, al servicio de los refinados esclavistas de las finanzas, aunque un "ministro-capataz" les dirija y mande a apalear manifestantes o a masacrar gente en otros países. ¿Qué se puede hacer al respecto? Muy fácil: Organizar Asambleas de Ciudadanos en tu barrio; instrúyeles sobre la Ecologenia, conversen sobre la realidad, incluyan y comprometan a los policías y militares a actuar sólo a favor de los ciudadanos, a no cumplir órdenes que atenten contra su propia **conciencia personal**, como atacar a ciudadanos pacíficos o disolver manifestaciones pacíficas y Asambleas de Ciudadanos. En ese sentido, el Movimiento 15 M y "Democracia Real Ya" consiguieron, el 27 de Mayo de 2011 en Barcelona, que la policía tuviera que abandonar su cometido de disolución, (tras seis horas de apaleos a los jóvenes), y que luego hubiera más gente aún, tomando la plaza Catalunya. Unos pocos tecnócratas y financieros no podrán contra una masa de Ciudadanos Conscientes e Instruidos en política que saben lo que no quieren, pero también saben lo que SI quieren. La única forma de librarnos de la esclavitud tecnológicamente apoyada, es haciendo que las masas sean **partícipes de la política** en vez que meras espectadoras.

D) En el aspecto religioso: He ahí uno de los más peligrosos escollos para llevar a buen puerto el Plan Ecologénico, porque los fanáticos religiosos (dirigentes y dirigidos) son intolerantes en todos lados. En algunos casos, la religión forma parte del Estado y ahí las cosas son más difíciles. Los ecologenistas pueden ser cualquier religión, pero jamás deben las ideas religiosas mezclarse con la finalidad política. Los líderes ecologenistas deben ser necesariamente laicos en la práctica, aunque tengan una fe, porque de lo contrario involucrarán tarde o temprano sus tendencias fanáticas y/o sus compromisos con los poderes religiosos. Sólo el hombre laico, libre de fanatismos es capaz de comprender los aspectos profundos de la espiritualidad real, así como respetar a todas las personas, cualquiera sea su religión. No deberá nunca ser una "ley" pero sí una formalidad de buena educación, evitar en las Asambleas de Ciudadanos toda muestra personal de la propia tendencia religiosa. Puede que en los países musulmanes esto sea más difícil, pero tampoco es imposible. Sólo cabe la recomendación para ellos que se atengan a los objetivos políticos de las Asambleas de Ciudadanos, dejando a un lado a los intereses religiosos. Ninguna madre verdaderamente amante de sus hijos los quiere en un frente de combate, a menos que su país sea invadido.

ETICA NACIONAL ECOLOGÉNICA

Demás está decir que la Ecologenia es manifiestamente contraria al envío de tropas de un país hacia otro, a menos que su propio Gobierno Ecologénico lo solicite con anuencia del Poder Asambleario del Pueblo, ya sea para labores de rescate, ayuda ante catástrofes o invasiones de países no Ecologénicos contra un país Ecologénico que solicite ayuda.

La ética de la Nación es en cualquier caso, el producto promedio de la ética del conjunto de sus ciudadanos. Las Naciones existen como resultado de un espíritu colectivo, que puede tener sus divisiones, diferenciaciones, pero obedecen a una secuencia histórica, a un cúmulo de valores adquiridos durante esa secuencia. El patriotismo es el sentimiento de compromiso del Ciudadano para con su Nación, lo cual no es óbice para que el hombre sea, a la vez que patriota, "ciudadano del mundo". Pero esta "ciudadanía del mundo" será utópica mientras el hombre sea una mera pieza de ajedrez en el tablero del esclavismo monetario global.

La única razón para pervertir el sentido del patriotismo como se ha hecho, de manera que los Ciudadanos terminan despreciando y hasta odiando su bandera y los símbolos patrios, es el espíritu globalizador de los apátridas gobernantes de las finanzas. Ellos son también grandes idealistas, pero su idealismo es el poder global, el sometimiento -indirecto por ahora y directo después- de todas las masas del planeta. Son gente sin Amor ni Respeto por el individuo, juegan a ser dioses en un mundo de miseria y mortandad; destruyen con su artera genialidad, todos los valores espirituales, ocultan y/o desvirtúan los valores esotéricos de las religiones, implantan tendencias musicales y las modas con factores subliminales, polarizan a las masas con cualquier pretexto (deportes, discusiones vacuas sobre si tal o cual ley es buena, programas de televisión idiotizantes, etc.).

La política es una ciencia, pero su aparente complejidad es -como en la economía- producto del cúmulo de aberraciones psicológicas creadas en la sociedad e innatas en los políticos que sirven a los más aberrados aún señores de la economía. La política del mercado es una política "complicada", más que compleja y los *genios de la política*" (tanto los buenos como los malos) son en realidad personas a las que no se ha engañado con la terminología falsa y absurda, contradictoria y distorsionada con que se engaña al pueblo. Es complicada la política del mercado, pero no lo es la política natural. Es complicada la dinerocracia porque necesita producir esclavos, pueblos ignorantes, activistas confundidos, fanáticos, guerreros en dos bandos opuestos que se maten mutuamente, en vez de atacar como ciudadanos a sus verdaderos opresores. Es complicada la mentira, pero no es complicada la verdad.

La política del mercado es totalmente loca, está diseñada por delirantes de poder, por ello es el colmo de la complejidad, del no llegar nunca a un acuerdo, de no alcanzar lo racional, lo justo, lo realmente bueno para todos. En cambio la *verdadera política* es sencilla, puede entenderla todo el mundo y puede -¡ y debe !- practicarla todo el mundo.

Es normal que se hable de "política ecologénica" como algo relacionado exclusivamente a la política o la economía, pero la ecologenia es más que eso, pues es una forma de vida que abarca mucho más. El aspecto político de la Ecologenia debería llamarse "política natural", pero ya muchos lectores del libro "Ecologenia" que se han comunicado con el autor, hablan de *política ecológénica* y es imposible ya revertir la tendencia de los términos. Por otro lado, en muchas naciones habrá que crear -paradójicamente- Partidos Ecologénicos para que la ciudadanía alcance el poder pacíficamente, evitando "reacciones legales" por parte de los actuales sátrapas del Gobierno Económico Mundial. Si ello sirve para sentar las bases de un movimiento político que lleve a la Humanidad a vivir ecologénicamente, pues bienvenido sea el nuevo "Partido Ecologénico" en cada país.

Pero no tiene sentido crear partidos Ecologénicos en Venezuela, Ecuador, Bolivia o Cuba mientras existan los actuales gobernantes, sino que los ecologenistas allí deben apoyarlos, ayudarles para acentuar el proceso de cambio y mejoras que estos líderes impulsan, ya que claramente son líderes asamblearios, que se fundamentan en la acción y conciencia popular y están ya realizando el primer paso de la Ecologenia, aunque le llamen Revolución Bolivariana: Desterrar a los parásitos del "neoliberalismo", que es un eufemismo de "oligarquía financiera globalista". Si no consiguen hacer más, será por la desidia y pereza de la gente o porque hayan caído en las trampas de la "oposición" partidocrática.

Sin embargo no debe suponerse que la Ecologenia es una tendencia de derechas ni de izquierdas, ni de centro ni de arriba ni abajo. Es justamente la antítesis de toda esa parafernalia politicoide creada por los artífices del mercado, aunque en principio, para iniciar el proceso de transformación local primero y global como resultado, es preciso que los ecologenistas que se incorporen al Movimiento, creen partidos e involucren a personas no comprometidas con los extremistas de izquierdas y derechas. No basta con abolir el "bipartidismo", sino el "partidismo" en sí. Paradójicamente habrá que crear Partidos Ecologénicos, pero finalmente se trata de convertir el sistema en Asambleario, aboliendo la partidocracia en todas sus infectadas e infecciosas variantes.

Como la antítesis real de la política ecologénica, se podría en todo caso poner a la política del mercado, el neoliberalismo y a su terrible instrumento: el Dinero en manos privadas. No es posible que exista una "Ecologenia de derechas" ni una de izquierdas, porque abarca todo el espectro de valores humanos desde un punto de vista espiritual, emocional, mental y físico, aunque rescate en la filosofía y en la práctica, las mejores ideas de ambos extremos.

La base de la Ecologenia es la aplicación de la Doc-Trina (Conocimiento de los Tres) que son el **Ser**, la **Conciencia** y la **Voluntad**, que son aspectos inherentes a todo individuo y se manifiestan respectivamente como *Amor, Inteligencia y Poder.* Estos tres elementos no son mera filosofía y de su equilibrio, tanto en el individuo como en la sociedad, dependen la *Libertad*, la *Seguridad*, la *Alegría* y la *Felicidad.* De estos cuatro pilares depende la *Supervivencia*. Otros aspectos como riqueza, armonía, etc., se unen como causales o como efectuales para producir la Supervivencia. Si faltan esos factores, falla la supervivencia porque se termina esclavo y finalmente muerto; se termina en la inseguridad y por ende en el temor, o sea que se cae también en cualquier forma de esclavitud. Sin alegría y felicidad se producen y se aumenta la influencia de engramas psicológicos, que derivan en psicosomatosis y ésta causa más del setenta por ciento de las enfermedades y predispone para el treinta por ciento restante.

De modo que la ECOLOGENIA es opuesta a MERCADO y al DINERO, aunque en su primera etapa el comercio continúe con normalidad local y globalmente, y el dinero siga existiendo en manos de los Estados, no de los bancos privados. No se caerá la industria por revolucionar el mundo hacia una política ecologénica, no se alterarán los circuitos de distribución de recursos y bienes, ni se producirá ninguna crisis, ni se acentuarán las existentes.

Justamente las "crisis" son provocadas para manipularnos, para mantener a raya a las masas y someterlas mediante el dinero faltante, la deuda. Aunque en principio y para establecerse como forma de vida, deberá seguir existiendo el dinero como medio de intercambio y funcionamiento de la sociedad, buscando por todos los medios quitar en primer lugar la usura al mismo tiempo que quitar de la conciencia humana el dinero como finalidad, y la creencia de que es el instrumento sin el cual no es posible vivir, crecer, progresar y trascender.

Para que la "utopía" llegue a realizarse, es preciso eliminar en primer término las lacras residuales, primero en la política y luego en lo privado: Esto quiere decir que primero hay que acabar con la corrupción económica en la política, cosa para la cual no hace falta inventar más leyes de las que hay. Sobran recursos legales para ello y a lo sumo habrá que quitar o adaptar leyes. La formación de Asambleas de Ciudadanos, sobre las que hablaremos un poco más en éste, ha de ser el instrumento principal para el inicio de la transformación política y social que sin duda llevará al rescate real de la sociedad humana.

El cambio climático es ciertamente un factor actual muy preocupante, aunque hay más mentiras que verdades en las informaciones oficiales; pero ninguna medida que se tome, ningún acuerdo internacional que pueda lograrse bajo la dictadura del dinero, será de beneficio para los habitantes del mundo, sino una trampa política más. Ni siquiera habrá parches temporales. La opción genocida del exterminio selectivo y disimulado que ya está en marcha mediante las fumigaciones globales (chemtrails), puede que aniquile a la mitad o más de la población mundial, y eso es mucho más preocupante para todos que los cambios del clima. Pero peor aún lo es para quienes sobrevivan a pesar de todo, si la dinerocracia consigue sus propósitos, porque los microchips harán que los que queden vivos sean muchísimo más esclavos, muchísimo menos pensantes y muchísimo más mediocres en toda actividad, que el hombre de principios de s. XXI. La nanotecnología tiene recursos de control poblacional que ya están en marcha y si la masa no se entera es porque no le interesa, porque le cuesta creer. En realidad, porque se aterroriza ante la posible realidad.

Las ARMAS ESCALARES, como el HAARP, de las que hablamos brevemente en el anterior libro, han mostrado en estos años sus terribles alcances, haciéndose patente que tanto el tsunami que afectó a Indonesia, como el terremoto de Haití, el de Chile y recientemente el de Japón, fueron provocados con esta tecnología. Abunda información seria y testimonios en internet, lo que jamás se verá en los medios comerciales y oficiales. Todos estos desastres tuvieron epicentros a diez kilómetros bajo el mar, con impulso de las aguas y las ondas sísmicas dirigidas vectorialmente de manera que jamás puede hacerlo la Naturaleza. Dejamos ahora a los Lectores el dato para que continúen su investigación personal, mientras nos vamos en este libro a la Ecologenia Local, porque de nada sirve saber lo que ocurre globalmente si no pasamos a la acción localmente.

CAPÍTULO II

ECOLOGENIA LOCAL, PASO A PASO

Alvin Toffler, excelente "futurólogo", dijo hace décadas: *"La sociedad moderna deberá comenzar a actuar responsablemente en lo local, con miras a lo global. Pensar globalmente y actuar localmente será la única solución".* **Pero hay antecedentes más antiguos del concepto:** *"Pensemos en Roma, pero hagamos en Mesia"* **(Cónsul Manio Laberio Máximo a 90 d.C.) y un consejo de Sócrates a Hiparco de Tracia:** *"Piensa en el bien de Grecia, pero haz en Antípolis lo que debas hacer".*

El primer paso, recién expuesto, es decir la creación de la Asamblea de Ciudadanos, es el que permitirá a la masa social, entre otras cosas: 1) Controlar las cuentas públicas, 2) pedir rendición de oposiciones (test de idoneidad) a los funcionarios y políticos, 3) proponer proyectos, 4) Aceptar o rechazar los planes de gobierno, desde los de infraestructura y recursos hasta los de normativas, con lo cual se podrá impedir la ejecución de planes corruptos, decretos municipales absurdos, concesiones ilícitas, etc., y podrá denunciar ante le justicia lo que corresponda haciendo "causa social". 5) Podrá aceptar o rechazar los sueldos de los concejales y alcaldes (o como se llame a la autoridad local inmediata). 6) Podrá peticionar acciones de alcance provincial o nacional de manera efectiva, y en acuerdos con otras Asambleas de Ciudadanos.7) Podrá tratar todos los asuntos que impliquen necesidad de solución y ayuda mutua entre ciudadanos, moderar o mediar entre empresas y Estado o entre empresas y ciudadanos, suprimiendo la lacra de los sindicatos, corruptos en la dinerocracia e innecesarios en la Ecologenia. 8) Generar microeconomías independientes o semi-independientes.

No ha de entenderse que la Asamblea constituye un "gobierno paralelo", sino la esencia misma del Gobierno, una constante vigilancia política de los estamentos mayores, en la que nunca jamás ningún miembro podrá participar sólo por cobrar un sueldo, ni manifestar tendencia partidista. Ninguna Asamblea -siendo que participan en ellas la totalidad de los Ciudadanos, ha de consentir que alguien siga cobrando sueldo una vez abandonado un cargo político.

Los impedidos de participar con voto en las Asambleas de Ciudadanos, pero habilitados a participar con voz, son los funcionarios públicos, políticos con cargos públicos y sus familiares en primer grado (hijos, pareja, hermanos y padres) y empresarios que tengan relación o contratos con el Estado. Mientras sea necesario el dinero, las Asambleas podrán depurar sus bancos expulsando a cualquier persona de la que pueda demostrarse que tiene compromisos económicos con el Estado.

Estas Asambleas de Ciudadanos necesitan tener calidad legal como Institución, cosa difícil o imposible de conseguir mientras gobiernos extremistas (de derechas o de izquierdas) y más difícil aún cuando se trate de corporaciones corruptas en el poder local. De modo que se hace necesario que los ciudadanos conscientes y dispuestos a llevar a cabo el Plan de Ecologenia, formen un "partido político". La experiencia ha demostrado que no sirve intentar rescatar partidos minoritarios, porque hasta ellos están corruptos en todas partes. En cierta forma, algunos países arábigos que tienen tradición tribal, tienen instituciones similares a la Asamblea. No les resultará difícil adaptar estar ideas, sin perjuicio de sus respetables costumbres, religión y tradiciones.

TRANSFORMACIÓN ECONÓMICA LOCAL Y GLOBAL

El segundo paso es la puesta en marcha del sistema Asambleario, la eliminación de la usura y la nacionalización de la banca, que debe volver a ser un servicio, no un negocio. Con ello se acaba el baldón de las hipotecas y muchas otras causas de tragedias sociales. Con ello se acaba el desempleo, porque los empresarios pueden progresar. Y se acaban los "déficits del Estado" que se deben al endeudamiento de éstos frente a bancos privados, y en algunos Estados, especialmente europeos, estamos apreciando el colmo del descaro en la corrupción con los *rescates a la banca*", es decir que de nuestros impuestos se saca dinero para darle a los bancos, para que a su vez éstos nos lo presten con usura.

La Asamblea Nacional podrá funda un Bancos Nacional Único, que haga funcionar las microeconomías, pero cuyos fondos serán formados por ahorros legítimos de empresarios locales y sus préstamos serán con interés cero, en función de la economía independiente. Lo que no ha dado hasta ahora buenos resultados, es el paso que ya han dado algunos grupos catalanes, ingleses y alemanes, de hacer monedas de circulación interna. Los resultados han sido los lógicos, gracias a los supuestos altruistas ideólogos encomendados por los servicios secretos de la banca para hacer "proyectos fallidos de antemano".

Si se emite moneda local, las complicaciones son muchísimas, pero si se continúa con la moneda nacional corrientes, cambiando sólo los "factores mínimos" (los más importantes) como eliminar la usura y la corrupción, eso permitirá el desarrollo de la microempresa y de la autogestión personal, es decir la infinidad de labores y oficios que un individuo puede llevar adelante como autónomo. Este desarrollo se facilitará quitando a esta modalidad de trabajo, todas las cargas impositivas. Los ingresos de los estamentos locales, sólo derivarán de los impuestos de empresas extranjeras que ocupen espacio físico. Una ciudadanía sin impuestos (absurdos en un Estado que maneja el dinero), puede producir obras magníficas, dando expansión a la creatividad en todos los ámbitos.

Estas y más ideas podrán ser perfeccionadas y ejecutadas sólo mediante la formación legalizada e institucionalizada de Asambleas de Ciudadanos.

ALGUNOS DETALLES DE LA DINEROCRACIA

Leemos en el Apocalipsis de San Juan una alegoría sobre que el Dragón entrega su trono a la Bestia, y si tomamos esas escrituras con criterio antropológico, parecen el esbozo de un plan político a muy largo plazo, en el cual China (o la Raza Amarilla) sería el Dragón, y la Bestia sería el capitalismo. De hecho, la simbología de la dinerocracia es bien clara y veamos algunos ejemplos:

VI: Es *seis* en latín.

S: Corresponde a *seis* en griego.
A: En la lengua de los caldeos corresponde también al valor numérico *seis*.

Este plan político creado hace casi dos milenios por los sionistas de Constantino, ha sido sin duda basado en la numerología mística que se aplica hasta hoy.

"Y la casa de la Bestia tendrá forma de cruz quebrada..." dice la indicación simbólica disfrazada de "profecía" en algunos apócrifos. La bolsa de valores de Bruselas tiene justamente esa forma, y en ella se encuentra "la Bestia", que así se llama a la computadora que digita el código internacional de barras.

"Y hacía que a todos, pequeños y grandes, ricos y pobres, libres y esclavos, se les pusiese una marca en la mano derecha, o en la frente y que ninguno pudiese comprar ni vender, sino el que tuviese la marca o el nombre de la bestia, o el número de su nombre. Aquí hay sabiduría. El que tiene entendimiento, cuente el

número de la bestia, pues es número de hombre y de
nombre. Y su número es seiscientos sesenta y seis."
Apocalipsis 13:18

El código de barras comenzó a utilizarse como exigencia mundial cuando la cantidad de cifras implicaba alcanzó a 13 (los doce números más el primero, fuera de las barras, que corresponde a la región global de origen del producto).

Como este libro no está destinado a desentrañar la enormidad de datos que tenemos sobre cómo operan los "dueños del mundo", sus cabalistas, sus tecnólogos y las organizaciones que componen el cono de poder, pasamos a considerar algunos asuntos a tener en cuenta a la hora de poner el Plan Ecologénico en marcha, sobre el que se describen los pasos más adelante.

LA MENTE DEL HOMBRE MEDIOCRE

(Con aporte estadístico de J. D. M. Antropología Americana)

El hombre mediocre es básicamente el hombre incapaz de contribuir con su influencia al mejoramiento social, político, espiritual e intelectual de la sociedad, y que incluso estorba todo desarrollo benéfico. Se diría que es el hombre sin ideales, pero también hay idealistas mediocres. No escapa a la mediocridad el idealista que no tiene Voluntad para matar o morir por su ideal de Libertad, porque cree que una vida de esclavitud vale más que su Libertad. Ya puede imaginarse cuánto le importará la Libertad de los demás. El hombre sin Amor es definitivamente mediocre, aunque sea el amo del mundo. Hará un mundo mediocre, un mundo esclavo, sufriente, nada realmente "ideal". El hombre sin Inteligencia -o sea el que no la usa, porque salvo los dementes fisiológicos nadie carece de Inteligencia- es mediocre.

El grado de mediocridad es inversamente proporcional al equilibrio entre su Amor, su Inteligencia y su Voluntad. En el hombre con ideales, la mediocridad también es inversamente proporcional a su tenacidad para sostenerlos. En todos los hombres, la mediocridad es directamente proporcional a su egoísmo. Sin embargo sigue siendo difícil hallar alguien que escape a la mediocridad en algún sentido, aún teniendo grandes virtudes, capacidad inventiva, creatividad y un montón de dones, porque la sociedad -y/o sus instituciones- ha moldeado las mentes en un marco de constante aberración psicológica. Así las cosas, la mediocridad es prácticamente el sello común de todo mortal, excepto de aquellos que estén dispuestos a perderlo todo por sus ideales, pero que son capaces de cambiarlos o perfeccionarlos sin fanatismos para el bien de toda la Humanidad. El hombre que escapa a la mediocridad ha aprendido a decir "no se" y a pedir perdón, pero rarísima vez debe pedirlo, porque piensa muy bien antes de decir o hacer, pero siempre hace lo que dice y lo que piensa.

La línea de realización que lleva el hombre trascendente (que no es mediocre), es *sentir, pensar, decir y hacer* coherentes, en una misma línea. El hombre mediocre padece aberraciones psicológicas y siente sin tener claro qué es lo que siente; piensa en función de sus aberraciones y a veces ni siquiera piensa. Entonces dice cualquier tontería y finalmente hace cualquier cosa. No se sabe si hará lo que dice, no se sabe si hará lo que piensa, o simplemente hará lo que le dicten sus aberraciones psicológicas en cualquier momento. El problema es por una parte, que no sabe la sociedad lo que el mediocre hará. Pero también es parte del problema que no lo sabe el propio individuo.

Todo el mundo debe escapar de la mediocridad en cuanto le sea posible; hacerse una terapia de meditación tan simple como tomarse una hora diaria para preguntarse "Quién soy", "De dónde vengo", "Qué hago aquí" (o "para qué estoy aquí") sería el primer paso para liberarse de gran parte de la aberración psicológica y aumentar su potencial intelectual y sus condicionamientos, sus irracionalidades. Pero el que quiera ocupar un puesto político ecologenista no puede ser mediocre, no debe serlo, no tiene derecho a ser mediocre. El destino, la salud, la educación, la seguridad, la evolución, el desarrollo y por lo tanto la Felicidad de los ciudadanos, dependen del verdadero político. Si tiene alguna medida de mediocridad, si no está dispuesto a luchar hasta la muerte propia o ajena por este ideal, será mejor que deje sitio a otro y colabore hasta donde le sea posible. La Ecologenia necesita líderes. Sin liderazgo el sistema Asambleario sería una anarquía. Por lo tanto los Ciudadanos deben aprender a reconocer a los verdaderos líderes, que son por un lado lo contrario al mediocre, por otro lado, un ejemplo de *ética*. Es mil veces preferible el *hombre ético*, al capaz, al genio o al valiente. Pero el político ecologenista ha de tener ética, inteligencia, valentía y -lo que hace a la mayor diferencia con los mediocres- un Amor absoluto e incondicional a la Humanidad.

Como se verá más adelante en detalle, la política demiúrgica, esclavista, de egoísmo mercantil, tiránica (disimulada o no), es muy compleja y escapa por completo al entendimiento incluso de personas con coeficientes intelectuales altos, así que es completamente inaccesible para quienes tienen escasa capacidad de subjetivación o con aberraciones psicológicas (inclusive en niveles de aberración considerados "normales"). Es como intentar desatar el Nudo Gordiano, creado justamente para ser engaño y absurdo.

En cambio, la política Ecologénica es simple, abierta, no existe secretismo alguno, no hay "secretos de Estado", ya se trate de órdenes ejecutivas, asuntos judiciales o científicos. Sólo caben algunas excepciones en asuntos penales que los Jueces pueden manejar sin ninguna complicación, haciendo uso de la discreción, mientras la Asamblea no exija su ventilación pública. Donde pueden caber más excepciones, es en el ámbito militar, siempre que exista un posible enemigo. Pero cuando se pone en práctica, tiende a elevar considerablemente el coeficiente intelectual de la sociedad.

Sin embargo, la comprensión masiva de la Ecologenia requiere de la actividad decidida de las personas que escapan al molde de la normalidad, los creativos culturales, los rebeldes, los comprometidos socialmente, funcionarios conocedores de los vericuetos políticos, los espiritualistas no fanáticos, los jueces (los que llevan la Justicia como verdadera vocación) y los científicos, porque llevar adelante el Plan Global de Ecologenia tiene un problema muchísimo más grave que enfrentarse con los poderosos de la dinerocracia: El enfrentamiento con la mente mediocre de la mayor parte de la masa humana, a la que hay que convertir en participante activa de su destino. Despertarla y sacarla de la mediocridad es el gran desafío.

Un político chino de mitad de s. XIX, decía en *"Tratado Político de Gente y Territorio"* que ***"...la humanidad es evidentemente subnormal y su extinción es inexorable, porque piensa más con los genitales que con el cerebro"***.

En gran medida eso es cierto, aunque no al modo freudiano del concepto. Entendiendo aquello en el contexto correcto y completo, se refería no sólo a la pasión sexual, sino al poderoso instinto de reproducción y los problemas que esto causa en la demografía. Ya venía China con problemas demográficos desde hace mil años en algunas regiones y sus gobernantes han sido muy variados en métodos. Algunos en extremo genocidas, dejaban que la población se multiplicase para tener buenas tandas de "carne de cañón", otros -casi ecologénicos- optaron por educar a la gente, manteniendo niveles de población adecuados para el desarrollo pero sin perjuicio del medio ambiente. A principios del siglo XIX surgieron algunas leyes muy concretas al respecto, pero suaves, manteniendo el espíritu didáctico por sobre el represivo, pero a principios del siglo XX, con la República falseada (sólo tomó el nombre, no el Espíritu Republicano), estas leyes se tornaron tiránicas al descuidarse el factor educacional. El comunismo de Mao, muy específico y diferente del ruso o el cubano, acentuó la represión por encima de la didáctica. Hoy en día. Merced a la dineralización de la sociedad china, el descuido es casi total y las políticas de control de natalidad se han reblandecido. Mejor por no haber represión, peor por no haber educación. Los ciudadanos lo festejan pero la realidad demográfica ya está pasando factura. La actitud política china -caída en la mediocridad intelectual tan común en toda la dinerocracia- apunta ahora a alentar la emigración, la dispersión de la raza, al tiempo que una especie de "torniquete económico", tendiente a producir la despoblación parcial y selectiva del propio territorio.

Implantar la Ecologenia en Occidente será tarea muy dura para los líderes, dado lo complejo del proceso que se requiere para la educación correcta de la ciudadanía, que implica además del profundo cambio en todas las asignaturas, de una terapia psicológica colectiva. En ese sentido, la Psicología Trascendental ofrece las mejores alternativas y los líderes que deseen cambiar el mundo deberán primero cambiar ellos mismos, eliminar sus propias aberraciones, depurar sus propios campos emocionales. Con ello lograrán aumentar enormemente su capacidad intelectual, pero también obtener puntos de vista y sabiduría, del que los mejores políticos tienen hoy sólo un vago atisbo.

Los libros de Psicología Trascendental pueden conseguirse fácilmente, y será bueno que los líderes lo hagan antes que -como ocurre con todos los escritos- sean adulterados por los servicios de la dinerocracia.

Las mentes mediocres no pueden vislumbrar fácilmente el horizonte de la Ecologenia, pero a aquellos que pueden comprenderlo les resulta difícil creer que sea posible. Ese es el problema de la mediocridad como engrama, como tara psicológica que adolecen incluso personas muy inteligentes La mayor parte de la clase trabajadora mundial apenas tiene tiempo a pensar, porque la esclavitud de lo cotidiano la tiene suficientemente preocupada en "sus asuntos" (supervivencia económica), pero las castas profesionales tienen en realidad el mismo problema. Aunque cuenten con un coeficiente mental algo superior, padecen la misma mediocridad ya sea por el condicionamiento educativo o por el sólo hecho de que al estar un poco mejor posicionados, se conforman con la diferencia, se sienten "afortunados" de tener todo lo que tienen, sin darse cuenta que son simplemente, esclavos con más privilegios, temerosos siempre de perderlos. Igual "saben" lo que les enseñaron, no lo que comprobaron o lo que dedujeron (salvo en lo específico de sus profesiones); igual compran y venden; igual viven para pagar y esa es -siempre igual- su mayor preocupación y su mayor "orgullo" ante las clases más desfavorecidas.

El hombre mediocre no gana dinero para vivir, sino que vive para ganar dinero. Carece de Ideales y le sobran deseos y ensoñaciones fatuas. Sólo imagina un mundo mejor para sí mismo y se desvive por ello, pero no comprende que un mundo mejor para sí mismo sólo puede haberlo si es magnífico para todos. El hombre mediocre no es el que presentan en los cursos de venta como el ejemplo de cómo no se debe ser, para poder vender más, sino que los realmente mediocres son aquellos que sólo viven para la venta y la compra sin ningún límite ético. Pero eso nada tiene que ver con tener mucho o poco. Este espécimen -hoy por hoy el más abundante en todo el mundo- se encuentra en todos los estratos sociales, desde el mísero trabajador que apenas vive para alimentarse malamente y alimentar a su familia, hasta los más ricos banqueros. Si se desea buscar hombres completamente ajenos a esta penosa clasificación, hay que buscarlos entre los científicos, filósofos, técnicos e ingenieros, donde el porcentaje de hombres trascendentes (no mediocres) ronda el cinco por ciento. Curiosamente, un índice así se encuentra también en las cárceles, donde el no mediocre suele caer por inadaptación al sistema y desvío o errores en las deducciones que hace de su papel en la vida y su relación con la sociedad a la que no siente pertenecer.

Entre los médicos, el porcentaje que escapa a la mediocridad psicológica e intelectual es -curiosa y tristemente- penoso, rondando el 1,5 por mil, según los estudios globales de psicoantropología de 1983 (USA, Australia, Europa y buena parte de Sudamérica). Esto se debe a que la mayor parte de la casta médica es empleada directa o indirecta, de la industria de la farmacopea y muy dineralizada, a diferencia de los médicos cubanos, chinos y rusos (Rusos de antes de la Perestroika), que además de estudiar medicina por vocación seriamente constatada por el Estado, tienen tales exigencias académicas y de servicio, que dicha vocación se lleva a la excelencia y se mantiene, o se abandona rotundamente.

La mediocridad medida con una serie de parámetros demasiado larga y compleja para desarrollar en este libro, puede tratarse como todas las psicopatías y educación especial. Aunque sea el producto más común de las diversas psicopatías, la mediocridad es el menos detectado por los psicólogos y el más utilizado por los líderes de la dinerocracia. Es un factor de especial cuidado para el político ecologénico, ya que primero deberá luchar contra ella en si mismo y luego con la mediocridad de la masa, sobre todo si lleva a cabo el Plan A -que veremos luego-, pero después deberá trabajar con el mismo cuidado para derrotarla en las aulas, en la educación colectiva (propaganda) y en los consultorios psicológicos.

El político Ecologénico debe hablar constantemente a su pueblo, debe enseñarle, debe estar junto con él en todo momento, es un sacerdocio y el más alto, pues servir a todos es el honor más grande que puede tener un hombre, a la vez que la mayor de las responsabilidades. De él depende que el científico mejore la vida en vez de hacer terribles armas; de él depende -y no de los teóricos de la psicología- que la población esté psicológicamente sana. De él depende que el barrendero, el hortelano o el chófer tengan la misma felicidad y posibilidades de desarrollo que el científico, el Juez o él mismo.

El político ecologenista, aunque si es bueno la gente lo querrá siempre al frente, no buscará perpetuarse en el poder, sino preparar gran cantidad de maestros en el arte de gobernar. Eso es salir de la mediocridad. Un político así es quien finalmente deberá permanecer mucho tiempo gobernando, porque su pueblo sabrá reconocer su obra. Pero ésta se demostrará cuando deba abandonar por muerte, por vejez o por cansancio, cuando sus discípulos gobiernen mejor que él. Sacar de la mediocridad a los pueblos es la misión de los verdaderos políticos. La desdineralización de la consciencia colectiva es uno de los más grandes desafíos que hoy se plantean. Un desafío mayor que ir a la Luna (de verdad, no como el gran montaje de la NASA y Kubrick en 1969). Viajar por otros planetas no está al alcance de esta civilización *porque no se le permite*, pues medios técnicos y económicos no faltan. Pero dejaremos ese tema, que no podrá resolverse mientras no resolvamos los "problemas domésticos". Esta civilización nuestra contacta con los aborígenes aunque sean antropófagos, sólo por el deseo de ganar dinero, de explotar recursos, de crear mercados, no por razones humanitarias, aunque haya gran cantidad de heroicos voluntarios trabajando sin saberlo para los "intereses". Pero ninguna civilización normal, avanzada, querría contactar con la nuestra ni nos permitirían llevar el "modelo" dinerocrático a sus mundos, a menos que sean tan esclavistas como los que han moldeado este sistema.

La clasificación de "Hombre mediocre" sería algo muy general, mientras que el "*Homo mercatoris*" es un especie aparte, en el extremo de la mediocridad, que sólo vive para las finanzas, para ganar dinero, para llenarse de lujos sin tener unas horas diarias para dedicarse a una verdadera vocación (científica, artística o deportiva). Es la mediocridad en persona. Algunos de estos especímenes practican algún deporte o afición para mantenerse en buen estado; pertenecen a algún club de beneficencia para redimir un poco la conciencia y enaltecer su vanidad, y practican alguna religión para que Dios -en el caso que crean en su posible existencia- les perdone sus travesuras, pero lo cierto es que son pocos los que tienen algún ideal y más raros aún los que luchen por él. Sería muy recomendable para todo ciudadano darse una vueltecita por la bolsa de valores en plena actividad, para ver y sentir cómo actúa el espíritu de la mediocridad cuando se viste de avaricia y codicia. Para la mayor parte de los brókeres, es simplemente un trabajo muy duro, pero en realidad son parte del engranaje más aberrante que se ha inventado jamás. Junto con los casinos o un poco más, la bolsa es la principal fábrica de suicidios de adultos. Pero en forma menos visible para la masa ciudadana, es la causa de las hambrunas, de las guerras y otras modalidades de genocidio. Cierto es que operan detrás, ideales religiosos macabros, pero las religiones son sólo el pretexto en la mente de los dinerócratas. Su Dios es el dinero, porque él es el que les da poder sobre la masa, lujos casi ilimitados… Y una vida infernalmente mediocre, cuando les desnudamos un poco, especialmente si pierden parte de la fortuna.

José Ingenieros escribió el excelente libro "El Hombre Mediocre" que se consigue gratuitamente en internet, de modo que no abundaremos en el asunto, pero cabe para el ecologenista político, reflexionar mucho acerca de la psicología del mediocre, porque encontrará allí uno de los escollos más difíciles de sortear e incluso peligrosos, porque los hombres mediocres tienen traje de oveja, pero sacan garras y colmillos de lobo cuando se le tocan sus creencias. Se defienden como leones cuando se les hace ver sus vanidades, se pone en riesgo su prestigio social o cualquiera de lo que consideran sus "altos valores", aunque no saben diferenciar el valor moral (puramente social, convencional y condicionado) con el valor ético. No saben diferenciar su creencia religiosa de la sabiduría metafísica ni tienen idea de la diferencia entre ética y moralidad.

Globalmente hablando, el porcentaje humano que escaparía a la mediocridad es insignificante. Aunque los innovadores económicos sean alrededor del 5 % y los innovadores culturales ronden el 10 %, los innovadores éticos no superan el uno por mil. Pero debido a la naturaleza mental y ética de estos individuos, altamente solidarios, desinteresados de lo material, altruistas, entregados, serviciales, lo más habitual -lógico en una sociedad dineralista- es que apenas tengan recursos de supervivencia. Muy pocos consiguen un desarrollo económico que les permita hacer algo importante para la sociedad y tienen la falsa creencia de que ser rico es pecaminoso, o incongruente con sus ideales.

Aunque estos idealistas adormecidos no son usados por la dinerocracia habitualmente (salvo para repartir medicinas alopáticas, alimentos del mercado y la palabra del Señor donde no hace falta), hay que tener en cuenta a la hora de movilizarlos, que han creado -como buenos rebeldes-, condicionamientos propios y creencias propias (y por ello más fanáticas, si se quiere, pues al fin y al cabo, les ha costado no poca neurona crearlas). Si estos idealistas se han volcado al misticismo, su inutilidad como colaboradores políticos (o de cualquier orden) es absoluta y más vale al político ecologenista no contar con tales individuos para la política. No obstante, la especie idealista cuenta también con guerreros valientes y personas muy analíticas proclives a comprender la Ecologenia (o cualquier cosa razonable) en profundidad y hasta sean posiblemente quienes junto a la élite científica, los que deban mejorar la Ecologenia y sus planteos según el tipo de sociedad de la que deban partir en la práctica.

A pesar de lo pesimista que puede parecer el cuadro de situación psicoantropológica, los líderes ecologénicos no deben olvidar que ha sido la mediocridad intelectual y psicológica lo que los dinerócratas (y otros esclavistas anteriores) han usado contra los pueblos. La demagogia no es otra cosa que el uso de la imbecilidad, las taras psíquicas, las ensoñaciones, las fatuas creencias, el egoísmo, la poca inteligencia y todo lo que hace a la mediocridad del propio pueblo, para conducirlo como ganado donde se lo quiera llevar.

El ecologenista deberá hacer uso de gran ingenio y mucha meditación para no caer en la demagogia, pero deberá tener en cuenta que trabaja con el mismo material: La mente y las emociones de los ciudadanos. Por más clara que sea su palabra y su enseñanza, por más transparente que sea su función y aunque le apunten cámaras de televisión durante toda su jornada y hasta en la cama, siempre habrá mucho malandra esclavo de la dinerocracia calumniando y mucho idiota repitiendo las calumnias, cambiando de parecer y de voto cuando escucha lo que no es, por parte de los convincentes demagogos y desinformadores entrenados.

O sea que habrá que contar con una enorme masa de mediocridad generando no sólo "oposición", sino los ataques más violentos y ruines que ha recibido político alguno. Eso será señal de que ha tocado las fibras dolorosas de la dinerocracia y más vale que esté prevenido. Si resiste un decenio en las comunidades **mediatizadas** (que es como decir "*medio idiotizadas*" o bien "*idiotizadas por los medios*"), o un lustro en las comunidades más primitivas y naturales, habrá vencido, aunque ni por un segundo deba descuidar la guardia, porque habrá infiltraciones en las Asambleas, porque a veces serán más un nido de anarquistas que reales asamblearios, porque hasta que la educación ajuste las cosas, muchas Asambleas serán un nido de "demonios emocionales", más que una reunión de personas razonando. Se encontrará muchas veces con Asambleas hipnotizadas por hábiles oradores que convencerán a la multitud de la necesidad de "otro líder", desafiando por una falsa comprensión (por parte de los asamblearios) del sentido de la Asamblea y los derechos democráticos, intentando conducir a la masa nuevamente a la partidocracia, al endiosamiento de un líder auténtico o un líder prefabricado. Estos y otros muchos trucos usarán para pervertir el Espíritu Asambleario, Republicano y Ecologénico.

Ahí es donde el líder deberá enfrentarse siendo mejor orador, mejor didacta, tranquilo pero inflexible, vehemente en su expresión si es preciso, pero imperturbable en su interior. Ahí es donde el verdadero Líder Ecologénico se verá a sí mismo rindiendo examen ante la masa de Ciudadanos y sólo aprobará exitoso si habla desde el Corazón, con Profundo Amor, desde lo más profundo de sus convicciones logradas por consciencia, no por fanatismo alguno, o sea desde su Divina Inteligencia, que resonará por su claridad en la Inteligencia de todos los Ciudadanos. Allí es donde deberá mostrarse a sí mismo que es capaz de hablar con el Alma, manifestando su Voluntad Divina. Allí es donde la Voluntad del Pueblo habrá sido consumada en vez que consumida, porque el auténtico Líder estimula Voluntad de la gente. La diferencia entre un hábil y astuto charlatán que sabe orar bien y trabaja siguiendo arquetipos ruines, y un Líder Ecologénico, es que tras oír al primero la masa se revuelve, surge odiosa y violenta. Mientras que tras la oración del Líder auténtico la masa queda feliz, impulsada al trabajo, entusiasmada con el hacer constructivo, creativo. No queda en la falsa expectativa de la promesa política, sino en la firme determinación de poner en práctica las mejores cosas para sí, para la Nación y para el mundo entero.

Deberá estar alerta constante contra sus propias debilidades. El momento más peligroso para un político, es cuando ha consolidado el poder y se relaja. Si por un instante tiene la mínima idea de que es "el que manda", habrá violado con mente el ideal que representa y será bueno para él y para el Pueblo que se aterrorice, que medite y reconduzca su pensamiento. Si atisba un instante la intención de hacer algo sólo por "conservar el poder", en vez de "cumplir con el deber", será mejor que se estremezca, que lo declare y confiese ante su Asamblea para que ésta decida si le da una nueva oportunidad, dado el alto valor de su confesión. Igual, antes que se pervierta su persona y el Sistema Asambleario se lo saque por ineptitud, hará bien en renunciar si tuviera un nuevo "lapsus" de delirio de poder.

LA CONSECUCIÓN DEL PODER ECOLOGÉNICO

En la Ecologenia existen dos alternativas filosóficas y éticas, ambas lícitas, así como una tercera que es combinación de ambas; pero debe hacerse la elección correcta en cada caso, en cada idiosincrasia y también en cada situación, teniendo como consigna que sólo se obtiene poder *para obedecer al Pueblo y velar por él.*

Plan A) GOLPE DE ESTADO CIUDADANO: Se trata de arrancar desde principio con un cambio paradigmático total. Este caso sería válido en cuanto a efectos en los países que no llevan una línea de recuperación o cuando se encuentren en total pauperización, sin ningún referente, valor ni candidato válido en ningún partido político.

O sea que las situaciones extremas permitirían un cambio extremo más fácilmente. Los países centroamericanos, donde el 95 % de la riqueza y el poder está en manos del 0,02 % de los habitantes, son campos fértiles para la Ecologenia conseguida por cambio repentino, por movilización intensa y entusiasta de la sociedad. Aún así, las técnicas de movilización y convicción más claras y honestas, no deben carecer de perspicacia y comprensión por parte del ecologenista, al tratar con estas sociedades que adolecen de la polarización ideológica en partidos (tanto de futbol como de legislatura). En tales países, lo bueno que tienen es que parte de la clase profesional, con harta experiencia en la guerra y los males del capitalismo que aún padecen, tiene ya una propensión socialista de verdad.

Volviendo al Plan A en su forma esencial, el proceso sería más rápido para alcanzar el poder, pero lento en la consecución de la estabilidad del mismo. En Europa es más difícil llevar a cabo una movilización así, por lo sofisticado de las técnicas de control de masas, el control de los cuerpos policiales y militares compuestos por mercenarios, así como el control existente en las comunicaciones y la mediática. El 15 M, sin pérdida de su mérito histórico enorme, también nos ha servido para demostrar cuán fácil es la disolución e infiltración de los movimientos populares, a pesar de lo "chapucero" de algunas operaciones, utilizando colectivos minoritarios que una vez azuzados, actúan como disolvente de la idea principal de la movilización, creando una total confusión sin guía ni planes claros. Apenas ha servido a la masa para que algunos tomen algo de conciencia, pero más ha servido a los servicios de inteligencia del poder.

En cualquier caso, un movimiento ecologenista o cualquier movimiento que intente un golpe de Estado ciudadano, sólo hallará éxito si cuenta con un liderazgo claro, férreo, carismático y entregado, pero también una masa homogénea mayoritaria, que haya comprendido el Espíritu Republicano y Asambleario con suficiente profundidad, a la vez que esté dispuesto a sostenerlo por más palos y cargas policiales, tanques de guerra o lo que quieran usar los tiranos para amedrentar.

Plan B) CREACIÓN DE UN PARTIDO POLÍTICO:

Se debe llevar al Pueblo, al principio, usando las mismas técnicas que han usado los esclavistas, es decir aquella que los buenos oradores conocen, con algo de suspicacia, pero a diferencia de ellos, sin demagogia, con psicología de masas aplicada, para hacerle recuperar gradualmente su Dignidad, su auténtica Consciencia de Libertad y todos sus atributos éticos, morales y espirituales, produciendo así un cambio psicológico no demasiado drástico o traumático, pero sí rápido en función de tiempo. En este plan la cuestión está en alcanzar el poder con una bandera claramente ecologenista desde el principio, sin trucos demagógicos dentro de un partido, sin pasos intermedios -o al menos sin hacerlos largos- . Este plan es más propicio para países europeos y sus modelos americanos, donde sin duda habrá apoyo popular suficiente por parte de los estratos bajos y medios, que son muy numerosos en porcentaje. La mayor parte de la masa europea, a pesar de la mediatización, tiene una formación que le permite comprender las cuestiones de fondo sin tener que pasar por las miserias que puede observar en otros Pueblos. El plan B es aplicable donde -

aunque estén distorsionados-, hay factores arquetípicos sustentados por gran parte de la masa, como la realeza, y muy acendradas las ideas de la falsa democracia.

Hablamos de los gobiernos falsamente socialistas que duran un tiempo (unos años) y conservadores otro tiempo, que mantienen (o no) una monarquía "apenas influyente", pero emparentada con la Sinarquía Económica Mundial, a modo de veedores, empleados mayores que los presidentes; un parlamento repleto de parásitos que cambian constantemente las reglas de juego (las leyes) siempre a conveniencia de los amos de las finanzas, o cuyo máxima muestra de socialismo es subvencionar la desocupación laboral y algún que otro parche de forma. En esos países de falso socialismo el grado de estupidización colectiva es muy alto, a pesar de existir como dije antes, una masa capaz de comprender sin necesidad de agobios mayores: La capacidad de reacción social ya no parece estar ni en función de que se les quiten algunos vicios de conducta, engramas culturales y justamente con ello se hacen las pruebas metapolíticas para determinar su capacidad de reacción (se les prohíbe el alcohol y luego se les libera, se les prohíbe fumar y luego se les libera, etc....). Sin embargo la reacción al 15 M, y a pesar de haber sido contrarrestado y manipulado rápida y astutamente por los servicios de inteligencia de la dinerocracia, ha demostrado que hay cierta capacidad de reacción, afortunadamente pacífica todavía...

También sería posible y fructífero este cambio drástico que propone Ecologenia, pero dentro de la "legalidad" creada por los artífices de la partidocracia, cuando la sociedad aún conserva cierto nivel cultural y puede ver la diferencia y comprender la propuesta de fondo, porque cuenta con recursos alimentarios y posibilidades de subsistencia para sobrevivir al cambio, siempre y cuando a estas condiciones relativamente buenas, se sume un alto grado de agobio legislativo, opresión urbanística, amenazas de guerras o participación en ellas por parte del gobierno dinerócrata, sin provocación externa o peligro real inmediato. Esas son las condiciones que hacen más propicio el Plan B (Partido Político Ecologénico) y están dadas en casi toda Europa.

Por otra parte, hay que compensar la falta de apoyo económico para las campañas, con un trabajo y esfuerzo publicitario titánico, usando el "boca a boca", difundiendo los presentes escritos y los que fuera necesario crear. El mayor peligro de este plan, es que por atenerse a largos plazos cuando ha habido elecciones recientes, estaría su ascensión al poder ya sobre el borde del colapso del sistema, no en su "mecanismo financiero", que es mero instrumento de poder, sino en otros factores, como el desastre demográfico, las armas escalares que se están poniendo en marcha para el control poblacional por genocidio, y encima de todo ello, el hecho de que los servicios de inteligencia de la dinerocracia tendrán varios años para infiltrar, desvirtuar y hasta disolver el Partido Ecologénico, a menos que la "campaña política" se inicie de inmediato, aprovechando las brechas por ineptitud de los actuales gobiernos y disconformidad social, para aunar los planes A y B en un tercero "Plan C". Y es en extremo importante que para que este plan, el anterior o el que sigue, se forme un "proto-Estado" con su organización de propaganda y un servicio de inteligencia muy bien pulido, capaz de hacer contrainteligencia rápida y efectiva. No se trata de algo muy complejo cuando el aparato político se va formando con el mismo cuidado que lo hizo el enemigo dinerocrático: Mediante una sinarquía, o sea mediante el conocimiento personal de los integrantes que vayan a cumplir cargos o alguna función específica.

Plan C) *PARTIDO POLÍTICO Y COPAMIENTO CÍVICO*

Y esto es importantísimo: No debe ni considerar el político ecologenista, la posibilidad de utilizar como plataforma un partido minoritario ya existente. Deberá hacerlo con un partido que tenga masa suficiente y en lo posible de tendencia socialista. El autor ha probado con método científico, que en la partidocracia están todo degenerado y alejado de su carta fundamental. Así y todo, esa posibilidad se podría dar mejor en países pequeños, donde las comunidades indígenas conservan cierta unidad y han formado sus propios partidos. En tal caso, habrán de sumarse al Movimiento Ecologénico Mundial sincretizando sus símbolos con los de la Ecologenia. Así y todo, estudiemos un poco esa rara, difícil y casi excepcional alternativa:

Crear una bandera ecologenista nueva puede parecer un gasto de energía innecesario y estéril, pero no lo es cuando todo el pueblo está harto de lo que hay y ningún partido se salva de recriminaciones de todo tipo. En caso de llevar adelante un proyecto político por esta vía (pacífica pero revolucionaria de utilizar un partido ya existente), la oposición partidaria no será un problema porque la propuesta Ecologénica la arrasará, pero en principio los parásitos del *propio partido* harán una oposición brutal y -como es lógico- sucia y tramposa. Una vez alcanzado el poder dentro de dicho partido, el arranque de la obra ecologénica estará ganada en el noventa por ciento, pero conseguirla será el verdadero desafío. De modo que si el ecologenista es ya un político en funciones, podrá hacerlo, conoce los lobos de su bosque y sus artimañas, pero lo más importante es que "pertenece" -al menos en apariencia- a un partido. Cambiar luego todo el sentido dentro de ese partido hacia una dirección ecologénica y conservando la línea recta, es tema de estrategia pura y dura. Esta alternativa sólo podría realizarla un genio de la política, que además, cuente con un grupo ecologenista bien nutrido.

Puede decirse que un pueblo donde la mayoría de las personas que se supone "propietarias" quedan hipotecadas de por vida para tener un techo, o no pueden construir sobrándoles terreno, o no pueden sufragar los impuestos de sus propiedades, es un pueblo muy mediocre, con poca capacidad de reacción y movilización en su propia defensa. Sin embargo los títeres de los dinerócratas reúnen unos cuántos miles y hasta millones en sus manifestaciones de bandería y partido, tal como los sindicalistas lo hacen, unificando a todos los bandos cuando les interesa conseguir del *gobierno visible* algún parche social previamente acordado. En este tipo de sociedad -ni pobre ni rica pero amenazada por la pauperización global- puede que deba aplicarse el Plan C), que sería una mezcla de factores del A y el B. Quizá este Plan C sea el menos riesgoso pero estaría condenado al fracaso si sus líderes no tienen las ideas perfectamente claras de cómo manejarse con la masa y frente a ella, y -sobre todo- de cómo manejarse a sí mismos. La intuición es muy importante para el político Ecologénico, pero en caso de aplicar este "plan combinado", deberá tener en claro cuál será el Plan Directriz para alcanzar el poder, y cuál para poner en marcha la Ecologenia. No deberá engañar al Pueblo ni a sí mismo, pero deberá engañar a sus rivales (los dinerócratas) y sencillamente poner en práctica la Ecologenia cuando llegue el momento oportuno.

No será un golpe de Estado propiamente dicho, porque se tratará de que un **Partido Legalmente Constituido**, ante la inoperancia y daño cívico que causan las situaciones propias de la dinerocracia, pueda -y deba- tomar las riendas del Gobierno si lo apoya una aplastante mayoría de Ciudadanos, mediante elecciones anticipadas. Quizá en la mayor parte de los países americanos que son supuestamente democráticos, esta opción C sea la más adecuada y factible. Como en política *"nada es imposible"*, hasta podría ser una solución en la mayoría de los países, pero esperar que un político de la partidocracia, cuyo cerebro está recalcitrado en mañas y vicios del sistema, tenga la valentía de actuar ecologénicamente, es casi una esperanza mesiánica.

Si un día un candidato ya muy cercano a las elecciones dijese que abolirá la usura, que nacionalizará la banca y organizará el trabajo vocacional, ganaría las elecciones por más de un noventa y dos por ciento de los votos. Otra cosa es que viva para hacerlo y que realmente desee hacerlo.

ELIMINANDO LA DINEROCRACIA Paso a paso:

1) Comprensión del proceso.

2) Ejecución primaria.

3) Ejecución secundaria. Modelo de Constitución.

4) Ideas y Recomendaciones.

(En Econogenia, más adelante, se amplía el tema)

1) Comprensión del Proceso

Sería imposible arreglar nada en este mundo, si nos mantenemos en la idea de que los poderosos realmente lo son y nada es posible contra ellos, y si no comprendemos que todos los problemas de la actual humanidad, incluyendo la catástrofe demográfica tiene únicamente tres causas:

1) El delirio de poder de un grupo de enfermos mentales cuya aberración se viene transmitiendo por formación (algo así como "educación") desde hace siglos.

2) Un único instrumento que les ha servido para alcanzar ese poder y conservarlo: El dinero. De poco vale atacar a sus títeres llamados gobernantes, agentes de bolsa o empleados financieros. De nada sirve atacar a la derecha o a la izquierda, ni discutir si en realidad son seres humanos degenerados o reptiles mimetizados, si son "grises" o si realmente existe o no un Belcebú que les gobierna a ellos.

3) La psicología retorcida de la humanidad. Este retorcimiento es un cúmulo gigantesco de diferencias burdas, incoherencias y creencias impuestas en una labor de siglos, cuyos factores comunes son **odios, miedos y vicios**, astutamente aprovechados por los delirantes de poder.

Sin duda, el odio y el miedo son las primeras calamidades que es preciso erradicar, porque sin odios, los Pueblos pueden comprender quién es el verdadero enemigo. Y sin miedo no puede haber esclavos ni esclavismos. Odios y miedos deben desaparecer de la conciencia de toda persona que desee un mundo mejor. En la parte práctica externa, de interacción política, si se cambia la regla de juego más importante, se acaba el poder de los criminales que gobiernan en la sombra. Y esa regla de juego es el uso del dinero. Si sólo se cambia la regla de la usura, se habrá roto el dominio en una buena parte. Si se destruye el sistema financiero mundial, generando economías autosuficientes, nacionales, se habrán roto más de la mitad de las cadenas.

Las valientes campañas de los ecologistas, las obras de caridad, las protestas callejeras, los millones de blogs y foros de internet y todo lo que hacen los activistas que quieren arreglar el mundo en alguna medida, son meros palos de ciegos en la mayoría de los casos; en unos pocos casos, parches que duran el lapso de una agonía y tan eficaces como los rezos del hipócrita. Pocas son las obras y blogs que ayudan a esclarecer la mente de los ciudadanos. Eso en el mejor de los casos, porque la mayor parte de esas campañas ecologistas y humanitarias están -sin saberlo los altruistas voluntarios- orientadas a un mayor entretenimiento de la fuerza solidaria, a un mayor control de las poblaciones marginales, a mejorar algunas situaciones locales en los países donde la sinarquía económica ha fijado metas demandantes de mano de obra barata, a una mayor expansión de los mercados, a generar dependencias y necesidades de consumo donde no las había…

Las ONG siempre han sido formadas en su base por personas altruistas, intentando poner freno a los desastres naturales o los causados por la civilización; sin embargo hoy no existe ninguna ONG que no sea usada políticamente por los artífices del sistema. Su sola actividad, mediante la publicidad y pedidos de colaboración, tiende a culpabilizar a los ciudadanos que viven con cierta dignidad, sobre la miseria, el hambre, la falta de agua y los desastres en todo el mundo. Algunos bancos también usan -y muy redituablemente para ellos- la solidaridad de la gente que cree que apadrinando un niño, donando algún dinero o participando en cualquier colecta, realmente mejora el mundo. De ese modo sólo se gastan los mejores gestos en prolongar agonías, en emparchar cosas que sólo pueden arreglarse encarando soluciones de fondo y no de mera forma.

El dinero es la droga maldita del cuerpo social y al igual que con el drogadicto, hay que purificar su sangre, no quitársela de una vez. No es posible erradicar el uso del dinero de la noche a la mañana. Pero la usura es el aumento de la dependencia, restricción del recurso económico y provocación cíclica del síndrome de carencia para tener al cuerpo social sometido. En el ejemplo bioquímico equivale a un aumento constante de la dosis a la vez que se provoca cada cierto tiempo la carencia y su desesperante síndrome. No se puede quitar de un golpe el suministro de droga en el adicto porque moriría, sino que hay que ir reemplazándola gradualmente.

La Ecologenia propone una terapia social terminante en cuanto a la abolición de la usura, como primer paso. Luego el dinero irá siendo reemplazado por el valor trabajo, medido en H/h, es decir "Hora hombre".

Los dinerócratas no tienen más poder que el que les demos. Si se lo damos todo (y todos), pues tienen todo el poder; si se lo quitamos, simplemente dejarán de ser poderosos. El cómo hacerlo, es el meollo de la cuestión y el primer paso -y fundamental- económico es la abolición de la banca privada, de toda forma de usura y toda forma de "impuesto". Sin el trasiego de energía abstracta que representa el dinero, la parasitosis se acaba. El Estado crea sólo el dinero necesario para mantener la actividad productiva y distribución de bienes y servicios. Dinero que -al igual que en la dinerocracia- no necesita tener "patrón oro", sino Patrón Trabajo. Funcionará como sangre nueva para el sistema Nacional, pero sin el veneno de la usura. La Casa de la Moneda ha de ser como una médula ósea produciendo los elementos de la sangre (el dinero emitido por ella), pero sin chuparle energía a todas las células del cuerpo, sin quitarle activo y circulante como hace la dinerocracia, con lo que esa "bestia" consigue mantener a las células esclavas. El dinero Ecologénico no será más que un instrumento en manos del Estado y el Estado en manos de los Ciudadanos. Si no se ha entendido eso, no se ha entendido la esencia de la Democracia, ni el Espíritu Republicano, que ha dado a los Pueblos sus mejores momentos históricos y sus mejores oportunidades, hoy pisoteadas por no haber aprendido las lecciones históricas de los métodos de los esclavistas para abolir las Repúblicas y crear "republiquetas" representativas y sometidas.

También es importante considerar -para comprender que el proceso de desdineralización de la sociedad es posible- cómo se ha formado la dependencia, que no sólo ha sido mediante la mera actividad de los bancos, sino con el recurso de la literatura, la falsificación de la educación y la mediática toda, Desde hace unos 17 siglos -y más intensamente en los dos últimos- se ha falseado la historia e incluso la ciencia-ficción hasta el colmo de lo ridículo. Ya explicamos en "Ecologenia", sobre la verdadera forma de la economía en los imperios antiguos, pero conviene dar un repaso a lo que modernamente nos presentan: No hay película, libro de historia, novela y hasta documentales supuestamente serios, que no metan el dinero como aspecto fundamental de la vida, como que sin él no sería posible una sociedad, aunque los personajes viajen por el Universo en naves fantásticas o a lomos de dinosaurios.

Cualquier cosa puede ser creíble, simbólica, alegórica, posible, pero pareciera que no es posible concebir una sociedad humana ni humanoide, que no use dinero. Hasta en películas basadas en la mitología de los pueblos más antiguos, aparece el dinero. Es como si antes de inventar siquiera la rueda o descubrir los usos del fuego, el hombre ya hubiera inventado el dinero para poder interactuar socialmente... Es imperiosamente necesario crear conciencia social contra este envenenamiento de las ideas.

2) EJECUCIÓN PRIMARIA

Una vez formado el Partido Ecologénico, aún no teniendo escaños ni representación alguna más que las Asambleas Partidarias, se debe exigir a los gobernantes con toda urgencia y por todos los medios, la nacionalización de la banca, la eliminación de toda entidad financiera privada, aunque es como pedirle al ladrón que confiese y devuelva lo robado. Sólo la claridad del discurso, en boca de líderes auténticos, hará posible que el Estado Nacional se convierta en Ecologénico e inmediatamente de lograr la ciudadanía recuperar su voz y voto, ha de romper todo compromiso con otros Estados que no tengan la misma intención de servir a los ciudadanos, romper unilateralmente con los gobiernos que sirven a la sinarquía financiera en vez que a quienes se supone que les han elegido para que se les *gobierne* coherentemente, no para que *sometan* al pueblo en nombre de intereses apátridas y genocidas. Además, el propio concepto de Estado debe revertirse. No debe ser el Estado quien gobierna a los Ciudadanos, sino exactamente al contrario. ¡ Los Ciudadanos deben gobernar al Estado !.. El Estado es el barco, el Capitán lo dirige hacia donde lo manda el Patrón. Los funcionarios, desde los primeros Delegado hasta el Presidente, son empleados obedientes al mandato popular. El Estado es como un envase, una ropa, pero el contenido precioso, lo importante en él, son los Ciudadanos, que desde el primero al último, lo forman todos sin otra excepción que los delincuentes probados y los traidores a la Patria.

No es posible exigir al gobierno partidocrático, dinerocrático una medida contra sus amos, no es "nuestro gobierno", sino los sátrapas de los poderosos internacionales, no importa que les hayamos votado en la esperanza de algún gesto de honestidad, tengan careta socialista, comunista, nacionalista, democrática, progresista, o lo que sea. Un gobierno que mantiene y no renuncia a la usura interna e internacional, es simplemente traidor a su pueblo. Merece ser derrocado y reemplazado por un gobierno ecologénico. En este sentido, se comenzó a formar hace unos años, un núcleo político internacional con unas pocas decenas de personas que se contactaban por internet, que en dos meses formó una plataforma de más de dos mil. Pero las cosas no estaban claras en objetivos por parte de algunos y además se fundamentó en los problemas de la República Argentina, sin tener en cuenta todos los factores de la problemática global. Ese movimiento se llamó MUS (Movimiento de Unificación Solidaria) y aún podría usarse ese nombre como herramienta publicitaria y de acción educativa, o sea una plataforma política internacional que a modo escuela vaya preparando líderes para la Ecologenia.

Los pasos de la Ejecución Primaria están en este Plan Político:

PLAN POLÍTICO DEL MOVIMIENTO ECOLOGENIA
FORMA DE CONSTUIR EL ESTADO ASAMBLEARIO, REPUBLICANO Y ECOLOGÉNICO

PRIMERO: Difusión y concientización de la ciudadanía.

Mediante las redes sociales, con los libros ECOLOGENIA, éste y otros documentos en primer término y los blogs y webs que la Primera Asamblea Constituyente Ecologénica determine como medios más adecuados, mediante volantes impresos, radios FM locales, etc . Es imperativo que en adelante, la política se haga *ad honorem*, o en los casos que corresponda, con sueldos mínimos y jamás vuelva a estar en manos de interesados económicos. Aquellos políticos que la Asamblea designe, si lo considera propicio y necesario, por no contar un Delegado o un funcionario con recursos económicos y disponer todo su tiempo para la función, podrá asignarle un sueldo, que nunca será mayor que el promedio de los sueldos de obreros, y facilitar sus viajes y estadías moderadas (sin lujos y sin cubrir "gastos extras"). El sueldo de un obrero en una Nación Ecologénica establecida, funcionando con normalidad y con una economía sin usura ni corrupción, ha de ser más que suficiente para sustentar una familia con suma dignidad e incluso prosperidad y ahorro particular.

SEGUNDO: Formación de Asambleas.

La Ciudadanía debe ser dirigente de su propio destino, mediante Asambleas en cada núcleo de población, manteniendo aproximadamente las jurisdicciones actuales. Esta Asamblea se compondrá siempre por una Comisión Directiva de **nueve personas** allí mismo elegidas, que serán Presidente, Vicepresidente, Secretario (de actas), Tesorero y cinco Vocales.

En esta formación, los pueblos hallarán a los primeros líderes auténticos, que jamás vivirán de la política, sino para ella con absoluta entrega. Debe contar con tal número mayoritario de habitantes, que pueda desplazar completamente a las autoridades elegidas por el sistema pseudodemocrático de partidos. Cuando esta mayoría lo apruebe, podrán permanecer en sus cargos los gestores que se encuentren, pero en adelante cada acción de gobierno local deberá ser consensuada por la Asamblea, que deberá ser convocada semanalmente, para que TODOS los ciudadanos puedan opinar y debatir, para finalmente votar las mejores propuestas, que pueden surgir de cualquier asistente. Es imperativo que la propia Asamblea designe una pequeña Comisión Censal, con el registro correspondiente para que no pueda intervenir nadie que no sea vecino radicado y conocido del propio núcleo poblacional. Así mismo la Asamblea de Ciudadanos es SOBERANA en su jurisdicción, de modo que puede designar un Cuerpo de Seguridad circunstancial o fijo, para evitar "debúnkers", infiltrados, camorristas, etc. En los Ayuntamientos densamente poblados, como las grandes ciudades, podrán constituirse Asambleas Menores en cada barrio, de modo que la Asamblea de la Ciudad, esté formada por delegados de estas Asambleas Menores. No obstante, en las Asambleas de la Ciudad puede -y debe- participar todo ciudadano de la misma, con el mismo derecho que en la Asamblea Menor de su barrio, y con un mismo valor de voto que sus Delegados.

Las Asambleas de Primer Orden (municipales), designarán un máximo de TRES Delegados) por cada 50.000 a 100.000 habitantes, destinados a representar en la *Asamblea de Segundo Orden* (Provincial, por ejemplo, en los países de gran extensión y con Estamentos provinciales). A esta Asamblea de Segundo Orden pueden -y deben- asistir con voz y voto todos los habitantes de la Provincia que puedan apersonarse. Los Delegados tienen prioridad de palabra, pero su voto vale como el de cualquier Ciudadano. A su vez, esta Asamblea designará *Cinco Delegados* para representar en la *Asamblea Nacional*, la que también celebrará sus actos con cuantos Ciudadanos de la Nación deseen participar, ateniéndose a los votos de todos ellos. El tiempo ocupado en los discursos, discusiones y debates rendirá muchísimo más frutos que lo que pueda imaginar el Pueblo al principio. Porque no se trata de una "anarquía medio organizada" como se intentará hacer creer en el inicio. No asistirán a las Asambleas aquellos que no tengan nada importante que decir, ni ideas claras. Se producirá -como en los primeros tiempos del Senado de E.E.U.U. y en los primeros años de los recientemente formados países iberoamericanos, cuando aún eran democráticos-, un tamizado de líderes, de idealistas, quedando para hablar sólo los más capaces, rindiendo oposición ante el Pueblo. A pesar de ser los Estados americanos por la sinarquía económica, tuvieron que atenerse al Espíritu Republicano para permitir su constitución. Luego sería el momento de llevarlos a las trampas del dinero, pero si ellos son experimentados "metapolíticos" de milenaria estirpe, nosotros tenemos también la amarga experiencia a nuestro favor. Sabemos que las Asambleas con participación ciudadana son el único camino.

De este modo y a pesar de las reacciones represivas que sin duda pondrá en marcha la casta política partidocrática, las Asambleas deben mantenerse con absoluta firmeza, dispuesto cada Ciudadano a dar su vida por el Ideal de la Auténtica Democracia, que debe ser eminentemente **PARTICIPATIVA**, por sobre lo "representativo", pacíficamente cuando sea posible y ardientemente, con Voluntad de defender su Derecho a Gobernar y Gobernarse mediante el sistema de Asambleas de Ciudadanos, cualquiera sea el método que usen los esclavistas. Sólo así se reemplazará definitivamente la casta política de la partidocracia, quedando a disposición de los *Jueces de Asamblea*, quien intente reinstaurar esa aberración ética y lógica, antidemocrática y servil de los intereses económicos. Estos Jueces sólo se atendrán a las Leyes penales y civiles que cada Asamblea determine como adecuadas, evitándose solamente la Pena de Muerte o la tortura física, que no son concebibles en un Estado Asambleario, Republicano y Ecologénico; sin embargo se recomienda que cualquier intento de invalidar a la Asamblea de Ciudadanos, se considere como el delito de máxima gravedad, puesto que va contra la Voluntad Ciudadana generando todas las miserias del mundo.

A partir del momento de la constitución de cada Asamblea, en su jurisdicción quedan sin efecto y autoridad los jueces puestos en funciones durante la era partidocrática, sin embargo pueden -por la naturaleza de su función, estudios y criterios pulidos- volver a ocupar el cargo jurando Lealtad a la Asamblea, es decir a la ciudadanía, y no a los legisladores aberrados del sistema anterior. En dicho juramento se debe agregar la Acción de Criterio del Juez, que le dé al mismo, libertad para sentenciar por lógica, por *espíritu de la Ley*, y no por la letra muerta de la misma. Los cuadros militares y policiales que se encuentren en cada jurisdicción, deberán someterse enteramente a los designios de la Asamblea, jurar Lealtad a Ella y una vez establecido el Estado Asambleario, cuando y como la Asamblea Nacional lo determine, volverán a obedecer a sus respectivos mandos corporativos.

TERCERO: PRIMERAS ACCIONES DE LAS ASAMBLEAS:

1) Constituir el Cuadro Asambleario, formado por: Un Periodista, un Constructor, un Médico y un Juez, que acompañarán como asesores a los Delegados de Asamblea, a la vez que serán consejeros principales de la propia Asamblea. En las Asambleas Provinciales podrán formarse cuadros más nutridos, con científicos, educadores, etc., que ocuparán Ministerios, aparte de representar como Delegados (o asesores de éstos) en la **Asamblea Nacional.**

2) Convocar a los cuadros judiciales, militares, policiales y de funcionarios públicos, para comunicarles el cese de sus funciones, o si están dispuestos a servir de verdad a la Comunidad, mantener sus puestos tras *jurar Lealtad a la Ciudadanía*, renunciando a todo mandato que provenga de sus cuadros contra los Ciudadanos en acción Asamblearia. Al mismo tiempo, los Leales al sistema Asambleario se encargarán de dotación de armas e instruir en el uso de las mismas a la ciudadanía, organizándola para defenderse, defender a la Patria y -sobre todo- defender el *Derecho de Existencia de la Asamblea de Ciudadanos*.

3) Convocar a todos los periodistas, reporteros y empleados de los medios de comunicación, con el mismo objetivo de tomarles juramento de Lealtad a la Ciudadanía y designar Delegados de Periodismo (o asesores de éstos).

4) Suprimir localmente toda forma de usura, abolir las hipotecas y Nacionalizar la banca en su totalidad, confiscando todos los recursos económicos. El dinero es un instrumento del Estado al servicio de los Ciudadanos; no debe estar en manos privadas, no debe permitirse la usura, el agio y la especulación. Esto implica la abolición de facto de la Dinerocracia efectiva y apátrida que ha gobernado el mundo directa o indirectamente desde el año 326 D. de C. En un mundo que vive endeudado, hipotecado, amargado y deprimido por estas lacras, las reacciones de apoyo de la masa serán casi totales.

5) Abolir toda "tendencia política" de cualquier naturaleza. No se tome literalmente este refrán, pero que cale en las conciencias: "**Quien diga ser "de derecha" que se corte la mano izquierda. Quien diga ser "de izquierdas", que se corte la mano derecha**". La razón, la idea correcta ética y prácticamente, jamás está al completo en un extremo. Sólo el conjunto de Ciudadanos sin intereses personales ni "partidistas" puede hallar las mejores soluciones y encarar los mejores proyectos con éxito.

6) Libertad de religión. El Estado es laico y ninguna religión podrá ser subvencionada por él. Todas las religiones tienen cabida pero ninguna medrará material ni espiritualmente del Estado. Las costumbres religiosas que puedan afectar a la seguridad del resto de la ciudadanía serán analizadas por cada Asamblea, que dispondrá lo que debe hacerse en cada caso y comunicar mediante sus Delegados a las Asambleas mayores o a la Asamblea Nacional mediante el aparato Judicial. Estos asuntos nunca pasarán al área periodística antes de pasar por los estamentos judiciales.

7) La abolición impositiva. No existiendo una casta política parasitando la economía de los Ciudadanos, estando el dinero en manos del Estado, o sea de los Ciudadanos, como mero instrumento provisorio, se suspende definitivamente toda clase de expolio a la población, aboliendo desde las "multas", hasta el propio concepto de "impuesto", que sólo abonarán las empresas extranjeras, pero aún así, preferentemente en forma de bienes o servicios.

8) Regularización de las empresas privadas y estatales. Hasta que se afiance totalmente el sistema, las empresas privadas seguirán trabajando con el apoyo y respaldo de las Asambleas en todos los órdenes. Sin embargo sus cuentas serán fiscalizadas por veedores designados por la Asamblea. Esto y la eliminación de impuestos, permitirá mantener las industrias ya radicadas en el país y alentar a las propias y a las nuevas. Nunca los empresarios realmente creativos han tenido tan magnífica oportunidad de realizar sus sueños, libres de la lacra que ha representado desde hace siglos la economía usurera, especulativa y egoísta.

9) Abolir definitivamente el "Secreto de Estado" para los Ciudadanos. En el orden civil es inconcebible que existan secretos de Estado, salvo para con los extranjeros, delincuentes y personas con antecedentes de usura. En el orden militar puede haberlos por lógica, pero los Delegados Militares de cada Asamblea (incluyendo las Menores) tendrán acceso irrestricto a la información. No habrá para ellos "secreto de Estado", de modo que si algún secreto estratégico fuese factor de riesgo para la población, podrían comunicarlo a su Asamblea. Los avances científicos de aplicación militar serán los únicos existentes, siendo la Asamblea Nacional el órgano de administración de dichos secretos.

10) Militarización de la población: La población desarmada es fácil de engañar, de atacar y someter interna y/o externamente. La población armada y consciente es prácticamente invulnerable.

George Washington en 1794 escribió un edicto presidencial que decía *"La única manera de evitar las guerras y las tiranías, es armar a los pueblos y desarmar a los Estados"*. Abraham Lincoln lo suscribió públicamente en 1862. Si no existiesen esclavistas astutos, podríamos prescindir de las armas, pero el pacifismo (que no es lo mismo que "ser pacífico") es muchas veces el arma de ellos, para mantener a los pueblos incapaces de protegerse. Una vez desarrolladas tecnologías como la de Tesla y otros avances que hoy sólo poseen los servicios tecnológicos de los usureros globales, una vez realizado un plan de Educación Ecologénico, en que todos los ciudadanos sean más conscientes, que en vez de acumular datos como autómatas aprendan a *pensar por sí mismos*, las armas se harán innecesarias. Pero en principio, cada ciudadano debe ser un policía entrenado en el uso de las armas, dispuesto a matar o morir por defender su participación plena en las decisiones políticas, que equivale a su Libertad, la elección realmente democrática de su destino y de las futuras generaciones. La abolición de la dinerocracia, la orientación vocacional en la educación y todos los cambios propiciados por la Ecologenia, harán que sólo permanezcan en el ámbito de lo delictual o criminal, dos clases marginales: El delincuente patológico y el criminal político. Este último es peor que cualquier psicópata asesino, porque han sido siempre los criminales políticos que han impulsado a los ejércitos a asesinarse en guerras. No lo podrían haber hecho con las madres, ancianos y ciudadanía general armada), luego, con mucha "paz", promesas y engaños, las han sometido al hambre, injusticias sociales, miserias de toda clase, y han puesto al mundo en la actual situación de riesgo total, ocultando tecnologías liberadoras y facilitando industrias y recursos energéticos anti ecológicos, así como han propiciado -so pretexto de *democracia representativa* en vez de *participativa*- el embrutecimiento de la población respecto a la política.

Mientras se abolían los servicios militares patrióticos, (últimos bastiones de la ética Estado a pesar de sus defectos) se creaban los ejércitos de mercenarios monopolizadores de las armas, dispuestos a invadir cualquier país del mundo, por más remoto y desconocido que sea, así como se han extranjerizado sus cuadros para poder reprimir sin miramientos al país que los acoge. Los criminales políticos han ensuciado la idea de la política y astutamente han desarmado a los pueblos para que no puedan defenderse de sus fechorías, de sus inventos financieros. No se rendirán fácilmente y volverán a propiciar o realizar personalmente asesinatos (individuales y/o masivos) para restituir su corrupto sistema partidocrático, recuperando sus prebendas, sus lujos a costa de la esclavitud de los Ciudadanos. Por eso el Pueblo debe estar armado, alerta y dispuesto a defenderse. No será de extrañar que existan ataques exteriores, en caso de que algunos países con pueblos pusilánimes, opten por permanecer esclavos y dejar que envíen a sus mercenarios a invadir a los Estados Asamblearios. Pero ese riesgo es mucho menor que el de quedar en la absoluta miseria y esclavitud, cosa que ya está ocurriendo en la mayor parte del mundo.

PREGUNTAS Y RESPUESTAS AL PLAN

1.A PREGUNTA: ¿Quiere decir que el Estado controlará la información como en los países socialistas y comunistas?

RE: No, porque el periodismo no surgirá de la cabeza del Estado, sino de sus cimientos, de las Asambleas de Ciudadanos; ni tampoco se controlará como lo hace la Dinerocracia, mediante la polarización y la manipulación económica de los medios, sino con un sometimiento total de los medios de información a la Ley y a los designios de la Ciudadanía en todo lugar. Si un ciudadano miente y causa perjuicios a otro o a la sociedad, se lo juzga y se lo condena. ¿Por qué no habríamos de hacer lo mismo con los medios que desinforman, que calumnian, que ocultan información importante, que mienten y estupidizan a las masas con programas basura? No es cierto que la masa imponga sus gustos según *tendencias de mercado*. Las masas son manipuladas mediante una parte de ella, menos pensante, afectada por la maquinaria de la publicidad y el periodismo insano, que actúa como "cabecera" arrastrando al resto quiera o no quiera.

1.B ¿Entonces Periodista, Constructor, Médico y un Juez serán los profesionales que influyan todo en la sociedad, como si otras profesiones no fueran importantes?.

RE: Toda profesión es importante, pero estas cuatro representan los cuatro pilares básicos de la política: Información, Recursos, Salud y Justicia. Podría agregarse un Maestro o profesor, pues la educación es un quinto pilar y en cierta forma el primero, pero los periodistas son los principales y estratégicos educadores de la masa. De modo que el Maestro, el didacta, se incorpora en la Asamblea Provincial y no es imprescindible en la Asamblea Menor o en la Local (también llamada "de Primer Orden").

3.- PREGUNTA: ¿O sea que la Asamblea le dirá a los periodistas lo que deben decir?; ¿No es coartar totalmente la libertad de expresión?

RE: No, por el contrario, es poner en vigor el derecho a la información válida, con una Ley de Información muy simple, en la que la noticia no puede ser teórica, sino verazmente comprobada, o susceptible de investigación cuando no sea posible probarlo en forma directa. Así mismo la calumnia política o personal mediante cualquier medio podrá ser juzgada penalmente.

4.- PREGUNTA: ¿Entonces no habrá "ricos y pobres"?

RE: No. Sólo habrá ricos pero los perezosos, holgazanes y pusilánimes serán algo menos ricos. Esas características del pusilánime son normales -como los suicidios- y cada vez más abundantes en la juventud cuando no hay futuro a la vista, cuando los políticos mienten descaradamente o se la pasan discutiendo aberraciones, en vez de buscar soluciones reales y cuando la miseria comienza a temerse. La riqueza individual aumenta sólo en función de la capacidad de trabajo creativo, artístico, industrial, etc., del propio individuo. Podrán hacerse algo más ricos los productores, los científicos, los comerciantes, los artistas y cualquier trabajador destacado en cualquier ámbito, pero se acabó la parasitosis de los especuladores, los usureros y los esclavistas que viven de la astucia para aprovechar el trabajo ajeno. No se aumentará la riqueza individual sobre el promedio, sino por una gran colaboración en la producción de riqueza colectiva, ya sea económica, cultural, científica, etc.

La riqueza colectiva no puede ser una utopía y sólo cabe en las mentalidades obsoletas y mediocres. Ningún rico vive seguro, tranquilo ni bien en un mundo de miserables. No es posible que haya "pobres" en una Nación donde se valora y respeta el tiempo de trabajo de todos por igual. Imagínese que no tuviéramos que pagar guardias de seguridad, recaudadores de impuestos, ese ejército infernal de funcionarios que se crearon en el comunismo y en el capitalismo, respectivamente llamados "burócratas" y "agentes", pero finalmente viviendo todos como parásitos de la dinerocracia imperante en ambos sistemas. Imagine la fuerza de trabajo de un pueblo que apenas tendrá que mantener policías para servir, informar, atender emergencias, en vez que perseguir delincuentes. Imagínese una sociedad donde los chicos (y mayores) no necesiten ahogar en alcohol y drogas sus frustraciones básicas. Esas cosas no estarán "prohibidas" en el Estado Ecologénico, porque todos los líderes conscientes que hay en cualquier barrio, saben que la prohibición es la causa fundamental de la necesidad de consumo de lo que hace daño. Pero el abanico enorme de posibilidades creativas, estando al alcance de todos materialmente, hará desaparecer ese terrible deseo de evasión psicológica que promueve los vicios.

Y así, muchas cosas más que comprenderá al conocer el sistema Ecologénico y formar en su mente esa Humanidad sin pobres que alguna vez soñó todo el mundo. La pobreza es la hija de la esclavitud, productora a su vez de todas las lacras sociales.

5.- PREGUNTA: ¿O sea que en el Ecologenismo se prohíbe pensar de una manera opuesta a alguien, tener ideales de efecto social o de actividad privada, o todo lo que implica sentir y pensar de derechas o de izquierdas en la libertad natural de pensamiento?.

RE: Nada de eso. Se permite toda clase de ideas y de pensamientos, pero se discuten democráticamente en una Asamblea, donde cada uno puede exponer libremente sus pareceres, a la vez que respetuosamente tendrá que escuchar los pareceres contrarios, para encontrar la razón, la verdad, el equilibrio y el bien común, sin la enemistad del partidismo. En nuestra sociedad, la enemistad queda entre los ciudadanos, porque los corruptos han copado las instituciones y defienden sólo sus conveniencias de casta.

En la Asamblea -en todos los órdenes desde las de Barrio hasta la Nacional- impera la razón, el arte de la explicación coherente y clara, en vez que el "partidismo ideológico" en el que los pueblos se polarizan y destruyen internamente. ¿Es que las guerras civiles, especialmente la española no ha sido lección suficiente? La "actividad privada" a la se refiere como una forma de "pensar", sólo cabe en la mente de quien piensa lucrarse egoístamente del trabajo ajeno. Claro que existe la "actividad privada", y la "propiedad privada" en el Ecologenismo, pero no a costa de la miseria de los demás. Se permite pensar como quiera y expresarlo, e influir social y políticamente, pues de eso se trata, pero el sistema en si mismo no le permitirá dividir al Pueblo en "derechistas e izquierdistas", en "capitalistas y comunistas", en "conservadores y liberales", en "socialistas y populares", "peronistas y radicales" y toda esa clase de binomios aberrados creados muy a propósito por la banca privada internacional, cuya atrocidad de efectos está harto demostrada.

6.- PREGUNTA: ¿Cómo se encajarían las diferencias religiosas en un Estado Ecologénico? ¿Y los no religiosos como los masones, rosacruces, etc. Que tienen muchos secretos, qué papel juegan?

RE: Seguramente se puede uno preguntar cómo encajan las diferencias religiosas en un lugar como New York, donde ser musulmán es realmente peligroso y como mínimo muy incómodo. La mayoría de los musulmanes que viven en Estados Unidos (como los alemanes o japoneses durante la IIª Guerra Mundial), lo pasan realmente mal, a menos que sean los poquísimos que tienen grandes fortunas y viven casi al margen de la realidad de la vida. ¿Cómo vive un cristiano en un país islámico fanático? Creo que la pregunta correcta sería si un Estado Ecologénico puede tener cualquier religión; en ese caso la respuesta es afirmativa. Los musulmanes pueden crear Estados Ecologénicos, como los cristianos, o los judíos, o los budistas, o los sintoístas. La cuestión es que la religión no se mezcle con los asuntos de Estado, pues dicho Estado Ecologénico no está tomando decisiones en una "Casa Blanca", ni en la "Casa Rosada", sino en cada barrio, en cada distrito, en cada Provincia y finalmente las decisiones del Estado Mayor serán la suma promediante de las madres, de las abuelas, de las hijas... Y también de los varones, claro, pero... ¿Acaso habría ocurrido una guerra en la historia si las mujeres hubieran podido decidir en todas partes?.

Pues en el Estado Ecologénico es enemigo del "feminismo" como lo es del "machismo"; el Estado Ecologénico no lleva la voz varonil solamente, ni la voz femenina de las pocas mujeres que hoy empiezan a abundar en la política apátrida del neoliberalismo, que están ahí porque los más astutos varones las han dejado a propósito. Cuando en política manda tanto la mujer como el varón, pero hasta la última persona de la Nación con su voto en la Asamblea, no ocurre lo mismo que con las excepciones femeninas de la política partidocrática. En un Estado Ecologénico sería una líder de verdad, no manipulada por científicos del comportamiento que las llevan a los puesto que ocupan, aunque crean que ha sido sólo por sus méritos (que también). Un país islámico no hace semejantes aberraciones con las mujeres y menos si están embarazadas. Hacen otras barbaridades, pero si un país islámico se convierte al Ecologenismo, no necesitará en absoluto dejar de ser islámico. Lo que ocurrirá es que no mandará jóvenes a la guerra, porque otros Estados Ecologénicos no pensarán jamás en atacarles, invadirles ni robarles territorio; y si un país no Ecologénico les ataca, saldrá a defenderle toda la Comunidad Ecologénica. En los países y ciudades cosmopolitas, el Respeto imperante debido a la responsabilidad política compartida, evitará todo conflicto. Eso ya se ha experimentado históricamente en casi toda América, antes que el neoliberalismo pudriera las manzanas y el cajón.

La verdadera historia americana precolombina ha sido tergiversada lastimosamente ocultada en extremo, al igual que la de otras aparentemente más conocidas. Los imperios Inga (Inka), Chibcha, Maya, Azteca y Rojo, así como algunas naciones no alineadas políticamente con estos imperios, vivían en una armonía natural que muy raramente producía algunas rencillas, generalmente resueltas a la primera sangre. Estos "imperios", en realidad tenían gobiernos asamblearios y por eso duraron milenios, hasta que llegó la Gran Invasión. El autor no ha descubierto nada nuevo, sino adecuado a la modernidad la forma política natural de la Humanidad, extraída de la investigación histórica documentada, no filmada en Hollywood, ni escrita por historiadores parcializados.

Si bien la sinarquía económica propició la invasión de Europa sobre América, sus planes de dominio se demoraron casi tres siglos en algunos países, merced a que las nuevas patrias adoptaron sistemas Asamblearios, a pesar de estar sometidas a las coronas europeas. Luego un siglo más tras la creación de las nuevas Naciones, porque también se iniciaron con las Asambleas Constituyentes, que eran algo más "representativas" y menos "participativas" en pequeños asuntos, sólo por las grandes distancias, caminos impracticables donde el mejor vehículo era el caballo, dificultades de comunicación y barreras éstas que ya no existen. Se tardaba días, semanas o meses para que los delegados llegaran desde las provincias y otro tanto para que volvieran con las novedades. Así y todo, la democracia funcionaba como tal, más participativa que representativa en los asuntos más importantes.

Se cuidan muy bien de contarnos esa parte de la historia, reemplazándola por culebrones vergonzosos, incluso en los manuales de estudio. Los Templarios llegaron a América antes que Colón, sabiendo el gran paso que daría la sinarquía dinerocrática. Intentaron formar un Estado Templario Americano destinado a fortalecer mediante alianzas a los imperios aborígenes y advertirlos sobre el riesgo que corrían, y casi lo consiguen, pero mandaron a un prófugo de la justicia portuguesa, llamado Cristófolo Colombo -conocedor de la situación y esbirro de los banqueros- antes que pudiera lograrse. Me refiero a los auténticos Templarios, no a las peñas de disfrazados que luego surgieron por doquier, y algunas órdenes pseudotemplarias creadas por la sinarquía usurpando los símbolos y rituales.

Les recuerdo que las Carabelas de Colón llevaban las velas con cruces templarias por si tenían algún encontronazo con los verdaderos Templarios Americanos. Una parte de los Templarios, la masonería, sufrió la infiltración sionista desde 1730 y se produjo el brutal desmembramiento de los virreinatos, que deberían haber quedado como Naciones Asamblearias. Los Templarios (que ni fueron creados en 1118 ni extinguidos el 14 de marzo de 1314 en la hoguera) propiamente no fueron infiltrados por el sionismo, pero sí por la Iglesia Católica, que además de traicionarles en cohecho con la corona francesa, les ha perseguido siempre por enseñar cosas que no conviene a los papas y reyes ni a nadie de la sinarquía esclavista. Ambas Órdenes se convirtieron tanto en América como en Europa, en un campo de batalla de la "Guerra Kamamanásica", que significa guerra del Alma, guerra de ideas o arquetipos. En ambos bandos se encuentra la mejor gente del mundo, pero también la peor. Verá que los Illuminatis y otras organizaciones nefastas de la sinarquía, lamentablemente usan los símbolos de los Templarios, de la masonería y del rosacrucismo; símbolos sagrados, con alto valor científico, que les son impropios y que son justamente los de quienes a lo largo de la historia les han parado los pies, demorando sus planes de dominio global.

En una sociedad Ecologénica estas Órdenes Esotéricas podrían existir perfectamente, pero no necesitarían (ni se les permitiría) ser "secretas". Por el contrario, los auténticos masones (que quedan muy pocos) y auténticos Templarios estarían encantados de poder brindar abiertamente el Conocimiento que les ha costado sangre y hogueras conservar y mantener para las futuras generaciones. Hay reales Templarios cristianos, tanto como musulmanes, porque el esoterismo espiritual es común a ambas religiones, aunque la Iglesia ha tratado por todos los medios de mantenerlos en su órbita y control en Occidente. Así que en una comunidad Ecologénica la mejor gente de estas órdenes, que hoy se mantiene casi en el anonimato, ayudaría a resolver cualquier conflicto religioso que existiera en la ciudadanía. Se ocuparían de la Enseñanza Espiritual, que puede ser científicamente verificada, y que quien la recibe puede ver rápidamente la diferencia con los dogmas y creencias impuestas por los líderes religiosos, alejando a las religiones de los valores y conceptos que les dieron en su origen los Maestros y Profetas.

7.- PREGUNTA: Si no pagamos los impuestos ¿Cómo vamos sustentar la seguridad social, los médicos, los transportes públicos, las obras, etc.?.

RE: Volvemos a la incomprensión producida por la dicotomía *servicio público-servicio privado.*

El Estado que controla el dinero sin intervención de usureros privados, no tiene inconvenientes en pagar los servicios, realizar las obras, etc. Simplemente el Estado funciona como una Empresa, crea y controla el dinero como un mero instrumento administrativo. Dicha Empresa no está controlada como en el comunismo, por la plana mayor, sino "dirigida" por la plana mayor, pero con control de todos sus actos por toda la ciudadanía mediante las Asambleas. Estas no se forman sólo para modificar un sistema, sino también para apoyar, controlar y colaborar con el gobierno *participando en él*. Cada proyecto importante debe ser votado por toda la ciudadanía.

8.- PREGUNTA: ¿Cómo podrían funcionar las empresas privadas, que suministran la casi totalidad de bienes a la población, con una perspectiva en que lo privado puede desaparecer?

RE: En primer lugar no necesita desaparecer el sentido de "privado" en la empresa. El ochenta por ciento de las empresas en el sistema dinerocrático, desaparecen antes de un año de su inicio. Del restante 20 %, sólo sobreviven el 5 % a los cinco años. La mayoría terminan absorbidas por monopolios, por capitales mayores, y los creadores de esas empresas quedan "fuera de juego". En la Ecologenia, en el sistema asambleario, las empresas actuales y las que se crearán tendrán a su favor: 1) Falta codicia económica, con lo que sólo se iniciarán empresas a partir de auténticas vocaciones. 2) No estarán condenadas como la mitad de las que naufragan antes del primer año, por no poder afrontar los costos impositivos y la corrupción de los sindicatos; 3) No tendrán que pagar la usura bancaria. Con tales vientos a favor, tendrán infinitamente más posibilidades de éxito permanente. Sólo estarán condenadas al fracaso las que no fabriquen, elaboren o presten idóneamente su producto o servicio.

10.- PREGUNTA:

10 A) ¿Acaso no se viviría en constantes problemas por el uso de las armas en el medio privado, sobre todo por motivos pasionales?

RE: Cuba tiene a cada ciudadano debidamente armado y entrenado. ¿Has sabido de delitos pasionales que representen al menos algo significativo? Para cometer un delito pasional vale un hacha, un cuchillo, un palo o los propios dedos. El entrenamiento en el uso de armas por parte del Pueblo incluye la formación del espíritu de responsabilidad con las mismas. La criminalidad particular (ladrones, atracadores, etc.) aumenta en proporción directa a la incapacidad legal y material de los pueblos para defenderse, para colmo apañados por leyes que al momento de redactar esto, defienden al criminal más que a las víctimas en la mayoría de países. Los delincuentes y criminales *siempre* tienen armas, por más leyes que las prohíban. Los locos y los terroristas *siempre* las consiguen ¿Por qué no han de tenerlas los ciudadanos honestos?

10 B) ¿Se piensa en una revolución sangrienta como las que ha habido en la historia?

RE: No. Una revolución de consciencia es una "evolución", y tiene que ser pacífica. Tan pacífica como lo permitan los esclavistas. En este sentido y para que el Plan Ecologénico resulte pacífico, es preciso que se movilice la Humanidad, no sólo un país. En Iberoamérica la identidad idiomática facilitará las cosas, pero en Europa será preciso traducir a muchos idiomas estos libros, a fin de que la *evolución* asamblearia se haga simultáneamente en todos.

Hay nuevos paradigmas que muchos conocemos y vivimos conforme a ellos, pero es absurdo suponer que porque somos pacíficos y hablamos de Amor (no como mero sexo) y sentimos el espíritu de Fraternidad en la Unidad de todos los Seres con el Universo, vamos a quedarnos a merced de los que no tienen ni remotamente el mismo grado de consciencia, ni respeto, ni idealismo, ni escrúpulos para someternos en todo sentido.

El sistema de mercado no ha sido impuesto pacíficamente, sino por las armas, no ha sido "pacífico". Y los actuales esbirros llamados "gobiernos democráticos" han usado armas peores que la espada o las balas: Han usado la mentira, el engaño refinado al extremo en algunos casos, el falseamiento de la historia, los ataques de falsa bandera (con tres mil muertos, como en el 11S) y seguirán haciéndolo mientras no vuelva la Humanidad a la Política Natural, que es igual a las de las más primitivas e inocentes (que no ingenuas) tribus ancestrales:

Sin duda que habrá reacciones y hay que estar alertas. La nacionalización de las bancas supondrá una reacción inmediata de los banqueros globales. Eso ha causado las dos guerras mundiales y no tienen escrúpulos en producir una tercera. Pero hay que evitarlo. La única forma es mediante la difusión y puesta en práctica de la Política Asamblearia en todo el mundo. En nuestra época y situación sólo tenemos dos opciones: Volvemos a la Política Natural con las ventajas de la modernidad y la experiencia humana acumulada, o habrá que resignarse a vivir en una sociedad peor que la mítica orwelliana, esclava, cada vez más inconsciente y alejada del Ser

Humano. Además, sometidos al riesgo de genocidio global cuyos preliminares ya están en marcha,,,

Está en nuestras manos, en que cada uno haga según los dictados de su conciencia, renegando de su egoísmo, de sus "yoes psicológicos" empezando por los odios y los miedos, para finalmente vencer -en un paso más avanzado-hasta los vicios, que el mercado ha creado en cada ciudadano. La Evolución Asamblearia debe hacerse pacíficamente, pero no ingenuamente. Y sostenerla requerirá que el Pueblo esté preparado para defenderse. Creer que hay una Nueva Conciencia en la masa por motivos "cósmicos", astrológicos o por procesos automáticos, es una tontería más, alentada por los tecnócratas del comportamiento humano, aprovechando algunos factores evolutivos que sí son reales, pero que ellos apenas conocen como "teorías" y las usan para el engaño. La Nueva Consciencia sólo puede realizarse si los que la tenemos, obramos en consecuencia, si los lectores atisban aunque sea un poco el sentido de este libro y se comprometen con su conciencia, con sus padres, hermanos, hijos y amigos, a hacer lo que les corresponde.

ESQUEMA DEL SISTEMA ASAMBLEARIO

Como Asambleas Ciudadanas entendemos que son las Menores (de Barrio) y las municipales.

Estas forman con sus Delegados, la Asamblea Regional.

Luego las Asambleas Regionales envían sus Delegados a la Asamblea Provincial:

Y finalmente envían éstas sus Delegados a la Asamblea Nacional:

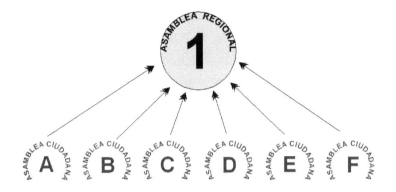

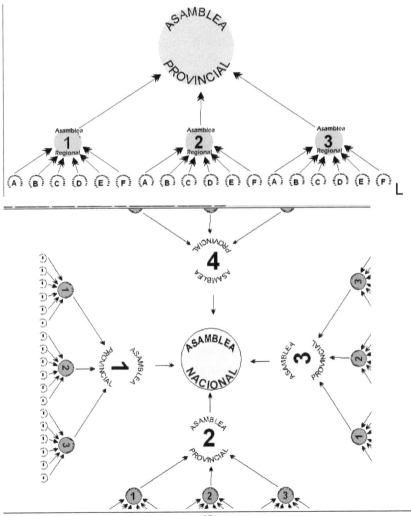

ALGUNAS CONSIDERACIONES BÁSICAS

El Presidente de la Asamblea Nacional y todos los funcionarios, permanecerán en sus cargos vitaliciamente, ya que no viven "*de*" la política sino **"*para*"** la política, como un sacerdocio con absoluta entrega a cumplir los mandatos del Pueblo, pudiendo ser removidos únicamente mediante proceso asambleario directo o inverso, es decir que quien incurriera en delitos contra la ciudadanía o ineptitud para el cargo, podrá ser removido por votaciones en todas las Asambleas, desde la Nacional hasta las Asambleas Provinciales o las Menores (de barrio). Lógicamente, la efervescencia popular que pudiera pedir el reemplazo de un funcionario, estaría harto fundada ya que habría generado un inconformismo claro y evidente en muy poco tiempo, sin posibilidad de ocultamientos y escabullidas como hacen los políticos partidistas. Así y todo, quien iniciase una moción de destitución deberá hacer una acusación formal y demostrar a la Asamblea su fundamento. Primero en su Asamblea Menor o Primaria, luego en las otras si prosperase su moción, sin perjuicio de intervención de los Tribunales, que al no estar sometidos por intereses económicos ni partidistas, tendrán mucha más facilidad para hacer justicia. De lo contrario, quien acusase sin fundamento a un político se atendría a los cargos por calumnia política, que son muy graves. No veríamos más la vergonzosa situación en que los Presidentes -o cualquier político- es denostado, ridiculizado por la "oposición", sin que pueda defenderse porque está hasta el cuello... de culpabilidad. Y sigue con sus actividades sonriendo, so pretexto demagógico de respetar la "libertad de opinión". Ningún ciudadano puede ser impunemente calumniado o ridiculizado en una sociedad Ecologénica. No lo permitiría su Asamblea ni las Leyes.

3) EJECUCIÓN SECUNDARIA.

Pasar a la acción generando las nuevas Asambleas, con la Constitución que sigue a continuación, como base política fundamental de la sociedad. Tras estudiar la constitución de cinco países y consultar ideas con una decena de abogados y otros tantos periodistas especializados en política, la conclusión es que todas ellas son aberrantes desde el punto de vista del concepto de democracia, con contradicciones en su mismo cuerpo y -por su misma naturaleza aberrada- utópicas en cuanto a generar sistemas realmente justos, libertad y otros conceptos que quedan como meras ensoñaciones en la práctica.

CONSTITUCIÓN ASAMBLEARIA, REPUBLICANA Y ECOLOGÉNICA
(EJEMPLO DE APLICACIÓN GLOBAL)

PREÁMBULO

La Nación deseando establecer la justicia, la libertad y la seguridad y promover el bien de cuantos la integran, en uso de su soberanía, proclama su voluntad de:

Garantizar la convivencia democrática dentro de la Constitución y de las leyes conforme a un orden económico y social justo, aboliendo definitivamente toda forma de esclavitud, especialmente la económica en lo material y la de desinformación en lo abstracto. Consolidar un Estado de Derecho que asegure el imperio de la Voluntad Popular mediante las Leyes que ésta dicte.

Instruir constantemente a los ciudadanos en la práctica Asamblearia integrándolo en la vida política como una obligación ética y moral, así como un derecho inalienable de todos y cada uno.

Estimular el desarrollo de la conciencia individual a la par que la grupal, nacional y mundial, en la razón de que el Ser Humano tiene como máximos valores el Amor, la Dignidad, la Lealtad consciente y la Libertad como efecto y objetivo básico de la Vida.

Proteger a todos los ciudadanos y pueblos de La Nación en el ejercicio de los derechos humanos, sus culturas y tradiciones, lenguas e instituciones. Promover el progreso de la cultura y de la economía para asegurar a todos una digna calidad de vida. Establecer una sociedad democrática avanzada, y colaborar en el fortalecimiento de unas relaciones pacíficas y de eficaz cooperación entre todos los pueblos de la Tierra.

En consecuencia, las Asambleas de Ciudadanos del Pueblo aprueban y ratifican la siguiente Constitución Asamblearia, Republicana y Ecologénica.

CONSTITUCIÓN NACIONAL

TÍTULO PRELIMINAR
ARTICULO 1
LA SOBERANÍA RESIDE EN EL PUEBLO

1. La Nación xxxx se constituye en un Estado Soberano Asambleario, Ecologénico, Republicano y Democrático, que propugna como valores superiores de su ordenamiento jurídico la libertad, la justicia, la igualdad ante la Ley y la participación plural y total de la ciudadanía en la política, con excepción de los ciudadanos que hayan ejercido cargos políticos durante la era de la tiranía dinerocrática y partidocrática. Quedan exceptuados de esta restricción los Alcaldes y Concejales de Ayuntamientos con menos de cien mil habitantes, que podrán ser promotores, convocantes e integrantes de las Asambleas Menores y Locales.

2. La soberanía nacional reside en el Pueblo, del que emanan los poderes del Estado tanto en la teoría como en la práctica.

3. La forma política del Estado es la Asamblearia, Republicana y Ecologénica.

4. El sentido ASAMBLEARIO corresponde a la Voluntad de los Pueblos de gobernarse a sí mismos, en vez de elegir quien les gobierne y decida por ellos. Para ello, se crean las Asambleas Menores (de barrio), Locales (Municipales) y Provinciales, a fin de transmitir jerárquica, estadística y democráticamente la Voluntad del Pueblo a la Asamblea Nacional, siendo ésta el producto representativo, de la esencia democrática que es **PARTICIPATIVA. Se llama "Proceso Asambleario"** al acto que debe tener lugar semanalmente para decidir sobre cada acción del Estado, el que comienza en las Asambleas Menores y Locales, para ser transmitido mediante Delegados a las Asambleas Provinciales y de éstas a la Asamblea Nacional. Ninguna Ley ni disposición que afecte a la ciudadanía en conjunto, queda fuera de dicho Proceso Asambleario.

5. El sentido ECOLOGÉNICO tiene por cualidad:

a) El respeto a las Leyes Naturales y el respeto a la Naturaleza en sus aspectos materiales y espirituales en cuanto sea posible sin excesos ultra-ecologistas, El Ser Humano es parte de la Naturaleza, no su propietario ni su esclavo.

b) El control demográfico por medio de la educación, sin represión ni instigación de la reproducción, así como el debate abierto sobre los temas no resueltos ética y científicamente, hasta que sean resueltos por la razón y aprobados por mayorías absolutas de todas Asambleas de la Nación.

c) El uso de fuentes de energía no contaminantes.

d) La responsabilidad y deber de los más fuertes de proteger y ayudar a los más débiles respetando su dignidad.

e) La educación que forme individuos libres, Dignos, Leales a su Patria y a la Humanidad, conscientes y sanos. La educación cívica y ética de los ciudadanos, así como el desarrollo de su conciencia y su vocación personal, tienen preeminencia sobre cualquier otro aspecto educativo.

f) La ruptura absoluta con toda entidad o Estado esclavista, cualquiera sea su método.

g) La separación del Estado de toda institución religiosa y el respeto a la libertad de culto.

h) La liberación, investigación y mejoras sobre todo avance científico no pernicioso ecológicamente y la regulación legal justa del derecho intelectual, por decisión Asamblearia.

i) La estimulación de la vida agrícola y la dignificación del trabajo en general, y el agrícola en especial.

j) La reorganización y distribución del territorio rural, sin perjuicio de la propiedad privada cuando ésta sea ocupada por sus legítimos propietarios o arrendada a terceros en condiciones acordes a la Ley.

k) La realización de toda otra idea, invento, descubrimiento o innovación que contribuya a la mejora y trascendencia del hombre como especie, sin perjuicio a la felicidad de todos y cada uno de los ciudadanos.

l) El trato digno de los reclusos, pero en principio de defensa de las víctimas, como imperativo sobre los derechos de los condenados; así como impulsar la cortedad de las condenas pero el cumplimiento total de la misma, salvo las excepciones que determine la ley,

m) La gratuidad absoluta de la medicina, la seguridad, la educación y la justicia, y de la máxima calidad que alcance la ciencia y el saber Humano.

n) La reparación total de los daños personales y colectivos causados por la dinerocracia global.

ñ) La abolición de toda forma de usura y especulación financiera.

o) La abolición del "Secreto de Estado" salvo los que determine la Ley en caso de guerra o las Asambleas Provinciales en acuerdo con la Asamblea Nacional.

p) La emanación de las Leyes sólo mediante el Proceso Asambleario.

q) La protección de los más débiles, enfermos y ancianos, facilitándoles su inserción vocacional en la sociedad, asistencia psicológica, a la vez que el cuidado y estímulo de la fortaleza moral, física, mental y espiritual de la ciudadanía en su conjunto.

r) Supresión del deporte como negocio, pero con estímulo de la práctica deportiva por parte de todo el Pueblo.

6. El sentido REPUBLICANO es el propio derivado del griego, de "cosa pública", pero unido inextricablemente a los conceptos de participación, política y democracia, quedando el aspecto representativo como mero instrumento del ejercicio participativo. Se entiende que en la REPÚBLICA, el Gobierno es el propio Pueblo, que es permanente y Soberano, y los representantes sus fieles empleados temporales, aunque puedan ocupar cargos vitalicios, sin otro poder que el puntualmente dado para cumplir cada uno de los mandatos de la Voluntad Popular.

ARTICULO 2
UNIDAD DE LA NACIÓN Y DERECHO A LA AUTONOMÍA PROVINCIAL

La Constitución se fundamenta en la indisoluble unidad de la Nación, Patria común e indivisible de todos los ciudadanos unidos por lazos históricos y de idiosincrasia, y reconoce y garantiza el derecho a la autonomía de las Provincias que la integran y la solidaridad entre todas ellas.

ARTICULO 3

LENGUA NACIONA Y LAS DEMÁS LENGUAS

1. El xxxx es la lengua oficial del Estado. Todos los Ciudadanos de la Nación tienen el deber de conocerla y el derecho a usarla.

2. Las demás lenguas de la Nación serán también oficiales en las respectivas provincias de acuerdo con sus Estatutos.

3. La riqueza de las distintas modalidades lingüísticas de la Nación es un patrimonio cultural que será objeto de especial respeto y protección.

ARTICULO 4

La bandera de las Provincias

1. La bandera de la Nación está formada por xxxxx

2. Los estatutos podrán reconocer banderas y enseñas propias de las Provincias. Estas se utilizarán junto a la bandera de La Nación en sus edificios públicos y en sus actos oficiales.

ARTICULO 5

La capital del Estado es determinada por la Asamblea Nacional con acuerdo por mayoría absoluta de las Asambleas Provinciales.

ARTICULO 6

Las Asambleas expresan el pluralismo participativo real, sin partidos ni divisiones, asegurando que la totalidad de los Ciudadanos puedan expresar su criterio y participación en las decisiones que se tomen. Su creación bajo esta Constitución asegura que sólo las Asambleas de Ciudadanos podrán determinar qué leyes son acordes a la auténtica Democracia.

ARTICULO 7

ASOCIACIONES EMPRESARIALES

1. Las asociaciones empresariales contribuyen a la defensa y promoción de los intereses económicos y sociales que les son propios. Su creación y el ejercicio de su actividad son libres dentro del respeto a la Constitución y a la Ley, por lo tanto a las Asambleas de la Nación, a la Constitución y a la ley. Su estructura interna y funcionamiento deberán ser democráticos. Toda empresa existente previa a la presente Constitución podrá conservar sus recursos, propiedades y número de empleados y no podrán aumentar ninguno de estos factores, ni fraguar un aumento mediante oligopolios o testaferros.

Toda empresa creada con posterioridad a la presente Constitución, que ocupe más de cinco empleados, pasará automáticamente a estar bajo control y supervisión de la Asamblea Local (municipal) que corresponda. Toda empresa mayor de 10 empleados pasará a ser supervisada por la Asamblea de Segundo Orden (Provincial) y las mayores de 20 empleados, quedarán bajo supervisión de la Asamblea Nacional.

[Nota: Esto es un ensayo de Constitución y han de sincronizarse varios factores a lo descrito en Econogenia, más adelante]

2. Las empresas unipersonales, familiares con cuatro o menos integrantes, o que tengan menos de cinco empleados aparte de los propietarios o familiares de éstos, sólo deberán registrarse para fines estadísticos.

3. El Ministerio de Ciencia y Tecnología contribuirá con todas las empresas, incluyendo las unipersonales, para optimizar y garantizar la cantidad y calidad de la producción.

4. Ninguna empresa será sancionada ni gravada con impuestos de ninguna clase, sino que el Estado Nacional y el Provincial o Local según el caso, asistirá económica y tecnológicamente a las empresas.

5. El Estado Nacional y el Provincial o Local según el caso, tiene la prioridad sobre la compra de todo producto. Dicha compra se pagará al precio justo y de modo inmediato. Queda abolido el pago diferido por parte de cualquier institución del Estado.

6. El precio pagado por el Estado por cualquier producto o servicio, así como el precio máximo para los productos alimentarios e indumentaria básica genérica, servicios y materiales de construcción, mecánica y herramientas, será sugerido por el Ministerio de Economía y aprobado por la Asamblea Nacional, con efecto para todo el ámbito nacional. La diferencia de costos por lejanía geográfica, será amortizada por el Tesoro de la Nación.

ARTICULO 8
FUERZAS ARMADAS

1. Las Fuerzas Armadas serán conformadas por toda la ciudadanía, siendo oficiales y suboficiales los que deseen participar *vocacionalmente* en ellas y no podrán formarla extranjeros en ningún caso. Serán constituidas por el Ejército (de Tierra), la Armada, el La Aviación o "Fuerza Aérea" y la Fuerza de Enlace e Inteligencia del Estado. Tienen como misión garantizar la soberanía e independencia de la Nación, defender su integridad territorial y el ordenamiento constitucional, estando formadas íntegramente por la ciudadanía y sometidas a la Voluntad Ciudadana mediante el mandato de la Asamblea Nacional y localmente a la Asamblea Provincial.

2. Una ley orgánica regulará las bases de la organización militar conforme a los principios de la presente Constitución.

3 El Presidente de la Asamblea Nacional es el Jefe Supremo de las Fuerzas Armadas.

4. Ninguna fuerza armada invadirá un país extranjero y cualquier relación militar con otro país será para defender

su territorio en caso de solicitud, bajo lo estipulado en el Artículo 169.

5. Los cuadros oficiales de las Fuerzas Armadas serán instructores permanentes, con las funciones propias y exclusivas de su especialidad, pero los cuadros menores o tropa, no serán inútiles. Las Asambleas determinarán sus funciones en las obras del Estado, protección de recursos, apoyo de la industria o el agro, en forma de mano de obra, asistencia técnica cuando sea necesaria y tenderá a que los ciudadanos que ejerzan como soldados, estén en constante aprendizaje y evolución intelectual.

ARTICULO 9

Respeto a la ley 1. La presente constitución y el resto del ordenamiento jurídico, están sujetos a la Voluntad de los Ciudadanos.

LIBERTAD E IGUALDAD

2. Corresponde a las Asambleas de Ciudadanos promover las condiciones para que la libertad y la igualdad del individuo y de los grupos en que se integra sean reales y efectivas; remover los obstáculos que impidan o dificulten su plenitud y facilitar la participación de todos los ciudadanos en la vida política, económica, cultural y social. Por lo tanto quedan abolidas, la partidocracia, el sistema financiero de crédito privado y todo monopolio de riqueza, poder o influencia que atente contra la dignidad de los Ciudadanos y la Soberanía de las Asambleas. *[Así como la monarquía en los países que la hubiera]*

GARANTÍAS JURÍDICAS

3. La Constitución garantiza el principio de legalidad, la jerarquía normativa, la publicidad de las normas, la irretroactividad de las disposiciones sancionadoras no favorables o restrictivas de derechos individuales, la seguridad jurídica, la responsabilidad y la interdicción de la

arbitrariedad de los poderes públicos emanados de las Asambleas.

4. Quedan exceptuados de lo previsto en el apartado anterior, los políticos anteriores a la presente Constitución, que aunque no serán juzgados por sus delitos éticos, morales y económicos, no podrán asumir ningún cargo público ni político, en resguardo de la seguridad del Estado Asambleario.

5. Quedan exceptuados de dicha restricción, los políticos que intervinieran en la redacción y promulgación de la presente Constitución y hayan colaborado probadamente con la formación del Estado Republicano y Asambleario.

TÍTULO I

DERECHOS Y DEBERES FUNDAMENTALES

ARTICULO 10

DERECHOS DE LA PERSONA

1. La dignidad de la persona, los derechos inviolables que le son inherentes, el libre desarrollo de la personalidad, el respeto a la ley y a los derechos de los demás son fundamento del orden político y de la paz social.

2. Las normas relativas a los derechos fundamentales y libertades que la Constitución reconoce se interpretarán de conformidad con la Declaración Universal de Derechos Humanos y los tratados y acuerdos internacionales sobre las mismas materias ratificados por La Nación.

CAPÍTULO I

DE LOS NACIONALES Y LOS EXTRANJEROS

ARTICULO 11

Nacionalidad 1. La nacionalidad se adquiere, se conserva y se pierde de acuerdo con lo establecido por la Asamblea Nacional en cada caso.

2. Ningún ciudadano ni civil de origen podrá ser privado de su nacionalidad.

3. El Estado podrá concertar tratados de doble nacionalidad con aquellas Naciones que hayan tenido o tengan una particular vinculación con la Nación. En estos mismos países, aún cuando no reconozcan a sus ciudadanos un derecho recíproco, podrán naturalizarse los ciudadanos sin perder su nacionalidad de origen.

4. Todo extranjero con más de diez años en radicación efectiva, económicamente activa y sin deudas penales ni civiles, deberá optar por abandonar el territorio de la Nación o recibir la nacionalización jurando lealtad a la Patria que le acoge.

5. Los procedentes de Estados Ecologénicos podrán mediante tratados con los mismos, conservar doble o triple nacionalidad, aunque sólo podrán ejercer el derecho de participación asamblearia en el país de residencia.

ARTICULO 12

MAYORÍA DE EDAD: 18 AÑOS

Los ciudadanos y civiles son mayores de edad a los dieciocho años. Los civiles son aquellas personas que no participan ni desean hacerlo nunca en la defensa armada de la Patria,

ARTICULO 13

DERECHOS DE LOS EXTRANJEROS

1. Los extranjeros gozarán de las libertades públicas que garantiza el presente Título en los términos que establezcan los tratados y las leyes emanadas de la Asamblea Nacional.

2. Solamente los ciudadanos nacidos o nacionalizados podrán participar en la Asamblea Nacional. Los extranjeros no nacionalizados sólo podrán acceder con voz, sin voto, a las Asambleas Menores y Locales, sin

acceso a las Asambleas Provinciales y no podrán ejercer ningún cargo político ni público en ningún caso.

3. La extradición sólo se concederá en cumplimiento de un tratado o de una ley, atendiendo al principio de reciprocidad. Quedan excluidos de la extradición los delitos políticos perpetrados en la Nación o en otro Estado Asambleario, considerándose como tales los actos de terrorismo, la sedición contra el sistema económico Ecologénico y aquellos que determine según circunstancia la Asamblea Nacional.

4. La ley establecerá los términos en que los ciudadanos de otros países y los apátridas podrán gozar del derecho de asilo.

CAPÍTULO II

DERECHOS Y LIBERTADES

ARTICULO 14

IGUALDAD ANTE LA LEY

Los Ciudadanos y Civiles de la Nación son iguales ante la ley, sin que pueda prevalecer discriminación alguna por razón de nacimiento, raza, sexo, religión, opinión o cualquier otra condición o circunstancia personal o social, con excepción de lo dispuesto en el Artículo 56, apartado 3. SECCIÓN 1.ª y la diferencia expresada en el Artículo 12

DERECHOS FUNDAMENTALES Y LAS LIBERTADES PÚBLICAS

ARTICULO 15

DERECHO A LA VIDA

Todos tienen derecho a la vida y a la integridad física y moral, sin que en ningún caso puedan ser sometidos a tortura ni a penas o tratos inhumanos o degradantes. Queda abolida la pena de muerte, salvo lo que puedan disponer las leyes penales militares para tiempos de guerra.

ARTICULO 16

LIBERTAD IDEOLÓGICA Y RELIGIOSA

1. Se garantiza la libertad religiosa y de culto de los individuos y las comunidades sin más limitación en sus manifestaciones, que la necesaria para el mantenimiento del orden público protegido por la ley.

2. Nadie podrá ser obligado a declarar sobre su ideología, religión o creencias.

3. Ninguna confesión tendrá carácter estatal.

4. Queda expresamente prohibida toda ideología política que atente contra el derecho de autogobierno de la ciudadanía mediante el sistema Asambleario, que pervierta la economía solidaria y distributiva justa, que promueva la usura financiera en cualquier forma, o la supervaloración de artículos de cualquier naturaleza.

ARTICULO 17

DERECHO A LA LIBERTAD PERSONAL

1. Toda persona tiene derecho a la libertad y a la seguridad. Nadie puede ser privado de su libertad, sino con la observancia de lo establecido en este Artículo y en los casos y en la forma prevista en la ley.

2. La detención preventiva no podrá durar más del tiempo estrictamente necesario para la realización de las averiguaciones tendentes al esclarecimiento de los hechos, y, en todo caso, en el plazo máximo de setenta y dos horas, el detenido deberá ser puesto en libertad o a disposición de la autoridad judicial.

3. Toda persona detenida debe ser informada de forma inmediata, y de modo que le sea comprensible, de sus derechos y de las razones de su detención, no pudiendo ser obligada a declarar. Se garantiza la asistencia de abogado al detenido en las diligencias policiales y judiciales, en los términos que la ley establezca.

4. La ley regulará un procedimiento de hábeas corpus para producir la inmediata puesta a disposición judicial de toda persona detenida ilegalmente. Asimismo, por ley se determinará el plazo máximo de duración de la prisión provisional.

ARTICULO 18

DERECHO A LA INTIMIDAD. INVIOLABILIDAD DEL DOMICILIO

1. Se garantiza el derecho al honor, a la intimidad personal y familiar y a la propia imagen.

2. El domicilio es inviolable. Ninguna entrada o registro podrá hacerse en él sin consentimiento del titular o resolución judicial, salvo en caso de flagrante delito.

3. Se garantiza el secreto de las comunicaciones y, en especial, de las postales, telegráficas y telefónicas, salvo resolución judicial.

4. La Asamblea Nacional, por derivación de la Voluntad manifiesta en las Asambleas Provinciales y Locales, crea una ley que limitará el uso de la informática para garantizar el honor y la intimidad personal y familiar de los ciudadanos y el pleno ejercicio de sus derechos.

ARTICULO 19

LIBERTAD DE RESIDENCIA Y CIRCULACIÓN

Los Ciudadanos tienen derecho a elegir libremente su residencia y a circular por el territorio nacional. Asimismo, tienen derecho a entrar y salir libremente de La Nación en los términos que la

ley establezca. Este derecho no podrá ser limitado por motivos políticos o ideológicos.

ARTICULO 20

LIBERTAD DE EXPRESIÓN

1. Se reconocen y protegen los derechos:

a) A expresar y difundir libremente los pensamientos, ideas y opiniones mediante la palabra, el escrito o cualquier otro medio de reproducción, pero las ideas y opiniones políticas sólo se expresarán con libertad absoluta en las Asambleas de Ciudadanos, quedando prohibido bajo apercibimiento de Ley, toda acción política fuera de las Asambleas.

b) A la producción y creación literaria, artística, científica y técnica.

c) A la libertad de cátedra, con excepción de temas políticos, que sólo podrán ser dictados en las Asambleas de Ciudadanos.

d) A comunicar o recibir libremente información veraz por cualquier medio de difusión. La ley regulará el derecho a la cláusula de conciencia quedando abolido el secreto profesional en el ejercicio de estas libertades.

2. El ejercicio de estos derechos no puede restringirse mediante ningún tipo de censura previa.

3. La ley regulará la organización y el control de los medios de comunicación social que serán todos dependientes del Estado y se garantizará el acceso a dichos medios de los grupos sociales y Asambleas respetando el pluralismo de la sociedad y de las diversas lenguas de la Nación.

4. Estas libertades tienen su límite en el respeto a los derechos reconocidos en este Título, en los preceptos de las leyes que lo desarrollen y, especialmente, en el derecho al honor, a la intimidad, a la propia imagen y a la protección de la juventud y de la infancia.

5. Sólo podrá acordarse el secuestro de publicaciones, grabaciones y otros medios de información en virtud de resolución judicial.

ARTICULO 21

DERECHO DE REUNIÓN

1. Se reconoce el derecho de reunión pacífica y sin armas. El ejercicio de este derecho no necesitará autorización previa.

2. En los casos de reuniones en lugares de tránsito público y manifestaciones que no sean de tipo político, se dará comunicación previa a la Asamblea Local correspondiente, que sólo podrá prohibirlas cuando existan razones fundadas de alteración del orden público, con peligro para personas o bienes. Queda prohibida toda manifestación política fuera de la Asamblea de Ciudadanos.

ARTICULO 22

DERECHO DE ASOCIACIÓN

1. Se reconoce el derecho de asociación para fines no políticos.

2. Las asociaciones que persigan fines o utilicen medios tipificados como delito son ilegales.

3. Las asociaciones constituidas al amparo de este Artículo deberán inscribirse en un registro a los efectos de publicidad y control asambleario.

4. Las asociaciones podrán ser disueltas o suspendidas en sus actividades en virtud de resolución judicial motivada.

5. Se prohíben las asociaciones secretas y las de carácter paramilitar. Las órdenes esotéricas podrán incorporarse al servicio de la Nación según lo autoricen las Asambleas.

6. No podrán efectuarse asociaciones comerciales ni empresas que se refieran a la seguridad, salud, justicia o educación, cosas éstas de carácter estratégico cuyos aspectos se resuelven íntegramente en las Asambleas y no pueden tener carácter privado.

ARTICULO 23

DERECHO DE PARTICIPACIÓN

1. Los ciudadanos tienen el derecho y deber ético de participar en los asuntos públicos, directamente y por medio de, las Asambleas que determinarán sus propios representantes y cuadros de acuerdo al Plan Ecologénico.

2. Asimismo, tienen derecho a acceder en condiciones de igualdad a las funciones y cargos públicos, con los requisitos que señalen las leyes y rindiendo las oposiciones y test de idoneidad que las Asambleas determinen.

ARTICULO 24

PROTECCIÓN JUDICIAL DE LOS DERECHOS

1. Todas las personas tienen derecho a obtener la tutela efectiva de los Jueces y Tribunales en el ejercicio de sus derechos e intereses legítimos, sin que, en ningún caso, pueda producirse indefensión.

2. Asimismo, todos tienen derecho al Juez ordinario predeterminado por la Asamblea Local, a la

defensa y a la asistencia de letrado, a ser informados de la acusación formulada contra ellos, a un proceso público sin dilaciones indebidas y con todas las garantías, a utilizar los medios de prueba pertinentes para su defensa, a no declarar contra sí mismos, a no confesarse culpables y a la presunción de inocencia.

La ley regulará los casos en que, por razón de parentesco no se estará obligado a declarar sobre hechos presuntamente delictivos.

Para cumplir plenamente los objetivos del presente Artículo y en función de los Derechos que esta Constitución defiende, quedan abolidos todos los secretos profesionales, así como los secretos de Estado. Los secretos militares de lógica reserva, deberán ser comunicados a los Delegados Militares de las Asambleas de Provincia, tanto por necesidad práctica como ética, ya que toda la Ciudadanía integra de alguna manera la Fuerza Militar de la Nación.

Esta Constitución garantiza que las Leyes Militares no podrán ser aplicadas al ámbito civil ni al político, salvo en situación de guerra, en que las Asambleas determinarán por votación o plebiscito de urgencia, los alcances de dichas leyes.

ARTICULO 25
PRINCIPIO DE LEGALIDAD PENAL

1. Nadie puede ser condenado o sancionado por acciones u omisiones que en el momento de producirse no constituyan delito, falta o infracción administrativa, según la legislación vigente en aquel momento.

TRABAJO REMUNERADO PARA LOS RECLUSOS

2. Las penas privativas de libertad y las medidas de seguridad estarán orientadas hacia la reeducación y reinserción social y no podrán consistir en trabajos forzados. El condenado a pena de prisión que estuviere cumpliendo la misma gozará de los derechos fundamentales de este Capítulo, a excepción de los que se vean expresamente limitados por el contenido del fallo condenatorio, el sentido de la pena y la ley penitenciaria. En todo caso, tendrá derecho a los beneficios correspondientes de la Seguridad Carcelaria, así como al acceso a la cultura y al desarrollo integral de su personalidad.

ARTICULO 26
DE LOS TRIBUNALES DE HONOR

Se prohíben los Tribunales de Honor en el ámbito de la Administración civil pero no así en las organizaciones profesionales. Las normativas de los Tribunales de Honor serán determinadas por las Asambleas Provinciales y refrendadas por la Asamblea Nacional.

ARTICULO 27
LIBERTAD DE ENSEÑANZA

1. Todos tienen el derecho a la educación veraz y trascendente para el individuo, libre de aberraciones de lógica, atentados a la ética o dogmas religiosos. Se reconoce la libertad de enseñanza según el Plan TEOS (Tratado Educativo de Orden Superior) y cualquier otra educación que no sea contradictoria con el mismo, una vez redactado en firme por la Asamblea Nacional en pleno.

2. La educación tendrá por objeto el pleno desarrollo de la personalidad humana en el respeto a los principios democráticos de convivencia y a los derechos y libertades fundamentales.

3. Los poderes públicos emanados de las Asambleas garantizan el derecho que asiste a los padres para que sus hijos reciban la formación religiosa y moral que esté de acuerdo con sus propias convicciones, pero ésta ha de llevarse aparte de la educación laica general, gratuita y obligatoria.

4. La enseñanza propenderá a que cualquiera sea la formación religiosa recibida en la familia, el individuo desarrolle desde niño y en todas las etapas, criterios propios libres de toda influencia dogmática, Amor a su Patria, a la Humanidad en conjunto y sentido ético del Respeto a la Sociedad, por encima de toda creencia.

5. Los poderes públicos garantizan el derecho de todos a la educación, mediante una programación general de la enseñanza, con participación efectiva de todos los sectores afectados y la creación de centros docentes.

6. Se reconoce a las Asambleas locales, la libertad de creación de centros docentes, dentro del Plan de

Educación General y el respeto a los principios constitucionales.

7. Los profesores, los padres y, en su caso, los alumnos intervendrán en el control y gestión de todos los centros, que serán sostenidos por la Administración con fondos públicos, en los términos que la ley establezca, quedando abolida la educación oficial privada.

8. Los poderes públicos inspeccionarán y homologarán el sistema educativo para garantizar el cumplimiento de las leyes, la seguridad física y moral de los estudiantes y evitar la subversión ideológica en la enseñanza.

ARTICULO 28
ABOLICIÓN DE LOS SINDICATOS

El Pueblo, en su carácter de Autoridad Soberana y mediante las Asambleas de Ciudadanos, controlará la actividad comercial, laboral y productiva privada, así como la correcta remuneración y condiciones de trabajo. Se crea el cargo de "*Defensor de los trabajadores*" como auxiliar único en cada Asamblea Local o Asamblea Menor donde la hubiese, el cual no podrá ser empresario ni remunerado en su cargo. Las Asambleas garantizan libertad vocacional, el trabajo digno, las condiciones de trabajo seguras y la remuneración justa, haciendo innecesaria la huelga.

ARTICULO 29
DERECHO DE PETICIÓN

1. Todos los Ciudadanos tendrán el derecho de petición individual y colectiva, por escrito, en la forma y con los efectos que determine la ley, a ser escuchados en la Asamblea de Ciudadanos.

2. Los miembros de las Fuerzas o Institutos armados o de los Cuerpos sometidos a disciplina militar podrán ejercer

este derecho sólo individualmente y con arreglo a lo dispuesto en su legislación específica.

SECCIÓN 2.ª
DERECHOS Y DEBERES, CIUDADANOS y CIVILES

ARTICULO 30
SERVICIO MILITAR Y OBJECIÓN DE CONCIENCIA

1. Los Ciudadanos tienen el derecho y el deber de defender a La Nación. Los varones y mujeres que cumplan esta obligación por el tiempo determinado por el sistema asambleario, serán *ciudadanos*. Los que se abstengan a ello, serán *civiles*.

2. La Asamblea Nacional, con arreglo a plebiscito en Asambleas de toda la Nación, fijará las obligaciones militares de los ciudadanos y regulará, con las debidas garantías, la objeción de conciencia, así como las demás causas de exención del servicio militar obligatorio, pudiendo imponer, en su caso, una prestación social sustitutoria.

3. Podrá establecerse un servicio civil para el cumplimiento de fines de interés general, pero el sujeto no podrá considerarse *ciudadano*, sino "civil". La principal diferencia es que los civiles no pueden presentarse en las Asambleas. Sólo quien esté dispuesto a dar su vida por la Libertad y todos los intereses de su Patria, tiene el derecho a decidir sobre su destino.

4. Mediante las Asambleas podrán regularse los deberes de los ciudadanos en los casos de grave riesgo, catástrofe o calamidad pública.

5. La invalidez física no es obstáculo para el cumplimiento de obligaciones militares, toda vez que todo individuo tiene algo que aportar a las Fuerzas Armadas de su Nación, Los físicamente inválidos han de servir del modo que lo permita su condición.

6. Se considera civiles a los niños y jóvenes hasta cumplir los 18 años, los deficientes mentales o deficientes físicos que no puedan realizar ninguna tarea, los que se abstengan de cumplir servicio militar, los reclusos y los extranjeros, aunque tuvieran cargo militar en su país.

7. Los extranjeros residentes permanentes, sólo podrán acceder a la consideración como civiles. La ciudadanía y sólo podrá solicitarse tras diez años de residencia intachable y mediante su inserción en las Fuerzas Armadas, con destino y tiempo de servicio que la Asamblea Nacional determine.

ARTICULO 31

SISTEMA TRIBUTARIO

1. Todos contribuirán al sostenimiento de los gastos públicos con el sólo hecho de trabajar, o con los aportes materiales que determine cada Asamblea cuando éstos procedan de fortunas heredadas no productivas.

2 Queda abolida toda forma de impuesto en dinero, toda vez que este instrumento está absolutamente en manos del Estado, por lo tanto, de la ciudadanía y la Casa de la Moneda de la Nación como el Banco Nacional son los únicos órganos financieros.

2. El gasto público realizará una asignación equitativa de los recursos públicos, y su programación y ejecución responderán a los criterios de eficiencia y economía que determinen las Asambleas bajo el Plan de Econogenia.

3. Sólo podrán establecerse prestaciones personales o patrimoniales de carácter público con arreglo a la ley.

ARTICULO 32

MATRIMONIO

1. El hombre y la mujer tienen derecho a contraer matrimonio con plena igualdad jurídica.

2. La ley regulará las formas de matrimonio, la edad y capacidad para contraerlo, los derechos y deberes de los cónyuges, las causas de separación y disolución y sus efectos.

ARTICULO 33
DERECHO A LA PROPIEDAD

1. Se reconoce el derecho a la propiedad privada y a la herencia, siempre que ésta sea obtenida por el mérito personal del otorgador de la herencia y sostenido su patrimonio de acuerdo las Leyes derivadas del Plan Económico o Econogenia.

2. La función social de estos derechos delimitará su contenido, de acuerdo con las leyes.

3. Nadie podrá ser privado de sus bienes sino por causa justificada de utilidad pública o interés social, mediante la correspondiente indemnización y de conformidad con lo dispuesto por las Asambleas en cada caso.

ARTICULO 34
DERECHO DE FUNDACIÓN

1. Se reconoce el derecho de fundación para fines de interés general, con arreglo a la ley.

2. Regirá también para las fundaciones lo dispuesto en los apartados 2 y 4 del Artículo 22.

ARTICULO 35
EL TRABAJO, DERECHO Y DEBER

1. Todos los Ciudadanos tienen el deber de trabajar y el derecho al trabajo, a la libre elección de profesión u oficio, a la promoción a través del trabajo y a una remuneración suficiente para satisfacer sus necesidades y las de su familia, sin que en ningún caso pueda hacerse discriminación por razón de sexo, raza o religión.

2. La Asamblea Nacional regulará un estatuto de los trabajadores, realizando las modificaciones oportunas que permitan a la tecnología mejorar el modo de vivir de las personas, sin perjuicio económico por el reemplazo del hombre por las máquinas.

ARTICULO 36

COLEGIOS PROFESIONALES

La ley regulará las peculiaridades propias del régimen jurídico de los Colegios Profesionales y el ejercicio de las profesiones tituladas. La estructura interna y el funcionamiento de los Colegios deberán ser democráticos.

ARTICULO 37

CONVENIOS Y CONFLICTOS LABORALES

1. Las Asambleas garantizarán el derecho a la negociación colectiva laboral entre el Estado y los empresarios, así como la fuerza vinculante de los convenios.

2. Se reconoce el derecho de los trabajadores y empresarios a adoptar medidas de conflicto colectivo que serán resuelto mediante decisión asamblearia local o provincial, según corresponda. La ley que regule el ejercicio de este derecho, sin perjuicio de las limitaciones que pueda establecer, incluirá las garantías precisas para asegurar el funcionamiento de los servicios esenciales de la comunidad.

ARTICULO 38

LIBERTAD DE EMPRESA. ECONOMÍA DE MERCADO

Se reconoce la libertad de empresa en el marco de la economía de mercado Nacional según lo establecido en el Plan de Econogenia. Los poderes públicos garantizan y protegen su ejercicio y la defensa de la productividad, de acuerdo con las exigencias de la economía general y, en su caso, de la planificación que cada Asamblea Provincial determine, siempre de acuerdo a lo expuesto en el apartado 6 del Artículo 22 y al Plan Econogénico.

CAPÍTULO III

DE LOS PRINCIPIOS RECTORES DE LA POLÍTICA SOCIAL Y ECONÓMICA

ARTICULO 39

PROTECCIÓN A LA FAMILIA Y A LA INFANCIA

1. Los poderes públicos aseguran la protección social, económica y jurídica de la familia.

2. Los poderes públicos aseguran, asimismo, la protección integral de los hijos, iguales éstos ante la ley con independencia de su filiación, y de las madres, cualquiera que sea su estado civil. La ley posibilitará la investigación de la paternidad.

3. Los padres deben prestar asistencia de todo orden a los hijos habidos dentro o fuera del matrimonio, durante su minoría de edad y en los demás casos en que legalmente proceda.

4. Los niños gozarán de la protección prevista en **los códigos que las Asambleas determinen**, que velan por sus derechos.

ARTICULO 40

DISTRIBUCIÓN DE LA RENTA. PLENO EMPLEO

1. Las Asambleas promoverán las condiciones favorables para el progreso social y económico y para una distribución de la renta regional y personal más equitativa, en el marco de una política de estabilidad económica. De manera especial, realizarán una política orientada al pleno empleo.

FORMACIÓN PROFESIONAL. JORNADA Y DESCANSO LABORAL

2. Asimismo, los poderes públicos fomentarán una política que garantice la formación y readaptación profesionales basados en la orientación vocacional; velarán por la seguridad e higiene en el trabajo y garantizarán el descanso necesario, mediante la limitación de la jornada laboral, las vacaciones periódicas retribuidas y la promoción de centros adecuados.

ARTICULO 41

SEGURIDAD SOCIAL

El Ministerio de Salud de la Nación, dependiente de la Asamblea Nacional mantendrá un régimen público de Seguridad Social para todos los ciudadanos, que garantice la asistencia y prestaciones sociales suficientes ante situaciones de necesidad, especialmente en caso de desempleo. La asistencia y prestaciones complementarias serán libres, abarcando todo el espectro de la medicina, incluyendo todas las formar terapéuticas que demuestren ser efectivas y no perniciosas.

ARTICULO 42

EMIGRANTES

El Estado velará especialmente por la salvaguardia de los derechos económicos y sociales de los trabajadores en el extranjero y orientará su política hacia su retorno.

ARTICULO 43

PROTECCIÓN A LA SALUD

1. Se reconoce el derecho a la protección de la salud.

2. Compete al Ministerio de Salud de la Nación organizar y tutelar la salud pública a través de medidas preventivas y de las prestaciones y servicios necesarios gratuitos y de

máxima calidad. La ley establecerá los derechos y deberes de todos al respecto.

FOMENTO DEL DEPORTE

3. El Ministerio de Cultura y Educación de la Nación, en conjunto con las Asambleas y Delegaciones Provinciales, fomentarán la educación sanitaria, la educación física y el deporte. Asimismo, facilitarán la adecuada utilización del ocio.

ARTICULO 44

ACCESO A LA CULTURA Y EL CONOCIMIENTO CIENTIFICO

1. La Asamblea Nacional, mediante la Secretaría de Ciencia y Tecnología, junto con las Asambleas Provinciales y Locales, vigilarán la correcta y libre difusión, distribución y aplicación de los conocimientos científicos. Se suprime todo derecho intelectual o de patente exclusivo sobre inventos y descubrimientos de utilidad pública.

2. Se garantiza el derecho a la retribución económica por los inventos y descubrimientos, con los límites que fijen las Asambleas Provinciales. Así mismo, la Secretaría Nacional de Ciencia y Tecnología determinará con acuerdo de la Asamblea Nacional, cómo, dónde y cuándo se aplicará cada avance tecnológico.

3. La Comisión Mixta de Ciencia y Salud, dependiente de la Asamblea Nacional, será propietaria única de las fábricas de medicamentos, material terapéutico de cualquier naturaleza y regulará el uso de los mismos y de toda tecnología que pueda resultar estratégicamente riesgosa para la salud pública. Queda prohibida la importación de cualquier material médico o medicamentos extranjeros, salvo aquellos que no puedan elaborarse en el territorio nacional.

4. Quedan expresamente anulados todos los tratados internacionales sobre patentes, especialmente los relacionados a la salud.

5. Se prohíbe terminantemente, bajo apercibimiento de crimen de *lesa humanidad* y *lesa natura*, la importación, elaboración y uso de transgénicos de manipulación, permitiéndose sólo el uso del sistema de selección genética natural para la mejoría de las especies vegetales o animales.

6. Cada Asamblea Local que posea terrenos en función agrícola, fundará un banco de semillas, con aportación de todos los campesinos y auxilio científico de la Secretaría de Ciencia y Tecnología, que servirá para mantener la independencia semillera local y mejorar la producción.

7. Esta Constitución garantiza la recuperación de técnicas agrícolas ancestrales, libre de tóxicos peligrosos, que junto al uso de tecnología moderna y el desarrollo de la Agricultura Biodinámica, aseguran la producción sana y abundante en todos los cultivos y para la ganadería.

8. Se garantiza la libertad de fabricación, comercialización y uso de artefactos de producción energética no contaminante, previa homologación por parte de la Secretaría de Ciencia y Tecnología de la Nación, debiendo incluirse en todos los aparatos los planos detallados, sin secretos ni restricciones intelectuales de ningún tipo. Las Asambleas y los particulares podrán solicitar al Banco Nacional la financiación de proyectos industriales para esta finalidad.

ARTICULO 45

MEDIO AMBIENTE. CALIDAD DE VIDA

1. Todos tienen el derecho a disfrutar de un medio ambiente sano y adecuado para el desarrollo de la persona, así como el deber de conservarlo.

2. Los poderes públicos velarán por la utilización racional de todos los recursos naturales, con el fin de proteger y

mejorar la calidad de la vida y defender y restaurar el medio ambiente, apoyándose en la indispensable solidaridad colectiva.

3. Para quienes violen lo dispuesto en el apartado anterior, en los términos que la ley fije se establecerán sanciones penales o, en su caso, administrativas, así como la obligación de reparar el daño causado.

ARTICULO 46
CONSERVACIÓN DEL PATRIMONIO ARTÍSTICO

Los poderes públicos garantizarán la conservación y promoverán el enriquecimiento del patrimonio histórico, cultural y artístico de los pueblos de La Nación y de los bienes que lo integran, cualquiera que sea su régimen jurídico y su titularidad. La ley penal sancionará los atentados contra este patrimonio.

ARTICULO 47
DERECHO A LA VIVIENDA. UTILIZACIÓN DEL SUELO

1. Todos los Ciudadanos tienen derecho a disfrutar de una vivienda digna y adecuada. El Estado promoverá las condiciones necesarias y establecerán las normas pertinentes para hacer efectivo este derecho, regulando la utilización del suelo de acuerdo con el interés general para impedir la especulación. La comunidad se beneficiará con un Plan de Reordenamiento Urbanístico, tendiente a ocupar el suelo rural, impulsando la habitabilidad del campo en condiciones dignas mediante educación y no mediante represión o prohibición, salvo la obligación de utilización real y las normativas para los establecimientos ganaderos e industria, que deberán cumplir mayores exigencias.

2. Las Asambleas Locales tienen sobre el uso del suelo en su jurisdicción, preeminencia sobre las Asambleas Provinciales y sólo podrán tomarse medidas contrarias por

razones estratégicas de utilidad Nacional, desde la Asamblea Nacional.

3. Queda abolido todo impuesto general y particular permanente sobre la propiedad urbana y la rural, salvo las aportaciones específicas y temporales que determine la Asamblea Local para obras, caminos, servicios e infraestructuras diversas que deseen realizar particulares con anuencia de la Asamblea, o las empresas temporales creadas por la Asamblea para esos fines puntuales.

4. El mismo principio se aplica para todas las obras, siendo las Nacionales y Provinciales, efectuadas del mismo modo por las Asambleas correspondientes.

5. Los terrenos rurales o urbanos baldíos podrán ser confiscados por la Asamblea Provincial por petición de la Asamblea Local o por propia iniciativa, para darles adecuada utilidad, previo emplazamiento a sus propietarios con plazo de noventa días para entregarlas o hacerlos productivos. Las propiedades vacías no ocupadas para ninguna utilidad particular o social, también podrán ser confiscadas por la Asamblea para fines de utilidad pública o cederse a los ciudadanos sin propiedad, con una hipoteca que en ningún caso superará los diez años ni el 30 % del sueldo básico.

ARTICULO 48

PARTICIPACIÓN DE LA JUVENTUD

Las Asambleas promoverán las condiciones para la participación libre y eficaz de la juventud en el desarrollo político, social, económico y cultural.

ARTICULO 49

ATENCIÓN A LOS DISMINUIDOS FÍSICOS

Los poderes públicos realizarán una política de previsión, tratamiento, rehabilitación e integración de los disminuidos físicos, sensoriales y psíquicos, a los que prestarán la atención especializada que requieran y los ampararán especialmente para el disfrute de los derechos que este Título otorga a todos los ciudadanos y civiles.

ARTICULO 50

TERCERA EDAD

Las Asambleas garantizarán, mediante pensiones adecuadas y periódicamente actualizadas, la suficiencia económica a los ciudadanos y civiles durante la tercera edad. Asimismo, y con independencia de las obligaciones familiares, promoverán su bienestar mediante un sistema de servicios sociales que atenderán sus problemas específicos de salud, vivienda, cultura y ocio. Así mismo, se garantiza la atención voluntaria o pagada, a la tercera edad, pero con adecuada exigencia de análisis vocacional a los prestadores de servicio a la ancianidad.

ARTICULO 51

DEFENSA DE LOS CONSUMIDORES

Las Asambleas y el Ministerio de Salud de la Nación garantizarán la defensa de los consumidores y usuarios, protegiendo, mediante procedimientos eficaces, la seguridad, la salud y los legítimos intereses económicos de los mismos. Las Asambleas y sus cuadros promoverán la información y la educación de los consumidores y usuarios, fomentarán sus organizaciones y oirán a éstas en las cuestiones que puedan afectar a aquellos, en los términos que la ley establezca.

3. En el marco de lo dispuesto por los apartados anteriores, la ley regulará el comercio interior y el régimen de autorización de productos comerciales.

ARTICULO 52

ORGANIZACIONES PROFESIONALES

La ley regulará las organizaciones profesionales que contribuyan a la defensa de los intereses económicos que les sean propios. Su estructura interna y funcionamiento deberán ser democráticos y atenidos a las Leyes emanadas de las Asambleas bajo el Plan de Econogenia.

CAPÍTULO IV

DE LAS GARANTÍAS DE LAS LIBERTADES Y DERECHOS FUNDAMENTALES

ARTICULO 53

TUTELA DE LAS LIBERTADES Y DERECHOS

1. Los derechos y libertades reconocidos en el Capítulo II del presente Título vinculan a todos los poderes públicos. Sólo por ley, que en todo caso deberá respetar su contenido esencial, podrá regularse el ejercicio de tales derechos y libertades, que se tutelarán de acuerdo con lo previsto en el ARTICULO 161, 1, a).

RECURSO DE AMPARO

2. Cualquier ciudadano o civil podrá recabar la tutela de las libertades y derechos reconocidos en el Artículo 14 y la Sección 1ª del Capítulo II ante los Tribunales ordinarios por un procedimiento basado en los principios de preferencia y sumariedad y, en su caso, a través del recurso de amparo ante el Tribunal Constitucional. Este último recurso será aplicable a la objeción de conciencia reconocida en el Artículo 30.

3. El reconocimiento, el respeto y la protección de los principios reconocidos en el Capítulo III informarán la legislación positiva, la práctica judicial y la actuación de los poderes públicos. Sólo podrán ser alegados ante la Jurisdicción ordinaria de acuerdo con lo que dispongan las leyes que los desarrollen.

ARTICULO 54

Las Asambleas en su conjunto son el Pueblo y su defensa. Cada ciudadano es un Defensor de su Pueblo, de Comunidad, de su Provincia y de la Nación, y tiene el deber de ser custodio de la integridad, bienestar y trascendencia de todo otro ciudadano, sea o no de su familia, comparta o no opinión temática o creencia religiosa. Por lo tanto esta Constitución garantiza el Derecho del Pueblo a su propia defensa, a mantener el sistema Asambleario, Republicano y Ecologénico tanto en derecho como en deber.

CAPÍTULO V

DE LA SUSPENSIÓN DE LOS DERECHOS Y LIBERTADES

ARTICULO 55

SUSPENSIÓN DE DERECHOS Y LIBERTADES

1. Los derechos reconocidos en los Artículos 17, 18, apartados 2 y 3; Artículos 19, 20, apartados 1, a) y d), y 5; Artículos 21, 28, apartado 2, y ARTICULO 37, apartado 2, podrán ser suspendidos cuando se acuerde la declaración del estado de excepción o de sitio en los términos previstos en la Constitución. Se exceptúa de lo establecido anteriormente el apartado 3 del Artículo 17 para el supuesto de declaración de estado de excepción, el cual sólo podrá ser dictado por la Asamblea Nacional con un mínimo de tres cuartas partes de votos de los Delegados presentes.

2. Una ley orgánica podrá determinar la forma y los casos en los que, de forma individual y con la necesaria intervención judicial y el adecuado control Asambleario los derechos reconocidos en los Artículos 17, apartado 2, y 18, apartados 2 y 3, pueden ser suspendidos para personas determinadas, en relación con las investigaciones correspondientes a la actuación de bandas armadas o elementos terroristas.

3. La utilización injustificada o abusiva de las facultades reconocidas en dicha ley orgánica producirá responsabilidad penal, como violación de los derechos y libertades reconocidos por las leyes.

TÍTULO II

DE LA IMPUNIDAD

ARTICULO 56

La Asamblea de Ciudadanos es símbolo de la unidad, participación activa y permanencia del Pueblo, asume la más alta representación del Estado y ejerce las funciones que le atribuyen expresamente los Ciudadanos mediante el sistema Asambleario, sin perjuicio de la función que sobre ellos o sus integrantes deba cumplir el Tribunal Constitucional y el Tribunal Supremo.

Ninguna persona ni grupo de personas es impune ante la Ley, por más méritos y títulos que posea.

ARTICULO 57

CORONAS, TÍTULOS NOBILIARIOS y HONORÍFICOS

1. Quedan definitivamente abolidos donde los hubiera, los títulos nobiliarios y la posibilidad de volver a los sistemas obsoletos de poder. Sólo las Asambleas podrán otorgar reconocimientos especiales a cualquier ciudadano que destaque en el arte, la ciencia, la literatura o por actos heroicos.

2. Si la Ciudadanía, por Proceso Asambleario deseara dotar al Presidente de la Asamblea Nacional con el título de Rey, investirlo con la Corona, Manto Púrpura y Cetro, podrá hacerlo pero dicho título no le hace inmune ni impune ni diferente ante la Ley, ni poseerá su título carácter hereditario de familia. Podrá ser destituido por el Proceso Asambleario de moción de censura y su reemplazante podrá aceptar o rechazar dicho título que en cualquier caso es carácter simbólico, portando su corona como representación de la Inteligencia, el Manto como símbolo de Amor a la Ciudadanía y el Cetro como símbolo de la Responsabilidad que el poder impone a su portador.

TÍTULO III

DE LAS ASAMBLEAS

ARTICULO 66

1. Las Asambleas representan y son en sí mismas el Pueblo y están formadas por Asambleas Menores o "de Barrios", Asambleas Provinciales y la Asamblea Nacional.

2. Las Asambleas de Ciudadanos ejercen la potestad legislativa del Estado, aprueban sus Presupuestos, controlan la acción del Gobierno y tienen las demás competencias que les atribuya la Constitución.

3. Las Asambleas de Ciudadanos son inviolables. Todo acto contra su normal desenvolvimiento, o acto político fuera de su seno, se considera crimen de lesa ciudadanía.

4. Esta Constitución garantiza que sólo el Pueblo en su totalidad es SOBERANO y determina mediante el sistema asambleario lo que quiere realmente la mayoría.

ARTICULO 67

EL MANDATO ASAMBLEARIO

1. Nadie podrá ser miembro directivo de dos Asambleas simultáneamente, función que sólo pueden cumplir los Delegados designados de cada Asamblea. Los integrantes de la Asamblea Nacional serán elegidos en su Asamblea Local, luego de entre los miembros de la Provincial, para finalmente por sus méritos y reconocida labor, llegar a miembro de la Asamblea Nacional. Las reuniones de los miembros de las Comisiones Directivas y Delegados fuera de la Asamblea, no tendrán vinculación política ni efecto legal sus decisiones.

ARTICULO 68

LA ASAMBLEA NACIONAL

1. Se compone al igual que las demás Asambleas de Ciudadanos. Esta Constitución garantiza que La

Ciudadanía se declara dirigente de su propio destino, mediante Asambleas en cada núcleo de población, manteniendo aproximadamente las jurisdicciones actuales. Esta Asamblea se compondrá siempre por una Comisión Directiva de *nueve personas* allí mismo elegidas, que serán Presidente, Vicepresidente, Secretario (de actas), Tesorero y cinco Vocales. El Presidente de la Asamblea Nacional, podrá ser denominado Presidente de la Nación.

2. *Las Asambleas de Primer Orden (Las locales o municipales),* designarán un máximo de TRES Delegados por cada 50.000 a 100.000 habitantes, destinados a representar en la *Asamblea de Segundo Orden* (Provincial). A esta Asamblea Provincial pueden -y deben- asistir con voz y voto todos los ciudadanos de la Provincia que puedan apersonarse. Los Delegados tienen prioridad de palabra, pero su voto vale como el de cualquier ciudadano. A su vez, esta Asamblea designará *Cinco Delegados* para representar en la *Asamblea Nacional*, la que celebrará sus actos con cuantos Ciudadanos de la Nación deseen observar.

SISTEMA ELECTORAL

2. La circunscripción electoral es la provincia. Los pueblos de islas y parajes alejados, serán representados por la cantidad de Delegados que corresponda a su densidad poblacional.

3. La elección se verificará en cada Asamblea atendiendo a criterios de representación proporcional.

DURANCIÓN EN LOS CARGOS

4. Las funciones y delegaciones de cualquier cargo no tienen plazo de extinción y terminan por renuncia expresa y escrita, o cuando por cualquier razón lo determine la Asamblea correspondiente, por imputación en delitos de cualquier clase con resolución judicial en proceso o en firme. Fuera de las razones de imputabilidad delictual, los títulos y cargos sólo podrán ser retirados por la misma Asamblea a la que se representa.

5. Son electores y elegibles todos los ciudadanos que estén en pleno uso de sus derechos políticos. La Ley no reconoce ni facilita el voto y participación política a los ciudadanos que tengan residencia fija en otro país.

6. Los cargos designados por las Asambleas, así como las destituciones, tendrán efecto inmediato.

ARTICULO 69

1. Queda abolida toda representación política que no provenga del sistema de Asambleas de Ciudadanos.

2. Aunque los cargos públicos y políticos son *ad honorem* las Asambleas -y sólo ellas- podrán determinar un sueldo para los Delegados y funcionarios que deban ocupar todo su tiempo en la función. Dicho sueldo nunca será superior a la media del sueldo de un obrero y sólo podrá añadirse costos de viaje y alojamiento en calidad moderada.

ARTICULO 70

INCOMPATIBILIDADES E INELEGIBILIDADES PARA LAS COMISIONES DIRECTIVAS

1. La ley electoral determinará las causas de inelegibilidad e incompatibilidad de los miembros **de** Asambleas y Delegados que comprenderán, en todo caso:

a) A los componentes del Tribunal Constitucional, aunque estos serán elegidos por la Asamblea Nacional.

b) Los que hayan ocupado un puesto político y hayan sido destituidos.

d) A los Magistrados, Jueces y Fiscales en activo.

e) A los militares profesionales y miembros de las Fuerzas y Cuerpos de Seguridad y Policía en activo.

f) A los miembros de las Juntas Electorales.

2. La validez de las actas y credenciales de los miembros de las Asambleas estará sometida al control judicial, en los términos que establezca la ley electoral.

ARTICULO 71

INVIOLABILIDAD E INMUNIDAD ASAMBLEARIAS

1. Los Ciudadanos y miembros de las Asambleas gozarán de inviolabilidad por las opiniones manifestadas en el ejercicio de sus funciones, únicamente en el seno de la Asamblea y cuando sus manifestaciones no sean imputables ante la Ley.

2. Durante el período de su mandato los miembros de Comisión Directiva, Delegados y funcionarios, gozarán asimismo de inmunidad y sólo podrán ser detenidos en caso de flagrante delito. Pero podrán ser inculpados y procesados sin la previa autorización de la Asamblea respectiva si la investigación judicial le considerase posiblemente culpable con prueba suficiente, en cuyo caso deberá informase a la Asamblea correspondientes para que ésta determine su cese temporal en el cargo. Tras sentencia de culpabilidad en firme, no podrá volver a ocupar cargo público ni político alguno de por vida.

3. En las causas contra miembros o funcionarios de la Asamblea Nacional o sus Ministerios y Secretarías, será competente la Sala de lo Penal del Tribunal Supremo.

4. Los Miembros de Comisión Directiva de las Asambleas Provinciales y Nacional, percibirán una asignación que será fijada por la Asamblea Menor o de Primer Orden de origen según lo fijado en el Artículo 69, inc. 2.

ARTICULO 72

REGLAMENTO DE ASAMBLEAS

1. Las Asambleas establecen sus propios Reglamentos, aprueban autónomamente sus presupuestos y, de común acuerdo, regulan el Estatuto del Personal funcionario.

Los Reglamentos y su reforma serán sometidos a una votación final sobre su totalidad, que requerirá la mayoría absoluta.

2. Las Asambleas eligen sus respectivos Presidentes y los demás miembros de sus Mesas. Las sesiones serán presididas por el Presidente de la Asamblea, quien actuará como moderador y coordinador. Tendrá voz pero sólo tendrá voto cuando deba definir un empate.

3. Los Presidentes de las Asambleas ejercen en nombre de las mismas todos los poderes administrativos y facultades de policía en el interior de sus respectivas sedes.

4. Los Presidentes de Asambleas Menores, Municipales y Provinciales, no podrán en modo alguno recibir retribución económica por su labor. El Presidente de la Asamblea Nacional y los miembros de su Comisión Directiva son los únicos que podrán optar en caso necesario, por un sueldo igual al promedio de un sueldo de obrero.

5. El Presidente de la Asamblea Nacional es el Presidente de la Nación, cargo al que llega por sucesivos méritos y consecuentes sucesivas elecciones, pero sus atributos jamás excederán lo dispuesto en la presente Constitución.

ARTICULO 73
SESIONES DE LAS ASAMBLEAS

1. Las Asambleas Menores y las de Primer Orden, se reunirán mínimamente una vez por semana, comunicándolo a toda la ciudadanía en tiempo y forma. Las reuniones de la Comisión Directiva sin la invitación a la participación de la ciudadanía, no tendrán efecto ni validez.

2. Las Asambleas Provinciales podrán convocar a sesión extraordinaria a las Asambleas Locales y Menores así como las Provinciales en particular o todas las Asambleas de la Nación en general, podrán ser convocadas por la Asamblea Nacional cuando lo requiera alguna circunstancia especial.

ARTICULO 74

LEY DE ASAMBLEAS Y LEGISLACIÓN GENERAL

1. Toda otra consideración no presente en esta Constitución sobre el funcionamiento de las Asambleas y normativas de las mismas o sus posteriores modificaciones, deberán siempre partir del seno asambleario.

2. La Asamblea Nacional es la única entidad legislativa y ejecutiva y no podrá promulgar como efectiva en tiempos de paz, ninguna ley que no haya sido consensuada por unanimidad absoluta en las Asambleas Provinciales, así como éstas no podrán dictar normas provinciales sin el consenso de las tres cuartas partes de las Asambleas Locales y Menores. En este sentido, las Asambleas Menores se cuentan como una Local, garantizando la participación real de los núcleos poblacionales menores.

ARTICULO 75

EL PLENO Y LAS COMISIONES DE LAS ASAMBLEAS

1. Las Asambleas funcionarán en Pleno siempre y sus Comisiones lo harán en el orden previsto por la propia Asamblea siguiendo expresamente sus directivas.

2. Los Presupuestos Generales del Estado serán actualizados constantemente por el Ministerio de Economía y con información diaria a la Asamblea Nacional.

ARTICULO 76

1. Las Asambleas podrán nombrar Comisiones de investigación sobre cualquier asunto de interés público. Sus conclusiones no serán vinculantes para los Tribunales, ni afectarán a las resoluciones judiciales, sin perjuicio de que el resultado de la investigación sea comunicado al Ministerio Fiscal para el ejercicio, cuando proceda, de las acciones oportunas.

2. Será obligatorio comparecer a requerimiento de las Asambleas. La ley regulará las sanciones que puedan imponerse por incumplimiento de esta obligación.

ARTICULO 77
PETICIONES A LAS ASAMBLEAS

1. Las Asambleas pueden recibir peticiones individuales y colectivas siguiendo el Proceso Asambleario.

ARTICULO 78
DERECHO DE SESIÓN PERMANENTE

Queda garantizado el derecho de sesión permanente a las Asambleas Menores, Locales y Provinciales que requieran atención a cualquier problema, por existir perjuicios locales puntuales o generales, hasta conseguir ajustar las decisiones de la Asamblea Provincial y/o la Nacional, a un acuerdo que conforme a todas las partes.

ARTICULO 79
ADOPCIÓN DE ACUERDOS Y RESOLUCIONES

1. Para adoptar acuerdos, las Asambleas deben estar reunidas reglamentariamente y con asistencia de la mayoría de sus miembros. La inasistencia de cualquier miembro de la Comisión Directiva a la sesión de Asamblea, se cubrirá en reemplazo temporal o permanente por cualquier ciudadano que cumpla las condiciones para el cargo, siempre con aprobación de un 75 % de los asistentes. No podrán cubrir este reemplazo en la Asamblea Nacional, los Delegados de Asambleas Provinciales, ni en éstas los Delegados de Asambleas Locales.

2. Dichos acuerdos y resoluciones, para ser válidos, deberán ser aprobados por la mayoría de los miembros presentes, el voto de los ciudadanos es personal e indelegable.

ARTICULO 80

PUBLICIDAD DE LAS SESIONES

Las sesiones de las Asambleas serán públicas y no tendrán validez si no cumplen la publicación adecuada para que todos los ciudadanos participen. Un canal de televisión, una emisora de radio y un canal de Internet, emitirá constantemente la actividad de la Asamblea Nacional cuando esté en sesión. El resto del tiempo estos medios emitirán desde las Asambleas Provinciales o desde las Locales y Menores.

CAPÍTULO II

DE LA ELABORACIÓN DE LAS LEYES

ARTICULO 81

1. Son leyes orgánicas las relativas al desarrollo de los derechos fundamentales y de las libertades públicas, las que aprueben los Estatutos de Provincia y el régimen electoral general y las demás previstas en la Constitución.

2. La aprobación, modificación o derogación de las leyes orgánicas exigirá mayoría absoluta de la Asamblea Nacional en una votación final sobre el conjunto del proyecto.

ARTICULO 82

LA DELEGACIÓN LEGISLATIVA

La Asamblea Nacional y las Provinciales no podrán delegar responsabilidades en la legislación, garantizando que toda ley proviene de la Voluntad del Pueblo, mediante el sistema Asambleario.

2. Las Leyes serán básicas en su creación, acordes a principios éticos fundamentales, claras en su expresión y factibles en su aplicación.

REDACCIÓN DE TEXTOS LEGALES

4. Las Asambleas efectuarán las redacciones legales de su jurisdicción durante las sesiones y en presencia de los Ciudadanos, al igual que la redacción de las peticiones o propuestas de ley a las Asambleas mayores. La Asamblea Nacional hará igual pero sólo podrá votar provisoriamente, debiendo esperar setenta y dos horas, a que ratifiquen el texto las Asambleas Provinciales, con lo cual el texto de Ley quedará promulgado o puesto nuevamente a debate.

5. Sin perjuicio de la competencia propia de los Tribunales, Las Asambleas podrán establecer en cada caso fórmulas adicionales de control.

ARTICULO 83
LIMITACIÓN A LAS LEYES DE BASES

Las Leyes de Base podrán ser modificadas como todas las leyes, incluyendo la presente Constitución, mediante el correspondiente proceso Asambleario.

ARTICULO 84

Por lo expresando en el artículo anterior, esta Constitución garantiza el derecho de Evolución de Conciencia, Jurisprudencia y Legislación, de acuerdo a la Voluntad y Soberanía del Pueblo.

ARTICULO 85
DECRETOS LEGISLATIVOS

Las disposiciones de los órganos dependientes de la Asamblea Nacional, sólo tendrán efecto de Ley cuando ésta haya pasado por el proceso Asambleario.

ARTICULO 86
DECRETOS-LEYES Y SU CONVALIDACIÓN

1. En caso de extraordinaria y urgente necesidad, La Asamblea Nacional podrá dictar disposiciones legislativas

provisionales que tomarán la forma de Decretos-leyes y que no podrán afectar al ordenamiento de las instituciones básicas del Estado, a los derechos, deberes y libertades de los ciudadanos regulados en el Título I, al régimen de las Provincias ni al Derecho electoral general.

2. Los Decretos-leyes deberán ser inmediatamente comunicados en el plazo de setenta y dos horas siguientes a su promulgación y sometidos a debate y votación de totalidad de las Asambleas de Ciudadanos, convocados al efecto si no estuviere reunidas. Las Asambleas Provinciales habrán de pronunciarse expresamente en un plazo no mayor de siete días naturales, sobre su convalidación o derogación, para lo cual el reglamento establecerá un procedimiento especial y sumario.

3. Durante el plazo establecido en el apartado anterior, las Asambleas podrán tramitarlos como proyectos de ley por el procedimiento de urgencia.

ARTICULO 87
INICIATIVA LEGISLATIVA

1. La iniciativa legislativa corresponde al conjunto de la Ciudadanía y la ejerce mediante el Sistema Asambleario como única vía válida.

INICIATIVA LEGISLATIVA DE LAS PROVINCIAS

2. Las Asambleas de las Provincias podrán solicitar de la Asamblea Nacional la adopción de un proyecto de ley. Así mismo, las Asambleas Menores y Locales podrán peticionar a la Asamblea Provincial.

INICIATIVA LEGISLATIVA POPULAR

3. Todo Ciudadano tiene voz cantante y voto efectivo en la Asamblea Local, así como en la Provincial y puede peticionar por escrito a la Asamblea Nacional con anuencia de su Asamblea Menor o Local, de modo que cualquier iniciativa legislativa deberá seguir el proceso asambleario.

ARTICULO 88

PROYECTOS DE LEY

Los proyectos de Ley redactados por cualquier ciudadano sólo serán considerados como tales con la aprobación de la mayoría absoluta en Asamblea Local. Si no prospera, pero obtiene el cuarenta por ciento o más de los votos a favor, el ciudadano podrá presentarse por una vez en la Asamblea Provincial, con los Delegados de su Asamblea.

ARTICULO 89

PROPOSICIONES DE LEY

1. Los miembros de la Mesa Directiva de la Asamblea Nacional sólo podrán proponer Leyes Nacionales. Los de las Asamblea Provincial, sólo leyes de alcance provincial sin contravenir las Leyes Nacionales. Las Asambleas Locales no podrán promulgar normativas contradictorias con las Leyes Nacionales o las Provinciales.

2. Los Delegados de cualquier Asamblea, los Jueces, los Periodistas, policías y militares, son inhibidos de presentar propuestas de Ley ante sus propias Asambleas Locales, ni posibilidad de iniciativa legislativa en el orden Provincial ni Nacional, ni pueden hacerlo otras personas en su nombre. Sólo podrán hacerlo renunciando a su cargo y/o función.

SANCIÓN Y PROMULGACIÓN DE LAS LEYES

ARTICULO 90

1. Todas las Leyes promulgadas serán puestas en vigor inmediatamente que se que se aprueben y no podrán tener efecto retroactivo.

ARTICULO 91

El Tribunal Superior podrá revisar los textos previamente, para evitar contradicciones e incompatibilidades entre sí o con la presente Constitución.

ARTICULO 92
REFERÉNDUM

Todas las decisiones políticas son de especial trascendencia y deberán ser sometidas a referéndum consultivo de todos los ciudadanos mediante el sistema Asambleario descrito. Así mismo, han de someterse a referéndum asambleario todas aquellas medidas de los Ministerios que revistan importancia estratégica para la Nación o afecten a las Provincias en sus intereses particulares.

CAPÍTULO III
DE LOS TRATADOS INTERNACIONALES
ARTICULO 93

Mediante la ley orgánica se podrá autorizar la celebración de tratados por los que se atribuya a una organización o institución Nacional el ejercicio de competencias derivadas de la Constitución, en acuerdo con organizaciones o naciones extranjeras. Ningún organismo internacional tendrá prioridad sobre las decisiones de los Ciudadanos de la Nación. Corresponde a la Asamblea Nacional la garantía del cumplimiento de estos tratados y de las resoluciones por parte de los organismos internacionales o supranacionales titulares de la cesión, siempre que no vulneren la Soberanía Nacional, la Soberanía Política de los Ciudadanos, las Leyes y la presente Constitución.

ARTICULO 94
TRATADOS INTERNACIONALES

1. La Asamblea Nacional podrá realizar tratados internacionales, únicamente con aprobación unánime de las Asambleas Provinciales, las cuales deberán contar con la mayoría absoluta de las Asambleas Locales y Menores (las Menores se cuentan a tal efecto como municipales) y estos tratados podrán ser:

a) Tratados de carácter político.

b) Tratados o convenios de carácter militar.

c) Tratados o convenios que afecten a la integridad territorial del Estado.

d) Tratados o convenios que impliquen obligaciones financieras para la Hacienda Pública.

e) Ningún tratado de cualquier orden obligará a modificar leyes ni esta Constitución pero la Asamblea Nacional puede impulsar la creación de leyes no contradictorias con ninguna existente, a fin de canalizar dichos tratados.

2. Las Asambleas y ciudadanía serán inmediatamente informados de todo resultado sobre convenios.

3. Queda abolida la inmunidad diplomática en todo el territorio nacional, salvo para los diplomáticos y autoridades extranjeras que determine puntualmente la Asamblea Nacional.

ARTICULO 95
TRATADOS INTERNACIONALES Y LA CONSTITUCIÓN

1. La celebración de un tratado internacional que contenga estipulaciones contrarias a la Constitución o las Leyes y conveniencia del Pueblo exigirá la revisión de dicho tratado, puesto que ninguna influencia extranjera, aunque se presente como conveniencia temporal o particular, puede estar por encima de la Voluntad Ciudadana, ni obligarla a modificar sus Leyes.

2. La Asamblea Nacional o cualquier Asamblea Provincial, pueden requerir al Tribunal Constitucional para que declare si existe o no esa contradicción

ARTICULO 96
DEROGACIÓN DE TRATADOS Y CONVENIOS

1. Los tratados internacionales válidamente celebrados, una vez publicados oficialmente en La Nación, formarán

parte del ordenamiento interno. Sus disposiciones sólo podrán ser derogadas, modificadas o suspendidas en la forma prevista en los propios tratados o de acuerdo con las normas generales y la Voluntad de la Ciudadanía.

2. Queda abolido todo reconocimiento al derecho internacional, así como todo tratado previo a la promulgación de la presente Constitución, no refrendado por la Asamblea Nacional de acuerdo el proceso Asambleario, toda vez que la Nación declara que respetará los tratados que efectúe en adelante, o romperá las relaciones con los Estados o instituciones extranjeras que no obren de igual manera. El Pueblo de la Nación es Soberano y no reconoce tribunal alguno fuera de sus fronteras con capacidad para juzgarle, ni juzgar dentro de sus fronteras a un Ciudadano de la Nación.

3. Para la denuncia de los tratados y convenios internacionales se utilizará el mismo procedimiento previsto para su aprobación en el Artículo 94.

TÍTULO IV
DEL GOBIERNO Y DE LA ADMINISTRACIÓN
ARTICULO 97
EL GOBIERNO ES EL PUEBLO REUNIDO EN ASAMBLEA

La Asamblea Nacional dirige la política interior y exterior, la Administración civil y militar y la defensa del Estado. Ejerce la función ejecutiva y la potestad reglamentaria de acuerdo con la Constitución y las leyes

ARTICULO 98
COMPOSICIÓN Y ESTATUTO DE EJECUTIVOS DEL GOBIERNO

1. Los Ejecutivos de Gobierno son los Ministros y de los demás funcionarios designados por las Asambleas, para

cumplir los mandatos puntuales de las mismas, dentro de lo que establezca la ley.

2. El Presidente de la Asamblea Nacional dirige la acción de los Ejecutivos de Gobierno y coordina las funciones de los demás empleados del Estado, sin perjuicio de la competencia y la responsabilidad directa de éstos en su gestión.

3. Los miembros Ejecutivos del Gobierno no podrán ejercer otras funciones representativas que las propias del mandato Asambleario ni cualquier otra función pública que no derive de su cargo, ni actividad profesional o mercantil alguna.

4. La ley regulará el estatuto e incompatibilidades de los Ejecutivos y empleados del Gobierno.

ARTICULO 99

NOMBRAMIENTO DE LOS PRESIDENTES DE LA ASAMBLEA NACIONAL, DE LAS ASAMBLEAS PROVINCIALES, LOCALES, MENORES Y OTROS CARGOS.

1. El cargo de Presidente de la Asamblea Nacional y el de Presidente de la Asambleas Provinciales, Locales y Menores, así como cualquier cargo de las Mesas Directivas, podrán proponerse desde cualquier Asamblea Menor o Local. En el supuesto de que la Ciudadanía desee reemplazar al Presidente de la Asamblea Nacional Constituyente, autora de la presente Constitución, o deba reemplazar a un Presidente o a cualquiera de los cargos de provincia o localidad, en adelante y por cualquier motivo justificado, procederá conforme a la Ley y los Estatutos.

Sólo podrá ocupar un cargo cualquiera en la Asamblea Nacional, quien previamente lo haya hecho durante cinco años en la Asamblea Provincial correspondiente, así como los cargos provinciales sólo podrán ser ocupados por quienes hayan ejercido cinco años en la Asamblea Local.

Lógica excepción cabe para los miembros de las primeras Asambleas Constituyentes Nacional, Provinciales, Locales y Menores, que permanecerán en el cargo de modo vitalicio si no son destituidos por medio del Proceso Asambleario de las tres instancias asamblearias. Cualquier otro mecanismo democrático asambleario deberá ser debatido por la Ciudadanía, modificado el establecido en la presente Constitución mediante la participación de toda la Ciudadanía. Cualquier mecanismo que no contemple la expresión efectiva mediante voto de hasta el último ciudadano apto según la ley, será anticonstitucional.

EL VOTO DE INVESTIDURA

2. El candidato propuesto conforme a lo previsto en el apartado anterior expondrá ante su respectiva Asamblea Local, su programa político y las razones por las cuales se candidatea y solicitará la confianza de la Asamblea, para presentarse como Delegado Candidato a la Presidencia de la Provincia. Los candidatos a la Presidencia de la Asamblea Nacional o cualquiera de los otros ocho cargos, sólo podrán ejercer conforme a los anteriores apartados, tras cinco años de actividad política intachable y ejemplar.

ARTICULO 100

NOMBRAMIENTO DE LOS MINISTROS NACIONALES, PROVINCIALES Y CONSEJERÍAS

Los Ejecutivos del Gobierno serán nombrados y separados por el Presidente de cada Asamblea a propuesta de de la propia Asamblea.

ARTICULO 101

CESE DEL GOBIERNO

1. El Gobierno como entidad es el Pueblo, de modo que no puede cesar. Sólo podrán ser separadas de su cargo todos o cada uno de los miembros de una Asamblea, mediante intervención de toda la ciudadanía en la propia

Asamblea, siempre y cuando concurran denuncias de delitos contra la Constitución, conspiración contra el sistema Asambleario, intento de perversión de la economía, ineptitud manifiesta y evidente para el cargo, usufructo económico ilícito o traición a la Patria.

ARTICULO 102
RESPONSABILIDAD DE LOS MIEMBROS DE ASAMBLEA

1. La responsabilidad criminal del Presidente y los demás miembros de las Asambleas Nacional y Provinciales, será exigible, en su caso, ante la Sala de lo Penal del Tribunal Supremo.

2. Si la acusación fuere por traición o por cualquier delito contra la seguridad del Estado en el ejercicio de sus funciones, sólo podrá ser planteada por iniciativa de la cuarta parte de los miembros de la Asamblea y con la aprobación de la mayoría absoluta de la misma.

ARTICULO 103
LA ADMINISTRACIÓN PÚBLICA

1. La Administración Pública sirve con objetividad los intereses generales y actúa de acuerdo con los principios de eficacia, jerarquía, descentralización, desconcentración y coordinación, con sometimiento pleno a la ley y al Derecho determinado por el Sistema Asambleario

2. Los órganos de la Administración del Estado son creados, regidos y coordinados de acuerdo con la presente Constitución.

ESTATUTO DE LOS FUNCIONARIOS PÚBLICOS

3. La ley regulará el estatuto de los funcionarios públicos, el acceso a la función pública de acuerdo con los principios de mérito y capacidad, el sistema de incompatibilidades y las garantías para la imparcialidad en el ejercicio de sus funciones.

ARTICULO 104

LAS FUERZAS Y CUERPOS DE SEGURIDAD DEL ESTADO

1. Las Fuerzas y Cuerpos de seguridad, bajo la dependencia del Gobierno, tendrán como misión proteger el libre ejercicio de los derechos y libertades y garantizar la seguridad ciudadana.

2. Una ley orgánica determinará las funciones, principios básicos de actuación y estatutos de las Fuerzas y Cuerpos de seguridad.

3. El Presidente de cada Asamblea, será el Jefe de la Policía de su jurisdicción, pudiendo nombrar por iniciativa propia o por exigencia de la Asamblea, a un Jefe Ejecutivo cuando no cuente él mismo con instrucción policial suficiente. El Presidente de la Nación es el Jefe de las Fuerzas Armadas.

ARTICULO 105

LA LEY REGULARÁ LA PARTICIPACIÓN DE LOS CIUDADANOS

a) El Sistema Asambleario garantiza la participación plena de todos los ciudadanos en todas las decisiones de orden público.

b) El acceso de los ciudadanos a los archivos y registros administrativos, salvo en lo que afecte a la seguridad y defensa del Estado, la averiguación de los delitos y la intimidad de las personas, con las excepciones acordes a las Leyes de Periodismo. Los Presidentes de Asambleas podrán requerir para su conocimiento reservado y justificado, los archivos y expedientes incluso cuando estuvieran bajo secreto de sumario.

c) El procedimiento a través del cual deben producirse los actos administrativos, garantizando, cuando proceda, la audiencia del interesado, será determinado por la Asamblea en cada caso.

ARTICULO 106

CONTROL JUDICIAL DE LA ADMINISTRACIÓN

1. Los Tribunales controlan la potestad reglamentaria y la legalidad de la actuación administrativa, así como el sometimiento de ésta a los fines que la justifican.

2. Los particulares, en los términos establecidos por la ley, tendrán derecho a ser indemnizados por toda lesión que sufran en cualquiera de sus bienes y derechos, salvo en los casos de fuerza mayor, siempre que la lesión sea consecuencia del funcionamiento de los servicios públicos.

ARTICULO 107

EL CONSEJO DE ESTADO

El Consejo de Estado se compone de los Ministros y Secretarios y su función es asesorar y sugerir, pero el poder de decisión corresponde únicamente a la Asamblea de Ciudadanos.

TÍTULO V

DE LAS RELACIONES ENTRE LAS ASAMBLEAS

ARTICULO 108

RESPONSABILIDAD DEL EJECUTIVO ANTE LA ASAMBLEA

Los Ejecutivos de Gobierno así como los demás empleados públicos, rendirán cuentas de su hacer ante sus respectivas Asambleas, de forma semanal en las Menores y Locales, diariamente ante las Provinciales y Nacional. Lo harán presentando un informe oral o escrito según el caso, aún en el caso de no existir novedad alguna que presentar. No podrán negarse a declarar ante la Asamblea la información que ésta requiera.

ARTICULO 109

DERECHO DE INFORMACIÓN DE LAS ASAMBLEAS

Las Asambleas de cualquier orden, podrán recabar cualquier información que precisen, a los Ejecutivos de Gobierno de cualquier jurisdicción, con excepción de las reglamentadas en el Estatuto Militar.

ARTICULO110

1. Las Asambleas pueden reclamar la presencia de los miembros Ejecutivos del Gobierno.

2. Los Ejecutivos del Gobierno tienen acceso y obligación de asistencia a las sesiones de las Asambleas y a sus Comisiones y la facultad de hacerse oír en ellas, y podrán solicitar que informen ante las mismas, funcionarios de sus Departamentos.

ARTICULO 111

INTERPELACIONES Y PREGUNTAS

1. Las Mesas Directivas de Asambleas y cada uno de sus miembros están sometidos a las interpelaciones y preguntas que se le formulen en las sesiones. Para esta clase de debate los Reglamentos establecerán un tiempo mínimo semanal o diario según sea el caso.

2. Toda interpelación podrá dar lugar a una moción en la que la Asamblea manifieste su posición. La Mesa Directiva obedecerá el mandato mayoritario de la Asamblea, aún en el caso en que ninguno de los miembros de dicha Mesa esté de acuerdo en opinión con la mayoría.

ARTICULO 112

LA CUESTIÓN DE CONFIANZA

El Presidente de la Nación previa deliberación con el Consejo de Ministros, tendrá prioridad para exponer un programa, una acción de emergencia, y la confianza será manifiesta sólo mediante el Proceso Asambleario que de su voto a favor.

ARTICULO 113
MOCIÓN DE CENSURA

1. SOBRE EJECUTIVOS DE GOBIERNO: Cualquier Asamblea Provincial puede exigir responsabilidad política a la Asamblea Nacional por las medidas y realizaciones de los Ejecutivos del Gobierno mediante la adopción por mayoría absoluta de los Delegados de las Asambleas Provinciales, de la moción de censura. En este acto, no pueden votar otros ciudadanos presentes ni miembros de la Mesa Directiva de la Asamblea Nacional, ni Ejecutivos de Gobierno, sino solamente los Delegados Provinciales a la Asamblea Nacional.

2. SOBRE MIEMBROS DE LA ASAMBLEA: Si la Moción de Censura afectase al Presidente de la Nación o a otro miembro de la Mesa Directiva Nacional, el mecanismo será el mismo pero deberá contar con mayoría absoluta de las Asambleas Provinciales para ser tratada.

3. La moción de censura no podrá ser votada hasta que transcurran cinco días desde su presentación. En los dos primeros días del plazo podrán presentarse mociones alternativas y en ningún caso se presentarán candidatos a los puestos que pudieran quedar vacantes, sino que estos se cubrirán mediante el Proceso Asambleario.

4. Si la moción de censura no fuese aprobada por la Asamblea, sus signatarios no podrán presentar otra durante un año.

ARTICULO 114
DIMISIÓN DEL GOBIERNO

En caso de dimisión de cualquiera o todos los miembros de una Asamblea, deberá seguirse el Proceso

Asambleario para su reemplazo. En las Asamblea Nacional y Provinciales, los Delegados podrán cubrir interinamente los puestos vacantes.

ARTICULO 115
DISOLUCIÓN DE LAS CÁMARAS Y OTROS ORGANOS - REQUISITOS DE CANDIDATURA

1.   Quedan disueltas por mandato de la presente Constitución y refrendo de las Asambleas de Ciudadanos, las Cámaras legislativas del antiguo sistema partidocrático. El Presidente de la Asamblea Nacional Constituyente posee un período de tres años para dirigir la Nación conforme al Sistema Asambleario, tras cuyo plazo deberá ser ratificado o destituido mediante Proceso Asambleario. La ratificación deberá contar con una mayoría de dos tercios del total de la población.

2. En caso de no ser ratificado, deberá aceptar a un Delegado de cada Asamblea Provincial que desee ocupar el puesto y reúna requisitos conforme al siguiente apartado, para someterles a votación directa de toda la ciudadanía. Cada candidato tendrá sólo una hora de cadena nacional de telecomunicaciones para dar su discurso, y lo harán sólo dos candidatos por día. Finalizados los discursos, se procederá a un repaso de cinco minutos por candidato, de la parte del discurso elegido por él mismo. Ocupará la Presidencia de la Asamblea Nacional aquel que reciba al menos un tercio del total de los votos. Si ninguno lo alcanzase, el Presidente a reemplazar permanecerá un año más, tras lo cual volverá a convocar a los candidatos y repetirse el proceso hasta definirse. Mediante proceso Asambleario, la ciudadanía puede modificar este apartado y el siguiente para perfeccionar el modo de elección, según la tecnología disponible para que no resulte oneroso a la Nación.

3. Los candidatos han de cumplir los siguientes requisitos:

a) No tener causas penales en su historial personal, ni civiles pendientes o en las que hayan sido declarados culpables.

b) Haber sido elegidos sucesivamente en su Asamblea Local o en la Menor si correspondiese, como candidato a Delegado Presidenciable (lo normal de los Delegados), luego en la Asamblea Provincial y finalmente con tres años como mínimo participando intachablemente en la Asamblea Nacional como Delegado.

c) No haber sido Presidente de Asamblea Provincial, ya que ningún Presidente de Asamblea podrá ser Presidente de una Asamblea superior en orden, aunque pueda ejercer como Delegado Consejero o designado Ejecutivo de Gobierno si su función lo mereciera.

d) Hablar, escribir y leer con absoluta corrección.

e) Poseer excelente salud.

f) Jurar absoluta Lealtad al Pueblo de la Nación y su determinación a todo sacrificio si fuera necesario para protegerlo.

ARTICULO 116

1. Una ley orgánica regulará los estados de alarma, de excepción y de sitio, y las competencias y limitaciones correspondientes.

ESTADO DE ALARMA

2. El estado de alarma será declarado por la Asamblea Nacional mediante decreto acordado en Consejo de Ministros y Delegados de las Asambleas Provinciales por plazo máximo de quince días, informando a la Ciudadanía, reunida inmediatamente al efecto y sin cuya autorización no podrá prorrogarse dicho plazo. El decreto determinará el ámbito territorial de los efectos de la declaración.

ESTADO DE EXCEPCIÓN

3. El estado de excepción será declarado por la Asamblea Nacional mediante decreto acordado en Consejo de

Ministros y los Delegados de las Asambleas Provinciales. La autorización y proclamación del estado de excepción deberá determinar expresamente los efectos del mismo, el ámbito territorial a que se extiende y su duración, que no podrá exceder de treinta días, prorrogables por otro plazo igual, con los mismos requisitos.

ESTADO DE SITIO

4. El estado de sitio será declarado por la mayoría de tres cuartas partes de la Asamblea Nacional que determinará su ámbito territorial, duración y condiciones, con información completa y constante a toda la Ciudadanía.

5. No podrá procederse a moción de censura mientras estén declarados algunos de los estados comprendidos en el presente Artículo, quedando automáticamente convocadas las Asambleas Locales si no estuvieren en días de sesiones. Su funcionamiento, así como el de los demás poderes constitucionales del Estado, no podrá interrumpirse durante la vigencia de estos estados.

6. La declaración de los estados de alarma, de excepción y de sitio no modificarán el principio de responsabilidad de los Asamblearios, Delegados y de sus agentes reconocidos en la Constitución y en las leyes.

TÍTULO VI

DEL PODER JUDICIAL

ARTICULO 117

INDEPENDENCIA DE LA JUSTICIA

1. La justicia emana del Pueblo y se administra por Jueces y Magistrados integrantes del Poder Judicial, independientes, inamovibles, responsables y sometidos únicamente al imperio de la ley.

INAMOVILIDAD DE LOS JUECES Y MAGISTRADOS

2. Los Jueces y Magistrados no podrán ser separados, suspendidos, trasladados ni jubilados, sino por Moción de

censura y con las tres cuartas partes de los votos de Delegados de todas las Asambleas Provinciales. La Asamblea Nacional, solidariamente con el Tribunal Supremo, investigarán toda causa denunciada contra un Juez o Magistrado.

3. El ejercicio de la potestad jurisdiccional en todo tipo de procesos, juzgando y haciendo ejecutar lo juzgado, corresponde exclusivamente a los Juzgados y Tribunales determinados por las leyes, según las normas de competencia y procedimiento que las mismas establezcan.

4. Los Juzgados y Tribunales no ejercerán más funciones que las señaladas en el apartado anterior y las que expresamente les sean atribuidas por ley en garantía de cualquier derecho.

5. Los jueces y Magistrados recibirán una retribución económica proveniente de los fondos del Estado, equivalente al doble del sueldo de un obrero y no podrán poseer otros ingresos sin justificarlos debidamente ante la Asamblea correspondiente, que sólo podrán provenir de trabajos manuales, artísticos o intelectuales según la Ley de beneficio intelectual.

UNIDAD JURISDICCIONAL

5. El principio de unidad jurisdiccional es la base de la organización y funcionamiento de los Tribunales. La ley regulará el ejercicio de la jurisdicción militar en el ámbito estrictamente castrense y en los supuestos de estado de sitio, de acuerdo con los principios de la Constitución.

6. Se prohíben los Tribunales de excepción, salvo en el ámbito militar y en situación de guerra.

ARTICULO 118
COLABORACIÓN CON LA JUSTICIA

Es obligado cumplir las sentencias y demás resoluciones firmes de los Jueces y Tribunales, así como prestar la colaboración requerida por éstos en el curso del proceso y en la ejecución de lo resuelto.

ARTICULO 119
GRATUIDAD DE LA JUSTICIA

La justicia será gratuita en todos los casos, incluyendo los juicios civiles. La ley determinará el monto de punición en éstos sin perjuicio de las economías familiares mínimas, así como las penas de reclusión según el Plan Ecologénico. Queda abolida la posibilidad de "fianza" en el criterio que la Justicia no se puede comprar.

ARTICULO 120
PUBLICIDAD DE LAS ACTUACIONES JUDICIALES

1. Las actuaciones judiciales serán públicas, con las excepciones que prevean las leyes de procedimiento.

2. El procedimiento será predominantemente oral, sobre todo en materia criminal.

3. Las sentencias serán siempre motivadas y se pronunciarán en audiencia pública.

ARTICULO 121
INDEMNIZACIÓN POR ERRORES JUDICIALES

Los daños causados por error judicial, así como los que sean consecuencia del funcionamiento anormal de la Administración de Justicia, darán derecho a una indemnización a cargo del Estado, conforme a la Ley.

ARTICULO 122
JUZGADOS Y TRIBUNALES

1. La ley orgánica del poder judicial determinará la constitución, funcionamiento y gobierno de los Juzgados y Tribunales, así como el estatuto jurídico de los Jueces y

Magistrados de carrera, que formarán un Cuerpo único, y del personal al servicio de la Administración de Justicia.

CONSEJO GENERAL DEL PODER JUDICIAL

2. El Consejo General del Poder Judicial es el órgano de gobierno del mismo. La ley orgánica establecerá su estatuto y régimen de incompatibilidades de sus miembros y sus funciones, en particular, sobre los nombramientos, ascensos, inspección y régimen disciplinario

3. El Consejo General del Poder Judicial estará integrado por el Presidente del Tribunal Supremo, que lo presidirá, y por veinte miembros nombrados por la Asamblea Nacional, por un período de cinco años. De éstos, doce entre Jueces y Magistrados de todas las categorías judiciales, en los términos que establezca la ley orgánica; cuatro a propuesta de los Delegados de Asambleas Provinciales, y cuatro a propuesta del Consejo de Periodistas, elegidos en ambos casos por mayoría de tres quintos de sus miembros, entre abogados y otros juristas, todos ellos de reconocida competencia y con más de quince años de ejercicio en su profesión.

ARTICULO 123

EL TRIBUNAL SUPREMO

1. El Tribunal Supremo, con jurisdicción en toda La Nación, es el órgano jurisdiccional superior en todos los órdenes, salvo lo dispuesto en materia de garantías constitucionales.

2. El Presidente del Tribunal Supremo será nombrado por la Asamblea Nacional a propuesta del Consejo General del Poder Judicial, en la forma que determine la ley.

ARTICULO 124

EL MINISTERIO FISCAL

1. El Ministerio Fiscal, sin perjuicio de las funciones encomendadas a otros órganos, tiene por misión promover

la acción de la justicia en defensa de la legalidad, de los derechos de los ciudadanos y del interés público tutelado por la ley, de oficio o a petición de los interesados, así como velar por la independencia de los Tribunales y procurar ante éstos la satisfacción del interés social.

2. El Ministerio Fiscal ejerce sus funciones por medio de órganos propios conforme a los principios de unidad de actuación y dependencia jerárquica y con sujeción, en todo caso, a los de legalidad e imparcialidad.

3. La ley regulará el estatuto orgánico del Ministerio Fiscal.

EL FISCAL GENERAL DEL ESTADO

4. El Fiscal General del Estado será nombrado por La Asamblea Nacional oído el Consejo del Poder Judicial.

ARTICULO 125

INSTITUCIÓN DEL JURADO

Los ciudadanos podrán ejercer la acción popular y participar en la Administración de Justicia mediante la institución del Jurado, en la forma y con respecto a aquellos procesos penales que la ley determine, así como en los Tribunales consuetudinarios y tradicionales.

ARTICULO 126

POLICÍA JUDICIAL

La policía judicial depende de los Jueces, de los Tribunales y del Ministerio Fiscal en sus funciones de averiguación del delito y descubrimiento y aseguramiento del delincuente, en los términos que la ley establezca.

ARTICULO 127

INCOMPATIBILIDAD DE JUECES 1. Los Jueces y Magistrados, así como los Fiscales, mientras se hallen en activo, no podrán desempeñar otros cargos públicos. La ley establecerá el sistema y modalidades de asociación profesional de los Jueces, Magistrados y Fiscales.

2. La ley establecerá el régimen de incompatibilidades de los miembros del poder judicial, que deberá asegurar la total independencia de los mismos.

TÍTULO VII
ECONOMÍA Y HACIENDA
ARTICULO 128
FUNCIÓN PÚBLICA DE LA RIQUEZA

1. Toda la riqueza del país en sus distintas formas y sea cual sea su titularidad está subordinada al interés general.

2. Se reconoce la iniciativa pública en la actividad económica. Mediante ley se podrá reservar al sector público recursos o servicios esenciales, especialmente en caso de monopolio, y asimismo acordar la intervención de empresas cuando así lo exigiere el interés general conforme a la Ley.

ARTICULO 129
PARTICIPACIÓN EN LA EMPRESA Y EN LOS ORGANISMOS PÚBLICOS

1. La ley establecerá las formas de participación de los interesados en la Seguridad Social y en la actividad de los organismos públicos cuya función afecte directamente a la calidad de la vida o al bienestar general.

2. Los poderes públicos promoverán eficazmente las diversas formas de participación en la empresa y fomentarán, mediante una legislación adecuada, las sociedades cooperativas. También establecerán los medios que faciliten el acceso de los trabajadores a la propiedad de los medios de producción.

3. Los profesionales de la salud, la seguridad y la justicia, podrán ejercer como Empleados del Estado o como

profesionales independientes, sin que en ningún caso puedan formar empresas ni tener más empleados que los propios de su ayudantía. Los profesionales de la educación no podrán ejercer de modo privado y particular sino dentro de los planes educativos del Estado.

ARTICULO 130

DESARROLLO DEL SECTOR ECONÓMICO

1. Los poderes públicos atenderán a la modernización y desarrollo de todos los sectores económicos, en particular, de la agricultura, la ganadería, la pesca y la artesanía, a fin de equiparar el nivel de vida de todos los Ciudadanos.

2. Con el mismo fin se dispensará un tratamiento especial a las zonas de montaña.

ARTICULO 131

PLANIFICACIÓN DE LA ACTIVIDAD ECONÓMICA

1. El Estado, mediante ley, podrá planificar la actividad económica general para atender a las necesidades colectivas, equilibrar y armonizar el desarrollo regional y sectorial y estimular el crecimiento de la renta y de la riqueza y su más justa distribución.

2. Las Asambleas en función coordinada con los Ejecutivos de Gobierno, elaborarán los proyectos de planificación, de acuerdo con las previsiones que le sean suministradas por las Provincias y el asesoramiento de organizaciones profesionales y empresariales. A tal fin, se constituirá un consejo, cuya composición y funciones se desarrollarán por ley.

ARTICULO 132

BIENES DE DOMINIO PÚBLICO

1. La ley regulará el régimen jurídico de los bienes de dominio público y de los comunales, inspirándose en los

principios de inalienabilidad, imprescriptibilidad e inembargabilidad, así como su desafectación.

2. Son bienes de dominio público estatal los que determine la ley y, en todo caso, la zona marítimo -terrestre, las playas, el mar territorial y los recursos naturales de la zona económica y la plataforma continental.

3. Por ley se regularán el Patrimonio del Estado y el Patrimonio Nacional, su administración, defensa y conservación.

ARTICULO 133

POTESTAD TRIBUTARIA

1. Queda abolida toda forma de tributo o impuesto para los Ciudadanos y habitantes de La Nación en general, toda vez que el Estado posee mediante las Asambleas de Ciudadanos, la propiedad del Banco Nacional, junto con su capacidad para emitir dinero en función del Patrón Trabajo, medido en Horas-Hombre. Los bienes y recursos serán valuados conforme a los baremos que el Ministerio de Economía determine y la Asamblea Nacional apruebe.

2. La Administración Pública sólo podrá realizar gastos y contraer obligaciones financieras de acuerdo con la ley.

ARTICULO 134

LOS PRESUPUESTOS GENERALES DEL ESTADO

1. Corresponde a la Asamblea Nacional la elaboración de los Presupuestos Generales del Estado, y a las Asambleas Provinciales su examen, enmienda y aprobación. De ello se definirá cuánto dinero emitirá el Banco Nacional, que tendrá además el control exclusivo del cambio con monedas extranjeras.

N.del A. [En los países europeos tendrán que recuperar sus antiguas monedas y salir de la trampa financiera del Euro, modificando al "libre comercio" por la valoración inteligente de los productos y habilitar el trueque internacional directo].

2. Los Presupuestos Generales del Estado tendrán carácter anual, incluirán la totalidad de los gastos e ingresos del sector público estatal y en ellos se consignará el importe del dinero emitido, así como la estadística completa de recursos producidos en todas las áreas industriales, agrícolas, ganaderas y artesanales.

ARTICULO 135

DEUDA PÚBLICA IMPORTACIÓN Y EXPORTACIÓN

1. El Gobierno Asambleario no puede contraer deudas sino en función de lo dictado en los Presupuestos Generales del Estado, ni podrá interactuar con otros países económicamente en función de la dinerocracia. Sólo podrá importar y exportar productos mediante el Fondo Económico Internacional, dependiente del Banco Nacional, para facilitar y garantizar a los productores y comerciantes, un comercio seguro y justo, evitando todo perjuicio a la economía Nacional. Mediante Proceso Asambleario, oído al Ministerio de Economía, se podrá determinar qué productos pueden ser importados y/o exportados, con arreglo a la Ley y a la Constitución.

2. Los créditos sólo podrán ser dados a los particulares que justifiquen su solicitud y tendrán como único interés la devolución íntegra en los plazos acordados sin ninguna clase de usura. La Moneda Nacional no se devalúa internamente. La Asamblea Nacional podrá impulsar leyes que promuevan el "crédito a fondo perdido" toda vez que la única finalidad del dinero es activar las capacidades productivas de los Ciudadanos.

ARTICULO 136

EL TRIBUNAL DE CUENTAS

1. El Tribunal de Cuentas es el supremo órgano fiscalizador de las cuentas y de la gestión económica del

Estado, así como del sector público. Dependerá directamente de la Asamblea Nacional, independiente del Ministerio de Economía pero en coordinación con éste, y ejercerá sus funciones por delegación en las Provincias con un veedor de la Asamblea Provincial, participante en el examen y comprobación de la Cuenta General del Estado.

2. Los miembros del Tribunal de Cuentas gozarán de la misma independencia e inamovilidad y estarán sometidos a las mismas incompatibilidades que los Jueces.

3. Una ley orgánica regulará la composición, organización y funciones del Tribunal de Cuentas.

TÍTULO VIII
DE LA ORGANIZACIÓN TERRITORIAL DEL ESTADO
CAPÍTULO I
PRINCIPIOS GENERALES
ARTICULO 137
MUNICIPIOS Y PROVINCIAS

El Estado se organiza territorialmente en municipios y en provincias que se constituyan. Todas estas entidades gozan de autonomía para la gestión de sus respectivos intereses y se garantiza su participación mediante el Sistema Asambleario, de las decisiones nacionales.

ARTICULO 138
SOLIDARIDAD E IGUALDAD TERRITORIAL

1. El Estado garantiza la realización efectiva del principio de solidaridad, consagrado en el Artículo 2 velando por el establecimiento de un equilibrio económico, adecuado y justo, entre las diversas partes del territorio de la Nación.

2. Las diferencias entre los Estatutos de las distintas Provincias no podrán implicar, en ningún caso, privilegios económicos o sociales.

ARTICULO 139

IGUALDAD DE LOS CIUDADANOS EN LOS TERRITORIOS DEL ESTADO

1. Todos los Ciudadanos tienen los mismos derechos y obligaciones en cualquier parte de territorio del Estado.

2. Ninguna autoridad podrá adoptar medidas que directa o indirectamente obstaculicen la libertad de circulación y establecimiento de las personas y la libre circulación de bienes en todo el territorio de la Nación.

CAPÍTULO II

DE LA ADMINISTRACIÓN LOCAL

ARTICULO 140

AUTONOMÍA Y DEMOCRACIA MUNICIPAL

La Constitución garantiza la autonomía de los municipios. Estos gozarán de personalidad jurídica plena. Su gobierno y administración corresponde a sus respectivos Ayuntamientos por los cuales se entiende la Asamblea de Ciudadanos, integrados por los Alcaldes por los cuales se entienden los Presidentes de Asamblea Local y los Concejales por los cuales se entienden Vicepresidente, Secretario(de actas), cinco vocales y los Ejecutivos de Gobierno. Todos ellos serán elegidos por los vecinos del municipio mediante sufragio universal, igual, libre, directo. Podrá ser secreto o cantado o escrito en la forma establecida por la propia Asamblea.

ARTICULO 141

LAS PROVINCIAS

1. La provincia es una entidad local con personalidad jurídica propia, determinada por agrupación de municipios y división territorial para el cumplimiento de las actividades del Estado. Cualquier alteración de los límites provinciales habrá de ser aprobada por las Asambleas afectadas y aprobada por la Asamblea Nacional.

2. El gobierno y la administración autónoma de las provincias estarán encomendados a sus Asambleas con carácter participativo.

3. Se podrán crear agrupaciones de municipios diferentes de la provincia, con las mismas condiciones que las estipuladas en los Artículos 143 y 144 para las Provincias.

ARTICULO 142
LAS HACIENDAS LOCALES Y SUELDOS PÚBLICOS

1. La Haciendas locales deberán disponer de los medios suficientes para el desempeño de las funciones que la ley atribuye a las Corporaciones respectivas y se nutrirán principalmente de actividades y trabajos propios y de participación en los del Estado. Los sueldos de Delegados de Asambleas Menores y Locales a la Provincial que no puedan ejercer *ad honorem* y los de sus Ejecutivos de Gobierno, así como los Delegados Provinciales a la Asamblea Nacional, será pagados por la Nación.

2. Los Ejecutivos de Gobierno y los funcionarios públicos en general, tendrán un sueldo igual al promedio obrero, más un porcentaje que determinará la Asamblea Nacional, Provincial o Local según corresponda, de acuerdo al grado de responsabilidad, años de servicio y eficiencia.

3. Los Ejecutivos de Gobierno ni los empleados públicos podrán ser familiares directos de miembros de Mesa Directiva de ninguna Asamblea, salvo que dicho miembro resultare elegido con posterioridad a la ocupación del Ejecutivo o puesto público.

CAPÍTULO III
DE LAS PROVINCIAS
ARTICULO 143
AUTOGOBIERNO DE LAS PROVINCIAS

1. En el ejercicio del derecho a la autonomía reconocido en el Artículo 2 de la Constitución, las provincias limítrofes

con características históricas, culturales y económicas comunes, los territorios insulares y las provincias con entidad regional histórica podrán acceder a su autogobierno y constituirse en Asambleas Interprovinciales con arreglo a lo previsto en este Título y en los respectivos Estatutos.

INICIATIVA AUTONÓMICA

2. La iniciativa del proceso autonómico corresponde a todas las Asambleas interesadas o al órgano interinsular correspondiente y a las dos terceras partes de los municipios cuya población represente, al menos, la mayoría del censo electoral de cada provincia o isla. Estos requisitos deberán ser cumplidos en el plazo de seis meses desde el primer acuerdo adoptado al respecto por alguna de las Corporaciones locales interesadas.

3. La iniciativa, en caso de no prosperar, solamente podrá reiterarse pasados cinco años.

ARTICULO 144

ABOLICIÓN Y PROHIBICIÓN DE ENTIDADES INTERPROVINCIALES PERMANENTES

1. En ningún caso se admitirá la creación ni federación de Comunidades Autónomas.

2. Las Provincias tienen autonomía suficiente y no necesitan pagar funcionarios inútiles en estamentos intermedios hacia la Asamblea Nacional, pero podrán realizar Asambleas Interprovinciales de carácter temporal y con plazos fijados en su inicio, a fin de resolver problemas específicos, lograr acuerdos de interés común, combinar el trabajo de los Ejecutivos de Gobierno Provincial de una o más Provincias, o crear entidades que en ningún caso serán permanentes, disolviéndose tras el cumplimiento de los objetivos de su creación. Tampoco recibirán apoyo económico de la Nación para los derivados de dichas Asambleas Temporales, salvo en las obras de gran envergadura que afecten al ámbito nacional.

Los Ejecutivos de Gobierno que trabajen en las funciones que determinen estas Asambleas Interprovinciales Temporales, serán pagados por las Provincias intervinientes. Cualquier modificación a este Artículo sólo podrá determinarse por el Proceso Asambleario de toda la Nación.

ARTICULO 145

COOPERACIÓN ENTRE PROVINCIAS

1. Los Estatutos podrán prever los supuestos, requisitos y términos en que las Provincias podrán celebrar convenios entre sí para la gestión y prestación de servicios propios de las mismas, así como el carácter y efectos de la correspondiente comunicación a las Asambleas Locales y Menores En los demás supuestos, los acuerdos de cooperación entre las Provincias necesitarán la autorización de La Asamblea Nacional.

ARTICULO 146

ELABORACIÓN DEL ESTATUTO

El proyecto de Estatuto Provincial será elaborado por una Asamblea compuesta por los Delegados de las Asambleas Locales y Menores, para su tramitación como ley.

ARTICULO 147

LOS ESTATUTOS DE AUTONOMÍA

1. Dentro de los términos de la presente Constitución, los Estatutos serán la norma institucional básica de cada Provincia y el Estado los reconocerá y amparará como parte integrante de su ordenamiento jurídico.

2. Los Estatutos de autonomía provincial deberán contener:

a) La denominación de la Comunidad que mejor corresponda a su identidad histórica.

b) La delimitación de su territorio

c) La denominación, organización y sede de las instituciones autónomas propias.

d) Las competencias asumidas dentro del marco establecido en la Constitución y las bases para el traspaso de los servicios correspondientes a las mismas.

REFORMA DE LOS ESTATUTOS DE AUTONOMÍA

3. La reforma de los Estatutos se ajustará al procedimiento establecido en los mismos y requerirá, en todo caso, la aprobación por la Asamblea Nacional mediante ley orgánica.

ARTICULO 148

COMPETENCIAS DE LAS PROVINCIAS

1. Las Provincias podrán asumir competencias en las siguientes materias:

1.ª Organización de sus instituciones de autogobierno en Asambleas y Ejecutivos de Gobierno.

2.ª Las alteraciones de los términos municipales comprendidos en su territorio y, en general, las funciones que correspondan a la Administración del Estado sobre las Corporaciones locales y cuya transferencia autorice la legislación sobre Régimen Local.

3.ª Ordenación del territorio, urbanismo y vivienda.

4.ª Las obras públicas de interés de la Provincia en su propio territorio.

5.ª Los ferrocarriles y carreteras cuyo itinerario se desarrolle íntegramente en el territorio de la Provincia y, en los mismos términos, el transporte desarrollado por estos medios o por cable. Las obras que afecten a más de una Provincia serán administradas por una Asamblea Interprovincial Temporal y su mantenimiento corresponderá por costos prorrateados previamente acordados antes de la ejecución de la obra.

6.ª Los puertos de refugio, los puertos y aeropuertos deportivos y, en general, los que no desarrollen actividades comerciales.

7.ª La agricultura y ganadería, de acuerdo con la ordenación general de la economía.

8.ª Los montes y aprovechamientos forestales.

9.ª La gestión en materia de protección del medio ambiente.

10.ª Los proyectos, construcción y explotación de los aprovechamientos hidráulicos, canales y regadíos de interés de la Provincia; las aguas minerales y termales.

11.ª La pesca en aguas interiores, el marisqueo y la acuicultura, la caza y la pesca fluvial.

12.ª Ferias interiores.

13.ª El fomento del desarrollo económico de la Comunidad Autónoma dentro de los objetivos marcados por la política económica nacional.

14.ª La artesanía.

15.ª Museos, bibliotecas y conservatorios de música de interés para la Comunidad Autónoma. Provincia.

16.ª Patrimonio monumental de interés de la Provincia.

17.ª El fomento de la cultura, de la investigación y, en su caso, de la enseñanza de la lengua de la Provincia.

18.ª Promoción y ordenación del turismo en su ámbito territorial.

19.ª Promoción del deporte y de la adecuada utilización del ocio.

20.ª Asistencia social.

21.ª Sanidad e higiene.

22.ª La vigilancia y protección de sus edificios e instalaciones. La coordinación y demás facultades en relación con las policías locales en los términos que establezca una ley orgánica.

2. Transcurridos cinco años, y mediante la reforma de sus Estatutos, las Provincias podrán ampliar sucesivamente sus competencias dentro del marco establecido en el Articulo 149.

ARTICULO 149

COMPETENCIAS EXCLUSIVAS DEL ESTADO ASAMBLEARIO

1. El Estado tiene competencia exclusiva sobre las siguientes materias:

1.ª La regulación de las condiciones básicas que garanticen la igualdad de todos los Ciudadanos en el ejercicio de los derechos y en el cumplimiento de los deberes constitucionales.

2.ª Nacionalidad, inmigración, emigración, extranjería y derecho de asilo.

3.ª Relaciones internacionales.

4.ª Defensa y Fuerzas Armadas.

5.ª Administración de Justicia.

6.ª Legislación mercantil, penal y penitenciaria; legislación procesal, sin perjuicio de las necesarias especialidades que en este orden se deriven de las particularidades del derecho sustantivo de las Provincias.

7.ª Legislación laboral, sin perjuicio de su ejecución por los órganos de las Provincias.

8.ª Legislación civil, sin perjuicio de la conservación, modificación y desarrollo por las Provincias de los derechos civiles. En todo caso, las reglas relativas a la aplicación y eficacia de las normas jurídicas, relaciones jurídico-civiles relativas a las formas de matrimonio, ordenación de los registros e instrumentos públicos, bases de las obligaciones contractuales, normas para resolver los conflictos de leyes y determinación de las fuentes del derecho, con respeto, en este último caso, a las normas de derecho foral o especial.

9.ª Legislación sobre propiedad intelectual e industrial.

10.ª Régimen aduanero y arancelario; comercio exterior.

11.ª Sistema monetario: divisas, cambio y convertibilidad; bases de la ordenación de crédito, banca y seguros.

12.ª Legislación sobre pesas y medidas, determinación de la hora oficial.

13.ª Bases y coordinación de la planificación general de la actividad económica.

14.ª Hacienda general y orientación de la producción agrícola, ganadera e industrial.

15.ª Fomento y coordinación general de la investigación científica y técnica.

16.ª Sanidad exterior. Bases y coordinación general de la sanidad. Legislación sobre productos farmacéuticos.

17.ª Legislación básica y régimen económico de la Seguridad Social, sin perjuicio de la ejecución de sus servicios por las Comunidades Autónomas Provincias.

18.ª Las bases de régimen jurídico de las Administraciones Públicas y del régimen estatutario de sus funcionarios que, en todo caso, garantizarán a los administrados un tratamiento común ante ellas; el procedimiento administrativo común, sin perjuicio de las especialidades derivadas de la organización propia de las Provincias; legislación sobre expropiación forzosa; legislación básica sobre contratos y concesiones administrativas y el sistema de responsabilidad de todas las Administraciones Públicas.

19.ª Pesca marítima, sin perjuicio de las competencias que en la ordenación del sector se atribuyan a las Provincias.

20.ª Marina mercante y abanderamiento de buques; iluminación de costas y señales marítimas; puertos de interés general; aeropuertos de interés general; control del espacio aéreo, tránsito y transporte aéreo, servicio meteorológico y matriculación de aeronaves.

21.ª Ferrocarriles y transportes terrestres que transcurran por el territorio de más de una Provincia; régimen general de comunicaciones; tráfico y circulación de vehículos a motor; correos y telecomunicaciones; cables aéreos, submarinos y radiocomunicación.

22.ª La legislación, ordenación y concesión de recursos y aprovechamientos hidráulicos cuando las aguas discurran por más de una Provincia y la autorización de las instalaciones eléctricas cuando su aprovechamiento afecte a otra Provincia o el transporte de energía salga de su ámbito territorial.

23.ª Legislación básica sobre protección del medio ambiente, sin perjuicio de las facultades de las Provincias de establecer normas adicionales de protección. La legislación básica sobre montes, aprovechamientos forestales y vías pecuarias.

24.ª Obras públicas de interés general o cuya realización afecte a más de una Provincia.

25.ª Bases del régimen minero y energético.

26.ª Régimen de producción, comercio, tenencia y uso de armas y explosivos.

27.ª Normas básicas del régimen de prensa, radio y televisión y, en general, de todos los medios de comunicación social, sin perjuicio de las facultades que en su desarrollo y ejecución correspondan a las Provincias.

28.ª Defensa del patrimonio cultural, artístico y monumental de la Nación contra la exportación y la expoliación; museos, bibliotecas y archivos de titularidad estatal, sin perjuicio de su gestión por parte de las Provincias.

29.ª Seguridad pública, sin perjuicio de la posibilidad de creación de policías por las Provincias en la forma que se establezca en los respectivos Estatutos en el marco de lo que disponga una ley orgánica.

30.ª Regulación de las condiciones de obtención, expedición y homologación de títulos académicos y profesionales y normas básicas para el desarrollo del Artículo 27 de la Constitución, a fin de garantizar el cumplimiento de las obligaciones de los poderes públicos en esta materia.

31.ª Estadística para fines estatales.

SERVICIO DEL ESTADO A LA CULTURA

2. Sin perjuicio de las competencias que podrán asumir las Provincias, el Estado Nacional considerará el servicio de la cultura como deber y atribución esencial y facilitará la comunicación cultural entre Provincias, de acuerdo con ellas.

3. Las materias no atribuidas expresamente al Estado por esta Constitución podrán corresponder a las Provincias, en virtud de sus respectivos Estatutos. La competencia sobre las materias que no se hayan asumido por los Estatutos de Autonomía Provincial corresponderá al Estado Nacional, cuyas normas prevalecerán, en caso de conflicto, sobre las de las Provincias en todo lo que no esté atribuido a la exclusiva competencia de éstas. El derecho estatal nacional será, en todo caso, coherente con el derecho de las Provincias.

ARTICULO 150

COORDINACIÓN DE COMPETENCIAS LEGISLATIVAS

1. Las Asamblea Nacional en materia de competencia estatal, podrán atribuir a todas las Provincias la facultad de dictar, para sí mismas, normas legislativas en el marco de los principios, bases y directrices fijados por una ley estatal. Sin perjuicio de la competencia de los Tribunales, en cada ley marco se establecerá la modalidad del control de las Provincias sobre estas normas legislativas Provinciales.

2. El Estado Nacional podrá transferir o delegar en las Provincias, mediante ley orgánica, facultades correspondientes a materia de titularidad estatal que por

su propia naturaleza sean susceptibles de transferencia o delegación. La ley preverá en cada caso la correspondiente transferencia de medios financieros, así como las formas de control que se reserve el Estado Nacional.

3. El Estado Nacional podrá dictar leyes que establezcan los principios necesarios para armonizar las disposiciones normativas de las Provincias aun en el caso de materias atribuidas a la competencia de éstas, cuando así lo exija el interés general. Corresponde a la Asamblea Nacional por mayoría absoluta de cada Asamblea Provincial la apreciación de esta necesidad.

ARTICULO 151

ELABORACIÓN DEL ESTATUTO EN RÉGIMEN ESPECIAL

1. No será preciso dejar transcurrir el plazo de cinco años, a que se refiere el apartado 2 del Artículo 148, cuando la iniciativa del proceso autonómico sea acordada dentro del plazo del Artículo 143, 2, además de por las Asambleas interinsulares correspondientes, por las tres cuartas partes de los municipios de cada una de las provincias afectadas que representen, al menos, la mayoría del censo electoral de cada una de ellas y dicha iniciativa sea ratificada mediante el voto afirmativo de la mayoría absoluta de los electores de cada provincia en los términos establecidos por una ley orgánica. Se entiende como "interinsular", también a las regiones declaradas inhóspitas o alejadas.

2. En el supuesto previsto en el apartado anterior, el procedimiento para la elaboración del Estatuto será:

1º. La Asamblea Nacional convocará a los Delegados Provinciales y Locales elegidos en las circunscripciones comprendidas en el ámbito territorial que pretenda acceder al autogobierno y todos los Delegados Provinciales de la Asamblea Nacional.

2º. Aprobado el proyecto de Estatuto por la Asamblea Nacional se revisará para su formulación definitiva y en un plazo no mayor de treinta días quedará refrendado por mayoría absoluta de los Delegados Provinciales.

3º. Si se alcanzare dicho acuerdo, el texto resultante será sometido a referéndum del las Asambleas Locales de las provincias comprendidas en el ámbito territorial del proyectado Estatuto. Los municipios tendrán treinta días de plazo para vetar por mayoría absoluta el proyecto, que deberá volverse a revisar en caso de veto.

4º. Las Asambleas Municipales que no veten un proyecto, lo habrán afirmado tácitamente.

5º. De no alcanzarse el acuerdo a que se refiere el apartado *2º* de este número, el proyecto de Estatuto será archivado como inviable y no podrá presentarse nuevamente hasta pasados cinco años.

ARTICULO 152

1. En los Estatutos aprobados por el procedimiento a que se refiere el Artículo anterior, la organización institucional Provincial se basa en una Asamblea elegida por sufragio universal, con arreglo a un sistema de representación proporcional que asegure, además, la representación de las diversas zonas del territorio; un Consejo de Gobierno con funciones ejecutivas y administrativas y el Presidente de la Asamblea Provincial elegido por la Asamblea, de entre sus miembros, al que corresponde la dirección del Consejo de Gobierno, la suprema representación de la respectiva Provincia y la ordinaria del Estado en aquélla. El Presidente y los miembros del Consejo de Gobierno serán políticamente responsables ante la Asamblea de obedecer puntualmente su mandato.

Un Tribunal Superior de Justicia, sin perjuicio de la jurisdicción que corresponde al Tribunal Supremo, culminará la organización judicial en el ámbito territorial de la Provincia. En los Estatutos de las Provincias podrán establecerse los supuestos y las formas de participación de aquéllas en la organización de las demarcaciones judiciales del territorio. Todo ello de conformidad con lo previsto en la ley orgánica del poder judicial y dentro de la unidad e independencia de éste.

Sin perjuicio de lo dispuesto en el Artículo 123, las sucesivas instancias procesales, en su caso, se agotarán ante órganos judiciales radicados en el mismo territorio Provincial en que esté el órgano de primera instancia.

2. Una vez sancionados y promulgados los respectivos Estatutos, solamente podrán ser modificados mediante los procedimientos en ellos establecidos y con referéndum entre los electores inscritos en los correspondientes censos de todas las Asambleas Locales.

3. Mediante la agrupación de municipios limítrofes, los Estatutos podrán establecer circunscripciones territoriales propias, que gozarán de plena personalidad jurídica.

ARTICULO 153
CONTROL DE LOS ÓRGANOS DE LAS PROVINCIAS

El control de la actividad de los órganos de las Provincias se ejercerá:

a) Por el Tribunal Constitucional, el relativo a la constitucionalidad de sus disposiciones normativas con fuerza de ley.

b) Por La Asamblea Provincial previo dictamen del Consejo de Estado, el del ejercicio de funciones delegadas a que se refiere el apartado 2 del Artículo 150.

c) Por la jurisdicción contencioso-administrativa, el de la administración Provincial y sus normas reglamentarias.

d) Por el Tribunal de Cuentas.

ARTICULO 154
DELEGADO NACIONAL EN LAS PROVINCIAS

Un Delegado nombrado por la Asamblea Nacional dirigirá la Administración del Estado en el territorio de la Provincial y la coordinará, cuando proceda, con la administración propia de la Provincia.

ARTICULO 155

1. Si una Provincia no cumpliere las obligaciones que la Constitución u otras leyes le impongan, o actuare de forma que atente gravemente al interés general de la Nación, la Asamblea Nacional previo requerimiento al Presidente de la Provincia y, en el caso de no ser atendido, con la aprobación por mayoría absoluta de las demás Asambleas Provinciales, podrá adoptar las medidas necesarias para obligar a aquélla al cumplimiento forzoso de dichas obligaciones o para la protección del mencionado interés general 2. Para la ejecución de las medidas previstas en el apartado anterior, La Asamblea Nacional podrá dar instrucciones a todas las autoridades de las Provincias.

ARTICULO 156

AUTONOMÍA FINANCIERA DE LAS PROVINCIAS

1. Las Provincias gozarán de autonomía financiera para el desarrollo y ejecución de sus competencias con arreglo a los principios de coordinación con la Hacienda Nacional y de solidaridad entre todos los ciudadanos de la Nación.

2. Las Provincias podrán actuar como delegados o colaboradores del

Estado Nacional para la distribución la gestión y la liquidación de los recursos de aquél, de acuerdo con las leyes y los Estatutos.

ARTICULO 157

RECURSOS DE LAS PROVINCIAS

1. Los recursos de las Provincias estarán constituidos por:

a) Fondos cedidos total o parcialmente por la Nación.

b) Sus propios bienes, servicios y valores.

c) Rendimientos procedentes de su patrimonio e ingresos de derecho privado.

d) El producto de la industria en su territorio y las exportaciones del mismo.

2. Las Provincias no podrán en ningún caso adoptar medidas de ninguna índole sobre bienes situados fuera de su territorio o que supongan obstáculo para la libre circulación de mercancías o servicios.

3. Mediante ley orgánica podrá regularse el ejercicio de las competencias financieras económicas enumeradas en el precedente apartado 1, las normas para resolver los conflictos que pudieran surgir y las posibles formas de colaboración económica entre las Provincias y el Estado.

ARTICULO 158

1. En el Presupuesto General del Estado se establecerá una asignación a las Provincias en función del volumen de los servicios y actividades estatales que hayan asumido y de la garantía de un nivel mínimo en la prestación de los servicios públicos fundamentales en el territorio nacional.

FONDO DE COMPENSACIÓN INTERTERRITORIAL

2. Para corregir desequilibrios económicos interterritoriales y hacer efectivo el principio de solidaridad, se constituirá un Fondo de Compensación con destino a gastos de inversión, cuyos recursos serán distribuidos por el Ministerio de Economía de la Nación entre las Provincias.

TÍTULO IX

DEL TRIBUNAL CONSTITUCIONAL

ARTICULO 159

1. El Tribunal Constitucional se compone de 12 miembros nombrados por laa Asamblea Nacional. De ellos, cuatro a

propuesta de los Delegados Provinciales por mayoría de tres quintos de sus miembros; cuatro a propuesta de la Mesa Directiva de la Asamblea Nacional con idéntica mayoría; dos a propuesta de Los Ejecutivos de Gobierno (Consejo de Ministros de la Nación), y dos a propuesta del Consejo General del Poder Judicial.

2. Los miembros del Tribunal Constitucional deberán ser nombrados entre Magistrados y Fiscales, Profesores de Universidad, funcionarios públicos y abogados, todos ellos juristas de reconocida competencia con más de quince años de ejercicio profesional.

3. Los miembros del Tribunal Constitucional serán designados por un período de nueve años y se renovarán por terceras partes cada tres.

4. La condición de miembro del Tribunal Constitucional es incompatible: con todo mandato representativo; con los cargos políticos o administrativos; con el desempeño de funciones directivas; con el ejercicio de las carreras judicial y fiscal, y con cualquier actividad profesional o mercantil. En lo demás, los miembros del Tribunal Constitucional tendrán las incompatibilidades propias de los miembros del Poder Judicial.

5. Los miembros del Tribunal Constitucional serán independientes e inamovibles en su mandato.

ARTICULO 160
PRESIDENTE DEL TRIBUNAL CONSTITUCIONAL

El Presidente del Tribunal Constitucional será nombrado entre sus miembros por La Asamblea Nacional a propuesta del mismo Tribunal en pleno y por un período de tres años.

ARTICULO 161

COMPETENCIA DEL TRIBUNAL CONSTITUCIONAL

1. El Tribunal Constitucional tiene jurisdicción en todo el territorio de la Nación y es competente para conocer:

a) Del recurso de inconstitucionalidad contra leyes y disposiciones normativas con fuerza de ley. La declaración de inconstitucionalidad de una norma jurídica con rango de ley, interpretada por la jurisprudencia, afectará a ésta, si bien la sentencia o sentencias recaídas no perderán el valor de cosa juzgada.

b) Del recurso de amparo por violación de los derechos y libertades referidos en el Articulo 53, 2, de esta Constitución, en los casos y formas que la ley establezca.

c) De los conflictos de competencia entre el Estado Nacional y las Provincias o de los de éstas entre sí.

d) De las demás materias que le atribuyan la Constitución o las leyes orgánicas.

2. La Asamblea Nacional podrá impugnar ante el Tribunal Constitucional las disposiciones y resoluciones adoptadas por los órganos de las Provincias. La impugnación producirá la suspensión de la disposición o resolución recurrida, pero el Tribunal, en su caso, deberá ratificarla o levantarla en un plazo no superior a tres meses.

ARTICULO 162

RECURSOS DE INCONSTITUCIONALIDAD Y DE AMPARO

1. Están legitimados:

a) Para interponer el recurso de inconstitucionalidad, el Presidente de la Asamblea Nacional. Los Delegados Provinciales de la Asamblea Nacional, los Ejecutivos de Gobierno de las Provincias y, en su caso, las Asambleas de las mismas.

b) Para interponer el recurso de amparo, toda persona natural o jurídica que invoque un interés legítimo, así como el Ministerio Fiscal.

2. En los demás casos, la ley orgánica determinará las personas y órganos legitimados.

ARTICULO 163

Cuando un órgano judicial considere, en algún proceso, que una norma con rango de ley, aplicable al caso, de cuya validez dependa el fallo, pueda ser contraria a la Constitución, planteará la cuestión ante el Tribunal Constitucional en los supuestos, en la forma y con los efectos que establezca la ley, que en ningún caso serán suspensivos.

ARTICULO 164
SENTENCIAS DEL TRIBUNAL CONSTITUCIONAL

1. Las sentencias del Tribunal Constitucional se publicarán en el Boletín Oficial del Estado con los votos particulares, si los hubiere. Tienen el valor de cosa juzgada a partir del día siguiente de su publicación y no cabe recurso alguno contra ellas. Las que declaren la inconstitucionalidad de una ley o de una norma con fuerza de ley y todas las que no se limiten a la estimación subjetiva de un derecho, tienen plenos efectos frente a todos.

2. Salvo que en el fallo se disponga otra cosa, subsistirá la vigencia de la ley en la parte no afectada por la inconstitucionalidad.

ARTICULO 165

Una ley orgánica regulará el funcionamiento del Tribunal Constitucional, el estatuto de sus miembros, el procedimiento ante el mismo y las condiciones para el ejercicio de las acciones.

TÍTULO X

ARTICULO 166

REFORMA CONSTITUCIONAL

La iniciativa de reforma constitucional se ejercerá en los términos previstos en los apartados 1 y 2 del Artículo 87.

ARTICULO 167

1. Los proyectos de reforma constitucional deberán ser aprobados por una mayoría de tres cuartos de la Asamblea Nacional en pleno.

2. De no lograrse la aprobación mediante el procedimiento del apartado anterior, la reforma no podrá volver a votarse hasta pasados cinco años.

3. Aprobada la reforma por la Asamblea Nacional, se someterá a referéndum para ratificación antes de quince días siguientes a su aprobación por todas las Asambleas Provinciales, Locales y Menores mediante el Proceso Asambleario.

ARTICULO 168

REFORMAS ESENCIALES DE LA CONSTITUCIÓN

1. Cuando se propusiere la revisión total de la Constitución o una parcial que afecte al Título preliminar, al Capítulo II, Sección 1.ª, del Título I, o al Título II, se procederá a la aprobación del principio por mayoría de tres cuartas partes de la ciudadanía de toda la Nación, mediante Proceso Asambleario. La reforma aprobada entrará en vigor de manera inmediata.

ARTICULO 169

No podrá iniciarse la reforma constitucional en tiempo de guerra o de vigencia de alguno de los estados previstos en el Artículo 116. El estado de guerra únicamente se entiende como rechazo a una invasión armada desde el extranjero, o defensa solicitada por otro Estado Ecologénico, en cuyo caso sólo se participará si es para defender su territorio nacional.

DISPOSICIONES ADICIONALES

PRIMERA

DERECHOS HISTÓRICOS DE LOS TERRITORIOS

La Constitución ampara y respeta los derechos históricos de los Ciudadanos en todo el territorio de la Nación. La actualización y reemplazo de cualquier sistema político anterior a la presente Constitución, será realizada por el sistema Asambleario y se llevará a cabo, en su caso, en el marco de la Constitución y de los Estatutos de Autonomía de cada Provincia.

SEGUNDA

RÉGIMEN ECONÓMICO DE ISLAS Y TERRITORIOS ALEJADOS

Las Provincias insulares o alejadas geográficamente, poseen los mismos atributos, privilegios y cualidades que cualquier otra, con especial asistencia del Estado Nacional en los aspectos diferenciales de su condición insular, geográficamente inhóspita o alejada.

TERCERA

Quedan suprimidas todas las entidades políticas accesorias anteriores, siendo reemplazadas por las Asambleas de Ciudadanos y los órganos Ejecutivos de Gobierno que las mismas hayan creado.

CUARTA

Cuando se remitieran a la Asamblea Nacional varios proyectos de Estatuto, se dictaminarán por el orden de entrada en aquélla, y el plazo a que se refiere el Artículo

151 empezará a contar desde que la Asamblea termine el estudio del proyecto o proyectos de que sucesivamente haya conocido.

QUINTA
DISOLUCIÓN DE ORGANISMOS PROVISIONALES

Los organismos provisionales autonómicos, en el caso que hubieran sido necesarios para facilitar la transición política hacia el sistema Asambleario, Republicano y Ecologénico, se considerarán disueltos en los siguientes casos:

a) En el caso de que existiesen, una vez constituidas las Asambleas Locales, Menores y Provinciales y sus estatutos sean aprobados conforme a esta Constitución.

b) En el supuesto de que la iniciativa del proceso autonómico no llegara a prosperar por no cumplir los requisitos previstos en el ARTICULO 143.

c) Si el organismo no hubiera ejercido el derecho que le reconoce la disposición transitoria primera en el plazo de un año.

SEXTA
LAS CÁMARAS Y EL GOBIERNO ANTERIOR, DESPUÉS DE APROBARSE LA CONSTITUCIÓN

1. Las Cámaras u otros órganos así como los partidos políticos que han sustentado la obsoleta partidocracia, que han aprobado las anteriores Constituciones, quedan definitivamente abolidas como forma de gobierno. Los ciudadanos que han participado en dichos órganos y partidos con cargo partidario o político, quedan vitaliciamente inhibidos de ejercicio político o administrativo estatal, con excepción de los dispuestos en el Título Preliminar, Artículo 1 apartado 1º.

2. A los efectos de lo establecido en el Artículo 99, la promulgación de la Constitución se considerará como supuesto constitucional en el que procede su aplicación. A

tal efecto, a partir de la citada promulgación se abrirá un período de treinta días para la aplicación de lo dispuesto en dicho Artículo. Durante este período, el actual Presidente de la Asamblea Constituyente que asumirá las funciones y competencias que para dicho cargo establece la Constitución, podrá optar por utilizar la facultad que le reconoce el Artículo 115 o dar paso, mediante la dimisión, a la aplicación de lo establecido en el Artículo 99, quedando en este último caso en la situación prevista en el Articulo 101.

SÉPTIMA
RENOVACIÓN DEL TRIBUNAL CONSTITUCIONAL

A los tres años de la elección por vez primera de los miembros del Tribunal Constitucional, se procederá por sorteo para la designación de un grupo de cuatro miembros de la misma procedencia electiva que haya de cesar y renovarse. A estos solos efectos, se entenderán agrupados como miembros de la misma procedencia a los dos designados a propuesta del Gobierno y a los dos que proceden de la formulada por el Consejo General del Poder Judicial. Del mismo modo se procederá transcurrido otros tres años entre los dos grupos no afectados por el sorteo anterior. A partir de entonces, se estará a lo establecido en el número 3 del Artículo 159.

DISPOSICIÓN DEROGATORIA
DEROGACIÓN DE LAS LEYES FUNDAMENTALES

1. Quedan derogadas todas las leyes de efecto político previos a la presente Constitución.

2. Asimismo, quedan derogadas cuantas disposiciones se opongan a lo establecido en esta Constitución.

DISPOSICIÓN FINAL ENTRADA EN VIGOR

Esta Constitución entrará en vigor el mismo día de la publicación de su texto oficial en el "Boletín Oficial del

Estado". Se publicará también en las demás lenguas de la Nación.

)()()()()()()()(

IDEARIO Y RECOMENDACIONES

LA GUERRA Y LA PAZ

No es la guerra el problema, no es la guerra el mal, ni es la guerra una desgracia, sino la inevitable consecuencia de la esclavitud, cuando los esclavos no están dispuestos a serlo. El pacifismo es una de las más sutiles y terribles armas del esclavista. El problema de las guerras y las fuerzas armadas, es cuando los soldados y policías también son esclavos, no guerreros conscientes. El hombre evolucionado no disfraza cobardías en nombre de la Paz. Esta palabra sagrada sólo es real como sentimiento del hombre Libre, y la Libertad es producto de la Lealtad Consciente y la Dignidad. Quien no está dispuesto a morir por la Libertad y la Paz de su Pueblo, no las merece. Mientras haya un hombre esclavista, un usurero, un inconsciente de los valores éticos, e inescrupuloso sin respeto por la vida y Libertad ajenas, no es posible vivir en el desamparo que éstos pretenden producir con el pacifismo.

LOS FALSOS "ANTISISTEMA"

Mucha gente cree que las mafias, los terroristas, los que protestan en las calles y los delincuentes financieros son "antisistema", ya sea parcial o totalmente. Es en un gran error de concepto, porque las mafias son grupos de conspiradores cuyo objetivo es obtener beneficio económico, tanto por medios lícitos como ilícitos. Todos ellos buscan violar impunemente las leyes, en vez de cambiarlas. Cabe alguna que otra excepción de personas que han estafado a los estafadores financieros, como medio de llamar la atención social, pero eso no es suficiente, porque no se convencerá a los usureros que dejen de serlo. Si el sistema no fuese una dinerocracia, no habría esas mafias, no tendrían razón de ser, a menos que su actividad fuese estrictamente política, en cuyo caso serían simplemente subversivos.

De los terroristas son piezas clave manejadas por el gobierno económico mundial. El terrorista es un peón importante en el ajedrez que juegan esos señores banqueros globales, pero no es un antisistema. Sirve al sistema del modo más sucio y hasta él está convencido de ser antisistema, sin darse cuenta de cuáles son los hilos con que lo manejan. Sirve para movilizar la economía de la industria armamentista, sirve para entretener a la masa y al mismo tiempo para justificar el aumento de control individual y colectivo en el sistema. Sirve para destruir lo que sea y a quien sea que le manden los titiriteros internacionales; muchos lo hacen por motivos religiosos (cosas del sistema) y otros sólo por dinero. Sirve para "justificar" guerras que no ocurrirían si el ideólogo estuviese bien informado y pensara por si mismo, libre de las taras que imponen las religiones y las falsas ideologías del sistema.

El delincuente sirve al sistema de muy diversas maneras. Mantiene un régimen carcelario con muchos miles de empleados, sirve para mantener la conciencia dineralizada en la sociedad y la discusión sobre si está bien o mal robar, sin ver las causas que impelen a alguien en convertirse en ladrón. Sobre los "antisistema" que protestan en las calles sin brindar ideas concretas y planes alternativos firmes y claros, hay que hacer una diferencia: Por un lado, la masa, que es lo que realmente vale Los que les conducen como ovejas para que vuelven a sus casas sin ningún resultado claro ni trabajo que hacer, están entrenados para ello.

EL MATRIMONIO y LA ÉTICA ECOLOGENISTA

El matrimonio no constituye la célula básica de la sociedad, mientras que ésta es *el individuo*, la persona.

Sin embargo la institución matrimonial ha sido, es y seguirá siendo una institución natural, aunque las carradas de leyes que la someten y pervierten bajo el yugo de la dinerocracia, deban desaparecer para que el matrimonio sea realmente natural.

Por otra parte, Ecologenia no ha sido escrita sólo para los países del "primer mundo", ni sólo para los colectivos más avanzados en ideas. Ha sido escrito teniendo en cuenta al Islam, los asiáticos y todos los colectivos minoritarios de la sociedad occidental.

La constitución esbozada toma en consideración para los cargos, una serie de factores psicológicos que hacen necesaria una estabilidad y madurez que es más fácil de verificar en la persona con pareja estable, que en la que no la tiene. No es que un/a soltero/a no pueda estar en condiciones de asumir un cargo cualquiera, pero en la estadística global esa clausula satisface mucho a la mentalidad general en más de un ochenta por ciento de los habitantes del mundo.

De todos modos, esa propuesta y cualquiera de las que contiene el Plan Ecológico se modificará en cada comunidad, no sólo a nivel nacional, sino que por la propia estructura del poder, las Asambleas serán quienes dicten realmente las normas más adecuadas a cada comunidad. Los delegados serán portavoces constantes en los referéndums, así que esos detalles se irán cambiando y evolucionando según lo dicte la mayoría pero respetando a todos, no una religión u otra institución que no sea la propia Asamblea de Ciudadanos.

La familia, en el caso de un político ecogénico, no puede ser usada como rehén. Un ecologenista no puede ser rehén, porque matará o morirá antes de ser rehén. Si aún así fuera hecho prisionero vivo, ningún ecologenista buscará "negociar" por su vida. Se tiene cinco opciones ante cualquier situación crítica: **sucumbir, huir, evitar, ignorar o atacar.**

Un ciudadano ecologenista no tiene grandes exigencias, aunque son diferentes a las del esclavo moderno. No pagará hipotecas, no padecerá para "llegar a fin de mes" ni podrá gastar en lujos lo que no se haya ganado, no podrán usarlo para matar gente en otros países por motivos económicos, no deberá preocuparse por el costo de la salud y la educación propia y de sus hijos. Hasta cierto punto le está permitido huir, evitar, ignorar y se le instruye para que no sucumba. Pero un político ecologenista no es un *"ciudadano corriente"*, no puede casarse con alguien que no comparta al extremo los más altos ideales, porque debe estar dispuesto a atacar y resistir hasta las últimas consecuencias cuando se trata de defender no sólo a su familia en un caso puntual, sino siempre, en todo momento y lugar, ha de estar preparado para sacrificarse por su Pueblo.

Sin ese espíritu de entrega absoluta y vitalicia que el Pueblo debe exigir a sus políticos, no se tiene políticos, sino el inmundo ejército de leguleyos, charlatanes mentirosos y parásitos, serviles empleados de los poderes ocultos (hoy ya no tan ocultos). Esos títeres de la dinerocracia llenan hoy tronos, escaños, parlamentos, cámaras y sería ciclópea tarea encontrar uno que sea realmente honesto, aunque seguramente habrá algunos. Para esas excepcionales personalidades de la política, es la gran hora, la gran oportunidad de contribuir de verdad con la Humanidad, empezando por su propia Nación.

Hay magníficos líderes, abrumados por la realidad, informados de todo lo que hay y con buenas ideas. Pero casi todos están desconectados de personas que comprendan su criterio, que estén dispuestas a pasar a la práctica. Quizá el problema mayor consista en muchos casos la falta de una doctrina coherente. Las movilizaciones del 15 M fueron inspiradas, pero rápidamente las movilizaciones y los grupos que fueron sumándose, fueron infiltrados para provocar la anarquía, para que no existiera ni llegara a formarse un cuerpo de Ley coherente, para que nadie se ponga de acuerdo en producir un verdadero movimiento asambleario, porque si hay algo que temen los esclavistas globales, es un movimiento asambleario, donde la gente empieza a ponerse de acuerdo, donde los verdaderos líderes tienen oportunidad de expresarse y hacer cosas concretas. Para todos ellos, pues, ha sido escrito este libro, a modo de manual básico, con una propuesta de constitución que es propia de una civilización avanzada, realmente democrática.

CAMBIO DE PARADIGMAS POLÍTICOS

A continuación, veamos algunos cambios de conceptos, imprescindibles para cambiar el mundo, aunque empecemos por nuestro barrio. Compararemos algunas ideas de grandes hombres de la historia, que quizá tuvieran razón en algunos casos para los fines previstos en las condiciones de su época, pero que hoy adolecen de obsolescencia.

1) *"A los hombres se les debe gobernar con guante de acero dentro de guante de terciopelo". Napoleón Bonaparte.*

La diplomacia vale, pero sin hipocresía. El Ecologenista dice: *"A los hombres hay que servirles. Los que no sirven para gobernarse a si mismo, no sirven para ser gobernantes"*

"Cualquiera que tenga forma puede ser definido, y cualquiera que pueda ser definido puede ser vencido". Sun Bin (Arte de la Guerra II)

Cierto para el caso de la guerra, pero no para una sociedad que pretenda ser más justa. El Político Ecologenista dice: *"El Hombre Ecologénico es definido, claro coherente, predecible en función de su honestidad.*

No es capaz de traicionar, pero el enemigo le teme, porque no puede corromperlo, porque no puede asustarlo, porque sabe que reaccionará con inteligencia y firmeza".

"Sé extremadamente sutil, discreto, hasta el punto de no tener forma. Sé completamente misterioso y confidencial, hasta el punto de ser silencioso. De esta manera podrás dirigir el destino de tus adversarios". El Arte de la Guerra (Sun Tzu)

Completamente cierto y el Ecologenista comparte esta idea cuando se trata del combate, de la estrategia política contra intereses mezquinos, pero su ética no le permite actuar así cuando se trata de dejar las cosas claras ante sus gobernantes, que son los ciudadanos.

"Hay que ingeniárselas, por encima de todo, para que cada una de nuestras acciones nos proporcionen fama de hombres grandes y de ingenio excelente". El Príncipe (Maquiavelo)

Así es como tenemos grandes hipócritas en vez que políticos. Sin embargo la Humanidad está experimentada y es hora que aprenda a diferenciar a los verdaderos líderes.

"Si el soberano no es misterioso, los ministros encontrarán la oportunidad de tomar y tomar." Huanchu Daoren

Y cierto es, por eso es preciso derrocar a todos los que se dicen "Soberanos". Sólo el Pueblo es Soberano y es capaz de aprender de sus errores y corregirlos. Siempre los gobernantes plenipotenciarios han decaído merced a sus vicios, arrastrando con ello a los Pueblos. Es hora de aprender…

"Un príncipe sabio ideará la forma para mantener a todos los ciudadanos en todas las circunstancias en situación de dependencia del Estado y de él; y entonces ellos siempre confiarán." El Príncipe (Maquiavelo)

Hasta cierto punto es así, por eso es preciso derrocar a los príncipes, o dejarlos en los sueños de las adolescentes. El Ecologenista dice: *"Un político sabio hará que el Estado dependa de los ciudadanos y dormirá tranquilo. Las mayorías siempre se equivocan cuando dejan el Estado en manos particulares, pero no cuando deben decidir lo que quieren".*

"Los espías nativos se contratan entre los habitantes de una localidad. Los espías internos se contratan entre los funcionarios enemigos. Los agentes dobles se contratan entre los espías enemigos. Los espías liquidables transmiten falsos datos a los espías enemigos. Los espías flotantes vuelven para traer sus informes. Entre los funcionarios del régimen enemigo, se hallan aquéllos con los que se puede establecer contacto y a los que se puede sobornar para averiguar la situación de su país y descubrir cualquier plan que se trame contra ti, también pueden ser utilizados para crear desavenencias y desarmonía". El Arte de la Guerra (Sun Tzu)

Y el Ecologenista dice: *"Estado Ecologénico tiene espías en todas partes. Cada ciudadano de la Nación es un "espía" que sabe todo lo que se hace en el país, todo lo que hacen los políticos, y todo lo que se dice en la Asamblea porque participa en ellas. Por eso no hay posibilidad de que otro "espía" enemigo venga a perjudicar los intereses de todos los ciudadanos."*

"Hay que decir a los demás lo que quieren oír"

Esta frase se ha atribuido a muchos políticos, el Ecologenista dice: *"Hay que decir la verdad, aunque duela, tarde o temprano las cosas se saben".*

"Ningún hombre tiene que desesperarse pensando que no obtendrá conversos para la causa más extravagante si

tiene el arte de suficiente para representarla con colores favorables." David Hume.

El Ecologenista agrega: .."*Y así tendrá una manada humana, en vez que un Pueblo instruido y noble en medio del cual vivir feliz".*

"La verdad es fría, no resulta cómoda. Una mentira es más hermosa. Es mucho más interesante y provechoso fantasear que decir la verdad." Joseph Weil

Y esa es la mentalidad de la dinerocracia, la partidocracia y toda la corruptela que soportamos desde hace 17 siglos. El Ecologenista dice: *"La verdad puede ser incómoda y amarga en principio, pero en el fondo y por sus resultados, es inmensamente hermosa y finalmente dulce y feliz".*

Gabriel Silva:

www.humanidadlibre.com - www.mitierraesmia.org – http://ecologenia.blogspot.com

ECONOGENIA
(Economía Ecológica)

(Ecologenia III)

Gabriel Silva

ECONOGENIA
LA ECONOMIA EN LA DOCTRINA ECOLOGÉNICA

PRÓLOGO DEL AUTOR

Al momento de editar este libro, el 15 de Septiembre de 2011, los mejor informados (un pequeño porcentaje de la población, merced al control mediático) prevén cambios drásticos en la Naturaleza. Incluso la NASA y otros organismos científicos no han podido acallar las voces de científicos propios e independientes, que advierten sobre el riesgo de tormentas solares capaces de dejar sin electricidad y electrónica a la civilización. Dejaremos al margen otros anuncios catastrofistas, porque lo cierto es que los riesgos mayores están en las armas escalares (HAARP, chemtrails o fumigaciones globales, armas electromagnéticas, nanotecnológicas, etc.).

Las tormentas solares son el único factor natural de riesgo real y conllevarían según su intensidad, la destrucción de las redes eléctricas y los sistemas informáticos. Si esto no ocurriese, por un lado sería de agradecer, pero por otro, sería un continuar de los planes de los metapolíticos que gobiernan por encima de los gobiernos, pues nuestra civilización está cayendo en un pozo de entropía económica intencionalmente creado para dos fines: Pauperizar a los pueblos y controlarlos al extremo; y por otro, eliminar a gran parte de la población, ya que el sistema de mercado imperante, en que se basa el poder de unos pocos, corre peligro de colapso por causa demográfica. Es decir, que el planeta no puede albergar siete mil millones de habitantes bajo las pautas de gobierno existentes y el expolio brutal de los recursos naturales y su consecuente intoxicación ecológica.

Podríamos vivir felizmente el doble de esta cantidad actual, pero ello sólo sería viable mediante un cambio de paradigmas científicos, sociales, políticos y económicos, los cuales sólo son posibles mediante una transformación de la consciencia de al menos un porcentaje "crítico" de la población.

Este libro, como todos los de la serie de Ecologenia, ha sido escrito como guía para los nuevos líderes que hoy mismo se están perfilando en la lucha contra los poderes fácticos. Es mi profundo deseo que sirvan de ese modo, porque de lo contrario servirán no para esta civilización y su posible corrección de rumbos, sino para una futura humanidad (en un futuro necesariamente cercano), que deberá empezar de cero en algunos casos, con grupos más o menos organizados y capaces de volver a la forma de vida del siglo XIX, otros podrían volver a la edad de piedra.

No agregaré reconocimientos y agradecimientos a esta obra, porque debería mencionar a los millones de héroes que han muerto en el pasado luchando por la Libertad, a los que lo hacen hoy y a mucha gente que me ha ayudado para poder escribir estos libros. Demás está decir, que aunque la compra de ellos ayuda a la Causa Ecologénica, se autoriza la libre reproducción total o parcial por cualquier medio, rogando no efectuar adulteraciones al contenido, ni extrapolar sacando de contexto lo escrito.

Servirán estos libros ahora o en el futuro, pero tengo la férrea voluntad de participar en la realización Ecologénica para que sirvan ahora, para que las previsiones de los místicos sobre un cambio trascendente en la conciencia de las personas de todo el mundo, se haga realidad. No creo que existan razones cósmicas para dicha transformación, pero sí otras razones más nuestras: antropológicas, genéticas… Y políticas. Por mi parte, además de la absoluta disposición para corregir mis rumbos mentales, teóricos, emocionales y prácticos, y enmendar mis errores si se me demuestran serlo, el más profundo Amor, toda la Inteligencia que puedo aportar y la Voluntad de mi Alma, están al servicio de la Humanidad.

Gabriel Silva

Capítulo Primero

AXIOMAS

"El marxismo y el capitalismo liberal han sido implantados por los mismos gobernantes ocultos en todo el mundo, los que manejan el dinero. La Ecologenia es contraria al Capitalismo, al Marxismo y a todos sus derivados. Está incluso, en un estadio superior al socialismo".

"La Ecologenia es la única forma viable de auténtica democracia. Ya existió con otros nombres en pequeños tramos históricos y parcialmente. Hoy es la única alternativa que puede salvar a la Humanidad de su absoluta esclavitud".

"El liberalismo es el engaño doctrinal más dañino en la historia de la política. Genera el egoísmo e individualismo extremo, la constante del individuo antes que la comunidad"

"El marxismo estatiza a las empresas y a las personas, convirtiendo la igualdad en una injusticia; el liberalismo sólo da reales oportunidades a los astutos, no a los talentosos".

"La Ecologenia y su herramienta económica, llamada Econogenia, constituye un retorno a la Política Natural, propia de cualquier civilización realmente avanzada, inteligente, sana y Trascendente".

"La economía sirve al hombre, no el hombre a la economía"

"El hombre debe servir al Estado en la misma medida que el Estado sirve al hombre".

"El capital proviene del producto del trabajo, no el trabajo del capital".

"Una verdadera economía, libera. Una falsa economía esclaviza".

"La economía como ciencia, sólo es complicada e incomprensible en boca de mentirosos y esclavistas. La economía real puede y debe ser entendida por cualquier ciudadano".

"La Ecologenia es universalista, no individualista"

"El Estado no es la mera suma de gobernantes, sino el espíritu del Pueblo, orgánicamente manifestado para realizar las mejores concreciones de la voluntad popular".

"La ética es la cualidad más exigible a los políticos".

"La Ecologenia se basa en la Doc-Trina (Conocimiento de los Tres) y ellos son Ser, Conciencia y Voluntad, con sus reflejos o manifestaciones respectivas: Amor, Inteligencia y Poder. Parte esencial de la Doc-Trina, es el mantenimiento del Perfecto Equilibrio entre estos atributos del Ser. Sin ellos, la política sólo es técnica para someter a las masas".

ECONOMIA Y COSMOVISIÓN

Alguien dijo que *"La decadencia o el renacimiento de los Pueblos, no dependen de un programa económico malo o bueno, sino de la debilidad o consistencia de la cosmovisión que ese pueblo sostiene".* En lo particular, tenemos el ejemplo de los empresarios que logran levantar una empresa sin acudir al capital usurario, sólo mediante su trabajo, tesón y fe. Igual ocurre con los Estados. La fuerza de una Nación está esencialmente dada por la cosmovisión de una "masa crítica" de ciudadanos, que sean capaces de difundir e impregnar con su liderazgo, el espíritu colectivo. En este momento, lo heterogéneo de las poblaciones, la diversidad de criterios, distracción deportiva y confusión informativa, y los múltiples engaños masificados mediante toda clase de trucos, obliga a una tarea más ardua, pero no imposible.

Ya están dadas las condiciones para que la Ecologenia sea una realidad, toda vez que el sistema político partidista, polarizador y de esclavitud financiera, ya ha hartado y aterrorizado a las masas. Hasta los países más ricos han tocado fondo y están desengañados sobre la mayor parte de los asuntos que aquí se exponen, con lo que no les será difícil entender y aprobar el Plan Ecologénico.

PROGRAMA BÁSICO DEL GOBIERNO ECOLOGÉNICO

En caso de ser necesaria la formación de un Partido Ecologénico, éste podría permanecer para el caso en que existiese, a pesar de los resultados, algún tipo de "oposición" y la Asamblea Nacional la considere como derecho democrático. Lo lógico sería que fuese disuelto el partido una vez logrado el objetivo de alcanzar el poder, puesto que dicho poder es puesto mediante el sistema Asambleario en manos del Pueblo y uno de los fines es justamente, eliminar la partidocracia que se ha usado para engañar a la masas en las falsas democracias. Todo ello, sin perjuicio del Criterio de Liderazgo, que organiza, modera y dirige desde la idoneidad de los mejores exponentes del Pueblo.

1.- Los Pueblos tienen derecho y obligación ética para con sus descendencias, de ser realmente Soberanos, independientes de toda economía externa, y la única economía posible la brinda el trabajo. Por lo tanto, en la Ecologenia queda prohibida toda forma de usura, agio, especulación financiera o libertinaje económico de particulares.

2.- Sólo existe un banco con filiales en toda la Nación: El Banco Nacional. Sólo existe una moneda, la Moneda Nacional y su patrón es el trabajo, medido en h/h (hora/hombre).

3.- Queda abolida toda forma de "impuesto", toda vez que el Estado controla el dinero y éste sólo servirá como capital y lubricante de la actividad laboral, comercial y del Estado. El sistema de renta se define en el programa de Econogenia.

4.- Amnistía Económica: Toda riqueza en dinero o divisas existentes en la Nación, es respetada por el Estado y transferida al Banco Nacional. No será confiscado ningún capital pero ninguno volverá a tener rédito de usura. Sin embargo todo capital quedará asegurado por el Estado y se facilitará su inversión en el agro, industria, comercio y otras actividades económicas que sean productivas, beneficiando tanto al propietario como al Estado.

5.- La distribución demográfica y la distribución del trabajo, debe ser productiva, justa y estratégicamente conveniente para la Nación.

6.- El Pueblo se divide en *ciudadanos* y *civiles*. Sólo los ciudadanos podrán participar en la política. *Los ciudadanos* son aquellos trabajadores o estudiantes mayores de 16 años, nacidos o nacionalizados con más de diez años legalmente establecidos en el territorio nacional, que se encuentran dispuestos a defender la Patria sin intención mercenaria. *Los civiles* son aquellas personas extranjeras o menores de 18 años, o los que deben quedar bajo la protección de la seguridad social, como ancianos, inválidos, deficientes mentales o físicos, así como todo aquellos que no pueden o no desean acceder al derecho de formación militar ni cumplir con los deberes que ello implica. Ningún ciudadano puede tener doble ciudadanía, salvo los casos previstos en los tratados con otros Estados Ecológicos. Ningún civil puede acceder al Asamblea ni a cargos políticos, ni formar parte de cuerpos militares o de seguridad.

7.- Todos los ciudadanos tienen los mismos derechos y los mismos deberes.

8.- Las Fuerzas Armadas de la Nación son formadas por todos los ciudadanos y los que lo hacen como especialidad, forman el más eficiente sistema militar, formados primeramente en la ética y la Ecologenia, luego en la capacidad constructiva y finalmente en la capacidad bélica.

9.- Todas las empresas desde seis empleados en adelante, serán vigiadas por el Estado y las empresas de más de 20 serán consideradas estratégicas, por lo tanto pertenecerán al Estado.

10.- Los retirados, jubilados o pensionados cobrarán el sueldo mínimo establecido por la Asamblea Nacional, y éste no podrá ser menor que el triple del costo de la "canasta familiar". (Se establece en Econogenia como necesidades básicas cubiertas).

11.- La reforma agraria será adecuada para proteger y estimular al campesinado, sin cercenar las grandes superficies agrícolas existentes. Toda empresa agraria productiva ha de ser protegida al mismo nivel que la industria. La tierra abandonada será puesta a producir, evitando las expropiaciones en todo lo posible.

12.- Se incluye como criminales de lesa humanidad a los traficantes ilegales, usureros y subversivos de la economía, aplicando para ellos las penas máximas que determine la Ley.

13.- Se suprime todo parlamento, cámaras y estamentos políticos anteriores, y las Leyes, determinadas por el Sistema Asambleario, se cumplen inexorablemente. La "fianza" económica en el derecho penal, civil o laboral, queda abolida.

14.- La estructura educativa han de ser modificados según el Plan T.E.O.S. (Tratado Educativo de Orden Superior), a fin de formar primero personas libres, pensantes, analíticas y éticas. Luego de cumplida esa condición, la educación propenderá a formar trabajadores con alta profesionalidad en todos los órdenes de la vida laboral. Queda abolida la educación privada, toda vez que el Estado debe proveer la educación laica y gratuita hasta el último año de Universidad.

15.- El Estado es responsable de la salud pública integral y totalmente, debiendo brindar máxima calidad profesional. Aunque no se elimina la medicina privada ejercida por el médico particular, no podrán establecerse clínicas privadas.

16.- Los menores de 16 años no podrán trabajar, salvo en las Brigadas de Trabajo y Deporte donde el trabajo es voluntario, para cuya inserción es condición una alta calificación en los estudios. El entusiasmo por el trabajo o el deporte no ha de minar el proceso escolar.

17.- Toda la mediática de la Nación y la prensa extranjera en el territorio, será controlada por la Asamblea Nacional. Los medios de difusión privados tienen la misma normativa que las demás empresas en cuanto a personal, pero todos serán vigilados por las Asambleas Provinciales o Locales, según corresponda. Se establece una cadena de mandos del Periodismo, que pasa a ser parte del Estado. La falsedad política consciente y su propagación por la prensa, como toda calumnia o subversión del sistema Ecologénico, podrá ser castigada como delito de lesa humanidad. El periodismo interno no podrá ser practicado por civiles, sino por ciudadanos. El periodismo externo dentro del país, será vigilado por el periodismo nacional cuando corresponda. El objetivo no es "censurar", sino informar con veracidad absoluta y castigar el engaño, la mentira y la subversión. Ninguna noticia interna o extranjera podrá ser censurada en cuanto sea verdadera.

18.- El Estado es absolutamente laico y garantiza la libertad de todas las confesiones religiosas, en la medida en que ellas no pongan en peligro o no ofendan con palabras o actos, el sentimiento de la Nación o a otras confesiones religiosas.

19.- El Sistema Asambleario permite la expresión y determinación de toda la ciudadanía en una verdadera democracia, no obstante, las medidas técnicas y legales que no vulneren la voluntad de las mayorías, serán tomadas por las Comisiones Directivas de las Asambleas según la Constitución Asamblearia y bajo el Criterio de Liderazgo.

20.- Los demás puntos del Programa Ecologénico se deducen o encuentran en los volúmenes de "Ecologenia", "Constitución Asamblearia" y otros anexos.

21.- La economía debe estar al servicio de los Pueblos y no al revés. Cada país debe formar su **Ministerio de Econogenia,** pero todos los ciudadanos deben conocer esta forma de la economía, que representa la más pura herramienta ética para la administración de Estado Ecologénico, Democrático, Republicano y Asambleario.

ESENCIA DE ECONOGENIA Y POLITICA ECONOMICA

I.- Para el Movimiento Ecologénico, la economía es un objetivo querido y procurado en función de fines más elevados, un sistema de medios dirigidos a un fin, y éste es la liberación de todo yugo de los Pueblos.

En cambio la economía como objetivo casi excluyente de los ideólogos del Gobierno Mundial "Liberal", también obedece a un fin, pero inferior: El monopolio del dominio de las masas.

Estas definiciones y sus diferencias se explican así:

1) La economía es un medio para lograr un fin, nunca un fin en sí mismo.

Al individuo se le pregunta: ¿para qué está bien alimentado? ¿Para qué posee buena situación ?. Nuestra respuesta es: En lo colectivo, para el cumplimiento de una misión política, para la constitución y estructuración del Estado en el que debe *participar* con conciencia. En lo personal para realizarse como individuo y disfrutar de todos los beneficios que el Estado que conforma puede dar.

2) La vida económica está moralmente ligada y es expresión de la vida anímica.

Con la metodología de las aplicaciones económicas del presente, no se puede aprender el nuevo concepto de la economía, pues lo económico no es una cuestión de causas puramente racionales, ni de efectos de la naturaleza puramente económica, muy por el contrario, a la economía pertenecen también todos los valores de la nacionalidad, las costumbres, las capacidades laborales, el nivel intelectual y profesional de los ciudadanos, sus deseos y aspiraciones, su búsqueda de la felicidad existencial, personal, familiar y comunal.

A la actividad económica concierne también el desarrollo de todas las fuerzas morales y anímicas de la nación.

Lo económico está, por otra parte, determinado por lo irracional. Lo económico no es una actividad ajena a la vida espiritual y anímica del pueblo, sino que este campo de la actividad humana está indisolublemente unido a la total e indivisible vida del pueblo. Si están los individuos y países empobrecidos y esclavos del yugo del dinero, no es porque los economistas hagan mal las cuentas, sino porque existe una intencionalidad concreta de sometimiento económico sobre ellos, un plan basado y sostenido en las debilidades humanas.

3) La economía es servicio a la comunidad.

La economía real, como factor material de la felicidad mundana, es la voluntad del bien común, manifestada en la producción de bienes y recursos, en un servicio a la totalidad del pueblo, con el fin de conformar el Estado. Es una herramienta abstracta pero efectiva, cuyo fin último es asegurar al pueblo la subsistencia digna y segura, para poder dedicarse a la Trascendencia, a la creatividad, a la Evolución.

La vida económica, como toda la vida humana, solamente es posible en comunidad. Toda comunidad puede solamente vivir y desarrollarse, si dentro de ella cada miembro está totalmente consustanciado con el espíritu de altruismo y sacrificio, es decir, si cada uno se incorpora a la comunidad para los otros y no se allega desde el comienzo con el espíritu de reivindicación egoísta. El egoísmo e individualismo económico, es decir el "*materialismo económico*" vuelve a las personas y Pueblos, esclavos de la codicia, de la criminalidad y todos los vicios subsecuentes de la miseria. Ya puede uno imaginarse lo que pasa cuando los "políticos" del capitalismo o del comunismo, -que son los que detentan una parte del poder (el que le dan los bancos, los clubes y otras corporaciones de manejo financiero)- imprimen esta mentalidad suya en la población. Cabe exceptuar a Cuba, que lleva otros derroteros, muy diferentes del comunismo marxista y el tiempo dirá qué resulta de ello. La Ecologenia se encuentra en estadio evolutivo a todas las políticas existentes en la actualidad.

Para un Ecologenista, la economía es por un lado, la ciencia de hacer justo el reparto de beneficios que el Estado crea, pero además la entiende como el resultado natural y armónico de sumar al trabajo del Pueblo, el Respeto y Amor a la Naturaleza junto con el más adecuado uso de la tecnología y el avance científico.

II. La política económica de la Ecologenia representa una doctrina del servicio, del valor y de la energía, que saca sus fuerzas de la conciencia, de la íntima unión de los ciudadanos, del común destino del pueblo y de la forma política de estructurarse el Estado Asambleario. La Política económica es correctamente conducida, por lo tanto, si las medidas estatales coinciden, sostienen y fortalecen los valores de la nacionalidad. Las aberraciones ideológicas infiltradas en la sociedad, por los artífices del "neoliberalismo", metapolíticos desamorados cuyo propósito básico es el control mundial, han sido muchas y una de las peores lacras ha sido la tergiversación de los conceptos de nacionalismo y de patriotismo, asimilándolo o confundiéndolo con "patrioterismo", como si el Amor a la Patria pudiera ser "*per se*" excesivo y poner en peligro las buenas relaciones con otras Patrias.

Así es como tenemos ejércitos de mercenarios dispuestos a invadir otros países o reprimir al propio pueblo, en vez de ejércitos patriotas dispuestos a defender el propio contra la corrupción económica o los abusos de los tiranos de la economía financiera. En la pérdida y desvirtuación del sentido nacional, los pueblos pierden el factor más importante que une a los individuos para llevar a cabo una política realmente democrática y controlar su economía.

No se trata, entonces, de que la economía procure simples ventajas a los individuos; no se trata, en ningún caso, de colocar en primer lugar, la mejor y más barata provisión de bienes materiales, sino que están decididamente en primera línea, los valores del pueblo y salvaguardia de la independencia y del valor nacional.

La nueva política económica que llamamos Econogenia, en consecuencia, nunca debe considerar la rentabilidad inmediata (así, por ejemplo en una medida destinada a crear trabajo), sino que debe ocuparse a largo plazo, por el bienestar del pueblo por generaciones, así como del medio ambiente sin los proteccionismos falsos que tienen algunos gobiernos sobre el suelo boscoso, etc., a fin de mantener a las poblaciones en las ciudades, más fáciles de controlar y "gobernar".

Los economistas de la Ecologenia deben custodiar el desarrollo de las fuerzas productivas. La liberación de las cargas impositivas, la ruptura con la usura internacional y las trampas de la banca privada, fueron las causas reales del "milagro alemán" que hoy se presenta como si se tratara de un misterio irresoluble. Cuando a los mercaderes de la muerte les conviene, enfrentan a los países en guerras, a pesar de las cuales las Naciones pueden sostenerse, producir armas, alimentarse y alimentar ejércitos y hasta mejorar tecnologías. ¿Cómo se explica esto?. Pues muy sencillo: Los banqueros internacionales aflojan las riendas, el sistema bancario "se relaja" para permitir a los pueblos sometidos un respiro económico, ya que les están sirviendo a sus intereses en otro sitio. Logrados sus objetivos, vuelven a poner el baldón de la usura, la hipoteca, etc., en toda regla, produciendo más miseria que se achaca a las pérdidas producidas por la guerra.

Entendida la economía como un servicio a la comunidad, que sólo puede administrar el Estado, en el cual todos los ciudadanos tienen voz y voto (sin perjuicio del liderazgo que corresponda), hasta los países con menos recursos, pueden convertir eriales y desiertos en jardines y vergeles. Con los recursos científicos y tecnológicos actuales, aplicando criterios Ecologénicos, nuestra Amada Gaia podría mantener unos 14.000.000.000 (catorce mil millones) de personas viviendo en la opulencia, en la abundancia y variación de productos, en la tranquilidad social y la seguridad económica.

Y todo eso sin más trabajo que el que cada individuo puede realizar siguiendo una orientación vocacional adecuada, que es la pieza más importante en la economía del trabajo. ¿Puede un individuo que trabaja duramente en lo que no le gusta, para apenas sobrevivir y pagar una condena económica de por vida para tener techo, producir lo mismo y en la misma calidad que uno que hace lo que le gusta y disfruta de su trabajo tanto como su descanso?. Quien tiene la suerte de trabajar en lo que realmente quiere, asombra a quienes le conocen porque parece incombustible, porque trabaja mucho más que "lo normal".

Imagínese cómo puede ser la economía de un país donde cada uno de sus ciudadanos está en el sitio que le corresponde, para el que está capacitado y psicológicamente a gusto. Una economía realmente sana es la que se integra en un cuadro ecológico, vocacional, demográfico y cultural; no la que pretende el mero suministro de bienes. Para peor en la economía enferma del sistema capitalista, falso-comunista y "globalista unificador", el mercantilismo financiero ha hecho creer a las masas que *sin dinero ninguna comunidad ni individuo* *puede vivir ni progresa*r" y que *"obtener dinero"* es el fin último de todo trabajo. De tal modo, hasta los que han tenido la suerte de hallar un trabajo acorde a su vocación, dejan de disfrutar del "Amor a la obra", para empeñarse en la codicia del rédito o sufrir el temor y la inseguridad. Los pequeños empresarios, generalmente creativos, autogestionados, que no consumen recursos del Estado, suelen tener en éste un *"socio ladrón al 33%"* que no le aporta nada. ¿Cómo puede prosperar la economía de un país donde el 33% del PBI (en términos de dinero) va a pagar funcionarios inútiles y bolsillos sin fondo? Ese dinero, en este año de 2011, como la mayor parte de los impuestos, sirve para "rescatar bancos"... O sea para darle de nuestro bolsillo, dinero a los usureros, que nos lo prestarán luego (si les apetece) con un alto interés.

Una economía Ecologénica es la que sirve al empresario para que produzca más y mejor. Mediante los órganos correspondientes, creados por las Asambleas, las empresas son supervisadas para asegurar su mejor funcionamiento, para economizar recursos mediante mejores tecnologías y para asegurar su innocuidad respecto al medio ambiente. No se le exige al empresario pagar impuestos por su producción, sino todo lo contrario: ¡Se le ayuda a producir!. En vez de cargas impositivas, se le exige una distribución más justa de las ganancias, lo cual producirá obreros mucho más conformes y contentos con su trabajo, con su empresa y con la persona del empleador. Ese es el papel del Estado. Y el empresario y sus empleados no necesitan mantener sindicatos y sindicalistas porque en la Asamblea correspondiente tienen los mismos derechos, la misma voz y el mismo valor de voto.

III. La economía no es un ente independiente, que pueda ser considerada y regida en forma aislada, sino que está inextricablemente ligada a la concepción del Estado y del mundo Ecologénico. Para entender la doctrina económica Ecologénica, por lo tanto, es necesario explicar algunas ideas fundamentales más y su diferencia con las doctrinas políticas que han regido el mundo hasta ahora, acumulando más desgracias, hambre, guerra, injusticia y sufrimientos que todos los conocidos por anteriores civilizaciones.

DIFERENCIAS CON LIBERALISMO Y MARXISMO

La cosmovisión Ecologénica está en abierta oposición a la del liberalismo y la del marxismo (78 % y 22 % de la población mundial respectivamente), de modo que vamos a bosquejar brevemente la esencia de ambas corrientes, para que se conozca por qué razones son rechazados el liberalismo y el marxismo, cuyos fantasmas se trasladan a todas las políticas del sistema de mercado y la partidocracia como "derechas" e "izquierdas".

LIBERALISMO E INDIVIDUALISMO

El individualismo margina totalmente al Estado, difumina su relación con la comunidad y crea la falsa percepción de que la economía está en manos del individuo; y ve en él la medida de todas las cosas. En el campo de la vida económica aparece el individualismo como liberalismo y afirma que el ser individual necesita la total libertad para su desarrollo. Presupone al individuo como único responsable de su desgracia si acertó a obtener una hipoteca que luego no puede pagar porque se quedó sin trabajo, le hace culpable de ser pobre y también culpable de ser rico, porque se supone que lo hace "a costa de otros". En muchos casos, así es, pero en cualquier caso, la masa hipotecada es, para el liberalismo, económicamente culpable de ello. Pero en realidad, sólo lo es por "dejarse gobernar", en vez de exigir su participación en las decisiones de gobierno y por dejarse engañar por la publicidad de los bancos.

I. El punto histórico de partida está muy lejano, por el año 326 D. de C. pero partiremos para sintetizar, de las corrientes intelectuales de los Siglos XVII y XVIII. Estas corrientes se caracterizan por los descubrimientos, el progreso de método de experimentación en las ciencias naturales; por el relegamiento de la metafísica; el aflojamiento de los lazos religiosos; disolución de los vínculos profesionales que en la edad media ligaban a los hombres; por el espíritu de las luces y por el derecho natural. Las doctrinas de aquellos tiempos se llaman:

1) Filosofía de las luces: en oposición al oscurantismo medieval.

2) Racionalismo: porque están fundadas en la razón. Se quiso llegar al dominio de la naturaleza y del mundo, el Estado y la Sociedad, por el pensamiento puro, por la lógica, sin incluir lo emocional ni lo espiritual.

3) Derecho natural: en cuanto sostiene que el hombre está investido de derechos inalienables, desde su nacimiento.

4) Individualismo: porque el hombre es el punto de partida de toda consideración.

5) Liberalismo: en cuanto sostiene falsamente que la libertad del individuo despojado de toda ligadura, conduce al mejor desarrollo de la vida social y económica del conjunto.

El consecuente desarrollo del individualismo debió conducir a la falsa democracia actual, en oposición a la soberanía popular auténtica que genera el sistema Asambleario, tal como fue logrado al menos parcialmente durante la creación de los Estados americanos en sus principios.

II. El liberalismo y el individualismo encontraron su desarrollo social, filosófico y socioeconómico en las teorías de la fisiocracia y en las teorías de la escuela inglesa clásica de la economía política (Richard Adam Smith fue el "padre" del capitalismo liberal, aunque ciertamente sólo dio cuerpo escrito a planes que se venían ejecutando desde siglos atrás).

De acuerdo con estas teorías, la exaltación del bien privado como norma, debía conducir, supuestamente, al mejor y más armónico desarrollo de la sociedad. Se quiso liberar la economía de todas las ataduras y tutelas mercantilistas, y se aceptó que, de la libre actividad del hombre, habría de nacer un nuevo mundo organizado, capaz de hacer feliz a todos los hombres. Esta concepción podría haber sido válida y hubiese tenido tal vez sentido ético en épocas pasadas, en la que solamente existía la pequeña industria y en la cual, una libre y total concurrencia de artesanos de igual poder económico y social, podría haber conducido a la selección de los mejores. Los representantes originarios del liberalismo no pudieron prever de ningún modo lo que las siguientes generaciones extraerían de sus teorías y el desarrollo de la técnica en los siglos venideros. De la libertad se llegó al libertinaje. La técnica y el desarrollo del capitalismo han conducido a la desigualdad social y a la desnaturalización del poderío social.

La economía capitalista fue desarrollándose en base a un espíritu que subordina todo medio, técnica y economía, capital y trabajo, al servicio de los objetivos del dinero, no a la auténtica naturaleza del hombre. Por eso lo convierte en una máquina de desear y buscar dinero, con lo que muchos caen en toda clase de deshonestidades constantemente, desde la "mentirijlla" comercial para vender o no perder el trabajo, pasando por el robo y hasta el asesinato. Los eslabones más débiles, mental y emocionalmente, caen a miles en cárceles y tumbas por motivos económicos.

El derrumbamiento económico de los estados actuales, la crisis económica mundial y todas sus consecuencias, son producto de una planificación económica calculada, medida, estadísticamente manipulada y mediáticamente disfrazada. La economía financiera y las economías locales sólo en apariencia son totalmente libres, sólo en apariencia carecen de toda técnica, como si no tuvieran más conducción que la que hacen *"los mercados"*, también como si fuera una conducción "espontánea". Pero en realidad, no hay azares económicos, salvo para los que juegan en la bolsa, como no hay azar para los dueños de los casinos. Ellos conocen muy bien las reglas estadísticas, la ley de posibilidades y no dejan entrar al genio matemático que puede hacer "*saltar la banca*". En la Bolsa de Valores ocurre lo mismo.

Gran parte del sistema financiero liberal funciona casi en automático, pero lo cierto es que detrás de todo, hay unos genios que han heredado un sistema creado, fueron educados para mantenerlo y aplican de vez en cuando unos "correctivos", para que el mundo financiero vaya por donde ellos lo determinan, ya sea mediante quita y pon de grandes cantidades de dinero, guerras por aquí o por allá usando sus redes de inteligencia (mucho más efectivas que las de los Estados que controlan) o tocando los resortes que haga falta para cumplir sus objetivos. En otras palabras, dando órdenes a cualquiera de sus muchos empleados mayores, entre los cuales se encuentran desde reyes hasta "asesores financieros" pasando por presidentes, ministros y un largo etc.. Sólo una masa muy nutrida y globalmente distribuida, que comprenda la Ecologenia, aplique la Constitución Asamblearia y la Economía Ecologénica, podrá detener las aberraciones de esos banqueros que tienen secuestrada a la Humanidad mediante la economía - perdónese el término- "diabólica" del liberalismo, en vistas a sus resultados.

III. La culpa del individualismo no sólo reside en que sus teorías, que tenían originariamente sentido ético -pero sólo originariamente- influyen nocivamente en la vida social, del tiempo presente y pasado. Su aberración de fondo es que ningún individuo puede considerarse "libre" a tal punto que su economía personal sólo puede estar en sus manos, salvo que se tratara de un aborigen selvático ermitaño y con alguna seria disfunción mental que le llevara a tal comportamiento.

Son inmensos los perjuicios causados por el individualismo, tanto psicológicos en lo personal, como en lo colectivo hay daños culturales, económicos, así como todas las lacras en contra de la comunidad por la pérdida de la correcta concepción jurídica y política del Estado.

La idea del Estado según el individualismo se apoya en los partidos, es decir en divisiones rotundas de la ideología. El individualismo ha atomizado a las personas, les ha despojado de su conciencia solidaria y mediante los partidos son sumadas a grupos fanáticos de tal o cual color, de tal o cual careta de parlanchín, y luego comienza la absurda lucha del número de votantes, en vez que la coherencia en aplicar la inteligencia para debatir las soluciones más acertadas para la comunidad. El poder se alcanza entonces por la suma de votos mayoritaria y se reparte proporcionalmente con una segunda o -a lo sumo- una tercera mayoría, que representan opiniones por lo general totalmente antitéticas. En tal condición de "gobierno", sólo los dueños del dinero tienen un verdadero poder.

En el individualismo la responsabilidad es relegada a los "representantes", y el Gobierno se convierte rápidamente en una masa de funcionarios autómatas. Los gobernantes no se sienten más como verdaderos conductores, responsables dedicados con sacerdocio y si es preciso sacrificio personal para el beneficio del Pueblo, sino como exponentes de los grupos de poder, y a poco escarbar en sus cuentas y relaciones, en lo personal sólo son empleados del poder financiero.

La oposición de todas las fuerzas de representación, tras la meta de conseguir y luego mantener el poder, tiene por consecuencia final la anulación total de la capacidad de acción, como lo hemos visto y experimentado en prácticamente todos los países. La persona que por obra del liberalismo ha sido sacada de su comunidad, de su barrio, de su estamento social más íntimo, ya no se siente más como miembro de una totalidad mayor.

El liberalismo condujo, entre otros muchos errores, a una sobrevaloración de la economía en sí misma, como si fuese la meta final, en vez que el mero instrumento. Los valores económicos son considerados como los más altos y dignos del mayor esfuerzo. El éxito económico llega a ser determinante para la apreciación del hombre. El *"Homo economicus"* de la escuela clásica, que los clásicos mismos habían concebido inicialmente sólo como una abstracción, hoy es una realidad. Si tuviéramos que definirlo antropológicamente teniendo en cuenta las diferencias psicológicas y no sólo las morfológicas, tal "Homo economicus" es hoy en día un ***"Pithecantropus mercatoris"*** que considera a la economía como el campo más importante del ser humano. Se acuñaron bajo el liberalismo y el individualismo, las siniestras frases: *"la economía es nuestro destino"* y *"tanto tienes, tanto vales"*.

La consecuencia de esta posición espiritual y económica fue una concepción del mundo en la cual la suprema finalidad en la vida del hombre, es obtener la más completa satisfacción de las necesidades, al mismo tiempo que el consumismo inventa dichas "necesidades" en razón directamente proporcional a cuánta televisión se vea, e inversamente proporcional a cuánto se piense o se medite sobre la realidad. Contra tal ideología, la Ecologenia ha emprendido la más dura lucha.

2 - EL MARXISMO

El marxismo es, a la vista de los acontecido a lo largo de todo el siglo veinte, una forma aberrada -por múltiples razones- del verdadero sentido del comunismo, que aunque se encuentra aún en un escalón inferior respecto a la Ecologenia, ha sido concebido por muchos comunistas -afortunadamente- más cerca de ésta, incluso cercano al sentido cristiano gnóstico, y de una manera bastante diferente a lo escrito por Marx. Muchos que se dicen marxistas, ni siquiera han leído a Marx, o no han meditado lo leído lo suficiente para hallar las contradicciones fundamentales, las aberraciones de lógica y los resultados posibles si tal teoría hubiera llegado realmente a realizarse por completo alguna vez. Ha bastado sin embargo ver los resultados de su aplicación parcial, lo mismo -y coincidiendo en ellos- que en el capitalismo: El sometimiento de las masas al poder político central, como mediador con el poder financiero global. Cabe destacar que los dirigentes cubanos han sido extraordinariamente lúcidos como para no aplicar la teoría marxista en su totalidad, o más bien en apenas lo poco que sirve de ésta. De lo contrario, Cuba no existiría ni en el mapa actualmente.

Para el marxismo, la importancia suprema de la persona humana y su "personalidad", con todos los valores que cada individuo tiene, queda anulada y sólo sirve para convertirlo en masa, en número sumado al "capital humano" del Estado. Aunque en Rusia se tuvo bastante atención sobre la orientación vocacional a fin de extraer el Estado el máximo provecho de cada individuo, en la concepción marxista dicho individuo "pertenece" al Estado, en vez de que el Estado le pertenezca en la misma medida que él pertenece. Esa es una de las principales diferencias con la Ecologenia, donde el individuo no es mero número para formar masa, y aunque en todos los aspectos contribuya al Estado, éste le pertenece en la medida proporcional a su participación en la política y la economía. Este concepto es de suma importancia.

El pensamiento económico liberal ha sido el fundamento para la invención del marxismo y del capitalismo. Dos corrientes irreconciliables en lo político, con matices elaborados cuidadosamente para cada idiosincrasia, a fin de mantener dividida a la masa humana local, nacional y globalmente. La "izquierda" y la "derecha", como únicas ideas y posibles caminos para la realización de los Pueblos.

I.- Las siguientes teorías de Marx *(Karl Heinrich Marx Pressburg, pero cuyo apellido original era Karl Mordechai)* son culpables, ante todo, del materialismo filosófico, científico y político, y de la lucha de clases.

a) El materialismo filosófico. Según él, todo ser es materia y la manera de existir de la materia es la contradicción dialéctica. El pensamiento mundial es nada más que el reflejo del mundo material. Verdades abstractas y principalmente verdades absolutas y eternas deben ser rechazadas.

b) La concepción materialista de la historia. La historia de una época no deriva de la religión, de la filosofía, o de la política, sino de lo económico, es decir, se supone que deriva de la actividad económica. Los más importantes principios de la concepción materialista de la historia son: 1) Las relaciones materiales, económicas, determinan la historia de los pueblos. Sobre el fundamento de esas relaciones materiales, se erige la llamada superestructura de la sociedad; en ella se cuentan: la religión, el derecho, la moral, la política, la cultura, la ciencia, etc. El ámbito total de la cultura es, según ello, inequívocamente determinado por la economía. Y 2) La historia hasta el presente, toda la vida social, es la historia de la lucha de clases. El progreso se realiza solamente por la lucha de una clase contra otra. En dicha idea, se olvidan los siglos de convivencia pacífica y armónica de muchos pueblos a pesar de sus diferencias de castas. En la vida económica no se encuentran compatriotas, sino expoliados y expoliadores. O sea patrones y empleados que en contradicción con otras partes de su discurso, deben desaparecer los patrones y convertirse en regentes del Estado o el Estado mismo. De este modo, los creativos, quedan inevitablemente condenados a la tirria de los obreros, ya sea que se aplique la teoría en la política parcial o totalmente.

II.- *Las deplorables consecuencias del marxismo fueron:*

1. La decadencia cultural a causa del materialismo.

"El materialismo histórico es la más grande, general y desgraciada consecuencia del marxismo. Es propiamente el veneno cultural que el marxismo ha inyectado en el espíritu de la época moderna". Dijo con acierto el economista austriaco Othmar Spann Pero observando las consecuencias en sus efectos internacionales en situaciones como la Guerra Civil Española (al margen de "buenos y malos" que no los hubo por un lado ni por el otro más allá de las *bestialidades* personales) el marxismo ha sometido al espíritu despojándolo de la fe en el Amor, quitándole al hombre lo poco de bueno que le da la religión; ha destruido la bondad innata en el individuo, y ha excitado los más bajos instintos, no sólo mediante el fanatismo de su difusión, sino también y por encima de todo, mediante el estímulo del odio entre las clases:

2. La disgregación del pueblo por la lucha de las clases.

Empresarios y trabajadores se consideran enemigos y no como miembros de un pueblo. Uno llama al otro "apátrida" y este responde "perro capitalista". A pesar de la Perestroika y los grandes cambios que ha habido en la segunda mitad del s. XX, los efectos del marxismo pueden aún percibirse en el sindicalismo corrupto, en el uso que de esas ideas hacen los falsos socialistas de los partidos que dicen serlo y en las ideas que mucha gente conserva aún, a falta de una correcta revisión histórica objetiva. Hoy por hoy, en Occidente sólo la Venezuela de Chávez ha sabido plantar cara a todas estas atrocidades y mantener -a pesar de los defectos operacionales del entorno del Presidente- un socialismo equilibrado, capaz de instaurar una justicia social que avanza y mejor, el completo pago de la deuda externa y la restricción de los abusos de la banca. Por eso es, sin duda alguna, el Estado más cercano a un Estado Ecologénico, aunque todo lo hecho -que no es poco- sólo ha sido el primer paso.

En un Estado Asambleario y Ecologénico, la desconfianza entre clases es superada y los trabajadores se deben organizar incorporados a la comunidad y en comunión con los empresarios. El obrero ha de entender que el empresario no es su enemigo, sino el creativo que le mejora su vida, que le ayuda a progresar en su economía personal y nacional, y a crecer profesionalmente. Aunque es lógico que un empresario, aún siendo ecologenista, gane más porque aplicará más inteligencia, más creatividad, más responsabilidad y -sobre todo- más horas de trabajo, nunca esa diferencia será tanta como ocurre en el capitalismo. Pero no por el rasero inferior, no porque el empresario sea menos rico, sino porque en una economía sana es más rico el obrero. Y eso es muy importante de comprender, que cuando hay una economía Ecologénica, no puede hablarse de "pobres explotados", sino en todo caso, de "menos ricos". Aunque parezca una ficción, no hablamos de algo utópico en absoluto. Hubo a lo largo de la Historia (la real y documentada, no la "oficial" inventada) muchos pueblos con economía Ecologénica. Pero dejamos a los lectores ver sobre ello en los anteriores libros y lo que pueda deducir de algunos momentos históricos. Por el momento, lo que se pretende es seguir echando luz sobre la Economía, sin discutir sobre historia.

Una gran parte de las fuerzas del trabajo, fue alejada de las patrias por el marxismo. En Europa toda, fue particularmente perjudicial la fe en "la internacional", que sigue haciendo de las suyas, sumada a su estela macabra, otra "internacional" que convierte a los musulmanes en *enemigos de Occidente*. En el tablero de ajedrez mundial, se prepara la mentalidad de los pueblos para toda clase de enemistades y enfrentamientos violentos. Esto es aplicación de la Ley de Polaridad, a fin de aprovechar -como todo parásito- la energía desprendida por los contrincantes. Esa energía se traduce en venta de armas, aprovechamiento de toda distracción, eliminación de cuanta gente "no consumidora" sea posible. Por las razones anteriormente expuestas la Economía Ecologénica debe terminar de desterrar ese fantasma del marxismo que aún perdura en las sociedades junto al otro no menos nefasto del liberalismo.

Capítulo Segundo

LA CONCEPCION DEL MUNDO ECOLOGÉNICO
1 - LOS FUNDAMENTOS DEL ECOLOGENISMO

a) *La Ecologenia no es meramente un programa teórico o representable sólo racionalmente, sino un movimiento genuinamente democrático;* un movimiento impulsado por fuerzas populares primigenias, residentes en el Alma Humana, a la vez que de conciencia moderna, que aunque parezcan contradictorias, son una misma y esencialmente representan un retorno al Ser Humano en su mejor y más equilibrada potencia. La Ecologenia no es un mero plan político ni un simple plan económico. Ambas cosas son instrumentos que sirven a una finalidad infinitamente más importante, como es la Trascendencia del Hombre, lo cual sólo sería imposible si recuperamos el Respeto a la Naturaleza, el Amor a la Verdad y a los demás Seres, el control demográfico inteligente y consensuado democráticamente.

La Justicia Social, el Nacionalismo, el Patriotismo, la Solidaridad individual y colectiva, la Ecología bien entendida y todos esos valores, han de ser recuperados en cada individuo para que sean recuperados en cada Nación y sólo así podemos cambiar el mundo, hacerlo Feliz y librarlo del yugo de la economía esclavista y de las trampas ideológicas que se vienen tendiendo desde hace siglos para tenernos cautivos e infelices, hipotecados y controlados en el mejor de los casos; o hambreados, enfermos y muertos en el peor. Dicho así puede parecer una utopía, sin embargo intervienen en el destino de la Humanidad, una serie de factores que analizados racionalmente queda demostrado que la liberación de estas lacras está determinada de un modo u otro. La incógnita es cuánto sufrimiento deba costar para que la masa aprenda que la Libertad y la Felicidad son derechos, y realice entonces lo que debe.

b) *El movimiento no puede carecer de líderes*. La democracia auténtica se ejerce mediante el sistema asambleario, pero es preciso que los líderes verdaderos sean visibles, no como en el mercado, donde los aparentes líderes son los empleados de los poderosos ocultos. Es preciso que los líderes tengan los fundamentos y objetivos de la Ecologenia como faros constantes y sepan instruir a los pueblos sobre ellos. No hay que "convencer", sino "enseñar", no hay que cautivar a las masas con promesas y engaños, sino con verdades rotundas y claras, con hechos nobles, con todo el sacrificio personal que sea necesario. No hay que luchar por el poder como en la partidocracia, sino trabajar por el bien del pueblo, de la comunidad, de la Nación y con ello contribuiremos a la mejora del mundo todo. La misión de un líder Ecologénico es ante todo, una misión de Amor, de Altruismo puro, valores estos ya perdidos por toda la casta política de la Era del Dinero, que en unas décadas más pasará a la historia como la época del engaño masivo... O no habrá quien pueda contar la historia.

No importa cuántas dificultades surjan, cuántos ataques hagan los obsoletos ideólogos del sistema global de mercado y la partidocracia, que aún no han entendido que el mundo no puede seguir bajo sus garras, que aún no se han enterado de la entropía que sufre su sistema esclavista. No importa cuántos medios tecnológicos posean para producir genocidio, ni cuántos espías tengan infiltrados en todas partes. La Ecologenia es una fuerza arrolladora propia de la Ley de Evolución, que aunque la esté "*escribiendo*" en este momento para utilidad de los futuros líderes, y aunque le haya dado este nombre que es lo único que he "inventado" al respecto, he de confesar que sólo la estoy "*describiendo*", porque más que una propuesta, es en cierta forma una profecía, aunque no mística, sino científica. De la suma algebraica de todas nuestras voluntades, depende que la practiquemos con las ventajas de siglos de evolución tecnológica y científica, o que la vivamos por la fuerza que impone la supervivencia en una nueva "era de las cavernas".

c)   **La propuesta** es que seamos partícipes de su realización ahora y evitemos los desastres que conllevaría el derrumbe incontrolado del sistema, en vez de dejar que la Ecologenia tenga que ser creada por supervivientes de las guerras y aniquilaciones masivas para control demográfico que están cocinando los actuales dueños del sistema.

La finalidad es realizar lo querido por la Madre Naturaleza y por la mayor parte de la masa humana, Por lo tanto los líderes de la Ecologenia deben empezar ya mismo a movilizarse, leyendo estos libros cuantas veces les sea necesario para no perder el rumbo; tanto para orar en las Asambleas y sembrar en cada conciencia el ánimo participativo, como para poner en marcha los planes en la faz material, sin perder de vista ni por un momento el Espíritu Ecológénico.

Esta cosmovisión puede tener ciertos parecidos con algunos movimientos revolucionarios históricos en diversos países, pero el mundo y la humanidad están cambiando a ritmo acelerado. No podemos quedarnos en los principios que sirvieron en otros pueblos y en otros momentos de la historia, pero debemos rescatar de ellos lo mejor. Del mismo modo que aprende el individuo, aprenden los pueblos; y al igual que el niño que no aprende o no quiere aprender, los pueblos que no están dispuestos a todo con valentía para evolucionar, quedan esclavos de su ignorancia y de los aprovechadores sin escrúpulos. De modo que la "Revolución Ecológénica" es sobre todo y ante todo, una revolución de la Conciencia de la Humanidad, que debe destruir y trascender sus lacras psicológicas. Aunque tratemos como principal tema de este libro la economía, sus postulados no podrían ser completamente aplicados si no se relacionan éstos con la catarsis psicológica masiva, que lleve a comprender a cada uno que no somos meros números, ni meros "productores", ni mucho menos, "consumidores". Es preciso entender que producción y consumo son medios importantes en un mecanismo inevitable de desarrollo humano, pero nunca finalidades exclusivas en una política sana, franca, natural, evolucionada y evolutiva.

La Ecologenia, no resulta difícilmente representable y comprensible en términos literarios y racionales. Basta que cada uno imagine cómo le gustaría vivir, incluyendo a los demás. Es decir: En vez de pensar en "*cómo me gustaría vivir*", (producto mental masivo, generado por siglos de individualismo y dinerocracia, viendo opulencia y viviendo miserias o a la inversa) imaginar *"Cómo me gustaría que viviésemos"*.

Algunas preguntas interesantes para el público en general, pero especialmente para los que serán los líderes del Movimiento Ecologénico: ¿Me gusta vivir siendo pobre y no llegar nunca a una tranquilidad económica?. O bien ¿Me gusta ser rico entre los pobres que envidian o quieren robar lo mío? Cuando observamos chabolas por un lado, y por otro vemos casas que parecen cárceles de lujo ¿Seguimos pensando que vivimos en un sistema justo y bueno para alguien?

La Ecologenia apela principalmente al instinto solidario humano, porque actualmente no quedan pueblos con valores claramente diferenciados. Su símbolo es sencillo y fácil de entender por el sentimiento, más que por la razón, por cualquier cultura, por cualquier raza. Cuatro corazones formando un trébol de cuatro hojas, un Lauburu formado por los tallos y la Iepum en el centro, son algo muy diferente al signo "$" que domina en el mundo mercantilizado, al que se pretende someter definitivamente con la alta tecnología de los microchips, el crédito virtual y todos estos inventos que Maquiavelo no pudo ni imaginar.

La Ecologenia estaba encerrada desde hace siglos en el anhelo profundo de cada persona con un mínimo de Amor y Dignidad. Pero el intelecto fallaba a la hora de darle cuerpo, porque hay fenómenos que no pueden definirse con facilidad en su esencia racional, porque pertenecen al Alma Humana. Pueden explicarse y han sido explicadas con absoluto rigor científico, pero las religiones instituidas se encargaron de llenar de mitos y misterios las más eternas, absolutas y perfectas Leyes de la Naturaleza (que están claramente explicadas en el libro tercero de *"La Biblia III, Testamento de Todos los Tiempos"*). Hoy, para hacer del Mundo Ecológénico una realidad, es posible apelar políticamente a los valores de la conciencia y del Alma, cada vez menos abstracta merced a la Evolución, así como a la filosofía lógica o bien como por la mera instrucción política donde la necesidad de supervivencia se combina con la necesidad de Trascendencia. No sólo queremos sobrevivir, que no nos falte el alimento y un poco de seguridad, sino que necesitamos vivir realmente seguros, realmente bien y felices. Es nuestro DERECHO por Ley Natural y la doctrina Ecológénica es El Camino. Nunca hubo mejor aplicación práctica y masiva de la "doc-trina", de la *Santísima Trinidad* bien entendida (Conocimiento de los Tres, que son Amor, Inteligencia y Poder, como reflejos respectivos de Ser, Consciencia y Voluntad).

Esta es la auténtica "Santísima Trinidad", cuyo conocimiento han desfigurado las religiones instituidas y la Ecologenia debe recuperar. Es preciso explicar esto para que quede claro a qué fines debe servir la Economía Ecológénica, que no es un fin en si misma, sino un instrumento, como quedó explicado antes.

El Amor es reflejo y atributo exclusivo del **SER**. Es lo que diferencia a un Ser de cualquier "cosa". Ningún Ser existe que no tenga Amor como esencia. Ninguna "cosa" puede emanar Amor, aunque lo represente (una obra de arte, un símbolo, etc.). El Amor es una emanación del Ser (de todos los Seres).

Aunque a veces parezca que alguien *"no tiene Amor"*, lo que ocurre es que lo ha desviado a lo material, no lo manifiesta, lo ha contrapolado en "Odio" o se ha desequilibrado respecto a sus otros Atributos Divinos:

La Inteligencia es un reflejo o efecto de la **CONSCIENCIA**. Ninguna "cosa" posee consciencia, aunque tenga -como un ordenador- una inteligencia programática, es decir dada por algún Ser.

El Poder no es otra cosa que la manifestación de la **VOLUNTAD**. Y sólo el Ser tiene Voluntad. Las "cosas" no tienen voluntad, no pueden tenerla. Puede programarse un robot, pero éste no tiene Consciencia sino "inteligencia programática", ni tiene Voluntad aunque tenga algún Poder según su programación, ni puede tener Amor, aunque pueda ser amorosamente programado y hasta pueda aparentar Amor.

El Hombre, como todos los Seres, tiene Amor, Inteligencia y Poder. Una sociedad Ecologénica es aquella donde esta "Doc-Trina" es conocida por todos y cada uno de los ciudadanos y aplicados sus principios en perfecto equilibrio. El líder ecologenista deberá instruirse más en estos aspectos, pero estas explicaciones sencillas son suficientes para que la conciencia del ciudadano común despierte y comience a comprender cuán importante es desprenderse de la idea de economía como fin último.

El hombre promedio de los últimos siglos sueña -y cree- que sólo podrá ser feliz si tiene suficiente dinero. Cree que el dinero es lo que le da todo, sin darse cuenta de la trampa monstruosa en la que ha caído, porque en la realidad el dinero es, mediante su carencia controlada desde los centros de poder económico, lo que le limita, lo que no le deja hacer muchas cosas, lo que le impele a mentir, a estafar, a asesinar y a cometer toda clase de atrocidades. La enorme mayoría de los delitos cometidos desde hace siglos, son por causas puramente "económicas", incluyendo crímenes forzados por la miseria circunstancial de los matrimonios, que se inscriben como "crímenes pasionales". Las mentes débiles, agobiadas por las deudas, las hipotecas y hasta la rivalidad económica en el sustento del hogar, terminan asfixiadas y a poco analizar un buen número de casos de "violencia de género", nos encontramos con las mismas causas de agobio económico.

La degeneración de los conceptos filosóficos fundamentales de casi todas las escuelas antiguas, la distorsión de la historia y las interpretaciones sobre la economía, nos llegan también desde La Biblia y otros libros religiosos, que deberían estudiarse con criterio científico, antropológico, y no con el fanatismo místico. La frase de Iesus el Esenio que decía *"A aquel que mucho tuviere, aún más se le dará y al que nada tuviere, aún lo que tuviera se le quitará"*, puede interpretarse metafísicamente bajo la Ley de Mentalismo como una realidad observable en cualquier momento. Si el mundo mantiene una mentalidad de pobreza, será pobre. Si la humanidad rompe con ella y comienza a imaginarse rica, los geniales demonios que controlan las finanzas del planeta no podrán mantener su sistema, que requiere de pobres, no para mantener a los ricos, sino para poder someterlos mediante la carencia y la indefensión.

Pero sin perjuicio del valor metafísico de la frase, más parece que hubiera respondido con una profecía o al menos advertencia sobre la economía que Herodes pretendía imponer, dado el momento histórico, situación e interlocutores (los mismos que le preguntaban si consideraba justa la economía romana), a los que respondió *"Dad a Dios lo que es de Dios, y al César lo que es del César"*. O sea que no habló en contra de la economía romana basada en el Talento (documento laboral intransferible) y el sestercio (ficha económica sin valor de moneda intercambiable que representaba un quinto de metro cúbico de tal o cual mercadería, o una cantidad de horas de trabajo).

Sin duda la economía está inextricablemente unida a lo espiritual, pero no hay más que dos opciones. Sirve al fin de sustento feliz y la Trascendencia del individuo y de la comunidad, o se usa para esclavizarles. ¿Cómo se ha usado desde el año 326 en que Constantino crea la Banka Bizncia, y cómo se usa actualmente?

El Movimiento Ecologenia realmente se conoce bien cuando uno se adhiere a él, cuando la mente es capaz de imaginar el mundo en que se desea vivir, y no sólo la imaginada riqueza particular y privada con que sueñan los ludópatas de la lotería.

3.- Más Sobre el Programa Ecologénico:

El Programa Ecologénico expuesto en las primeras páginas, se complementa con los siguientes conceptos: *Los líderes prometen luchar por la realización de los puntos preestablecidos, sin consideración alguna por el sacrificio de sus vidas. Sin esa condición, ningún partido, ninguna religión ni ningún ideal malo o bueno, ha tenido siquiera oportunidad de iniciarse. Un líder ecologenista debe tener como faro eterno de su conciencia la frase "Matar o morir, antes que vivir esclavo". No hay Amor más grande que el de aquel que desea para los demás, para sus hijos y nietos y para todas las generaciones venideras, un mundo digno y feliz, que merezca ser vivido.*

A) El programa contiene una serie de medidas que en parte representan fines lejanos, pero la mayor parte son de carácter urgente, por lo tanto, sus aplicaciones y efectos deben ser inmediatos.. Las tesis serán citadas en cuanto sean de naturaleza político económica, en lo que sigue, en el lugar correspondiente o en próximos libros. Las posibles contradicciones técnicas o errores en estos escritos, serán corregidos por el Partido Ecologénico o las Asambleas, según corresponda.

B) Los detalles y conceptos han sido comentados por el autor, aunque provienen de diferentes aportes de economistas y de la experiencia histórica de diversas épocas de la Humanidad, con las adecuaciones a la situación presente y previendo el futuro. Los teóricos de la economía no deben preocuparse demasiado por cómo lograr los cambios necesarios, sino apuntar directamente al objetivo, tener clara la meta. Los Ejecutivos de Gobierno, elegidos y supervisados por el Estado Asambleario serán los líderes que marcarán el camino. Al contrario que en la metapolítica de la Era del Mercado en la que los verdaderos gobernantes son los banqueros, los economistas Ecologénicos son científicos, obreros, Ejecutivos de Estado, pero no políticos.

La Ecologenia, aunque en algunos países deberá formar previamente un partido para llegar a las masas, es mucho más que un partido o dogma en el sentido originario de la palabra; es un principio revolucionario creador, un movimiento fluido y de realizaciones fluidas, una fuerza primaria que todo abarca e informa por ser Natural, por estar imbuido del espíritu originario humano, con todos sus mejores deseos y aspiraciones, que mediante la solidaridad, mutua necesidad y el Amor, permitió la formación de los Pueblos.

4.- *EL ENTUSIASMO:* Las fuerzas verdaderamente creadoras que lo pueden todo, que forman e informan todo el ámbito de la vida, son las fuerzas del ***entusiasmo***.

A) Las fuerzas del entusiasmo no son ajenas al espíritu, como los intelectuales siempre suponen, sino que, por más caóticas e informes que sean, son una disposición elemental del espíritu, que puede ser fácilmente formada y dirigida. Por más despectiva que sea la ciencia materialista respecto a esta emoción, o mejor dicho a este "estado anímico", el entusiasmo es la fuerza creadora más potente que existe. Por entusiasmo suele decirse "estado moral", de la tropa o del conjunto de trabajadores. El estado moral ciertamente puede o no contener entusiasmo, pero éste está más allá de lo que la psicología simple puede medir de algún modo.

Su potencia es lo que impulsa la vocación, lo que promueve las más fuertes determinaciones en el individuo o el colectivo, lo que lleva al deportista, al artista o toda persona en general, a superar sus propias barreras y superar barreras físicas o de circunstancias que parecen infranqueables a quien no desarrolla esta fuerza. ¿Qué clase de entusiasmo puede ser mejor aprovechado que el entusiasmo por una forma de vida infinitamente mejor a la esclavitud y sin sentido al que nos arrastra la política de las finanzas y del mercado internacional?.

B) La revolución espiritual y anímica abarca, necesariamente todo el ámbito de la vida. Esto significa un cambio profundo en la totalidad de nuestro pensamiento cultural y sentimientos. La superación de la penuria del mundo es la tarea, y en ella deben colaborar de la misma manera la cultura, la economía, la política, la enseñanza, la ciencia, etc. En el curso del tiempo, cuando la revolución espiritual y anímica haya finalizado completamente existirá el peligro de que el Ecologenismo desemboque más en la forma, el reglamento y la racionalidad, pero de ese peligro deben encargarse los metafísicos en práctica interdisciplinaria con las demás ciencias, pues ellos deben mantener encendida la llama de la Trascendencia Espiritual de la sociedad, sin las aberraciones del misticismo fanático y de las religiones instituidas.

La verdadera creación del estado de ánimo adecuado, del entusiasmo colectivo, que puede promover una revolución no sangrienta, estará en la juventud revolucionaria. El 15 M (15 de mayo en Madrid, o "Movimiento de Puerta del Sol") ha sido una buena muestra, aunque infiltrada y aprovechada por colectivos que nada tienen que ver con un mecanismo organizativo como el que hace falta para poner en marcha de verdad la

Ecologenia. De todos modos, "los indignados" también están en todo el espectro de edades, pero es momento de pasar de la "indignación", a la **determinación**.

El movimiento Ecologénico no se conforma con el estado mental y moral de los "indignados", sino que debe movilizarnos a todos convirtiéndonos en **"determinados".** Debemos extraer las fuerzas de toda la fuerza ancestral, de la necesidad de cambio y de liberación económica, de todos los valores arquetípicos de la conciencia humana y de la nacionalidad que cada ciudadano debe defender cualquiera sea su país, sin temor a que ello implique pérdida de respeto o enemistad con otras naciones. Así como nadie respeta más a cualquier madre que el que ama a la suya, nadie respeta más a otras naciones que el que ama a la propia.

También la intuición es una fuerza que debe desarrollarse en la masa y especialmente en los líderes ecologenistas. Y sólo la desarrolla de modo permanente quien medita profundamente en el Amor, guardando la coherencia entre **Sentir, Pensar, Decir y Hacer.** Mire cada uno en su interior y verá cuánta coherencia tiene en estos **cuatros pasos de la realización**. Sin duda mejorará su vida quien lo haga, pero el líder Ecologénico, así como un Ejecutivo de Gobierno en una sociedad Ecologénica, debe tener ya resuelto este asunto antes de pretender algún liderazgo. ¿Cómo podría servir al conjunto social alguien incoherente que siente una cosa, piensa de otra manera un rato después, dice otra cosa distinta y hace cualquier otra?

Así es como tenemos en la Era de la Dinerocracia a una casta política degenerada, cobarde, hipócrita, que vive peleando e insultando a sus colegas, que promete y no cumple, que "gobierna" al servicio de intereses apátridas, que jamás habla de Amor y que probablemente sean muy pocos individuos los que realmente saben lo que es Amor, siquiera en lo personal, ya que hasta el matrimonio es para la mayoría un acuerdo económico, una sociedad comercial, por encima de todo lo demás.

La cuestión espiritual es la médula del Ecologenismo. En la Humanidad está preformada la totalidad de las aspiraciones de cada individuo, la inexorable homogeneidad de un grupo humano; con la toma de conciencia de que la Constitución del Estado (véase "Constitución Asamblearia" (Ecologenia II)) es participativa, no meramente representativa y el Estado debe ser siempre y en todo caso, *laico,* quedará asegurada la base rectora de la Ecologenia. Los vínculos espirituales puros, sin interferencia de las religiones instituidas, aunque cada uno tenga una religión particular, aparte de la solidaridad nacional, fundan una comunidad profunda, como ningún pensamiento puede hacerlo.

El instinto abre el tesoro y el seno materno de todas las fuerzas fértiles y creadoras. Aquí reside la causa de toda fuerza revolucionaria, y con ello, el alumbramiento de la historia. Se debe observar no obstante:

A) La intuición sin una idea informante es ciega. El impulso instintivo significa en sí mismo solamente afirmación y elevación de la vida. Por eso el nacimiento de bienes culturales necesita la información y sugestión de una gran idea.

B) La intuición es, empero, el presupuesto esencial de la disposición para aceptar la idea formativa.

En un gran número de intelectuales faltaba este presupuesto. Ellos estaban intelectualmente bien instruidos y formados, pero carecían de la intuición. Por eso, no pudieron muchos de ellos comprender la gran idea del mundo Ecologénico que sin embargo, han imaginado en sus aspectos tecnológicos, como si la sola tecnología pudiera resolver todos los problemas y dar lugar a la felicidad existencial de los pueblos. Como bien comprobado lo tenemos los científicos prácticos, los sabihondos son enemigos de los hechos, les asustan cuando no se ajustan a sus mentes cuadriculadas. Lo que precisamos para reorientar el destino de la Humanidad, es Amor, Inteligencia y Voluntad, con una buena dosis del más puro instinto guerrero, que nos permita avanzar a pesar de todas los obstáculos que sin duda pondrán delante nuestro los delirantes de poder que temen perder sus imperios disfrazados, su "tablero de ajedrez" donde nos consideran piezas de su juego, aunque seamos peones, caballos, torres o incluso reyes.

La Ecologenia es nacionalista y patriótica, tolerante hasta donde lo permite la ética esencial, espiritualista sin misticismo ni religión instituida, sino con aplicación científica de la metafísica, *participativa* por sobre la *herramienta de las funciones representativas*, humanitaria sin caer en el antropocentrismo, ecologista sin absurdos ni fanatismos. Su economía, que llamamos *econogenia*, es una mera herramienta más para el verdadero destino del Hombre, no su condicionante ni su objetivo final. El nombre, la esencia, el contenido, la dirección y el sentido del Movimiento Ecologénico, es algo que los líderes deben tener muy en claro, porque de todas las filosofías y teorías políticas existentes en el pasado, los términos que pudieran ser más apropiados a una expresión política, han quedado ajados por la verborrea de los políticos charlatanes y mentirosos, o adulterados en sus conceptos por tabúes y malversaciones históricas.

La Ecologenia significa el modo de vida más natural del Ser Humano, sin perjuicio de los auxilios tecnológicos; políticamente representa la inserción armónica del individuo en la comunidad, tanto como al medio ambiente, donde encuentran su punto de unión la madre del norte de Rusia, con la niña en Argentina, el hombre que huye de la gran ciudad un fin de semana, con el aborigen que nunca abandonó la Naturaleza. En el fondo, el mismo Amor, aunque se vivan experiencias tan dispares, la misma Inteligencia, aunque uno la use para pagar la hipoteca y el otro para seguir nadando y pescando en el rio, defendiendo como pueda su modo de vida de invasiones de la "civilización". La misma Voluntad de ser Feliz, cualquiera sea el lugar en que se viva y la diversidad de condiciones ambientales y cualquiera sea el concepto de "Felicidad" o mejor dicho, cualquiera sea la creencia sobre lo necesario para obtenerla. La Ecologenia permite armonizar todas las formas de vida para mejorarlas, los "karmas" personales y grupales para librarse ellos y -sobre todo- para que la interacción entre individuos y con toda la Naturaleza sea evolutiva y feliz.

El individuo llega a ser en la Ecologenia, un miembro consciente de una elevada comunidad. Él es responsable frente a la totalidad de su pueblo, de su Patria, ante su conciencia y con toda su voluntad y su acción. La Ecologenia es exactamente lo opuesto, a lo que el marxismo ha caracterizado como socialismo, y todo lo contrario a lo que el liberalismo, con su filosofía de individualismo, ha insertado en las mentes de la humanidad. No somos como abejas ni como hormigas, pero tampoco somos bichos solitarios compitiendo unos contra otros. Tenemos un espíritu comunitario, si, y debemos ser capaces de matar o morir por defender nuestra comunidad, sus valores y su libertad, pero también somos individuos con pensamiento crítico, analítico, participativo, absolutamente autoconscientes, incapaces de obedecer ciegamente, movilizados y dispuestos a todo no sólo por el ideal Ecologénico, sino por la más profunda comprensión intelectual del mismo y de todo lo que implica. Muchos desean "*salvar el mundo*" y en su impotencia e ingenuidad, acaban como voluntarios en ONGs manipuladas por los centros de poder económico. Ahora es momento de pasar a eliminar las causas del hambre en el mundo, en vez de alargar las agonías de los hambrientos. Ahora es momento de acabar con las causas del genocidio, en vez de protestar por los que hubo antes y siguen hoy.

Sólo un verdadero patriota puede merecer un día el título de "*ciudadano del mundo*" que muchos se adjudican sin detenerse a pensar en lo que están diciendo. Es como decir que puede entrar y salir de la casa de cualquiera. Un Patriota es alguien que lucha por mejorar las condiciones de su propio país, en vez de halagar su ego con excusas de "conciencia" intentando ayudar a otras naciones con paliativos siempre insuficientes. De modo que la

Ecologenia no ataca los síntomas y las miserias producidas por los planes de control mundial, sino que ataca *las causas* de la enfermedad social, y lo hace principalmente con el ejemplo. Ya habrá tiempo de prestar ayuda a otras naciones, pero ésta no será como paliativo -salvo en los desastres naturales- sino políticamente, ayudando a establecer Gobiernos Asamblearios, Ecologénicos, liberándolos de las farsas de los partidos de las falsas democracias, pero primero, cada uno tiene que poner orden en su propia casa, en su propia Patria...

La Ecologenia no es "*caritativa*", no busca dar paliativos transitorios, ni creará hospitales sólo para mantener millones de enfermos que sigan llenando las arcas de los mercaderes de la medicina mortal, sino que debe hacerlo para atacar las causas de las enfermedades. Para ello, el Programa Ecologénico incluye la renovación de la medicina, la abolición de la alopatía comercial a ultranza (sin pérdida de la parte de la alopatía que realmente sirve). No se trata de mantener manicomios, para ocultar a los ojos del pueblo las víctimas de un desvarío económico y de la psiquiatría oficial, que considera al hombre una máquina pensante que se arregla con pastillas. Para nosotros se trata más bien de erigir un orden económico que haga escasas y puramente accidentales esas víctimas, y que el entusiasmo y la orientación vocacional, unido a la seguridad existencial eliminen el cuadro estadístico de "deprimidos" y de los "parados por causas médicas", a menos que realmente existan esas causas y que serán reales en un ínfimo número si se quitan las lacras económicas de la sociedad.

Por eso la Ecologenia no parte de la compasión ni de la misericordia, no reparte limosnas ni habla de los sumergidos sociales, sino que da derechos y reconoce reclamaciones. No espera el agradecimiento de quien ha recibido un derecho, sino que insta a los individuos a participar y ganarlo.

La Ecologenia creará nuevamente para la totalidad del mundo -no para una clase- un aprovechamiento óptimo del espacio vital para su desarrollo y poderío público, con la mayor inteligencia técnica y política sobre el medio ambiente, con un reparto justo de las tierras, sin que ello sea obstáculo para la existencia de la propiedad privada. Pero también considerando ayudas para que los propietarios no deban abandonar sus terrenos, para que no estén infértiles, abandonados y -como ha ocurrido hasta ahora en muchos países- cargados de tal atraso impositivo que acaban en manos de un Estado que no sabe qué hacer con ellos. En la Ecologenia, como ya se ha explicado en anteriores libros, no existe el "impuesto a la propiedad" y prácticamente ningún impuesto, porque que el Estado no es una "empresa" ni un tirano feudal, sino desde el punto de vista económico, quien controla y fabrica el dinero necesario para aceitar la maquinaria social, que se mueve con la energía del trabajo, no con la droga del dinero usurario.

La Ecologenia contiene como trazo esencial, el rechazo de la internacional y del liberalismo, el retorno a la tradición popular más pura y libre de fanatismos religiosos, la reinstalación de la autoridad democrática sustentada por la conciencia y el consenso participativo, la comunidad como punto de partida fundamental para la consideración total de la vida. La sociedad, la economía y el derecho se estructuran según los principios de la justicia social. Una enérgica política externa procurará la realización de todas las exigencias en el exterior y la difusión de la Ecologenia, respetando cada idiosincrasia y sin imponerla jamás por la fuerza como lo hiciera el marxismo con el resultado de cincuenta millones de muertos, o el liberalismo con muchos más muertos, especialmente de hambre. Nada hay más fuerte y permanente en el tiempo, que el ejemplo; y las armas no deberán ser más que para defender la Patria de cada uno, no para invadir a otras. Y por sobre las armas de guerra, la Ecologenia cuenta con un arma muy superior: La tecnología que se nos ha ocultado. De ellos hablaremos en otro libro.

El sentido de la Ecologenia es nacional con el ímpetu total de una nueva experiencia de antigua y oculta esencia, porque procura aquella forma de vida a la que todo individuo y todo pueblo han aspirado siempre. Los que colaboran en la creación y construcción del Estado, que son la totalidad de los ciudadanos, no pueden recibir una limosna social en el mejor de los casos, sino que el Estado como tal, tiene el deber de preocuparse de todo lo que sus miembros puedan necesitar. Es imposible en un Estado Ecologénico que existan parados por falta de empleo. Donde hay personas que cobran sin trabajar, lo malo no es que cobren, sino que no trabajen, porque ello constituye una aberración única y exclusiva de la civilización del mercado y a partir del marxismo o del falso socialismo que sirve al liberalismo sólo con el nombre de algunos partidos y algunas de las peores medidas del marxismo.

Pagar a la gente que no trabaja es un parche degradante para el Estado que se evidencia como un grupo de ineptos para la política y hasta para la simple administración de los recursos materiales y humanos (cuando no directamente cómplices de la esclavista sinarquía internacional), y más degradante aún lo es para el individuo, al que la estupidización televisiva (causa del embrutecimiento político y social) ha tornado incapaz de auto-gestionarse y espera que "papá Estado" le de todo servido.

Desde el punto de vista económico procura el Ecologenismo una economía que cubra todas las necesidades y puede hacerlo con más abundancia y variedad que los mercados actuales, pero con acceso a las mejores calidades para todos los ciudadanos.

¿Qué hay que cambiar para hacer realidad estas cosas? Puede, como toda la Ecologenia, parecer una utopía a las mentes débiles y a los esclavos cómodos, pero la clave no es tan difícil de entender: La economía ha sido en el último milenio o poco más, una procura constante de "rentabilidad" en vez que un servicio para la producción de bienes y servicios. Es preciso hacer desaparecer ese impulso en la mente de los economistas, productores y profesionales, pues no vestimos con dinero, sino con telas, ni comemos ensaladas de billetes, sino de verduras y productos animales, ni bebemos caldo de monedas, sino leche, vino, agua y mil líquidos más que -como todo lo anterior- no se produce gracias al dinero, sino al trabajo del campesino en primer lugar, luego de los que manufacturan, la industria y finalmente, gracias a la distribución que hace el comerciante. Cuando cada uno haga su trabajo sin cargas impositivas, con guía vocacional, con la cibernética aplicada a la distribución y -sobre todo- sin tener que pensar en la "rentabilidad" particular, la abundancia de recursos obligará al Estado a reducir las horas de trabajo y orientar más el ocio hacia actividades de crecimiento espiritual, cultural, deportivo, etc.

La **Econogenia**, como parte de la Ecologenia, es primero, un hecho necesario y luego una teoría, porque se trata de recuperar los más elementales derechos del individuo y de la sociedad, aunque para realizarse dicha teoría deba estar bien clara en la mente de los ciudadanos. Es primero una fe en el "*si mismo*" de cada uno y después un conocimiento, porque cada ciudadano debe aprender a imaginar el mundo Ecologénico y disfrutar emocionalmente desde el momento mismo en que comienza a comprenderlo,; primero una intuición que nos lleva a ver la realización de nuestros mejores sueños y luego un sistema teórico aprehensible por la razón.

Capítulo Tercero
ELEMENTOS DEL MUNDO ECOLOGENICO

La Ecologenia es una concepción del mundo, no sólo una teoría política. Comprende por igual a todos los hombres que comparten con su más íntima disposición esta cosmovisión, la ubica en una comunidad orgánica participativa y rescata los valores que cada uno puede aportar para el conjunto.

I. La Econogenia es un reencuentro con la economía natural;   y por esto es una   corriente contraria al liberalismo, marxismo y ajena al racionalismo materialista a ultranza.

Liberalismo y marxismo, así como todos sus derivados o mejor dicho "fantasmas ideológicos", serán severamente combatidos. También se dirige el Ecologenismo contra el falso racionalismo cartesiano mal entendido, de los que se dicen "*escéptico*" y sólo mantienen teorías sin práctica y desdeñan las capacidades superiores de la psicología humana; se debe combatir ese falso racionalismo que anula la imaginación de las masas por un lado y las pervierte por otro con toda clase de banalidades comerciales manipulando sus emociones.

Está sobreentendido que la cosmovisión del Ecologenismo y su programa, destaca inequívocamente el respeto ante todas las confesiones y creencias religiosas, aunque las separe definitivamente de todo poder sobre el Estado.

II.   La Ética: Es esencial en la Ecologenia, que la concepción del mundo, destaque ante toda la ciencia, el valor del carácter espiritual humano y del sentimiento de Amor que debe movilizar todo quehacer en la comunidad. *"La vida es el mayor tesoro, sólo cuando se la vive dignamente; la Patria y su suelo no pueden ser económicamente manejados por poderes privados, el honor, comprendido como Lealtad y Dignidad en equilibrio -cuya resultante es la Libertad-, es más valioso que los más altos dividendos y el pueblo está por encima de la suma de todos sus negocios" (Robert Medrojo).*

III. Individuo y colectivos: La presente humanidad está compuesta de tres razas básicas: Amarilla, Aria y Negra. Las sociedades actuales se encuentran mestizadas hasta en un treinta por ciento en los países más desarrollados y casi un cincuenta por ciento en el continente americano. Además, merced a la interacción comercial, social, educativa, etc., no cuenta ningún país con la posibilidad de unificación por colectivos raciales para llevar adelante ningún plan coherente en base a valores de alguna raza predominante. Podría ocurrir en África, donde algunos países son de raza Negra en mayorías casi totales, pero sus diferencias étnicas y culturales hacen imposible un plan coherente basado en la raza. Por el contrario, los intentos realizados en todo el mundo, han acabado en masacres, en "limpiezas étnicas" criminales.

Sin embargo existen diferencias culturales que han de respetarse si queremos que los diversos colectivos convivan armónicamente. Al mismo tiempo, es preciso rescatar y educar sobre todas la características espirituales y psíquicas comunes a todos los seres humanos, para que la sociedad global se reencamine y comience una etapa evolutiva.

Existe un determinado espíritu creador en cada colectivo y la Ecologenia debe extraer de cada uno, como de cada individuo, lo mejor que pueda aportar al bien común. Es preciso aprender -tanto pueblos como individuos- que el Respeto es la forma más necesaria para la supervivencia y que siendo la forma más básica del Amor, es el primer paso para establecer la convivencia tan armónica que todo el mundo sueña. La subsistencia del Hombre como especie sobre la Tierra, depende de que esto deje de ser una utopía en la mente de las mayorías.

IV. La Cultura.

Todo pueblo e individuo tiene una capacidad artística, alguna inclinación cultural. Rescatar esas cualidades en cada persona, dan dos resultados: El primero es que unos tendrán en su expresión artística su auténtica vocación y serán sin duda los mejores y "famosos". A diferencia de los modelos del mercado, usados para condicionar y dirigir a las masas hacia tendencias convenientes a los poderes fácticos, estos artistas brillarán por sí solos, no precisarán de la publicidad. El segundo resultado es que todos los pueblos tendrán más o menos sus expresiones populares, las que determinarán "nuevas tradiciones" que van a rescatar los arquetipos más puros que cada colectivo tenga. En algunos lugares la expresión "folklórico" se usa ya como despreciativo, sinónimo de caduco, obsoleto o pasado de moda. Los folklores, que en realidad son la expresión del espíritu colectivo y todos sus valores, han sido destruidos a conciencia para someter la mente de las masas al materialismo. Destruir los folklores, las obras clásicas en cualquier expresión, ha sido un hecho a conciencia, porque para someter a un pueblo, hay que destruir su espíritu. Y ello se ha logrado destruyendo sus canciones, sus danzas, sus rituales "paganos". En esto han tenido parte la sinarquía económica y sus súbditos cómplices: los poderes religiosos.

Si bien muchas "tradiciones" son en realidad dañinas por estar durante siglos (o milenios) enquistadas en la sociedad, los folklores deben rescatarse para preservar las tradiciones anteriores, primordiales y puras que todo pueblo tiene. Sólo un buen desarrollo cultural, libre de las lacras del mercado, puede realizar tal obra.

El "pueblo" es más que la suma de los individuos que hoy viven: es la irrompible cadena de generaciones que comienza con el devenir del pueblo y se extiende a las generaciones que aún no han nacido, pasando sobre el presente hacia el futuro. Por lo tanto debemos considerar y rescatar los valores ancestrales porque no son herencia sólo nuestra, sino de nuestros descendientes, al mismo tiempo que tenemos la obligación ética (y más o menos el deseo en muchos) de forjar las bases de un porvenir evolutivo para nuestros sucesores.

El hombre individual es un miembro cultural, económica, social y biológicamente ligado a una comunidad, con la que tiene obligaciones a cambio de todos los beneficios que el conjunto produce.

El Estado es la forma de organización de un colectivo nacional, un medio para la afirmación y desarrollo de la unidad del pueblo. Todos estos conceptos deben ser sostenidos y alentados por las expresiones artísticas, y en realidad todos los folklores lo expresan de un modo u otro.

V. Las Razas:

La historia del mundo y de las culturas es la lucha del espíritu de las razas; cada una es diferente, y en vez de conseguir la homogeneidad total en base a la mestización, como pretendieron los antropólogos esbirros del mercado, hoy más que nunca se aprecia lo heterogéneo que resulta la sociedad humana. Por un lado, existe en este proceso un coste biológico e intelectual que pagan innumerables seres humanos de diversa manera, pero por otro lado hay un efecto reactivo, que obliga a individuos y colectivos a luchar con todas sus fuerzas para librarse de las cadenas impuestas por la economía usuraria, la perversión de las artes, los engaños políticos y la idiotización masiva. La heterogeneización de la humanidad ha dificultado su control según los planes metapolíticos de los siglos XIX y XX, ya que suponían y hacían suponer que las mestizaciones producirían un "todos iguales". Les ha salido al revés.

Toda la situación ha obligado a los "poderosos" a adecuar sus planes mediante muletas tecnológicas para acentuar el control (cámaras de TV en todas partes, controles extremos en los desplazamientos, terrorismo prefabricado, chips y microchips, etc.), pero a pesar del coste biológico causado por la mestización, buena parte de la humanidad ha comenzado a buscar los valores que están más allá de la raza, más profundamente enraizados en el Alma, que le conectan con los demás, de modo que cada persona y cada colectivo deben tomar conciencia Ecologénica, seguros de que mientras más profundamente se bucea en las características humanas valiosas, más afinidades se encuentran en individuos de cualquier raza.

Las peores diferencias se encuentran en los arquetipos que algunos colectivos poseen, los cuales les impelen a ser esclavistas. Allí es donde las diferencias son insalvables y los pueblos deben aprender a diferenciar a los verdaderos enemigos, que serán quienes les azucen contra otras naciones -tal como ha ocurrido desde hace milenios- a fin de sacar ganancias y ventajas de los conflictos. Sin duda, los pretextos raciales seguirán siendo un riesgo para los pueblos que no comprendan estas cosas.

VI. Las Ideologías: En el fondo, todos los seres humanos tenemos problemas existenciales idénticos, sentimientos parecidos respecto a algunas cosas e iguales en la mayoría de asuntos; todos tenemos los mismos problemas globales, los mismos peligros, el mismo y profundo deseo de libertad, los mismos ideales de justicia, el mismo Dios aunque se conciba mentalmente de infinitas formas. Sin embargo, el **método** pretendido para concretar esos ideales, ha sido la causa de las peores guerras.

Motivados por los intereses de poder, los esclavistas de todas las épocas han mantenido en secreto su "ideología" particular y sus planes; los han ejecutado astuta y muy discretamente, impulsado a los pueblos a resaltar diferencias e intentar dirimirlas mediante las guerras. Antiguamente y en la actualidad, por medio del fanatismo religioso y/o con pretextos económicos, pero las peores guerras del siglo XX -con excepción de las dos guerras mundiales- han sido promovidas mediante la burda "*diferencia ideológica*" del comunismo y el capitalismo. Este último, aderezado con el eufemismo de "liberalismo económico" o "libre mercado". Las dos guerras mundiales, en cambio, se debieron a dos intentos (o prácticamente realizaciones) de abolir la usura. Hoy ese riesgo se ha minimizado por el hartazgo y desengaño de las sociedades, respecto a las *maravillas* ofrecidas por las supuestas democracias.

Lo que ahora pretenden los metapolíticos de la banca internacional, desde inicio del s. XXI, es el enfrentamiento de las sociedades islámicas con las cristianas, pero el fantasma de "la derecha y la izquierda", sigue pululando entre las naciones, a fin de mantener el juego que les permite usar a las castas políticas, infiltrar a sus lacayos en los partidos y finalmente en los gobiernos cada vez que necesitan tomar las riendas más directamente.

No obstante, el objetivo del juego de ajedrez global de estos maquiavélicos sujetos, es la eliminación -de una forma u otra- de una gran parte de la población mundial, porque el sistema actual es ecológica, económica, política y demográficamente insostenible, incluso si la humanidad dejase de reproducirse. La Tierra podría albergar posiblemente unas 14 mil millones de personas en condiciones óptimas de vida y evolución, pero ello requeriría el abandono del poder de quienes lo detentan…

La "ideología" Ecologénica tiene por objeto abrir los ojos de la humanidad respecto a esta triste realidad global generada por el esclavismo, pero pasando inmediatamente a la acción pacífica y firme, mediante el establecimiento del sistema asambleario (Ver "Constitución Asamblearia"), presentando un plan que permite, sin llegar a esos extremos demográficos de catorce mil millones de seres humanos, un desarrollo sano de la presente y futuras generaciones. El Plan incluye "Econogenia", es decir una economía científica, ecológica y demográficamente aplicada, es decir adecuada al propio Reino Humano, pero la economía no constituye en si misma una ideología ni la base ideológica fundamental como en el comunismo o el capitalismo.

En la **Ecologenia**, la *Econogenia* es un mero instrumento científico al servicio de un ideal superior, una herramienta que forma parte de una cosmovisión donde el hombre es un elemento más en la evolución de los Seres y de la Naturaleza toda. El "humanismo" de Silo resulta ser un *antropocentrismo*, que considera a los demás seres (animales y vegetales) como "cosas", objetos dados por Dios para ser dominados por el hombre. En el fondo, un materialismo dualista igual que el judaísmo o el catolicismo, con un Dios alejado del hombre, que lo enseñorea sobre todas las demás criaturas que deben ser sometidas por éste.

La cosmovisión Ecologénica considera al hombre como un Reino Natural mayor (que no "superior") en evolución respecto a los otros Reinos conocidos, que llamamos "Menores" *-que no "inferiores"-* (mineral, vegetal y animal) y no descarta la posible existencia de Reinos Naturales Mayores al hombre -que no "superiores"- sean angélicos, o como quiera que se llamen y que los místicos de todas las culturas de la historia nos han referido con importantes puntos en común. Pero estos Reinos, tanto si los menores son todo lo que hay, como si existen Reinos Mayores, son en cualquier caso *partes* de un Todo Universal que sólo pueden servir al hombre en la medida que éste los respete. Ni adoración temerosa, servilismo o sometimiento ante posibles Reinos Mayores, ni abuso irresponsable ante los Reinos Menores, de cuya existencia y armonía depende incluso nuestra propia supervivencia.

La falta de respeto por esos Reinos Menores, en pos de un dominio brutal y despiadado, utilizando a pueblos de nuestro mismo Reino para su explotación (esclavitud), no sólo es una aberración ética, sino que representa un atentado económico contra el equilibro Natural, y su precio termina siendo el mismo que pagan los parásitos: Su propia extinción tarde o temprano.

VII Los Conceptos:

Por lo tanto, la **Econogenia** es una forma de economía que concuerda y sirve a la Ecologenia, por lo tanto incluye:

1) El respeto a la ecología y sus leyes,

2) El respeto a todos los seres -animales, plantas y al planeta mismo como Gran Organismo Viviente- y a su originalidad biológica, aunque nos los tengamos que comer a muchos de ellos, dentro de un orden natural.

3) El control demográfico Sobre este tercer punto existe una gran cantidad de información, cuyos detalles básicos ya doblarían el tamaño del presente libro, por lo tanto queda para otro volumen, pero no debe confundirse este control demográfico con la eugenesia practicada en algunas épocas, y menos aún con la política de genocidio controlado que hoy mismo se realiza, mediante la pauperización de las naciones, guerras, hambrunas y la preparación de un genocidio biológico de activación a largo plazo, tal como ocurre con algunas vacunas, aplicaciones nanotecnológicas y microbiológicas por medio de fumigaciones encubiertas (chemtrails).

El control demográfico debe realizarse mediante la educación **(procreación responsable y consciente)**, con apoyo psicológico y médico, promoviendo y facilitando las adopciones (pero sin perder drasticidad judicial en el tema)

4) La ciencia sin dogmas, sin intereses personales curriculares ni -menos que menos- económicos para los particulares. Los científicos de la civilización del mercado pueden creer que esto les limitaría en sus desarrollos, sin embargo, muy por el contrario, la Ecologenia y la Econogenia permiten a cualquier civilización inteligente una expresión plena, constante, casi infinita de todo su potencial científico, ya que sus investigaciones no dependerán de un particular interesado que les subvencione, sino de todo un Estado que al mismo tiempo que les ayuda y provee, vigila su desarrollo ético.

5) Trabajo vocacional: La distribución del trabajo por estricta adecuación vocacional, así como -más estricta aún- selección por idoneidad, en todos los cargos de cierta responsabilidad, que no admitan ni mínimas falencias. La vida del ciudadano ecologenista ha de ser una permanente satisfacción, gracias al trabajo que satisface no sólo su economía personal, sino su Alma, su intelecto, sus necesidades de expresión creativa. En la Naturaleza existen patrones numéricos infalibles, y esto es totalmente válido en la distribución estadística de capacidades, talentos, habilidades y todo el conjunto de factores que hacen a la vocación como parte esencial de la naturaleza humana. Puede que un colectivo se destaque especialmente en algo, pero todo conjunto de personas aumenta su efectividad en la supervivencia, en la vida normal y en el desarrollo de su sociedad, mientras mejor distribuidas estén las funciones que se requieren. Una sociedad esclavista acaba siempre en auto-extinción, incluso cuando no existen posibilidades de rebelión.

En cambio, una sociedad vocacionalmente organizada, alcanza niveles de eficacia productiva en todos los órdenes, que apenas pueden imaginar las sociedades desorganizadas en la vocación, ya sea por estar sometidas al dinero o por simple ignorancia política de sus dirigentes, respecto a esta cuestión.

Existen trabajos para los que aparentemente no hay ninguna persona con vocación para ellos, sin embargo estas tareas, por duras que sean, por riesgosas o desagradables a la mayoría, son realizadas siempre por quienes encuentran en ellas algún tipo de motivación. A los psicólogos y organizadores laborales corresponde la tarea de ubicar a las personas en el trabajo que les resulta más acorde y satisfactorio.

6) *Recuperación histórica:* La historia ha sido tergiversada a tal punto merced a los intereses fácticos, las dictaduras académicas y las malversaciones literarias, que será arduo el trabajo de recuperar, mediante interdisciplinaria intensiva, las realidades históricas que contienen infinidad de valores. Este libro, como todos los relacionados a la Ecologenia, es en gran parte producto de esa recuperación, ya que se ha ocultado con firme intención una gran cantidad de cosas sobre las pasadas civilizaciones, cuyos ejemplos debemos seguir. Hay infinidad de asuntos científicos de altísimo valor que deberíamos heredar de las culturas antiguas, pero no es posible cobrar dicha herencia cuando se nos hace creer que todos los antiguos fueron brutos, violentos, degenerados, torpes, faltos de ingeniería o medicina.

7) Equilibrio entre individuo y sociedad: La civilización del mercado ha ido socavando los cimientos morales y espirituales de todos los pueblos, convirtiendo sus motivaciones y valores en simple necesidad obsesiva de ganar dinero. Ha convertido al individuo en simple número, en masa productiva y consumidora, y al mismo tiempo lo ha aislado de sus semejantes como ningún otro lo ha hecho en la antigüedad. Las personas no ven en otras personas a Seres Humanos, sino como "compañeros de trabajo" que hay que aguantar, como proveedores o como clientes, a los que hay que exprimir. Todas las ideas de conveniencia de la mayor parte de la gente fueron quedando en el ámbito estrictamente económico, mercantil, monetario. Lemas nefastos como *"tanto tienes, tanto vales"* y otros por el estilo, dichos en principio como denuncia, fueron quedando como axiomas sociales, como tópicos públicamente aceptados y prácticamente indiscutibles.

El Ecologenista tiene la magnífica y desafiante tarea de entender para luego difundir, la idea de que lo bueno, lo realmente válido, es lo que sirve al desarrollo de la vida, más allá de individuo, porque sólo lo que es bueno para el pueblo, a través de las generaciones, es lo que garantiza el bienestar material y espiritual del individuo actual. No puede ser bueno para nosotros hoy, aquello que su uso actual pueda resultar una lacra para las generaciones venideras. Los valores naturales y el concepto ético de lo bueno y el bien, son eternos.

8) Medicina avanzada:

Los pueblos de los países más "desarrollados" aparentan estar menos dañados biológicamente, pero en realidad se sostienen mejor merced a una alimentación más variada y un mercado de medicamentos asombrosamente denso. Es raro encontrar alguna persona que no consuma al menos un medicamento habitualmente y la gran mayoría tiene en sus mesas de luz más de cinco medicamentos. En la Ecologenia, la medicina considera a la alopatía, sólo una alternativa terapéutica más. Por otro lado, la producción de medicamentos y el control general de la sanidad, siendo tan estratégica, debe estar en manos del Estado, tal como ocurre en Cuba, que con todos los defectos que puedan achacarse a su sistema y orden político, mantiene la mejor, más avanzada y efectiva medicina del mundo.

Los médicos cubanos cumplen con las máximas exigencias académicas y prácticas, actualizándose constantemente y el Estado se asegura que sólo los que tengan auténtica vocación ocupen las carreras. En realidad, lo hacen así con la mayoría de las profesiones de valor estratégico. Esa es la razón por la cual un país con mínimos recursos, una población tan heterogénea, una relación de dependencia en cierta época con el gigante ruso (drásticamente cortada con la "Perestroika") y un bloqueo infame que aún continúa, por parte de USA y sus países esbirros, pueda mantener una calidad de vida donde se ha erradicado la desocupación, el analfabetismo, el abandono infantil, etc.

No estamos diciendo que un Estado comunista como Cuba (en la práctica, muy lejano al marxismo aunque se pongan su título) sea una maravilla carente de contradicciones fundamentales, pero sin duda, al conocer casi totalmente ese país, su gente y su sistema, se evidencia una aproximación importante al Ecologenismo. Y menos duda cabe aún, cuando muchos exponentes de la "jet-set" mundial acuden a sus médicos cuando conocen esta cuestión de idoneidad.

Merced a las drogas, la alimentación deficiente, la comida basura, el abusivo consumo de flúor y otras sustancias que lentamente van minando la salud física y mental, el porcentaje de personas normalmente desarrolladas, sin taras físicas o psicológicas, no supera el cinco por ciento de la población en la mayoría de los países. Las personas con desarrollo óptimo, es decir con coeficientes intelectuales superiores a 125 C.I., estado de salud perfecta y psicológicamente noble, son auténticas excepciones. Ya se empezó a criticar a la Ecologenia por "*hacer juicios de valor*" (críticas anónimas). ¿Es un "juicio de valor" injusto cuando un médico hace un diagnóstico?. ¿Curaría a alguien si existiesen prejuicios al respecto?. La real respuesta es que los "*juicios de valor*" son parte de la charlatanería política inducida a las masas para activar sus prejuicios a conveniencia de los tiranos de la dinerocracia. Siempre juzgamos, y no podríamos vivir ni convivir si no hiciésemos toda clase de juicios, al margen de que condenemos o no, que lo digamos o no, que actuemos o no según esos juicios.

La enseñanza política no debe renunciar en el futuro a la intervención en el perfeccionamiento biológico de la humanidad, haciendo uso de la ciencia pero con una ética intachable y sin intervención de las creencias religiosas. De lo contrario el pueblo mundial estaría constituido en unas décadas más, por gente absolutamente esclava, incapaz de pensar, de razonar, controlada mediante chips y medicamentos, cosa que ya ocurre en buena parte del Europa, USA, Canadá y Rusia.

Ante esta realidad, resulta imperiosa la necesidad de intervención de la medicina de la Ecologenia para reorientar la evolución humana. Desde el punto de vista económico, los pueblos actuales en su condición de enfermizos, atontados por la mediática y las drogas, sólo pueden servir a intereses esclavistas y esta mejora médico-social es posible que resulte ser la parte más difícil y compleja del plan Ecologénico, sobre todo si consideramos la información existente sobre las fumigaciones globales (chemtrails), los planes de control demográfico por exterminio progresivo y discreto que llevan adelante los dueños del sistema, y su arma más desconocida por las masas y apenas comprendidas por los colectivos científicos que no son cómplices: *la nanotecnología*.

Una sociedad enferma, es deficitaria y su desarrollo es entrópico, involutivo. En cambio una sociedad sana, sin duda produce superávit y su evolución económica es el medio (que no el fin) para su evolución auténtica.

9) *Espiritualidad, ética y militarismo.* Los conocimientos biológicos y científicos en general relacionados con la espiritualidad y la psicología Trascendental (también llamada "Catártica") deben ser enseñados desde las escuelas primarias. Antes que formar "buenos profesionales", hay que hacer de los niños "buenas personas".

La ética, aún siendo discutibles algunos de sus aspectos, dependiendo de las culturas, es básicamente "respeto", de modo que no es difícil crear un plan de enseñanza sobre ética. En cambio sobre moral, sólo se podrá desarrollar de modo paulatino, respetando los condicionamientos religiosos y usando las herramientas que hay en este campo: Psicología Junguiana, Dianética (que no el método empleado por la Iglesia de la Cienciología, con la cual la Ecologenia no tiene ninguna relación) y mediante la aplicación de la versión mejorada del junguianismo: la Psicología Trascendental.

Es necesario recuperar en esa educación, el verdadero Espíritu Guerrero, el espíritu heroico, degradado y desviado mediante la violencia extrema de la cinematografía, los juegos electrónicos y otros medios. El militarismo ha sido lo único que ha mantenido a los pueblos, a salvo de la esclavitud, aunque también el esclavista use la disciplina militar -especialmente con engaños- para someter a las masas. La cuestión no es si el militarismo es bueno o malo, sino que como la economía, es una herramienta para defender y beneficiar a los pueblos, o se usa para todo lo contrario. El mercenarismo es una forma de prostitución del Guerrero. Va la guerra por dinero y ya no es Guerrero, sino un idiota violento al servicio del esclavista. El Guerrero auténtico sólo obedece ciegamente en una situación determinada, cuando ha conocido y conoce muy profundamente a su superior, a tal punto que daría la vida por él y por los ideales que su ejército representa. Nada tiene que ver el auténtico militar, con lo que la mediática ha inculcado a las masas "pacifistas", o a los que ocultan su cobardía y pusilanimidad tras la bandera de la paz. La paz del esclavo no es paz, sino una guerra contenida.

Los mismos que se divierten *"matando miles de enemigos"* en la virtualidad, echan pestes sobre la disciplina militar, los ejércitos y las virtudes del carácter militar. El militarismo heroico que sigue siendo símbolo de los máximos valores, sólo se ve en algunas películas y videojuegos, pero los jugadores no tienen idea de la esos valores, virtudes y actos en la práctica. ¿Qué virtud se puede enseñar en cuanto a que mientras más mates, más puntos obtienes? ¿Qué sabe el ludópata de videojuegos de guerra, sobre el altruismo que debe tener un Guerrero para arriesgar o sacrificar su vida para defender la de otros? ¿Qué sabe el que sólo conoce a los militares por las películas o los documentales, de las guerras heroicas que formaron y libertaron sus Patrias?. La versión detestable del militarismo, inyectada en la mente de los pueblos mediante la manipulación internacional de los ejércitos de mercenarios, nada tiene que ver con la realidad. Hay gente que de ningún modo está preparada para una formación militar, no está su naturaleza. Sin embargo todos los que han hecho el servicio militar cuando era obligatorio, aún no estando en ninguna guerra y a pesar de la dureza de la experiencia en algunos casos, cuentan esa época con orgullo. Para la mayoría, sin duda la época de la vida que más sano orgullo les produce, al margen de todas las demás consideraciones y críticas que puedan hacer de sus mandos, del sistema político en que vivieran, y al margen de algunos excepcionales casos de "trauma militar", en todo caso mucho menores que los traumas laborales que sufren hoy millones de personas, que hasta se lastiman a propósito para no volver a trabajar y cobrar una pensión.

El sentido del militarismo por el cual debe ser conocida la Ecologenia ante el mundo, no es organización para la destrucción y la muerte sino, virtud guerrera y de lucha como salvación y ordenamiento de la nueva vida, de una Nueva Humanidad. De lo guerrero nace el sentimiento y la potencia espiritual. De tal espíritu creó Beethoven su tercera sinfonía, "La Heroica", de tal espíritu nacieron sus palabras: *"fuerza es la moral de los hombres, lo que los caracteriza ante todo"*, y: *"Quiero agarrar al destino por el cuello"*. Esto no implica ni remotamente un odio hacia otros pueblos, sino la preparación para los mejores resultados en la búsqueda de la Trascendencia ética y espiritual de todos los individuos, así como una capacidad auténtica de supervivencia, de convivencia en situaciones difíciles y defensa nacional en caso de que grupos esclavistas (interiores o extranjeros) pretendan destruir el Sistema Asambleario y la Doctrina Ecologénica.

Una construcción de cualquier cosa, llevada con disciplina militar por jóvenes bien alimentados e instruidos, amantes de su Patria y arquitectos militarmente formados, harán mejores tareas, en tiempos extremadamente inferiores, con menor personal y con costos también inferiores. Los ejércitos en la Ecologenia, sin perjuicio de su preparación bélica, deben servir para construir, más que para destruir.

10) *Reforma agraria y urbanística:* El suelo de la Nación no es una mercancía ni un simple factor de producción, sino un pedazo del universo, condición indispensable para la vida del pueblo que en la mayoría de las Patrias, fue defendido en sus fronteras, con sangre y sufrimiento a través de generaciones.

Sin que deje de existir la propiedad privada, el Estado tiene la obligación de hacer que el suelo rural permita la alimentación de la población, a la vez que absorba los excesos poblacionales que existe en las ciudades. Por eso es preciso efectuar una reforma agraria de tal magnitud en casi todos los países del mundo, a fin evitar el abandono de las tierras, las aberrantes deforestaciones masivas y la injusta carencia habitacional que millones de personas sufren. El uso de agroquímicos anti-ecológicos debe prohibirse, toda vez que existen técnicas de aprovechamiento de la biomasa para abono, así como defoliantes, insecticidas y medicamentos para vegetales, de origen mineral y muy bajo riesgo por toxicidad.

Debe recuperarse la agricultura biodinámica, la huerta ecológica y debe eliminarse de la faz de la Tierra el terrible baldón de los transgénicos, que amenaza con provocar hambrunas globales como nunca antes se han conocido.

De modo que las reformas agrarias no van sólo en el sentido del suelo y su reparto social, sino también en la forma de usarlo, tanto por los particulares como por el Estado mismo. Además, la reforma agraria incluye una educación social masiva respecto al papel del campesino, que lejos de ser una clase menor entre las clases, es uno de los generadores esenciales de la fuerza económica y fuente de la riqueza más legítima. En realidad, es la piedra angular de la estructuración del Estado Ecologénico.

La agricultura es históricamente, el fundamento de toda la economía. Pueblos de elevada cultura caen finalmente en la decadencia y la ruina cuando descuidan la protección de sus tierras de cultivo, y se empeñan engañados por los esclavistas, en la caza del oro, el cada vez más costoso comercio mundial, y el internacionalismo. Sin la protección inteligente y adecuada del suelo patrio, ninguna nación prospera y su pueblo acaba en la desintegración.

Si bien la Econogenia propende a la eliminación de toda forma de impuesto, carga o punición económica a ciudadano alguno, es absolutamente prioritario que el campesinado sea liberado de toda carga impositiva y -por el contrario- sea económicamente ayudado para producir y progresar.

Es preciso crear una Ley de afirmación y mantenimiento de la propiedad rural, ya que la subdivisión por causas de herencia o por venta a causa de improductividad, implica una pérdida de la capacidad socio-productiva del campo. De modo que la propiedad productiva ha de mantenerse como patrimonio familiar en manos de los que la trabajan.

Un aspecto importante de la reforma agrícola, es planificar la producción para el autoabastecimiento más completo posible en cuanto a alimentación, por parte de cada comunidad. La diversificación agronómica y ganadera permite fortalecer a los pueblos, asegurando su subsistencia y progreso sin los riesgos y perjuicios que produce la monocultura agrícola a la nación, en beneficio exclusivo de los intermediarios y especuladores.

Más allá del autoabastecimiento de alimentos, debe lograrse un retorno a las fuentes nacionales de materias primas, con el objeto de crear trabajo, en tanto ello no dañe el conjunto de la economía, y sea factible y conveniente.

Cada pueblo debe ayudarse a sí mismo, alimentarse por sí mismo, y abastecerse; sólo así logrará nuevamente la libertad exterior y podrá asegurar trabajo a sus compatriotas, y con ello, la posibilidad de mantener su vida y su progreso.

Una política de colonización planificada dará a una gran parte de la población, nuevamente, el sentimiento del suelo patrio, y permanencia en la tierra.

Respecto a las leyes de urbanización y distribución del suelo, caben algunas reflexiones importantes ya hechas en anteriores páginas.

VIII. La Ciencia Política

1. Toda ciencia es ciencia política, es decir, debe servir a la vida y a la educación del hombre nacional, democrático y político por participativo y consciente, conocedor de al menos las bases primordiales de la política como ciencia derivada de la psicosociología pero aplicada plenamente en el terreno práctico.

Los libros de Ecologenia deben tenerse como manuales de estudios desde el primer año de la escuela secundaria, aunque sus bases se enseñen antes, adecuadas a la escuela primaria. Puede que el primero, tan actual y hasta rompedor de esquemas ahora, quede como libro de historia. Pero "Constitución Asamblearia (Ecologenia II)" y el presente "Econogenia (Ecologenia III)" así como los sucesivos, en boceto al escribir el presente, serán de enseñanza constante por generaciones, aunque seguramente habrá avances científicos también en política, puesto que el Ser Humano es, como todas las criaturas, evolutivo y la política deberá ir adaptándose a su evolución.

La cultura, la ciencia y la civilización deben colaborar en la realización de la **nacionalidad**, porque sin ella como premisa, es imposible aspirar a una política global digna de seres humanos. El problema de la ciencia depende del hombre y su carácter. Los intereses egoístas, el miedo, el fanatismo y otras causas psicológicas en individuos y en colectivos, han ido ralentizando el avance de las ciencias. Goethe decía que "*Solamente es verdad lo que es sanamente fructífero*".

2. Todos debemos colaborar. Los representantes de la cultura, en especial los políticos, sabios, artistas, profesores, así como todos los que tienen buena voluntad, deben colaborar en la constitución y elaboración de una "Cultura Ecologénica".

La fuerza impulsora y las ideas que conforman el futuro están dadas en los libros de Ecologenia. Es necesario que las fuerzas en movimiento sean objetivadas y puestas de relieve, para que con ello cualquiera pueda comprenderlas.

La convocación principal se dirige a los poetas y artistas, a los sabios y filósofos para que desciendan de su especial existencia contemplativa, de su ideal mundo imaginario, a la realidad nacional con sus luchas y disturbios, sus necesidades e ideales. Uno de los grandes desafíos será convertir a la masa de "onanistas deportivos" que se emocionan con el fútbol y otros deportes sin practicarlos jamás, a convertirse en protagonistas de la vida, en vez que teleidiotizados y entretenidos espectadores. Para conseguir que esa fuerza mental, ese tiempo perdido y esa energía psíquica sea llevada a la vida real de la política, hay que tener clara toda la doctrina Ecologénica.

Los hombres creadores deben proyectar, desde los fundamentos, la imagen, y hacer consciente el pujante movimiento Ecologénico y nacional en cada país, rescatar los valores de las Patrias y esclarecer su dirección y su sentido, para cumplir la misión de formar a los hombres y crear una historia diferente a la conocida hasta hoy. Un mundo Ecologénico ha de vivir en armonía con el resto del Universo, con abundancia de bienes y servicios sin daño al ecosistema global, sin genocidios, hambre, miserias e injusticias, sin que cada país pierda sus valores culturales, sin que cada persona, pierda su individualidad, aunque consigamos desarrollar una serie de puntos en común para -basados en el respeto- interactuar, convivir y sentirnos amparados por la misma bandera Ecologénica, a la vez que por la de la Patria a la que pertenezcamos y en la que vivamos. Este es el sentido de la cultura Ecologénica.

Todo aquel que piense que esto es una utopía, debería darse cuenta que al pensarlo se está convirtiendo en enemigo de ese ideal que la inmensa mayoría de los humanos desea en su corazón. Lamentablemente, un movimiento con estas pautas, destinado a cambiar la esclavitud por la libertad y no en simple teoría, no puede tener simples espectadores, sino únicamente protagonistas. Intencionadamente o no, se estará de un lado o del otro. Sólo es preciso que el ideal se traslade a la mente, para que los brazos, la voz y el Espíritu de la Voluntad lo conviertan en una realidad. ¿En qué punto se encuentra el/la Lector/a ? ¿Desea que el mundo siga cómo está? ¿Piensa que vendrán "hermanitos extraterrestres" a arreglarlo?. ¿Cree aún que vendrá algún mesías a cargar con todas nuestras lacras?. ¿Supone que "las autoridades" arreglarán el mundo sin necesidad de nuestra participación?.

Si ha leído hasta aquí, no creo que se encuentre pensando en esas tonterías. Así que sigamos aclarando ideas.

3. El Sentimiento Ecologénico y Patriótico es esencial, el "Ethos" Ecologénico se evidencia tanto en el reconocimiento del valor de la personalidad como en la norma: **"El bien común antes que el propio"**. Sin heroísmo, sin altruismo de una porción de la población, sólo cabe esperar la degeneración de todos los valores, la pérdida de la individualidad a la vez que un individualismo egoísta, la pérdida de los valores comunes de la sociedad, luego la represión masiva y violenta y finalmente la esclavitud. Si deseamos la Libertad, debemos ganarla. Ese valor que es el mayor tesoro personal, es como los hijos: Sólo quien está dispuesto a matar o morir por ella, puede merecerla.

Respecto al sentimiento patriótico, hemos dicho ya algunas cosas, pero cabe remarcar que la única razón por la cual los pueblos han perdido el sentido patriótico, ha sido la constante, sutil y artera labor de inteligencia mediática realizada a tal efecto, contrastando con que se hace surgir ese sentimiento cuando se necesita a la masa para la guerra. La Ecologenia debe hacerlo surgir para la paz, para el progreso y para liberarse del yugo económico de los esclavistas.

4. El Liderazgo: Es de suma importancia la personalidad creadora en la política, economía, arte, ciencia, y en general, en todas las manifestaciones de la vida, pero en la política se requiere una característica especial, capaz de contener creatividad, psicología intuitiva, heroísmo y el Amor, la Voluntad y la Inteligencia, no sólo en perfecto equilibrio, sino en potente acción. Toda concepción colectiva verdadera y grande es siempre el producto anímico espiritual de una o de varias personalidades. Por eso la participación masiva en las Asambleas, no debe confundirse con el "decisión de las Mayorías".

En el Estado Ecologénico no hay sólo votaciones, ni menos aún para personas a quien no conocemos, salvo por su cara en un cartel. Hay líderes locales, que serán los conductores responsables de los destinos de su comunidad. Esos líderes serán quienes elijan de entre sus filas, a los más capaces, a los más responsables y comprometidos con la causa. Cierto es que las mayorías deben elegir democráticamente, pero eso sólo podrán hacerlo en la medida que participen activamente en las Asambleas, que gasten tiempo y esfuerzo mental por comprender sus situaciones y problemas, tanto de forma como de fondo. Igual las Asambleas terminarán en muchos sitios, con un reducido grupo de personas liderando. Pues esos líderes no serán meros obedientes del mandato popular "per se", sino que todas sus decisiones tendrán tanto el mandato popular como el bien debatido criterio y la seguridad de que lo que se haga será lo mejor. Las Asambleas no serán meras reuniones para votar líderes, sino que ese "trámite previo", procederán a analizar con toda la inteligencia del conjunto, cualquier cosa que deba resolverse. Sin embargo el líder es quien debe explicar, convencer con razones, moderar y finalmente determinar, decidir.

Para los líderes, la gran idea (por ella no debe entenderse simplemente un pensamiento) es la evolución auténtica del Pueblo, pacífica, sana, pluralista, la obra más grande que puede acometerse, por lo tanto es la fuente de un gran entusiasmo capaz de satisfacer cada día de toda una vida. Solamente una personalidad de profundidad espiritual y pureza moral puede encender un entusiasmo verdadero también en los demás. Antes de que una doctrina -y esto es ley eterna - los líderes deben adquirir templanza y dureza como el acero, estar preparados para todo. Ser capaces de servir de ejemplo en todas las cosas básica de la supervivencia, la conducción militar, sin quedarse demasiado cortos en ningún campo científico básico.

Los líderes Ecologénicos deben tener una cultura amplia, pero ello no significa que estén "llenos de datos", sino capacitados para usar todo lo que conocen y estar dispuestos a que ello sirva a los más altos ideales de toda su Nación, con lo cual contribuirá indirectamente a todas las Naciones del mundo.

Para el líder Ecologénico, gobernar es solamente otra forma más de un elevado servicio al pueblo, pero que debe cuidar y conocer en alguna medida todas las demás (trabajos, servicios, industrias, investigación, educación, seguridad…) y manejarlas con *criterio interdisciplinario*.

En algunos momentos de la historia fueron necesarias personalidades grandiosas, carismáticas y capaces de gobernar a multitudes con honor y justicia, pero hoy la sociedad extremadamente heterogénea, con infinidad de criterios, rasgos culturales, educaciones y arquetipos diferentes, conviviendo en un país cualquiera, hace que dichas personalidades sean inviables como líderes absolutos, que no están dispuestos a aceptar las poblaciones debido a la creencia mundialmente establecida por los dueños del mercado, que todo absolutista en la historia ha sido malo, tiránico, etc.. El gran movimiento Ecologénico, solamente puede ser unitariamente conformado por el vínculo de respeto entre personas de lo más disímiles, de modo que los líderes deberán ser capaces de hallar los puntos en común que poseen todas las personas de su comunidad, provengan del lugar del mundo, cultura, educación, extracto religioso o colectivo especial que sea.

Sin embargo, los lineamientos naturales para la labor del líder, son los mismos que en un pueblo conformado homogéneamente: Amor, Inteligencia y Voluntad como características espirituales, y sus manifestaciones morales: Honor, Lealtad y Dignidad.

Con estas cualidades en acción, será reconocido por sus compatriotas y sin duda, tras un tiempo de actividad deberá escalar posiciones si no aparecen personas mejor dotadas para la política que él. Sin embargo, el sistema Asambleario evita que los "trepadores" tengan posibilidad de acción. En un pueblo que deja de ser "políticamente analfabeto" y está dispuesto a alcanzar las metas que la Ecologenia propone, el líder no debe preocuparse de alcanzar poder alguno. Será elegido para cada cosa, aquel que mejores condiciones posea, de modo que toda su preocupación ha de ser cumplir los objetivos acordados e instruirse permanente y cabalmente en los aspectos del sistema Ecologénico y en la Econogenia, que tendrá, como instrumento, el más alto porcentaje de atención de los ciudadanos.

Con la autoridad del Presidente y una sólida Comisión Directiva de Asamblea Nacional, nace la unión, la forma, el orden, la disciplina, la alineación común y la conducta: fundamento y principio de una nueva educación, sea cual sea la condición de heterogeneidad del pueblo.

Todos los grandes movimientos políticos de la historia (del lado de los "buenos" como del lado de los "malos" según la historia y la mediática), han formado juventudes especialmente entrenadas en la doctrina del movimiento, en el trabajo político y en funciones de seguridad. La Ecologenia no debe descartar la formación de un EJE (Estamento de Juventudes Ecologénicas), que se encargue de la difusión y enseñanza de la política mientras se consigue hacerlo oficialmente en las escuelas. Al menos un par de generaciones de jóvenes, deberán cumplir ese rol que los mayores no podrán hacer por disminución de la sociabilidad natural y por estar inmersos en otras actividades.

Capítulo Cuarto

LA ECONOGENIA PURA

Es fundamental en la Econogenia - además de la lucha contra el individualismo egoísta y el liberalismo - la introducción de factores éticos, morales y culturales al tratar la economía.

La idea de economía que hace hincapié en el valor de la "libertad" sin limitación ética, es decir, su consideración aislada de todas las otras expresiones de la cultura y de la vida, es una aberración que debe combatirse. El beneficio económico de unos, mediante la miseria o endeudamiento eterno de otros, no es economía, sino una trampa que a la corta destruye a los ciudadanos, pero a la larga, destruye a toda la comunidad.

El llamado *"Homo Economicus"* de la escuela clásica, es llamado *"Pithecantropus mercatoris"* por ciertas escuelas antropológicas y viendo las consecuencias mentales en las clases laborales del mercado, podemos decir que este segundo título es más adecuado. Sobre todo si le vemos luego de su arduo trabajo mercantil, tras cinco mentiras por hora a sus proveedores, clientes, etc., con unas cervezas en la mano y viendo fútbol. La ética económica y la conciencia de la unión nacional, deben compenetrar la totalidad de la economía, porque de ella no sólo depende el alimento, el vestido y la "calidad de vida", en el sentido material, sino también la evolución mental de las personas.

Ciertos trabajos de psicoantropología realizados por el autor, han determinado claramente una pérdida de cinco puntos en la media de coeficiente intelectual en poblaciones heterogéneas de Argentina y Brasil, a lo largo de unos veinte años. Podría discutirse sobre las causas, pero el único cambio de entorno que lo justifica, es la constante disminución de la calidad económica, la inmersión en la preocupación hipotecaria, la desesperación ante los créditos que no se pueden pagar y el estrés al intentar conseguir lo básico para subsistir. Los más afortunado, entran en un espiral de deseos, falsas necesidades y envidias provocadas por la publicidad y técnicas subliminales, terminando endeudados de por vida, siempre al borde de la quiebra personal. No hay solución para estas cosas en el consuelo místico que ofrecen las religiones y muchos místicos "new age", sino un más profundo letargo de la conciencia.

Existen formas de manejo económico de Estado que dieron resultado en el pasado, merced a condiciones muy diferentes de las actuales. O sea que esos modelos son en su mayor parte, inviables hoy en casi todo el mundo. Pero el sistema económico financiero y usurario actual es la aberración económica más grande de la historia conocida, por lo tanto la Econogenia debe ser una reacción rotunda, produciendo una liberación mediante la estatización del dinero, pero previendo un desarrollo hacia el futuro, que cuando evolucione lo suficiente la sociedad, especialmente en sus caracteres de conciencia, podrá incluso abolirse por innecesario el uso del dinero. Ello no significa que el circulante sea reemplazado por "crédito virtual", a menos que por tal crédito entendamos un valor de h/h (hora-hombre). Ello ocurriría de otro modo en caso de colapso global de la civilización, pues la emergencia haría que los supervivientes perdieran toda noción del dinero y tendrían que volver al mero intercambio de bienes, hasta que los nuevos Estados se conformen y organicen su actividad.

La Ecologenia y su Econogenia puede considerarse un renacimiento de muchos estados económicos anteriores, pues recordemos que el dinero hizo su primera aparición en la historia conocida, en Cartago, en el 264 A. de C. y fue la causa real de la reacción de Roma con las Guerras Púnicas. Pero el dinero cartaginés, con patrón oro y de dudosa existencia en las cantidades supuestas, no llegó a trasponer fronteras, sólo sirvió para armar los ejércitos de mercenarios. En el 326 D. de C., Constantino consigue imponer la economía privada (privativa y privadora) que conocemos hoy, destruyendo la economía romana del intransferible Talento y las "fichas" llamadas sestercios (cerca de 1/5 de metro cúbico, en realidad). Volver a aquella economía que permitió al Imperio Romano, a la República y anteriormente a los reinados itálicos y en Egipto, Babilonia, Asiria y muchas otras como en América, formar civilizaciones de duración milenaria, es en alguna manera el objetivo de la Econogenia. Pero existe una diferencia que a la vez que obliga a la modificación del "método económico", asegura un servicio al pueblo como nunca antes lo ha habido (en esta "historia conocida"), merced a la tecnología y a la gran cantidad de conocimientos científicos, filosóficos y metafísicos, más la experiencia política de milenios, que no tenían aquellos pueblos.

La concepción de la política económica de la Nación, es uno de los puntos centrales de su especulación y acción. Pero como hemos dicho antes, en la Ecologenia es, junto con el control de la información y la educación, la más importante herramienta, no el más importante fin.

La teoría moderna del proceso de cambio en el mercado es una aberración económica en beneficio de los esclavistas, de modo que debe adquirir el pueblo, un concepto muy diferente. <u>A partir de la instauración del sistema Ecologénico, la economía se base en las *fuerzas productivas* y en la justicia distributiva, no en los caprichos de los especuladores financieros.</u>

Consideramos que el desarrollo de la productividad y de la capacidad de trabajo es tanto a corto como a largo plazo, más esencial que la rentabilidad inmediata. Con ello ponemos la productividad económica nacional y la política económica, prevista por generaciones, sobre la rentabilidad económica privada.

Debemos procurar la unificación de la economía nacional, mediante la fundación de estamentos sólidos que sirven de pilares para el desarrollo económico: a) La Aduana. b) El Sistema Ferroviario. c) El Sistema Vial y Fluvial. d) La ICPE Investigación Científica Para Energía. e) El Ministerio Nacional del Trabajo (que se regirá por la Constitución Asamblearia y sus anexos). f) El DDC (Departamento de Distribución del Consumo) que se encargará de regular los mercados internos y ofrecer al extranjero los excedentes de bienes, así como los servicios de empresas a otros Estados Ecologénicos.

Las técnicas, las medidas prácticas de este plan, son claras pero demasiado extensas en impreso, imposibles de agregar a este libro que debe ser "digerible" para todos los ciudadanos, incluso -y especialmente- aquellos que no conocen nada de economía, pero los presupuestos básicos de la Econogenia serán debidamente explicados en todos sus puntos concretos.

En los siguientes puntos, veamos la esencia de la econogenia, tratadas en títulos especiales las instituciones de la organización económica, así como las corporaciones profesionales, el Ministerio de Trabajo y sus representaciones.

RELACION ENTRE ECONOMIA Y POLITICA

El pueblo no puede vivir para la economía y la economía no existe para el capital, sino que el capital sirve a la economía, y la economía al pueblo. Es preciso restablecer en todo el mundo el primado de la política; la misión es organizar y conducir la lucha por la vida de la nación, por el bienestar del pueblo, pero dicho bienestar nunca puede serlo si permanece "endeudado".

La economía debe, entonces, integrarse y subordinarse al Estado, amoldarse a la cosmovisión de la Ecologenia y ponerse al servicio de sus exigencias éticas y sociales. La economía no puede considerarse más como un Estado dentro del Estado, sino que debe insertarse como un instrumento útil a la comunidad. Por eso no puede volver jamás a estar en manos de particulares. La política, que es conducida por el poder y la fuerza del Estado, ha sido y es el destino del pueblo. La economía no es su destino, sino su herramienta más estratégica.

La crisis económica en cualquier país se agrava por acontecimientos políticos, pero es manejada, graduada y/o directamente producida por los economistas que llamamos "metapolíticos". Las condiciones de hambrunas, miserias, injusticias, desigualdad de oportunidades, desamparo, niñez abandonada, guerras y todas las calamidades de la humanidad, son de naturaleza política, pero una política digitada por economistas de la dinerocracia, no por idealistas políticos. Ni siquiera se encuentran hoy a auténticos comunistas o verdaderos liberales como los de la primera mitad del siglo XX, ocupando puestos importantes, pues ya están todos desengañados. Los que actúan en la derecha y la izquierda, lo hacen exclusivamente por sus intereses personales, meros esclavos mayores para someter a los esclavos menores que componen la mayoría de la población global.

El mundo ya queda pequeño y estos "economistas" del gobierno mundial tienen el objetivo de despoblar el mundo mediante un genocidio a la mayor escala conocida jamás. Simples cálculos de escuela primaria son necesarios para darse cuenta de que es imposible que casi siete mil millones de personas sigan viviendo en un mundo bajo las actuales pautas de consumismo y mala distribución territorial Los pueblos están constreñidos en ciudades extremadamente densas y sin posibilidades de expansión territorial, merced a las leyes de la tiranía urbanística en algunos países, a la propiedad privada sin uso y sin dejar usar, a supuestas protecciones ecológicas y a la compra de extensos territorios por parte de testaferros de los economistas de la tiranía del mercado.

La Ecologenia, aunque parece una paradoja, tiene un punto en común con su enemigo principal, el esclavista y usurero.

El fin último de cualquier economía reposa, más allá de lo económico, en lo político. Para el ciudadano común, este valor ha sido distorsionado y se lo hace vivir sólo para el propósito económico. Se le hace suponer que la política debe servir a lo económico. Sin embargo, para los tiranos financistas de la globalización, el sentido último es igual que para la Ecologenia, sólo que con imperio de arquetipos opuestos. El fin para estos tiranos, es el poder político exclusivo, el control de las masas, sostener su imperio privado. O sea, un ideal político nefasto, pero ideal al fin. En cambio para nosotros, igualmente la economía es un medio para un fin político: La libertad, el desarrollo cultural, bienestar y grandeza de todas las naciones, protección de los ciudadanos y formación de medios para su evolución y Trascendencia. La diferencia esencial en este aspecto, es que el plan de dominio mundial globalista contempla la sola "representatividad" de sus gobernantes títeres y la no participación real de la ciudadanía en la política. Ello implica la necesaria pérdida de conciencia política por parte de las personas y para lograrlo requieren de una pérdida integral de la conciencia de las masas. En otras palabras, quieren un mundo idiota, ciegamente obediente y fácil de ser gobernado.

Por el contrario, la Ecologenia requiere de mayor conciencia de todos los ciudadanos y aunque es imprescindible el liderazgo, su representatividad nunca será en perjuicio de la *participación* política de los ciudadanos.

El Estado no debe actuar por sí mismo y directamente en el desarrollo numérico de la economía, como lo han intentado algunos países comunistas con muy pobres resultados, sino que debe ser regulador y normativo; debe ser, en el más elevado sentido, conductor y guía de la economía en su totalidad, dejando el espacio adecuado para la creatividad, siempre que ésta se manifieste en la producción de bienes y servicios, en las mejoras de su mercadeo, y nunca en la especulación financiera.

Muchos economistas dan gran cantidad de recetas para hacerse rico, se ha escrito muchos libros para que un individuo logre fortuna personal y si se siguen sus lineamientos,, dichos libros resultan efectivos. Pero han olvidado el fondo de la cuestión económica y filosófica. Las personas sólo podrán ser felices en un Estado Feliz, no alcanzando egoístamente la riqueza personal. De todos modos, por más fortuna que una persona alcance en el sistema de mercado, no podrá vivir tan dignamente, con tanta seguridad personal y material, como en un Estado Ecologénico, donde no pueden existir pobres, sino en todo caso, "menos ricos" por causa de "menos interés en el trabajo" o pura pusilanimidad.

El Estado creará un nuevo principio regulador para los hechos económicos. La Ecologenia, en contraposición al liberalismo, no cae en la trampa de creer que la economía es un proceso natural que se desarrolla según sus propias leyes. La tesis liberal que hace creer en un "*automatismo*" en la economía, es uno de tantos engaños. Bien sabemos que la economía se digita desde centros financieros y que hoy ni siquiera existe el dinero que se supone debería existir. Hoy, como bien dicen los periodistas disidentes: ***"El dinero es pura deuda"***. Cualquier empleado bancario, contador o agente de bolsa, lo sabe perfectamente. Esa "economía" no puede generar ni sostener ninguna cultura. Lo que tiene el mundo en este inicio de milenio, es incultura, brutalidad, idiotización, debido a la dineralización de las conciencias.

La Ecologenia reconoce que la economía es y será ***"una creación cultural formada por la libre decisión de la humanidad"***. Con esto enseña el Ecologenismo, que también el futuro de la economía reposa en el arbitrio del libre querer de los hombres y los pueblos. Por eso tiene el Estado, es decir, los representantes del Estado elegidos en Asambleas, la firme voluntad de imponer un desarrollo a la actividad económica, basado en la productividad, eliminando la especulación. Para ello, el Sistema Asambleario debe mantenerse firme ante los embates que en todo tiempo intentarán las personas que bregan por causas esclavistas. Pero una vez afianzado el Estado, la política econogénica dará grandes y buenos frutos en muy corto plazo. .

Cuanto más fuerte es un gobierno, tanto más fácilmente puede evitar su intervención en el curso de la economía con medidas frecuentes y rigurosas. A medida que la Conciencia Ecologénica vaya formándose, más sólida y rica será la economía de las naciones. Y ha de llegar un momento, merced a la educación y conciencia de los pueblos, que la economía apenas deberá ser regida por el Estado como mero trabajo técnico, o produciendo adecuaciones por causas demográficas, avances científicos y técnicos o por fenómenos naturales.

FINALIDAD DE LA ECONOGENIA

La finalidad de la Econogenia es la integración de la economía en el Estado, para asegurar todo lo deseado por los ciudadanos y cubrir sus necesidades materiales y espirituales.

Las civilizaciones avanzadas son aquellas en las que la necesidad de conseguir el sustento y la supervivencia, está tan firmemente asegurada, que las personas tienen tiempo y educación para buscar su Felicidad y Trascendencia.

Para lograr este objetivo es necesario, ante todo:

1.- Cambio y adaptación de la concepción económica, del espíritu económico, de la ética económica, desterrando la mercadocracia y -sobre todo.- el mercado de las finanzas. Es preciso el despertar del espíritu de la comunidad, formación de la conciencia de responsabilidad hacia la totalidad.

Esta tarea es más importante que todas las medidas de organización, pues el cambio radical de las formas sólo puede ser efectivo si se han modificado de raíz el pensamiento y la orientación anímica y espiritual del hombre, rescatándolo de la pusilanimidad, de la idiotización mediática, de los dogmas religiosos fanáticos y -sobre todo- de los engaños ejercidos por la dinerocracia privada desde hace casi 17 siglos. Lo humano, primeramente debe ser modelado y perfeccionado en su condición espiritual,, para que pueda realizarse la revolución Ecologénica. La revolución espiritual, no será terminada, sino en largo tiempo, pero la economía debe cambiar en extremo acelerado.

La más importante organización para el adoctrinamiento de la comunidad, es el Ministerio de Trabajo. El pensamiento económico renovado atribuye a los conceptos básicos de la economía, como ser, trabajo, capital, etc., un significado totalmente distinto al del capitalismo, comunismo y los sistemas intermedios.

2.- Medidas Econogénicas: La nueva forma de organización de la economía, no puede ser creada como una construcción que deriva de una teoría. La estructura del nuevo orden, debe ser desarrollada lenta y gradualmente, en la misma economía, por técnicos profesionales, y según los principios básicos del programa Ecologénico.

MEDIDAS ECONOGÉNICAS

Las más importantes medidas son:

1. Adaptación de la estructura de la economía a las exigencias del nuevo orden político. A este fin sirven sobre todo:

a) La nueva organización de la economía.

b) La llamada coordinación de todas las organizaciones, corporaciones y sindicatos. La coordinación debe asegurar la unitaria configuración de la voluntad. El adoctrinamiento en la Ecologenia, no debe detenerse en la coordinación externa de organizaciones, sino que debe procurar el establecimiento de una base natural, con la transformación interna y anímica de sus representantes.

2. Afianzamiento absoluto de la fuerza natural de trabajo del pueblo.

3. Protección del trabajo nacional y mediante la defensa del mercado interno, contra el abaratamiento de productos importados que pueden ser elaborados internamente, en la misma o parecida forma o calidad.

La Ecologenia, consecuente con su cosmovisión total, estimula la conservación y fortalecimiento del campesinado, el enraizamiento de los pueblos en su suelo, y la protección de la producción agraria, pero estas cosas no son exigidas en interés exclusivo de la población agraria, sino en interés del pueblo entero, pues la subsistencia de la población y de la cultura sólo pueden asegurarse en las circunstancias dadas, por la eclosión de nacimientos en la población agrícola.

EL BIEN COMUN ANTES QUE EL PROPIO

La norma rectora de la econogenia es: *El bien común antes que el propio.*

Esta norma es el imperativo categórico de la concepción económica en la Ecologenia. Imagínese el caso de una tribu primitiva o un grupo de supervivientes de una hecatombe, que quedan aislados, con escasos recursos y deben ponerse manos a la obra para subsistir. ¿Cuál sería la regla económica fundamental? ¿Acaso sobrevivirían si lo que cada cual caza es sólo para si? Es posible que alguno de los individuos consiguiera sobrevivir, pero... ¿Podría hacerlo por mucho tiempo y sobrevivir a la soledad?, ¿Tendría sentido su vida?

La regla del bien común antes que el propio es una Ley Natural, escrita en el código genético de casi todas las especies, incluido el Reino Humano. Y si esta Ley es válida en cuanto a supervivencia, mucho más lo es en cuanto a Felicidad.

¿Qué destino puede tener una civilización, por más avances tecnológicos que posea, si cada individuo sólo piensa en sí mismo y no le importa el destino de los demás?.

La economía y la política económica, de este modo, son introducidas conscientemente en la ética y en la totalidad de la cultura. La supremacía del bien común sobre el propio, constituye el fundamento anímico de todo el programa político honesto e inteligente y dicho programa sólo puede realizarse cuando la masa de ciudadanos responde a ese ideal. De lo contrario, sólo puede existir una sociedad decadente, esclava, cada vez más autómata, que sólo conserva para cada sujeto un círculo cada vez más estrecho de lazos afectivos. En muchas ciudades la gente vive apiñada sufriendo una soledad espantosa, que acaba en depresión, suicidio y todas las tragedias que vemos cada día en cualquier noticiero.

Por lo tanto el respeto a esta regla de "*el bien común antes que el propio*", no implica sólo un buen resultado económico, sino también una corrección social, intelectual y espiritual.

La actividad económica así definida en la Ecologenia se dirige con sus exigencias fundamentales, a la conciencia moral de los que actúan en la vida económica. Cada uno debe preguntarse en su actividad: ¿beneficio yo a mi Pueblo y a mi Patria? La Econogenia combate contra el espíritu materialista dentro y fuera de nosotros, para un restablecimiento perdurable de la Humanidad, y sólo puede ser realizado desde adentro, sobre la base del principio: *El bien común antes que el propio*.

De esta forma rectora en los dirigentes, asambleístas y Ejecutivos de Gobierno, también se deriva el deber de los compatriotas en toda Nación, cualquiera sea su ocupación, de trabajar por el bienestar de su comunidad. Es preciso tomar conciencia de que el trabajo de difusión y realización Ecologénico, con el ejemplo de aplicación de la Econogenia, no sólo mejorará a su propia Patria, sino que será ejemplo para el mundo entero. La única manera de "*arreglar el mundo*" es "*arreglarse uno mismo*", pero no en el sentido de hacerse rico por sobre los demás, ni sobrevivir material e independientemente, sino tomando conciencia de la necesidad de hacer pensando en todos, al menos en su propia Patria y cumpliendo su deber de acuerdo a lo comprendido.

El primer deber práctico de cada ciudadano es recuperar la conciencia política que se le ha quitado y luego trabajar espiritual y corporalmente. La actividad de los individuos no debe lesionar el interés de la comunidad, sino que debe realizarse dentro del marco comunitario y en beneficio de todos, por lo tanto la Econogenia es, en primer lugar, una cuestión de educación de la comunidad, de hacerla conocedora y consciente de que cada individuo tiene una responsabilidad intransferible.

Lejos de la mentalidad marxista, la iniciativa privada no es reprimida, sino subordinada al bien común.

Los diversos resultados económicos del trabajo son reconocidos. La Ecologenia no procura ninguna igualación, ni la nivelación de los ingresos; no concibe, en absoluto, la cuestión social como una cuestión de mero reparto; no promete "*a cada uno lo mismo*", sino **"a cada uno lo suyo"**. Pero en función de trabajo, no de especulación, engaño y/o esclavismo.

El Gobierno Asambleario promete el máximo apoyo a los que quieren y pueden. Sólo los perezosos patológicos serían los únicos que podrían no desear trabajar en un medio que le abre todas las puertas y asegura desarrollo vocacional, bienestar, progreso, seguridad, educación, gratuidad de lo indispensable y todos los beneficios de una democracia auténtica. Pero incluso ese vago patológico ha de recibir la asistencia necesaria, porque no existe persona alguna en la naturaleza que no posea una capacidad de acción para algo que le satisfaga y tenga beneficio para su comunidad. Esa patología sólo se da en una comunidad políticamente enferma, cosa que ha logrado con espantosa eficiencia la "economía financiera" del liberalismo.

Las Asambleas y el Ministerio de Trabajo, han de regular la actividad de tal modo, que sean los más capaces, los más probadamente idóneos, los que ocupen sus correspondientes cargos, puestos y ocupaciones, en todos los ámbitos de la sociedad.

La propiedad y la posesión, que también son fundamentos del desarrollo económico, son respetadas y fortalecidas, pero la propiedad y la posesión han de ponerse al servicio de la economía y de la comunidad. De lo contrario, la economía de todo pueblo se atomiza, una enorme parte de las propiedades (suelo y viviendas) quedan abandonadas, industrias que cierran y sus enormes instalaciones contaminan sin servir, y en general se presenta toda la injusticia que viene sufriendo el mundo desde hace siglos.

Este concepto de uso adecuado de la propiedad, es opuesto al sentido que le da el "liberalismo". En la Econogenia, el propietario no puede usar y gozar libremente de su propiedad, en el sentido de la especulación financiera, sino que debe utilizarla en beneficio de la comunidad. La Ecologenia considera que el contenido de la propiedad puede y debe conservarse, mejorarse, adaptarse; pero el contenido filosófico de la misma es lo que debe primar bajo el principio de: *"El bien común antes que el propio"*. Cuando se dice esto, debe entenderse que el natural interés por la ganancia no debe desbordar, de modo que lesione o desprecie el bien común, el bien del Estado y el interés de todos. Los propietarios de inmuebles habitados, no productivos industrialmente, podrán vender, alquilar, etc., pero no podrán abandonarlo sin más. Cuando no sea el propietario su habitante, capaz de hacerlo habitar o dar un provecho social, deberá el Estado en modo obligatorio, hacerse cargo de dicho inmueble y cuando corresponda, pagar al propietario su precio básico inmobiliario, el cual será determinado por las Asambleas Provinciales en acuerdo con las Cámaras de la Construcción y la Cámara Inmobiliaria.

Ninguna exigencia ha de lesionar al propietario, como ocurre en los Estados esbirros de la dinerocracia. Ninguna carga impositiva es necesaria ni ética, sobre la propiedad necesaria. Incluso ha de tenerse mucho cuidado si se dispone gravar de algún modo la propiedad suntuaria, especialmente si ésta no ha sido heredada, sino obtenida con el fruto del propio trabajo. En dicho caso, ni el más lujoso palacio ha de ser gravado con impuestos, ni podrá ser confiscado como "patrimonio público" como ocurre a veces en Europa con sitios cuyos propietarios han trabajado años para mejorar y embellecer.

Los bienes inmuebles son parte fundamental de la riqueza económica de una Nación y su gestión administrativa por parte del Estado debe limitarse a evitar su deterioro, inhabitabilidad o abandono. EL Estado no debe ni puede intervenir en la estética edilicia, sino en su ordenamiento urbano general y cuestiones de seguridad de las personas. Toda otra obligación impuesta a los propietarios, sería perjudicial para la economía nacional de modo directo o indirecto. Los gabinetes técnicos de urbanismo en cada Ayuntamiento, sólo deben asesorar, no imponer, deben brindar servicios, no exigir ni reglamentar cómo quiere vivir la gente.

LINEA RECTORA DE LA ECONOGENIA

La política económica debe encontrar una síntesis armónica entre el ideal querido por la Ecologenia, y las reales necesidades de la economía.

Dado que el desarrollo total llevará a cada país diversos tiempos para estar en plena marcha, la política económica de la Ecologenia no se puede formular, sin más, en pocas reglas fijas, que puedan enseñarse y aprenderse sistemáticamente. La interpretación de la nueva política económica, no es una cosa del sólo pensamiento, sino también, una cuestión de vivencia, de práctica y de formación de idiosincrasia. Los ciudadanos que aún están al margen de estas ideas, deben abrir su corazón a la bondad, a la solidaridad y comprensión; de lo contrario los pueblos no podrían hacerse fuertes y libres.

Libertad y unión, conducción y adhesión, propiedad privada y bien común, creencia y realidad, no son oposiciones que paralizan y disuelven, sino unidades vivientes llenas de fuerza expansiva y creadora. El Estado, como expresión determinadora de la voluntad popular, ha de guiar en lo técnico y en lo filosófico, ha de educar, aprovechando y respetando todas las diferencias, no usándolas para polarizar a las masas como hace el mercado.

Expliquemos un poco más en términos prácticos, porque estos conceptos han de ser claramente sostenidos por los líderes Ecologénicos.

DESARROLLO EMPRESARIO:

Con las directivas determinadas en la Constitución Asamblearia, ha de considerarse que toda empresa privada debe ser ayudada por el Estado en cuanto ésta resulte necesaria y especialmente cuando tiene carácter estratégico.

La economía es libre, pero se halla inextricablemente unida a la política y el Estado. De ello se deduce, con respecto a la relación entre el Estado y la economía, en primer término, el *derecho de vigilancia* del Estado sobre ella, y en segundo término, el *derecho de intervención* del Estado mediante medidas policiales, administrativas y de política financiera, en caso de que así lo exija el interés común. Dicha intervención puede tener carácter de punición, o bien de ayuda, según el caso. El Estado no sólo está obligado a intervenir ante el incumplimiento de leyes, sino también en caso de necesidad de ayuda de las empresas que destacan, que demuestran un potencial creativo y productivo. Sin caer en el sentido "paternalista" del Estado, pongamos un ejemplo paternal. Si se tiene diez hijos y uno destaca sobremanera en algo que finalmente puede servir al mejor desarrollo de toda la familia... ¿No sería lo más inteligente, que toda la familia se esforzara un poco por ayudarle a desarrollar, manifestar y aprovechar económicamente para el bien común su potencial? Si así no lo hiciera, el individuo quedaría frustrado, empobrecido material y moralmente y la comunidad -familiar en este caso, pero aplicable a la comunidad total- perdería el beneficio que ese individuo puede aportar al conjunto.

En un Estado fuerte y ético, no es necesario dar a la economía una forma que la constriña artificialmente. En tal Estado, la economía puede ser libre tranquilamente. No es necesario atarla con demasiadas disposiciones especiales, dado que ya está ligada por el predominio de la vida política.

En cuanto la economía, en ejercicio de su libertad, pueda dañar en lo más insignificante el bien común, tiene el Estado, en todo momento, la obligación de intervención.

El gobierno no debe acometer intervenciones injustificadas de la economía, porque éstas indicarían que algo se está haciendo mal en el propio sistema. Y tal como está planteada la metodología Ecologénica y el Gobierno Asambleario, nada debe propiciar las intervenciones injustas. Los "desocupados" que cobran subsidios por el paro, son un doble mal: El mal para el individuo, que se siente desplazado, inútil e impotente, en el mejor caso. Y el mal para la sociedad, que debe producir para pagarle por no hacer nada.

Y también es un doble indicativo: Que el Estado está compuesto por inútiles, inoperantes que no manejan el trabajo estadísticamente y no saben controlar correctamente la fuerza productiva de la Nación. Pero también es indicativo de que el sistema financiero no permite al Estado hacerlo, porque tiene una mala mezcla de liberalismo y socialismo mal entendido. Si ambas concepciones son malas de por sí, como lo demuestra la historia y la realidad visible, la mezcla es peor aún. Pero no ha de creerse que esto es por un error popular en las elecciones de los gobernantes. En realidad esas situaciones de altos niveles de parados, indican que el sistema está controlado por poderes externos a la Nación, estrictamente financieros, ajenos a toda ética y sin ninguna intención de promover la fortaleza nacional. Los esclavistas ganan más con las guerras, pero también con la miseria de los pueblos. Y un pueblo repleto de gente sin empleo ni posibilidad de auto-gestionar su trabajo, termina rápidamente en la miseria. En Argentina y otros países, los procesos de privatización de la economía y las empresas, produjeron aberraciones de todo tipo, desde desempleo al descarado "corralito" y una de las naciones más ricas del mundo en la épica de "las dictaduras" ha quedado en vergonzosa y "democrática" miseria. El ejemplo de la aplicación de los planes financieros globales hechos en Argentina, puede verse repetido ya en muchos países que se suponen ricos, ya en recursos, ya en tecnología, ya en ambas cosas. ¿Hasta dónde quieren caer los pueblos?. La Ecologenia, como he dicho antes, se aplicará para salir de esta situación y espero que así sea, o se tendrá que aplicar en tribus de supervivientes para formar nuevos Estados.

FINES A CORTO Y LARGO PLAZO

La política económica de la Ecologenia, posee fines inmediatos y otros que pueden demorar.

El más importante fin inmediato en cualquier país es solucionar la desocupación. La finalidad última de toda la actividad económica, no es la empresa, el negocio o la ganancia de dinero, sino el hombre mismo que está en el punto intermedio de toda actividad económica, dándole sentido y sustancia. Si el hombre no se realiza, no es feliz. Y una nación compuesta de infelices, no es sino una sociedad de esclavos. Teniendo presente este concepto, hay dos cuestiones prácticas que considerar:

a) No se trata de poner en práctica todo el programa laboral impulsiva ni compulsivamente. Sólo hay unas pocas cosas que encaminar en la economía, para que las fuerzas productivas empiecen a movilizarse, una vez establecido el Gobierno Ecologénico:

1) En el ámbito estrictamente financiero: Abolición de la usura, el agio y la especulación en todas sus formas y nacionalización de la banca. Aunque asustará a muchos inversores, han de comprender que sus réditos estarán seguros en un sistema realmente productivo, mientras que nunca lo están en los pseudo-azares de la bolsa internacional de valores. Decimos "pseudo-azares", porque en realidad la economía global se digita desde centros de poder financiero más inteligentes que los operadores de bolsa más avezados. Y la mayoría de ellos, lo saben muy bien.

2) Eliminar el paro mediante la eliminación de impuestos al trabajo y a la empresa, alentando la mediana y pequeña empresa.

3) La Política Ecologénica, esencialmente asamblearia, no mantiene ejércitos de inútiles y supuestos representantes, sino líderes heroicos que viven para la política y no de ella. Cualquier empresario en este sistema Ecologénico, que posea cuatro empleados, o cualquiera de las personas que tengan su economía personal resuelta, sabiendo que no existirán cargas impositivas por su rédito personal, estarán en plena disposición de ocupar con sobra de tiempo cargos políticos. Esto significa para muchos países, quitarse de encima un baldón de parásitos mantenidos en algunos sitios, de por vida, habiendo ocupado un tiempo un sillón en un estamento político.

b) La solución del problema de la desocupación, no se limita exclusivamente a la creación material de trabajo por cualquier medio técnico. Es básicamente el resultado de la eliminación de la política financiera aberrante y la anulación de los perniciosos impuestos que han mantenido desde hace más de un siglo a casi todos los empresarios del mundo, sometidos a *"un socio al 33 %"*, (casi todos los Estados) que no sólo se lleva la tercera parte de su ganancia en dinero, desde que la empresa consigue funcionar, sino que además pone innumerables trabas burocráticas a todo emprendimiento, en vez de ayudarle.

Los fines mediatos del Ecologenismo, que de ninguna manera deben perderse de vista, consisten en el afianzamiento de la conciencia Ecológica global. Estos fines son realizados primeramente ante todo, en el campo de la política del Estado. Así, por ejemplo, significan un adelanto apreciable, la reforma de la democracia haciéndola participativa en vez que meramente representativa, en la elección de autoridades, así como en la toma de medidas que se requieran para reorientar posibles errores políticos.

Una contraposición entre el socialismo internacional y la Ecologenia, aclarará mejor la esencia de éste último.

a) En el socialismo internacional, en realidad falso socialismo prefabricado por la sinarquía económica (*en el que no se incluyen los Países Bolivarianos ni Cuba*) el pueblo y la nación son teórica y prácticamente, residuos y estorbos en el camino hacia el poder. El sentimiento patriótico se desalienta hasta hacerlo parecer cosa obsoleta. Y la Nación se atomiza alentando o permitiendo la acción de grupos independentistas, con lo que los "países" dentro de una Nación, intentan ser Naciones separadas, destruyendo u ocultando los factores comunes de la Nación verdadera. *"Dividir para reinar"* aplicado a una Nación para someterla a los designios de los intereses privados.

b) Para los ecologenistas, por el contrario, el pueblo como tal es principio y fin, potencia y acto. El pueblo es para él, una idea, cuya realización tan completa como posible, significa el contenido de su aspiración. La Ecologenia significa, además, el total rechazo de la ideología del capitalismo especulativo, que coloca al capital y no al hombre como eje de la economía. El capitalismo ha abierto entre el trabajo, entre el hombre y la naturaleza, un abismo infranqueable, para luego llenarlo con el dinero, la especulación y la deuda.

La economía y la política económica no pueden ser impulsadas por la maraña de engaños y esclavismo, sino por la fuerte e indestructible fe en el futuro. La fe y la firme voluntad de cada nación para la unidad y solidaridad, constituyen el más valioso activo para el futuro. Sin ello, nuestros hijos, nietos y sucesivas generaciones, serían - como ahora mismo mucha gente- meros robots biológicos. Pero ni siquiera eso podría llegar a ser, porque los planes globales de los "liberales", incluyen un genocidio global que sólo pueden no estar viendo sus aprontes, los que han caído ya en cierto grado de idiotez o los mediatizados. Urge rescatar a la Humanidad de esta condición deleznable, lograda especialmente mediante la economía del mercado liberal y las finanzas de la usura.

Sin embargo, no esperen los líderes ecologenistas que los pueblos reaccionen por mera "*conveniencia económica*". Eso no ocurriría porque existe en cualquier población, más miedo que razonamiento, a la hora de enfrentar cualquier cambio. Así que hay que activar ese motor extraordinario que mueve a las masas en pos de su destino: La FE. Con ella pueden realizarse obras que aparecen como utópicas al entendimiento frío y reflexivo, pero **"*Las utopías de hoy serán las realidades del mañana*"**, decía cierto sabio.

La economía y la política económica están informadas por el espíritu de realidad, y no pueden ni deben continuar siendo conducida por abstractos "mercados financieros" ni por opiniones teóricas, sino por el más sano y elemental sentido común.

La Ecologenia apoya de corazón la sentencia de Fausto: "*En el comienzo estaba el hecho*" y la premisa de Descartes: "*Un hecho no es discutible, sino sólo su teoría*". Hemos de pasar a la acción y no dejarnos apartar o influir a mitad de camino por un exceso de teorías. Abordamos los problemas no resueltos sin opinión preconcebida y preferimos actuar caso por caso según la norma del bien público y del sano sentido común, artes que aplicar una "normativa general" de la cuestión.

La Econogenia no es pasto de "burro-cratas", sino de administradores éticos e inteligentes. Esto se ha de mostrar, por ejemplo, en la lucha contra la desocupación. No obstante, el Ecologenismo tiene en cuenta, al mismo tiempo, al hombre viviente como lo más valioso. Los líderes Ecologénicos han de poner a la comunidad en primer término, pero al Hombre sobre cualquier otro valor o concepto. Lo que puede hacerlo realmente infeliz, miserable y deprimido, hará daño a la Nación.

La Econogenia representa ahora mismo una revolución, pero ninguna revolución puede ser un estado permanente, no puede constituir una forma de vida eterna.

El torrente de la revolución debe ser dirigido segura y rápidamente al lecho seguro de la evolución. En la economía sólo el "poder hacer" es decisivo, por eso las Asambleas han de considerar que los Ejecutivos de Gobierno, especialmente en la economía y el trabajo, deben recibir autoridad adecuada para su labor, porque no es el número, la masa, el pueblo, quien dirige la economía, -aunque permanezcan vigilantes- sino las personas capaces que hacen de la Econogenia y sus principios, su máxima vocación.

Las puerta de las fábricas no se abren merced a teorías económicas, ni los campos se siembran y producen alimento por especulaciones financieras, ni las alacenas se llenan de alimento porque hay quien fabrica dinero, sino por la seriedad del trabajo, la escrupulosidad de los Ejecutivos de Gobierno, la adecuada preparación y la bien calculada magnitud de los planes económicos. Los países que aún tienen abarrotados sus grandes tiendas y supermercados y la gente consume (incluso más de lo necesario), no tienen esa riqueza **por causa** de los actuales políticos, sino por el impulso creativo de los empresarios, que **a pesar** de los desmanes financieros, siguen capeando las crisis y temporales económicos de las finanzas que los gobiernos permiten y/o promueven.

En la economía y en las empresas particulares, debe unirse el principio de la conducción con la propia responsabilidad, para producir consecuencias benéficas. La libre iniciativa de la personalidad creadora y la responsabilidad de la personalidad individual, frente a la comunidad, no son contradictorias. El Estado debe dirigir firmemente la economía, evitando las injusticias, los engaños, abusos, el daño al medio ambiente y la saturación de sectores, pero nunca jamás ahogar la iniciativa privada, que da a los individuos creativos la posibilidad de aportar con su trabajo, su parte de valores a la nación.

"La personalidad libre, responsable y creadora es el fundamento de la conducción económica en su conjunto.

Siempre y cuando, esta personalidad libre y creadora, no piense sólo en función de sí misma, como ocurre en el liberalismo, sino que debe subordinarse e insertarse en los elevados fines del estado, en el terreno económico".
(Robert Medrojo)

La Ecologenia tiene la misión de dejar llegar, en todo lugar de importancia decisiva, a los más capaces. Debemos realizar, de acuerdo al pensamiento Ecologénico, el principio de la conducción, de la responsabilidad y de la personalidad. En esto se reconoce al Ecologenismo como la más evolucionada forma política, y a la Econogenia, como la más evolucionada teoría económica.

El gobierno debe llevar la salvaguarda de los intereses económicos del pueblo, evitando como a la peste la economía organizada por una burocracia estatista. No sería tan terrible como la economía privada, pero sería como ponerle frenos y controles innecesarios a una rueda que debe moverse por el mero impulso del conjunto del vehículo. Es Estado sólo debe conducir el volante y vigilar los controles, asegurarse de ir por el camino correcto, sin intentar decirle a las ruedas cómo deben girar. En lugar de medidas excesivas y muy detalladas, debe dar un fuerte estímulo de la iniciativa privada y el reconocimiento de la propiedad fundamentada en el trabajo.

PRODUCCIÓN Y CONSUMO

Dos conceptos interactivos e inextricables que deben diferenciarse con claridad en la teoría y en la práctica, son los de la producción y del consumo,

A) En cuanto a la producción, la Econogenia rechaza toda intervención del Estado sobre el producto, porque todos los experimentos de estatización en la historia, han anulado la fuerza creadora derivada de la Libertad: la personalidad.

La orientación vocacional, la anulación de la usura y las cargas impositivas y la agilización del sistema distributivo, harán que el desarrollo económico vaya por los causes naturales de la toda sociedad. Eso sería en términos filosóficos correctos, un verdadero "liberalismo", pero no una libertad del astuto para nutrirse de la energía del trabajador, sino la libertad del trabajador para sacar lo mejor de sí y ponerlo en marcha para el beneficio común y el suyo propio.

B) Respecto a la distribución, es decir la circulación de productos, en el transporte, el dinero y el crédito, el abastecimiento de alimentos e indumentarias de primera necesidad, así como todo producto que pueda tener importancia estratégica a nivel de la Nación, la Econogenia debe ser una economía eminentemente estatal, es decir, una economía pública. No burocrática ni asfixiante, sino todo lo contrario: ágil, equilibrada y encauzada mediante un plan inteligente y simple. Todo el resto del comercio se irá adecuando según una auténtica influencia de la demanda espontánea. La publicidad no ha de ser censurada en cuanto a productos, pero sí en cuanto a contenidos de orden político, subliminales y cualquier factor que viole las leyes fundamentales. También se hace necesaria la nacionalización de todas las explotaciones trustificadas, aunque con las reservas necesarias que impidan caer en el monopolio estatal absoluto, a menos que se trate de recursos o industrias tan estratégicas como las fábricas de alta tecnología, armamentos, etc.

La responsabilidad de los ciudadanos es mantenida y firmemente estimulada. Las industrias deben contar con personas profesionalmente capacitadas y que tengan la responsabilidad de dirigirlas con perfeccionismo. Por eso tiene la Ecologenia -y esto debe ser acentuado - una misión de educación que desafía a la historia. Dicha educación ha de ir sobre dos grandes piernas: La ética y la profesionalidad.

Los ideales de Econogenia, como puede comprenderse, en nada se parecen al marxismo o su polo opuesto, el liberalismo. La Ecologenia no concibe una división popular e ideológica en derechas e izquierdas, toda vez que reconocemos en dicha polaridad, una falsa dicotomía, puesto que ha sido creada (o al menos muy bien aprovechada) por los mismos esclavistas de las finanzas que se encuentran de un lado y del otro a la vez, medrando como ratas entre las ruinas morales y materiales de los pueblos.

Estas fuerzas del liberalismo y el comunismo marxista, son cadáveres ideológicos cuyos fantasmas, si queremos un mundo que merezcamos vivir, debemos desterrar no sólo de todo el quehacer ciudadano sino también de nuestra emocionalidad, pero sin olvidar la experiencia colectiva global que han forjado esas dos manos ensangrentadas de guerras, sucias de intrigas, y generadoras de todas las pobrezas y miserias de la humanidad. La Ecologenia y su instrumento económico, la Econogenia, son el sentido común, humanístico y ético de la economía, o sea justamente lo que liberalismo y marxismo nos han arrebatado, para entregar el mundo encadenado, a una banda internacional de banqueros.

CONCEPTOS ECONOMICOS FUNDAMENTALES
I. FINALIDAD

La finalidad de la economía es la satisfacción de las necesidades de toda clase de una sociedad. En la Ecologenia, solamente es decisivo el punto de vista con que se abordan los problemas económicos, porque las técnicas son secundarias cuando es aplicada en la práctica una filosofía correcta:

a). En este sentido la economía es servicio al pueblo para la grandeza y bienestar de la nación. Todas las cuestiones de la economía deben ser examinadas primero y sobre todo, desde el punto de vista de la economía nacional, es decir, siempre debe examinarse si una medida sirve a la comunidad, al pueblo. La actividad económica no es sólo un medio para que el individuo obtenga una ganancia monetaria, sino que debe tender al beneficio de toda la comunidad, promoviendo la satisfacción de las necesidades.

La fuerza impulsora de la economía capitalista, hasta ahora, fue la rentabilidad, el lucro puro y duro, al margen de las consecuencias que una actividad o la forma de llevarla a cabo produjese en el entorno ecológico, social y político. Las necesidades económicas apremiantes no generan la producción sino la rentabilidad. La esencia de la economía basada en la rentabilidad tiene como consecuencia que no decide más el interés del bien de la comunidad, y muchas veces ni siquiera el interés del empresario particular, sino el interés del gran capital especulativo. Lo que hoy todavía se tiene en cuenta en los diversos campos de la economía, no es el punto de vista de la necesidad apremiante, sino principalmente, si el dinero invertido en tal empresa reditúa convenientemente. El gran capital especulativo hace depender sus decisiones de la rentabilidad que espera obtener.

b). Las leyes económicas no son leyes de magnitudes puramente abstractas, como demanda, oferta, y precio, sino leyes de los hombres que actúan en la economía. Ellas derivan de la psicología humana, determinada definitivamente por la naturaleza. El liberalismo y su hijo más corrupto aún, el neoliberalismo, ha hecho creer a las masas que existen leyes económicas inmutables, que debían producir efectos casi exactamente como las leyes de la naturaleza, en un dinamismo de magnitudes abstractas, oferta, demanda y precio. En el cual apenas se podía pensar que detrás de esas magnitudes, estaban los hombres, los ciudadanos. Para la Econogenia la economía y el hombre constituyen una unidad indivisible. De esto se infiere que, en la lucha contra la escasez, también debe comenzarse por el hombre. Esto no quiere decir, de ninguna manera, que en la economía deban hacerse las cosas con un trabajo "antieconómico". No podemos ni debemos exigir a la economía el trabajo antieconómico, sino la ocupación inteligente, evitando todas aquellas funciones o actividades que no produzcan un beneficio real a la comunidad. En este sentido, las sociedades modernas están saturadas de funcionarios inútiles y políticos parásitos, de modo que es por el propio Estado que debe comenzarse la depuración económica.

c). Lo esencial en la economía no es ni el intercambio ni la determinación de los precios por parte del Estado. Estas medidas sólo deben aplicarse bajo situaciones muy especiales. Es la interdependencia de los ciudadanos de una nación, lo que determina los precios en virtud de una conciencia real de la necesidad y un equilibrado deseo de ganancias, sobre la base del trabajo. La verdadera fuente de los hechos económicos, es aquella reciprocidad creadora, y no los resultados materiales de la actividad económica; tampoco los precios, ni los fundamentos calculados. La fuerza espiritual del trabajo es lo que produce inexorablemente los mejores resultados materiales.

No sólo hay que entender la economía con la razón, sino también, apoyar con el corazón. El empresario no puede existir sin el ingeniero y el técnico; el comerciante no puede vivir sin el constructor, ni el constructor sin el ingeniero. Y ninguno puede hacer nada si no cuenta con la constancia, cumplimiento y empeño del obrero.

d). Se ha creado y difundido una idea global de que el campo de la economía es puro cálculo, habilidad en la estrategia comercial y financiera, sin embargo, su verdadero campo es *el derecho*. No son las condiciones económicas las que determinan las relaciones sociales, sino que, por el contrario, son los conceptos morales y las condiciones éticas, las que determinan las relaciones económicas. Aquella moralidad que predomina en la vida del pueblo determina también la economía. Al decir de cierto gran economista del siglo pasado, *"El derecho que vive en el pueblo, determina la economía, y es su propia sangre y su espíritu vital"*.

e). La cuestión de los costos no puede seguir siendo considerada en el sentido liberal capitalista. Cuando el ciudadano se pregunta *"¿Qué beneficio privado* *me asegura la compra de un artículo extranjero en vez de uno de producción nacional?"*, debería preguntarse: *"¿Cuál adquisición es más beneficiosa para la comunidad nacional?"*. Todos los que actúan en la economía deben ser conscientes de que la actividad económica y el trabajo, deben estar al servicio de la totalidad. Cada individuo debe ser consciente de sus deberes para con la comunidad y proceder siempre según la frase: *"debes anteponer el servicio al beneficio"*. Si eso hace toda la comunidad, pronto se produce el tan deseado superávit económico, que conlleva innumerables mejoras en la calidad de vida y en la vida misma.

Las medidas de racionalización deben realizarse sobre fundamentos distintos a los aplicados por los gobiernos títeres de los promotores del liberalismo. Disponemos de una inmensa tecnología, de máquinas, de aparatos que hacen el trabajo de muchos hombres. Sólo un poco tiempo de aplicación de la Econogenia dará frutos maravillosos, sobre todo si recordamos que la máquina ha sido creada para satisfacción de los hombres, y no al revés; ni para dejarlos *"desempleados"*, sino para que puedan ocuparse en cosas menos riesgosas, o más propias de sus vocaciones.

II. EL TRABAJO

El trabajo y los trabajadores tienen su valor infinitamente superior al material, y su dignidad, su humanidad y su tiempo de vida y capacidades no deben evaluarse nunca más como meros factores económicos de producción y servicio a la economía. El trabajo conduce y domina la totalidad de la economía, porque es lo que la produce. La economía no puede ni debe ser guiada o condicionada por el capital, sino por el trabajo, pero éste ha servir a la realización del hombre, no a los fines de los especuladores.

El empresario que quiere producir en la Ecologenia, debe dejar de buscar al capital, puesto que el Estado se encarga de dárselo. Así que debe buscar al hombre y su trabajo, seleccionar a los más capaces para cada ámbito.

También en esto puede el Estado contribuir, mediante el Plan de Selección Vocacional, que no sólo brinda a los empresarios el "factor humano" idóneo, sino a cada hombre una ocupación que le haga realmente feliz cada día. Y no hablamos en Ecologenia de "recursos humanos", sino "factores humanos", porque el hombre y su trabajo no son mercadería, sino el fin mismo de toda política, al cual hay que proteger y educar en un marco de libertad real, con su participación, no con su sometimiento.

a). El más grande patrimonio de un pueblo no es su dinero, ni sus máquinas, sino sus hombres sanos y bien intencionados. El más valioso activo en cualquier empresa, es la fuerza y la alegría del trabajo de los hombres allí ocupados. Un espíritu creador alegre y empeñoso, no es directamente mensurable por ninguna clase de medidas; no obstante encuentra su expresión en el resultado final, en el éxito de la industria. Las más grandes obras de la humanidad no han sido realizadas por la riqueza financiera, sino por el *entusiasmo participativo* de ingenieros y obreros por igual. Por la Ecologenia, el concepto del trabajo adquiere un sentido totalmente distinto al del capitalismo. No es esa apremiante necesidad de hacer algo para ganar dinero, sino esa actividad que a cada uno le gusta realizar para realizarse, con lo cual las mejoras de su economía son un puro y natural resultado.

Para el marxismo, el trabajador es una esencia económica dependiente y la menos considerada por la generalidad. El concepto fue unilateralmente extraído de la actividad económica de los trabajadores dependientes de la industria. El trabajador fue, según ello, más o menos, representante de una clase, de un estrato socialmente sumergido. Una gran parte de los pueblos del mundo fueron imbuidos de tal espíritu y de la consecuente infravaloración de la vida.

El trabajador de la Ecologenia no es miembro de una clase ni una simple esencia económica, sino un extremadamente valioso miembro de la comunidad nacional. La clase de actividad que realice, sea jefe de una empresa, o empleado, ingeniero o comerciante o miembro de una profesión liberal cualquiera, juega un papel secundario.

El ciudadano medio de cualquier país ha desarrollado un complejo de inferioridad, producido por la injusticia económica y política, y dice "sólo soy un trabajador". En la Ecologenia, los trabajadores manuales, artistas, profesionales e intelectuales, dirán: "Estoy orgulloso de ser un trabajador"

Ciertamente, los trabajadores manuales deben ser bien protegidos como miembros especialmente valiosos de la comunidad nacional. La articulación de los trabajadores en el Estado se logrará de modo bastante simple, cuando la Econogenia se establezca, y desde ya que no nos referimos al trabajador manual solamente, sino a todos los ciudadanos que desarrollan cualquier actividad honesta y útil.

b). Trabajador y empresario no son opuestos sociales como en el capitalismo. La empresa particular, representa más bien una explotación comunitaria, constituida por el jefe de empresa como conductor y los trabajadores como séquito. La explotación comunitaria, el ajuste natural de los valores y -sobre todo -el entusiasmo por un modelo económico justo, materializa el pensamiento de unidad del trabajo colectivo, y el fundamento del honor social.

c). El trabajo es servicio a la Nación. Para la implantación de este concepto del trabajo, ha de establecerse que el trabajo es tanto un derecho como un deber. Existiendo un Estado realmente democrático como el Ecologénico, donde la orientación vocacional está asegurada y gratuita, en el que la desocupación es un "surrealismo histórico", una persona que no trabaja es porque está enferma. Incluso el muy adinerado no puede ser bien visto socialmente si no hace algo socialmente útil.

d). A *la palabra Trabajo* ha de quitársele el baldón bíblico de condena, de sufrimiento necesario y la aberración psicológica y económica del trabajo no vocacional. Ha de ser sinónimo de honor, de dignidad y de satisfacción, incluso para quienes realicen las labores más incómodas.

Exigimos que el Estado se obligue, en primer lugar, a asegurar a los ciudadanos la posibilidad de vida y de trabajo, cosa que nunca cumplieron adecuadamente el liberalismo ni el marxismo.

Werner Sombart decía que *"Capital es aquella cantidad de bienes que en una empresa sirve como base real. y también el activo social que arroja la contabilidad"*.

Este concepto de capital es funcional y se corresponde perfectamente con el concepto que le da la Econogenia. Según este concepto, no es capital el terreno y el inventario del campesino, ni el predio hereditario, dado que la granja o la agricultura en general, no es una empresa capitalista. Cuando la Ecologenia rechaza el orden económico liberal capitalista, no está rechazando el hecho de que existan estas cosas como "bienes materiales" que en técnicamente podríamos incluirlo como parte del capital, pero está claro que hay una diferencia importante entre "capital" y "capitalismo". El capital es una suma de valores reales, una *base real*, pero el capitalismo convierte, subvierte, adultera estos valores, así como crea una base falsa mediante argucias financieras y hace que el dinero sea lo más irreal que ha existido jamás, con efecto deletéreo sobre la humanidad, puesto que la mayor parte del "capital" es hoy pura deuda, que se puede comprar y vender en los mercados financieros.

e), El orden económico liberal capitalista es rechazado y combatido en la Ecologenia, considerando su aplicación como delito de *lesa humanidad*. La vida del pueblo, la humanidad, los innumerables valores que hacen al Ser Humano, no pueden estar sometidos al mercado y las finanzas. Los monopolios y oligopolios globales del capital, más que un simple abuso, han de considerarse como herramientas esclavistas mundiales que es preciso erradicar de una vez y para siempre, porque han sido diseñadas con el único fin de esclavizar a la humanidad, de someterla a los designios de sus creadores y conductores.

Los paquetes de acciones arrastrados de aquí para allá, la posesión de capital en forma anónima, la bolsa como un juego para la obtención de ganancias especulativas, las quiebras financieras (fraudulentas o no) no pueden seguir siendo parte de la vida de los pueblos. La Bolsa Nacional tiene la función de una estación de transacciones y de intercambio. Pero debe destacarse que el hombre (cada hombre y todos en la Nación), es el fin de toda actividad económica. De modo que dicha bolsa estará sujeta a las disposiciones de la Asamblea Nacional y el Ministerio de Economía, y en ella jamás podrán venderse dinero, sino acciones de empresas y toda clase de valores reales. Tampoco se admitirá en un Estado Ecologénico la "competencia" que convierte a los hombres que vemos en las bolsas de valores, jugando un juego brutal que resulta mortal para muchos en forma directa o indirecta, traficando con acciones que determinarán en muchos casos, hambrunas y guerras.

La función de la bolsa es la satisfacción de las necesidades de la economía nacional en su conjunto. Eso es lo decisivo y no la rentabilidad tan elevada como sea posible del capital especulativo. Se debe procurar la transformación de la mentalidad de los accionistas hacia una intención clara de poner en práctica las reglas de la Econogenia, porque de ninguna otra forma estará su capital mejor asegurado. El derecho sobre sociedades no debe ser privado sino derecho público, la responsabilidad del directorio y de la sindicatura, debe ser ampliada y compartida la comprobación del beneficio de las empresas. La vigilancia de las Asambleas Locales y Provinciales sobre toda empresa, como la Asamblea Nacional sobre las empresas más estratégicas (Ver "Constitución Asamblearia, Ecologenia II") no tiene un sentido dictatorial en modo alguno, sino justamente la protección de las empresas para evitar las quiebras y para que su mejor función no sólo enriquezca a sus propietarios, sino a toda la Nación.

f). *El capital financiero y especulativo:*

El capital internacional especulativo y financiero, ha sido siempre, desde los últimos mil años, una peste para la humanidad, causante de muchas pestes biológicas, ya que como se sabe en círculos científicos, algunas pestes históricas han sido producidas por agentes no del todo "naturales". Pero la peor parte de esta peste, es la psicológica, que genera codicia y anula los deseos naturales de trascendencia. Las más bella partes de las doctrinas religiosas pregonadas, son utopías absolutas para los mismos que rezan a Dios en las mezquitas o en las iglesias, templos budistas, etc. El dinero está en la práctica, mucho más "deificado" que el propio concepto de Dios.

Cualquier inteligencia media que analice la historia y sobre todo la historia política, hallará que no ha existido nunca, una fuente más grande de guerras, miseria, corrupciones, crímenes y perversiones sociales e individuales, que la historia del dinero. Pero el punto culminante se ha alcanzado siempre por la usura.

Por eso la abolición de la esclavitud, empieza por la abolición de la especulación financiera, por la eliminación de la usura en cualquiera de sus formas.. Ninguna guerra de religiones ni por territorios podría ser tan nefasta para el espíritu humano como las que provoca el dinero, incluso en los propios hogares, en la propia familia, tantas veces limitada en todo y sometida a hipotecas impagables y créditos que obligan a todos a hacer "cualquier cosa" para sobrevivir.

El capital especulativo es hoy en día más poderoso que todo el capital de la industria; que el formidable poder del dinero en si mismo y sólo puede ser combatido efectivamente, mediante la abolición de la usura. Los bancos fueron creados (el primero en Constantinopla, como "Banka Bizancia" por Constantino en el año 326 de nuestra era) para cambiar el valor del trabajo de un modo que los astutos pudieran hacerse con el rédito. Una forma de transferencia de la energía laboral, en la cual el Estado pierde el control de la economía y el especulador puede, mediante el comercio, ganar con el trabajo productivo de otros. Ya existía el dinero y la usura en Cartago y en Judea, cosa que trajo a los romanos de cabeza mucho tiempo, pero la historieta oficial se ha encargado de ocultar esta cuestión que en el fondo, tiene motivaciones ideológicas y religiosas Pero centrándonos en el proceso, recordemos que la Iglesia Católica (aunque tambièn fundada por Constantino un año antes que la banca privada, para politizar y controlar el cristianismo) prohibía la usura., hasta entrado el siglo XIV.

Desde entonces hemos visto como poco a poco se quedaban endeudados y abatidos por el engaño de la deuda, no sólo los particulares, sino los Estados, es decir incluyendo a todos los ciudadanos, de todas las edades, con deudas nacionales que contraen sólo por el hecho de nacer. Muchas "escuelas de políticos" han sido y son parideras de traidores a sus Patrias, traidores a sus pueblos, esbirros de los banqueros, bien pagados para endeudar a sus naciones, privatizar lo que es de todos y en especial, la banca, con lo que el banquero internacional queda dueño de vida y hacienda de los ciudadanos y del Estado mismo.

La Econogenia exige la nacionalización de toda explotación trustificada o no, de todo dinero y la declaración de nulidad de toda deuda contraída por particulares o funcionarios de los Estados, salvo las contraídas por mercancías concretas con otros países, las cuales son por lo general, de orden privado. Mediante la Constitución Asamblearia se exige la recuperación de la *clase media*, que debe ser algo muy diferente al "proletariado", pues debe ser sana, orgullosa, exitosa en lo personal de cada uno y suficientemente rica como para acceder con sobra a todos los bienes y servicios que se prestan en cada territorio nacional.

Por eso es preciso también controlar -que no estatizar- el desarrollo de las grandes tiendas, de las "grandes superficies", cuyo monopolio y los intereses comerciales internacionales, proveen de mercadería cada vez de peor calidad, a la vez que se incentiva el esclavismo en otros países y se destruyen las industrias nacionales. Para ello, el Estado debe ayudar en la modernización y optimización de las pequeñas y medianas industrias, los talleres y las pequeñas tiendas de reparaciones (que reciclan en vez de obligar a comprar y muchas veces con mejor calidad que el producto original). Estas medidas también diversifican la economía afirmando el autoabastecimiento integral en las pequeñas comunidades. Tales medidas tienen por objeto fortalecer e independizar en lo posible las economías locales, estimular la creatividad de los autogestionados y estratégicamente significa dotar a la Nación de mayores y mejores recursos técnicos ante cualquier situación de emergencia.

III LA PROPIEDAD PRIVADA

La Ecologenia defiende la propiedad privada y el Estado la protege; pero impone a este derecho fundamental, una obligación acorde: Que en ningún caso sea lesiva para la sociedad y de alguna manera implique un servicio para la comunidad. El hecho de ser habitada o utilizada por alguien que trabaja honradamente, ya es el más caro de los servicios.

1. La propiedad debe su origen, solamente, a la propia capacidad, a la herencia y/o al trabajo. El trabajo anterior del padre y del abuelo está expresamente incluido. Por eso es también reconocido el derecho a la herencia, con los ajustes necesarios en el caso de las tierras de cultivo y ganadería.

2. La Ecologenia permite la ilimitada disposición de la propiedad privada, cuando esa disposición sirve a la generalidad. La propiedad privada está limitada, consecuentemente, allí donde la posesión llega a ser un instrumento de poder o de explotación contraria al bienestar de la comunidad.

3. El Estado tiene el derecho de intervención y, en ciertos casos, el de confiscación sobre la propiedad privada mal administrada, o administrada en perjuicio de la generalidad. En cualquier caso, el Estado promoverá la reorientación del uso, o el uso en las propiedades abandonadas, antes que la confiscación.

4. La Ecologenia facilita el acceso a la propiedad a todos los que sean diligentes, capaces y honrados. El ciudadano trabajador de ninguna manera es enemigo de la propiedad, pero aunque la mayor parte de las Constituciones de los países "garantizan" el derecho a la vivienda digna, casi ninguno puede hacer de ello una realidad, o sea que es una brutal injusticia que desde su nacimiento, la mayor parte de los habitantes del mundo, no puedan tener la esperanza de ser propietarios, salvo que exista un vislumbre de herencia, que generalmente será a compartir con hermanos y otros parientes. La Ecologenia debe asegurar que todo trabajador honrado, cualquiera sea su puesto de trabajo, pueda ser propietario de la vivienda que desea, sin que ello le signifique esclavizarse de por vida a una hipoteca. Hemos de recordar que en Argentina, Chile, Uruguay y España, entre principios del siglo XX y hasta hace tres o cuatro décadas, las hipotecas no podían -por ley- superar los quince años y el cincuenta por ciento de un sueldo mínimo. ¿Qué ha ocurrido para que desaparezcan aquellos modelos que usaron democracias y dictaduras por igual, y produjeron decenas de millones de viviendas? Los planes de ayuda mutua, los acuerdos con las cámaras de la construcción y los créditos estatales hicieron el milagro, a pesar de que ya funcionaba la economía financiera arañando cada operación bancaria. La Ecologenia puede mejorar aún en mucho, aquellos planes de vivienda, merced a la experiencia histórica, una organización mejor y la nulidad del interés financiero.

EL DERECHO AL TRABAJO

El derecho al trabajo es inalienable. Ninguna persona puede quedar excluida de la posibilidad de trabajar, porque cada desocupado es un baldón para la economía del Estado, pero principalmente, es una desgracia para la propia persona. Menos desgraciado es aquel que tiene que trabajar en lo que no es su verdadera vocación, pero el Estado debe procurar mediante el Servicio de Orientación Vocacional, que el trabajo dignifique a la persona. Los trabajos de riesgo deben ser especialmente controlados por al Ministerio de Trabajo, en la mentalidad de que son muy raros los accidentes, pero muy comunes las negligencias.

Luis Blanc (1813- 1882) y otros bajo el gobierno de Luis Felipe en Francia, como Proudhon (1809-1865) proclamaron el derecho al trabajo por primera vez en Europa, como la verdadera y única divisa de la revolución de febrero de 1848 y ello derivó en una cuestión de obligación del Estado, sin embargo la historia del trabajo en la Antigua Roma, merece también atención. No existían leyes que obligaran al Estado a dar trabajo, porque se consideraba que *"es tan ridículo como proveer al pueblo de la respiración"* al decir de Catón el Censor en una discusión con Publio Escipión, que propugnaba una ley para asegurar el trabajo de los Extorris (esclavos extranjeros liberados por los ejércitos romanos). Nunca se dictaron leyes al respecto, pero documentos romanos indican que no tardaban en insertarse en la sociedad romana mediante el *"Talentum test"* que realizaban los Censores. O sea que el trabajo, que no estaba obligado sino por la mera naturaleza humana, sólo estaba administrado mediante unas pocas leyes económicas y el censor hacía de analista vocacional. La realidad era muy diferente de lo que nos cuenta la historia oficial y basta meditar un poco sobre los medios de la época, para comprender que económicamente, el imperio romano era "progresista" en el sentido más sano de la palabra. La interpretación como "monedas", que se hace de las fichas acuñadas por las familias romanas y los talentos y sestercios acuñados por el Estado, es una falsificación histórica aparecida poco después de Constantino, pero tardó -como otras mentiras históricas iguales o peores- siglos en ser masivamente aceptadas.

Es importante recuperar la historia verdadera, pero más aún comprender la realidad actual. Incluso si no tuviéramos los referentes documentales de la historia, podríamos decir que este libro es pura creación novedosa. Pero lo cierto es que debemos aprender tanto del pasado remoto, como del cercano, como del presente. Y todo nos dice muy a las claras que no podemos seguir siendo esclavos de "los mercados", cuya alusión periodística suele hacerse específicamente sobre los mercados financieros. El trabajo es la única y legítima fuente de riqueza. La especulación financiera sólo es causante de crisis, desesperación colectiva y esclavitud. Pierre-Joseph Proudhon tuvo una crianza en la cual se le inculcó el valor del trabajo y por ello deleznaba toda ganancia que superara el costo inicial y el tiempo de trabajo. Sus cálculos, bajo esa premisa, vigentes hoy para cualquier técnico en economía, indican que si esa mentalidad es aplicada en cualquier país, al efecto de descenso del coste de vida por abaratamiento económico, se le sumaría el superávit producido por la tecnificación. Esto es visible aún en Asturias, donde el costo de vida es el más bajo de España, a pesar de ser la más alta calidad de vida. Pero un detalle fundamental en toda la ejemplar vida de Pierre-Joseph Proudhon (a pesar de algunas importantes contradicciones filosóficas de su obra), es que evolucionó sobre su época, concibiendo en algunos puntos, un Estado parecido al que hoy concebimos como Ecologénico.

El Estado debe conservar a los ciudadanos en su propiedad, asegurar a cada uno lo suyo y protegerlo. La mejor manera de hacerlo es asegurando un trabajo digno y acorde a la capacidad de cada uno.

La riqueza de los pueblos se debe única y exclusivamente a su capacidad de organizar el trabajo, porque no hay lugar en la tierra -ni en los más áridos desiertos- donde no existan recursos para ser explotados, manufacturados, aprovechados internamente y vendidos los excedentes, o cambiados por otros productos. Toda otra concepción de la economía, es fatua, meramente virtual, propicia para la charlatanería cuyos resultados son las crisis y el terrorismo informativo sobre "los mercados" que vemos hoy.

La esencia del derecho al trabajo en todo país, reside en la evaluación moral del trabajo colocado por todos, en el más alto rango, tanto respecto del compatriota como de la comunidad; en el reconocimiento del trabajo como fundamento de toda economía. El derecho al trabajo y el trabajo mismo como valor, dejan en segundo plano inexorablemente a cualquier otro valor político, económico o material.

El trabajo no sólo es un medio para la consecución de un fin, sino que está en primer lugar en la economía. Es lo que directa o indirectamente *"produce capital"*, es el fundamento de la economía, ya sea manual, artística, intelectual o incluso espiritual. Por eso el trabajador honrado debe ser considerado como el causante real de todos los bienes, productos y servicios que hacen la felicidad de la comunidad. En consecuencia, el Estado debe administrar el trabajo, mejor que a las más altas, perfectas y bellas joyas o a los más caros tesoros que existen.

Un individuo irresponsable o insensato, puede dilapidar rápidamente una fabulosa fortuna. Cuánto más rápido puede hacerlo un pueblo que no se organiza y defiende de los "atractivos" del comercio, de los azares de la especulación, de los engaños de los esclavistas económicos... Las "crisis" económicas provocadas para meter el *"miedo a la falta de dinero"* en la mente de los pueblos, atenazando así a los gobernantes para imponerles las "reglas del mercado" se arreglan con una clave muy simple: *Nacionalización de la banca, anulación de la usura y organización del trabajo*.

La Ecologenia, está, como en todos los demás aspectos, opuesta de forma y de fondo al capitalismo, opuesta al comunismo marxista y sus preceptos son extremadamente claros, aunque para algunas mentes absorbidas por el sistema dinerocrático pueda resultar "temible", ya que todo cambio importante conlleva temores en cualquier persona o colectivo. En cualquier caso, todo ciudadano, cualquier sea su rango o puesto de trabajo, debe entender que la riqueza de un pueblo no se mide por un balance de caja, más o menos ficticio, sobre la base de los capitales acumulados y de los bienes del activo que pueden perder su valor de un día para otro... La riqueza sólo se puede medir por la capacidad, organización y producto del trabajo.

La Ecologenia propende a que nadie pueda recibir renta sin trabajo y sin esfuerzo, porque ello constituye directa o indirectamente, un perjuicio para el resto de la sociedad. Ningún beneficio que reciba de la sociedad quien no trabaja, proviene de la mera preexistencia. Ni siquiera los pueblos precarios recolectores, obtienen su alimento y útiles sin trabajo. También, para evitar la parasitosis de la especulación, es preciso coartar todo intento de hacer del trabajo y del trabajador una "mercancía", como ocurre con las empresas de empleo temporal. El carácter del trabajo en la Ecologenia es prácticamente sagrado, puesto que es la esencia de la Econogenia, así que de ningún modo puede estar su organización en otras manos que el Ministerio de Trabajo, como éste lo está en las de la Asamblea Nacional, la que a su vez es la expresión más clara de la voluntad popular, a la vez que conductora democráticamente intachable.

La desocupación o desempleo, no es un problema económico ni una circunstancia fortuita. Es un problema político de enorme injusticia. El liberalismo convirtió el trabajo en factor económico, cuando en realidad la economía es producto del trabajo. La Ecologenia debe luchar y superar la desocupación desde su postura estrictamente ética. La desocupación implica despilfarro de la riqueza de un pueblo, y no un fenómeno inevitable de la vida económica, más o menos penoso.

Mientras el liberalismo supone que no hay trabajo por escasez de capital, la Econogenia somete la cuestión del capital a la fuerza del trabajo de las naciones. El Estado tiene la obligación moral de crear fuentes de trabajo. La nación, no puede negar el hecho de que cada ciudadano, con la fuerza de su trabajo, sirva y produzca el mejor beneficio a la comunidad.

En una primera fase, sólo puede ser garantizado el trabajo en sí, y no un trabajo determinado y preciso que cada uno quiera obtener. Sin embargo la segunda fase, la de la orientación vocacional, debe aplicarse cuanto antes.

En el centro de la Econogenia está como lógica consecuencia de la abolición de la esclavitud del interés, el derecho real al trabajo, y como contrapartida, el deber de trabajar, que debe calar en la conciencia de cada ciudadano.

La brecha entre pobres y ricos ha de ser resuelta con justicia, achicada no por empobrecimiento de los ricos, sino por enriquecimiento de los pobres, y eso no puede hacerlo el comunismo, ni puede hacerlo el liberalismo. Ambas corrientes extremistas han causado toda la miseria de mundo que vemos a diario. Sus resultados han sido la pauperización de los pobres, la destrucción de la clase media y de la pequeña y mediana empresa, la quiebra de infinidad de empresas productivas y el monopolio de unos pocos megacapitales que aumentan su fortuna, de los cuales finalmente muchos terminan también quebrando, con la estrepitosa decepción y pérdida de los ahorristas e inversores. Esto debe quedar como historia pasada con la implantación inmediata de la Econogenia en todos los países donde la Ecologenia vaya marcando el nuevo rumbo.

LA LIBERACION DE LA AGRICULTURA

1. GENERALIDADES

La economía de las Naciones será en adelante Econogénica, o el mundo caerá en un grado de esclavitud como no se ha visto en la historia.

Todas las naciones que deseen ser realmente libres y soberanas, han de volver inmediatamente a la agricultura redituable, a la "cultura agrícola", y lo más diversificada posible, puesto que sin ella el mundo está cayendo en la dependencia de unas pocas multinacionales de semilleros transgénicos y agroquímicos, fomentando o preparando una situación de hambrunas propias de esclavos.

El campesino debe ser liberado del yugo capitalista y con ello la totalidad de la agricultura. La ausencia de impuestos al trabajo y a la propiedad, unido a -como en todas las industrias- su correcta organización, producirán la necesaria recuperación de la más elemental e importante de las producciones.

Las propiedades rurales productivas deben ser indivisas inexorablemente, una vez determinada por ley de la Asamblea Nacional, una superficie mínima. Esta pasará siempre indivisa a un heredero principal a la muerte del propietario. Esta propiedad debe ser inenajenable e inembargable, y no está sujeta a ejecución por demandas de dinero. Sólo podría confiscarla el Estado en caso de abandono y no producción; pero primero ha de intentarse su recuperación por parte del propietario, con ayuda económica estatal y/o con ayuda de brigadas de trabajo del ejército, que como ha ocurrido en muchos momentos de la historia, ha servido como "entrenamiento constructivo". En dichos casos, las Asambleas Locales o Provinciales han de determinar un salario mínimo para los participantes de esas brigadas, que igualmente pueden ser civiles, no exclusivamente militares.

La liberación del campesinado a la servidumbre del capitalismo y el apoyo económico ya manifiesto en la anulación de impuestos, son el más efectivo incentivo para que las juventudes, sin abandonar estudios y propósitos particulares, mantengan también la cultura agrícola que es la raíz más firme de la economía de cualquier país. Igual es preciso poner en claro la relación de la agricultura con otros aspectos de la economía. Para empezar, ningún campesino debe ser inhibido de construir en sus terrenos las edificaciones que sean precisas para el desarrollo de su actividad.

MEDIDAS AGRARIAS IMPORTANTES:

Las siguientes medidas son las necesarias para dar a la agricultura y ganadería el empuje necesario para un despegue económico que asegure además su porvenir.

I. Creación de la Cámara Agrícola Nacional, como organismo nexo entre el Ministerio de Trabajo y las cooperativas agrícolas. Las Asambleas Provinciales deberán formar una representación en su jurisdicción. Su finalidad principal es la de recuperar la agricultura natural, controlando el mercado de agroquímicos, controlar o determinar precios máximos para los productos, regular por aceptación o no de las importaciones, tanto de productos agrícolas, como de insumos para el campo. Esta Cámara ha de estar formada por agricultores y ganaderos exclusivamente y su trabajo en ella no tendrá sueldo alguno.

II. Desvinculación de la agricultura del mercado, a fin de evitar la especulación y los intermediarios innecesarios en la red de distribución alimentaria. Las cooperativas agrícolas, formadas por agricultores o familiares en primer grado de agricultores, serán los únicos intermediarios entre el productor y el consumidor.

III. Liberación de deudas de la agricultura. Ni impuestos ni deudas anteriormente contraídas con el sistema bancario privado o internacional.

IV. Distribución de tierras improductivas por abandono y ayudas para su recuperación.

V. Protección de las propiedades rurales contra la atomización por partición de la herencia; así como también protección contra los infortunios de la vida económica a través de la prohibición de la venta, gravámenes o ejecución judicial. La venta de la propiedad rural sólo podrá ser hecha por voluntad manifiesta del propietario libre de cargas o deudas económicas, ya sea por vejez, falta de herederos u otros motivos personales, pero nunca por coerción circunstancial de ningún tipo.

VI: Tecnificación de la agricultura: Existe, verificado por el autor, más de un centenar de patentes sobre tecnologías aplicadas al campo, que no pueden realizarse "por falta de capital" en algunos casos, pero por falta de homologación estatal en la mayoría. En realidad, sólo ocurre que no conviene a las multinacionales sementeras o agroquímicas. La Ley sobre Patentes, Inventos y Descubrimientos, ya perfilada en la Constitución Asamblearia, ha de poner rápida solución a estos problemas que impiden la optimización técnica de la agricultura y la ganadería.

LA CÁMARA AGRÍCOLA NACIONAL

Esta cámara atiende no sólo a la agricultura, pues lo hace igualmente para la ganadería; sobre pesca, caza y horticultura (que propenderá a ser diversificada, evitando los monocultivos según determinación técnica).

La liberación de la agricultura y de toda la economía (en especial lo que hace a la alimentación,) del lazo capitalista, ha de imprimir a todas las naciones Ecologénicas un impulso natural, que sólo puede "molestar" a los usureros, los intermediarios especuladores, etc., pero jamás a los agricultores o ganaderos. Incluso los más grandes terratenientes, nada tienen que temer de este sistema Ecologénico, pues las fortunas de los grandes productores no corren peligro sino todo lo contrario. Después de la aplicación de estas medidas, la agricultura no volverá a ser capitalista, sino Econogénica, con lo que podría decirse que no habrá negocio más seguro - y posiblemente no lo habrá más redituable- que mantener un campo en producción y/o con semovientes.

También ha de regir esta Cámara Agrícola Nacional, el comercio mayorista y minorista, así como la industrialización de todos los productos agrícolas, que estarán también sujetos a la determinación de precios máximos aprobados por cada Asamblea Provincial en su mayoría, o la Asamblea Nacional en los productos de mayor valor estratégico.

Esta Cámara Agrícola Nacional, así como sus delegaciones en cada provincia, estará formada tanto por campesinos productores, como por ganaderos y por manufacturadores industriales de productos agrícolas.

PRECIOS MÁXIMOS Y MÍNIMOS

El "libre comercio" es un derecho, pero es tan pernicioso como todo lo liberal cuando se entiende como libertinaje, sin reglas de interés comunitario, por lo tanto la Asamblea Nacional fijará el precio máximo y el precio mínimo, a partir del cual y conociéndose el rédito real, los productores tendrán asegurada su ganancia y su competencia en mayor producción, sin riesgo alguno para sus economías particulares, y sin riesgo para la economía de la Nación. El macabro juego de la oferta y la demanda, ha de cambiarse por el *precio justo*, con la consecuencia de un mayor poder adquisitivo para toda la sociedad y un grado de seguridad para el agricultor o ganadero, que no puede tener en el mercado manejado por especuladores.

Aquí reside un cambio revolucionario. Con esto en primer lugar, el comercio no es considerado más como una cuestión privada, y en segundo lugar, es colocado, al menos en esta parte, bajo el control del Estado, o lo que es lo mismo, bajo el control del Pueblo en función de sus determinaciones asamblearias y con la ayuda técnica -que no política- de sus Ejecutivos de Gobierno. Tampoco existe más el mercado a término, ya que la Econogenia elimina de una vez por todas la influencia de la especulación capitalista también en la formación de los precios agrícolas.

Mientras el sueldo fijo se estipula en un mínimo, pudiendo el empresario pagar más a los empleados y estimular su creatividad y cumplimiento, los precios se manejan a la inversa respecto al consumidor final. Se fijan los máximos, pudiendo establecerse competencia mediante mayor producción y por lo tanto competir desde la disminución del precio, el aumento de la calidad o ambas cosas, pero rigiendo un precio mínimo para el primer comprador, es decir las cooperativas agrícolas. Con la supresión de la libre formación de precios en el mercado especulativo, se concluye la caída en la agricultura, del orden económico capitalista, y en su lugar, se ha establecido el orden Econogénico.

Debe quedar prohibido para siempre el endeudamiento sobre tierras. Hay sólo créditos personales para la agricultura pero la tierra debe ser -gradual o instantáneamente según los casos- completamente liberada de deudas. No son permitidos los embargos y subastas públicas, con lo que los errores económicos que pudiera cometer su propietario, no podrán perjudicar a la familia ni a la economía de la Nación.

Los precios máximos no pueden ser aumentados, como ya dijimos, pero cabe la excepción técnica en algún caso, sólo si las Asambleas Provinciales y la Nacional lo aprueban. En caso de conflicto de intereses, la Comisión Directiva de la Asamblea Nacional tendrá el poder de decisión, tras las consultas técnicas que correspondan.

Allí, en esos casos, es donde resulta más que nunca, que la economía es puro número y estadística, al servicio del bien común. También es importante establecer un precio mínimo, que estará establecido por los técnicos economistas.

La prohibición de disminuir el precio se refiere sólo a la transferencia del productor al primer comprador. Por lo general rige así en el comercio al por mayor. Los precios mínimos fijados son por lo tanto, un seguro para el productor.

AUTARQUIA Y COMERCIO EXTERIOR

La posición de la Econogenia con respecto a la autarquía y al comercio exterior, no está determinada por opiniones doctrinarias o teorías sino, exclusivamente, por el conocimiento histórico y actual en la comprensión de las argucias de los manipuladores financieros. Se ha intentado relacionar las políticas autárquicas con el fascismo, las dictaduras, etc., pero en tal caso deberíamos considerar en *"de ese estilo"* a George Washington, Abraham Lincoln y otros paladines de la democracia. La autarquía no ha de considerarse una cortina de hierro respecto al comercio exterior, sino una cuestión estratégica de extrema importancia para el bienestar de la totalidad del pueblo. La Ecologenia procura encontrar un razonable equilibrio, entre el derecho del pueblo al desarrollo de todas sus fuerzas y su independencia económica, y la necesidad de convivencia y colaboración mutua con otros pueblos, en el que sea respetado el honor y la dignidad de la Nación y sea asegurado al mismo tiempo, un suficiente abastecimiento de bienes materiales.

La Econogenia no tiene nada contra la economía de otras naciones, sino -por el contrario- agradece y respeta el trabajo de todos los obreros del mundo. Pero no necesita una Nación Ecologénica, someterse al sistema económico internacional, ni necesita organizarse para el libre comercio o la protección aduanera. Pues cuando el libre comercio sea conveniente, se practicará el libre comercio; cuando sea conveniente la protección aduanera, se hará dicha protección. La Ecologenia no tiene "opiniones preconcebidas" sino el conocimiento de lo que sirve a los pueblos y de lo que no sirve, porque la experiencia histórica es muy amplia y los márgenes entre lo filosófico y lo concreto están bien definidos.

La Autarquía no significa un rechazo pleno al mercado internacional, sino que la Econogenia debe dar una prioridad indiscutible a las propias fuerzas productivas de la nación. El productor nacional -de cualquier industria- no puede estar al borde de la quiebra porque unos comerciantes consiguen introducir en el país, cantidades enormes de mercadería extranjera pagadas a precio de miseria, que finalmente es un precio muy caro y en doble sentido: Uno material, en dinero que acaba en el extranjero y representa fuga de divisas muchas veces innecesarias, y que acaba con la producción local y la quiebra de las industrias nacionales. El otro sentido, más de orden ético: La explotación de esclavos en otros países.

Permitir comercios internacionales que no sean necesarios, implican: Ganancia de especuladores, auspiciar la esclavitud en otras naciones, destruir al productor local, y finalmente dejar a la nación sin capacidad productiva. En cualquier ciudad e incluso pequeños pueblos de Europa y América hay bazares chinos y otros donde se consigue de todo a precios muy inferiores al mercado nacional (también las calidades suelen ser muy inferiores). Y mientras "ahorramos" comprando en esos bazares, pagamos impuestos para pagar a los desocupados…

Si un gobierno desea eliminar la desocupación, la primera medida que debe tomar, es autárquica: Eliminar los permisos de importación de todos los productos elaborados que pueden producirse localmente, y al mismo tiempo alentar la importación de maquinaria para producir y manufacturar mejor, en el caso que no haya capacidad técnica para fabricarla. Por eso será siempre más importante el mercado interno que el de importación o exportación. Los excedentes de toda clase, una vez satisfecho el mercado interno, podrán ser exportados, y en ello el Gobierno tiene la obligación de hacer negocios de tal manera, que los precios de exportación siempre dejen al productor nacional un rédito igual que el del mercado interno. Este rédito, en cualquier tipo de productos, si fuese mayor, dañaría al mercado interno, directamente al consumidor que se quedaría sin productos. Si fuese menor dañaría al productor y a finalmente a la Nación, porque lo desalentaría para producir superávit, conformándolo a satisfacer sólo el mercado interior.

Al mismo tiempo el Estado debe asegurar que la calidad de lo exportado sea intachable y a ser posible insuperable, de modo que se asegure una corriente de demanda que dignifique al productor nacional y al país.

Autarquía tampoco significa la autosuficiencia a cualquier precio, o el cierre absoluto del mercado internacional, sino que el llamado a la autarquía debe interpretarse, en nuestro sentido, como un llamado al desarrollo, tan completo como posible, de todas las posibilidades económicas que existen en cada patria, para lograr el autoabastecimiento sobre bases tan sólidas como sea posible. Lo que no es negociable bajo ningún punto de vista, y donde la autarquía ha de ser absoluta, es en el control del dinero de la Nación. El dinero como mercadería, no es admisible en un sistema Ecologénico.

La relación con el comercio exterior siempre debe ser determinada por el bienestar de la comunidad. El Estado Ecologénico y sus Ejecutivos de Gobierno deben estar siempre estadísticamente tan informados, que puedan determinar con precisión cuando es posible exportar, y cuando es conveniente y necesario dar prioridad al mercado interno. Esto se hacía en el Imperio Romano y en el Imperio Inka, cuando no había más tecnología que la matemática simple y los nudos en cuerdas (quipus) más las piernas de los mensajeros. La tecnología del siglo XIX ya sería suficiente para un control estadístico perfecto de toda mercadería, precios, servicios, etc., en todo el mundo.

Las "crisis económicas" en todas las épocas no son ni han sido nunca un problema técnico, ni cuentas mal hechas por los contadores, ni son un problema de ineptitud de los productores y comerciantes, sino una tramoya urdida por especuladores financieros y sus esbirros políticos. En la mayoría de los casos, estos esbirros no son siquiera conscientes de la totalidad de la situación; son ineptos políticos con sus cerebros muy bien moldeados en las escuelas y universidades dirigidas por la sinarquía internacional.

No obstante, no son tan ingenuos como para no darse cuenta del daño que producen a sus pueblos, son perfectamente imputables y muchos de ellos habrán de pagar condena por sus crímenes, que van desde participar en la hambruna de una gran parte de la humanidad, pasando por sufrimientos y esclavitud económica de sus gobernados, hasta participación en genocidios. Y no hablamos de los "malos" de las películas, de los terroristas talibanes, de los dictadores de algunos pequeños países, sino de la gran mayoría de los gobernantes del mundo falsamente democrático.

Para llevar adelante el Plan de Ecologenia y su Econogenia, es preciso sobre todo, que los ciudadanos comprendan que la única fuente de riquezas real, es producto del trabajo, no de la especulación. No es comprando o vendiendo divisas que los países se hacen fuertes y ricos. El montaje ilusorio de la economía financiera sólo tiene un resultado: Crisis, pero no sólo la financiera provocada, sino las más profundas crisis morales, éticas y espirituales. Y los pueblos del mundo no pueden seguir permitiendo esos engaños que les están llevando a la depresión, la desesperación y al suicidio individual y colectivo.

Capítulo Quinto

ORDEN SOCIAL Y ECONÓMICO ECOLOGÉNICO
LA CONCEPCION ECONOGÉNICA

La Econogenia es claramente corporativa y asamblearia. Ninguna medida que afecte a la totalidad de los ciudadanos ha de pasar por "los mercados", sino por los gobernantes, lo cual es mediante la aplicación de plebiscitos (consultas populares o "referéndums" directos en las Asambleas y sin mediación electrónica ni ningún medio susceptible de fraude o subterfugio).En las Asambleas es donde se encuentra la manifestación real de la democracia plena. Las corporaciones y cámaras profesionales tendrán la misión de ejecutar las leyes de encuadre promulgadas por el gobierno en los distintos países.

No se pretende ofrecer un exacto sistema, como el de una maquinaria de una futura realidad, sino un **pensamiento de fuerza eficaz** para que se pongan en movimiento todas las fuerzas vivas en cada país, en cada Nación; que despierte a todos los pueblos del mundo, del letargo inducido por la dinerocracia, que hace que hasta los niños dejen de ser niños tras sus primeras palabras, para convertirse en consumidores, especuladores, "dineralistas", donde su educación apunta sólo a ser buenos empleados del sistema financiero, donde ser honrado en el manejo del dinero es la máxima virtud, y que al estrellarse contra las realidades, hace de esos niños delincuentes, ladrones, o pobres esclavos en los países más desgraciados.

No vamos a promulgar una complicada teoría del Estado Corporativo, toda vez que el Sistema Asambleario tiene recursos de sobra para que el Pueblo se haga fuerte y controle su destino económico y social, y es preciso aclarar que no hace falta "sabios" para poner todo en marcha. Y menos aún "sabios de la economía". Desde los más sabios técnicos en economía hasta el pueblo llano, verán hasta simple el sistema Econogénico. Sin embargo, son precisas algunas comparaciones para satisfacción de los teóricos de la economía, que pueden -merced a su saturada mentalidad dinerocrática- tener alguna dificultad para interpretar este nuevo orden social y económico.

CONCEPCIONES INDIVIDUALISTA Y UNIVERSALISTA

La corporación, abarca a todos los que pertenecen a una misma rama de la producción. Este concepto, debe observarse en la teoría universalista de la sociedad. La sociedad puede ser concebida como una suma de individuos (concepción individualista) o como una totalidad independiente, en la cual el individuo es solamente un miembro (concepción universalista). La Ecologenia es una concepción del mundo de carácter *universalista* aunque por otra parte no desmerece al individuo, ni lo convierte en mero número y masa tal como sí lo hace el comunismo. Leemos en "Lecciones Históricas" de Valdemar Hassim, en referencia a cierta lucha de conceptos del siglo XX:

"El individualismo, que considera al individuo como lo originario, y a la sociedad como algo derivado, ve la sociedad como un simple compuesto de la suma de individualidades autónomas o individuos. Una sociedad humana así construida no tiene ninguna personalidad propia, ningún carácter propio, sino que sociedad y Estado son de naturaleza derivada. Un Estado que así nace, es un mecanismo externo útil, absolutamente instrumental y no algo espiritual y moral que tenga valor propio independiente del individuo. Una sociedad de esta clase no conoce ninguna organización, ninguna estructuración orgánica de la totalidad, es decir, ninguna corporación real".

Es decir que *el individualismo* es realmente antinatural, porque ningún pueblo se ha formado por la mera suma de individuos intentando sobrevivir, ni tampoco por la mera necesidad de comerciar. No existe un *"pueblo de anacoretas"* que interactúen sólo lo necesario para vivir. Las tribus más primitivas tienen lazos entre individuos y tanto individuos como la red emocional de cualquier parte del conjunto, hace a una sociedad ética, moral, con valores de toda clase, con identidad propia como conjunto. Incluso las naciones formadas o "independizadas" por el liberalismo en América, bajo los planes de la masonería ya infiltrada por la sinarquía mundial hace más de tres siglos, tomaron prontamente una identidad grupal propia.

Se formaron Patrias, que desarrollaron folklores basados en los de sus pueblos originarios, crearon banderas, adquirieron tonos y formas propias de sus lenguajes, adquirieron carácter de Nación, y todo ello retrasó por siglos los planes de los banqueros manipuladores que promovieron esas cruentas independencias. Luego han tenido que destruir todos esos valores y los espíritus patrióticos, utilizando la mediática, para poder someter finalmente a los pueblos a su instrumento diabólico que es la economía financiera.

La recuperación de los pueblos como corporaciones llamadas Naciones, por sobre cualquier otra corporación y especialmente sobre las financieras, así como convertir a la economía en un servicio, en vez de sólo servir a ella, son los objetivos políticos primordiales de la Econogenia.

El universalismo niega que el individuo sea absolutamente independiente. Explica que la comunidad es la condición de la vida humana, tanto física como anímica y moral, creaciones éstas de la vida humana, que poseen por encima de las individualidades, una propia realidad y un propio valor, absolutamente independiente del individuo. El universalismo, fundamenta el concepto del Estado, Pueblo y Nación como una indestructible comunidad de vida y de destino. Mientras más firmemente arraigado esté el espíritu universalista en los individuos, más seguros estarán, más solidarios serán, y mejor preparados para unirse y defenderse mutuamente. El universalismo tal cual lo entendemos, es el propio de una familia, cuya **solidez (*sin rigidez,* por suma de caracteres válidos y relaciones emocionales sanas) marcará la felicidad, cooperación y mutua protección de los individuos.

Sociedad y Estado no son, en consecuencia, organizaciones instituidas por meras conveniencias, sino por la necesidad de interrelación viva, intelectual, emocional, espiritual de los individuos. Sólo el universalismo puede fundamentar la idea nacional, la idea del Estado Nacional, que tanto desean destruir los metapolíticos de las finanzas globales. No pueden hacerlo todavía, la gente prefiere tener gobernantes más "cercanos" que una computadora en la bolsa de valores de Bruselas, pero mientras tanto, el poder lo ejercen gobernantes ocultos mediante sus empleados que mantienen a la masa dividida en "partidos".

El universalismo y su manifestación como espíritu nacional, como cosa comprendida por los pueblos, es imperiosamente necesario para la recuperación de todos los valores perdidos en la etapa de la mercadocracia financiera. El individualismo sólo descubre en el Estado, un ente colectivo de origen secundario una simple suma de individuos con alguna dirección. Sólo el universalismo puede conducir a la posición política que hace que los ciudadanos se sientan "compañeros", "camaradas", "compatriotas", como una familia mayor y estén dispuestos al sacrificio por la comunidad, a cuya suerte está ligada fatalmente la prosperidad o la ruina del individuo.

El individualismo, alentado por la codicia del dinero en primer lugar, y su fondo de "carácter competitivo", aplicado a la economía y a todos los órdenes de la vida, conduce en lo político, a la finalidad absoluta del individuo, y así son anulados el altruismo y la idea de sacrificio, la solidaridad y el respeto, el heroísmo y la ética de los habitantes de la nación. El resultado final del individualismo generado por la dinerocracia, es la esclavitud de las masas, aunque en algún momento se encuentren cómodos, por mera pérdida de consciencia y porque no les falta alimentación, vestido y diversión. Ese estado se acaba pronto, cuando vienen las "crisis".

Biológicamente, el individuo es relativa y aparentemente autónomo desde el punto de vista de la creación natural, sin embargo un bebé que no es cuidado con Amor, acariciado, querido, morirá o sufrirá una degeneración psicológica severa por mejor alimentado que estuviera. Pero visto en un contexto histórico y político, el individuo se deriva de las grandes asociaciones y por eso está insertado en el pueblo, Estado, sociedad, e inextricablemente unido al destino económico de dichas corporaciones.

"*Las corporaciones* -dicen los teóricos universalistas- *integran la estructuración orgánica o cuerpos intermedios de la comunidad*". Como comunidades espirituales y de vida, también como corporaciones, pueden ser mencionadas por ejemplo, las que atañen a la iglesia, el arte y la ciencia, al derecho y la economía.

El individuo no está naturalmente limitado a una sola corporación, según su profesión, posición espiritual, intereses culturales, etc., sino que participa generalmente en muchas. Los diversos teóricos han respondido de modo diferente, por razones de posición o de finalidad, acerca de cuáles círculos de vida o comunidad espiritual se reconocerá como corporaciones propiamente dichas. En la Edad Media, las corporaciones ideales, eran el clero, la nobleza y la burguesía. Más tarde, surgieron las cofradías, que involucraron en su seno a los trabajadores manuales, trabajadores especializados, dirigentes económicos, funcionarios y finalmente los "sabios".

Algunas de estas corporaciones, al representar un peligro para los nobles y su casi omnipotencia, debieron funcionar subrepticiamente, formando órdenes herméticas -como los primeros masones-, constituidas por trabajadores manuales, especializados y sabios. Estas órdenes fueron las principales cunas de ideales democráticos; luego fueron infiltradas por la nobleza, por el clero y finalmente por los banqueros. Pero en todo caso, demostraron en forma históricamente cercana, cómo funciona el espíritu corporativo. También -paradoja lamentable- los *"gobernantes en la sombra"* son una muestra de la potencia que representa el espíritu corporativo. De hecho, las grandes empresas, casi todas ellas multinacionales, se llaman "corporaciones" aunque con un espíritu que nada tiene que ver con el bien común, salvo para el beneficio económico de los propios componentes en forma exclusiva, que en la mayoría de los casos constituyen una Sociedad Anónima. Aunque degenerado el sentido filosófico, con el egoísmo propio de una sociedad que no comparte ningún valor espiritual, moral ni nada más que la búsqueda del lucro, consiguen sus fines porque existe un sentido corporativo.

Para que la codicia que les inspira les lleve a un poder económico individual cada vez mayor, necesitan conservar para sí el sentido corporativo y destruir el espíritu corporativo de los pueblos, de las naciones, deformando las concepciones de los Estados, destruyendo el espíritu de las Patrias. Un pueblo patriota nunca puede ser sometido mientras conserve esa cualidad.

CONCEPTO ECOLOGÉNICO DE SOCIO-ECONOMÍA

La Ecologenia no tiene nada que ver con las formas de gobierno de la Edad Media. La idea de corporación del Ecologenismo se diferencia fundamentalmente, de todos los ejemplos históricos y teorías popularmente conocidas.

La Ecologenia es corporativista en el sentido más natural, ético y moral del término. El nuevo orden económico que debe convertirse mundialmente en Econogénico, con toda su carga de valores sociales, ahora está en vías de realización como en ningún otro momento, porque el sistema capitalista ha mostrado ya todas sus "hilachas" y sus aberraciones no son mera teoría, ni posibilidades fortuitas de que *"alguien no entendió la filosofía y por eso hay crisis"*. Ya no se puede seguir culpando a los gobiernos pasados o presentes, confiando en los nuevos líderes de los mismos partidos que sostienen el mismo sistema.

El derrumbe del sistema económico financiero mundial es algo también calculado, planificado aunque aparenta ser sólo producto de su propia corrupta intención, no de que la gente o los Estados pidan demasiados créditos. Y su planificación obedece a una política tecnocrática muy poco conocida en general, que consiste en la automatización extrema de las personas, en el control tecnológico, mental y físico absoluto, usando microchips, nanotecnología, etc., que ya permite mantener a casi todo el mundo localizado físicamente mediante los teléfonos móviles. Y son algunos pocos millones de personas las que ya poseen chips incorporados en su cuerpo. La mayoría de ellos jóvenes, a cambio de una determinada cantidad de entradas a discotecas o partidos de rugby, futbol, etc. Otros, por voluntad propia, con el anzuelo de que pueden ser secuestrados y con el chip los pueden localizar por satélite.

El problema mayor está en un plan de genocidio global para control demográfico, pero aún en 2011 estamos a tiempo para cambiar este estado de cosas. La única salida es la rebelión económica y política de los pueblos, pero no una revolución sangrienta y brutal como la Toma de la Bastilla, sino una revolución de conciencia, de no aceptar más a los gobernantes esclavos y esclavistas del sistema financiero global e imponer un orden Ecologénico y Econogénico, recuperando las verdaderas corporaciones que representan las Patrias, los Estados y en su modelo Asambleario, participativo, que ha de ser considerado como lo más valioso, la realidad viva de los pueblos.

RESUMEN DE OBJETIVOS

1. Eliminación del espíritu económico liberal capitalista, en especial del *"pensamiento en el dinero"* y de la idea de *"la* *lucha de clases"* Pobres y ricos deben unirse para que el rico siga siendo rico y el pobre deje de ser pobre. El cambio del espíritu económico es, en esencia, una tarea de educación masiva, de despertar de conciencias. Se trata de hacerlo a nivel global. Si no se hace con urgencia, este libro sólo servirá para sentar las bases de una nueva humanidad entre los supervivientes de un auténtico holocausto multirracial, multinacional, global, donde habrá que luchar contra pequeños grupos de "dioses" tecnológicos para poder vivir con alguna libertad, aunque sea volviendo a la edad de piedra.

2. Cambio y superación de la estructura económica liberal capitalista, mediante una organización de la sociedad y de la economía, que corresponda con el pensamiento de la comunidad. Aquí se trata de una tarea econogénica, que va más allá de lo meramente económico.

Los pueblos del mundo deben ser estructurados en su forma de vida, y en sus correlaciones económicas, de las maneras más naturales y solidarias posibles. Esta nueva estructuración se caracteriza como "organización corporativa". La organización corporativa no significa una forma de Estado diferente a la Asamblearia, ni sólo un nuevo sistema económico. La Ecologenia rechaza la constitución de un Estado corporativo en el sentido liberal, en el cual el Estado sea la designación colectiva de las corporaciones. El Estado Ecologénico es una corporación en la cual los valores son las personas, sus emociones, su espiritualidad, y la economía es sólo un instrumento para asegurar su devenir.

El Orden Social y el Orden Econogénico, deben fundirse, ser una síntesis sin contradicciones ni aberraciones teóricas ni prácticas La reestructuración debe realizarse gradual y orgánicamente, apoyándose en forma amplia en las Asambleas y en los líderes ecologenistas.

DESARROLLO DEL ORDEN ECONOGÉNICO
EL NUEVO ORDEN EN EL TRABAJO

EL MINISTERIO DE TRABAJO

El Ministerio de Trabajo responde a la Asamblea Nacional y se ocupa en función de una cosmovisión de la conducción política y técnica de todos los trabajadores de la nación. Solamente está excluida la burocracia, cuya educación y conducción, es realizada, de otra manera por el Estado.

A) LA MISION DEL MINISTERIO DE TRABAJO

Su finalidad no es solucionar los problemas materiales de la vida cotidiana del trabajo, sino en principio, educar a los trabajadores de todo el mundo. Asume la responsabilidad, en especial, de educar a los hombres de la industria y en los órganos de la estructura social, en los tribunales de trabajo y en la seguridad social. Se procurará que el "honor social" del jefe de la empresa y el de su personal, sea la fuerza impulsora decisiva del nuevo orden social económico. Los principales objetivos del Ministerio de Trabajo son:

1. Educación filosófica de sus integrantes sobre Ecologenia y sus aspectos generales. El Ministerio de Trabajo tiene como primera y más elevada tarea hacer realidad en la amplia masa del pueblo, el pensamiento Ecologénico sobre la comunidad. Es la escuela en la que se aprende: "*No existes solamente para ti, sino que eres un asociado útil; y cuando seas un asociado útil, entonces servirás de la mejor manera al pueblo y a la patria; y con ello también a ti mismo*". A tal fin se formará un Magisterio Ecologénico estatal. La educación se realiza bajo la supervisión de las Asambleas Locales y Provinciales.

No será tarea fácil llevar la comprensión Ecologénica a todo el mundo, pero la humanidad no tiene hoy otras alternativas. Debe ser tarea auto-impuesta de toda persona que tome consciencia de las realidades que afectan a todos, en cualquier parte del planeta.

También es tarea del Ministerio de Trabajo la enseñanza de una nueva concepción profesional y perfeccionamiento técnico. Deben construirse grupos profesionales que reúnan a los que tienen la misma profesión y trabajan en las distintas empresas. A estos grupos se le deben confiar las siguientes tareas:

a) Creación de una nueva ética del trabajo.

El trabajo es un concepto moral, el común denominador de cualquier comunidad de vida. La nueva instrucción profesional organizada, debe crear ese tipo de trabajador que no se sienta como miembro de una clase, sino como miembro de la comunidad. La *clase media* debe ser recuperada, pero ha de sentirse dentro y parte de ella, desde el Presidente de la Nación hasta el último ciudadano, incluso el que no pueda trabajar. El concepto de clase media ha de implicar que el individuo siente que pertenece a la comunidad y está "*en medio*", de ella, que no en un estado de mediocridad respecto a nadie, y menos aún en el sentido económico.

b) Estímulo de una buena formación técnica.

El intercambio del progreso humano debe ser exigido entre los grupos profesionales. Cada trabajador debe ser impuesto de los progresos en el campo de su especialidad. El rendimiento profesional debe ser elevado mediante concursos de competencia, realizados por los empleados y aprendices, por los técnicos y hasta por los directivos o propietarios de empresas. Sin embargo dichos concursos, premiados honoríficamente o en dinero según la ley de Patentes, Inventos y Descubrimientos cuando corresponda, han de servir para el intercambio de conocimientos y capacidades, adelantos técnicos de toda clase, que beneficiando a todas las empresas por igual, beneficiarán enormemente a la Nación.

c) Distribución de cargos, para que cada uno ocupe el puesto que le corresponde. Cada uno debe ser empleado según su capacidad, de acuerdo con la Secretaría de Orientación Vocacional. Con ello se procura el elevado fin de un trabajo querido, a la vez que verdaderamente comunitario. Los Talleres-escuela, y otras instituciones similares, estarán a cargo de las Asambleas Locales y Provinciales.

d) Aprovechamiento del tiempo libre y organización de una amplia vida cultural mediante la organización especial de talleres de ocio, donde se rescaten las artes folklóricas y modernas, las expresiones artísticas y la cultura clásica de cada pueblo, destruida por la política del mercado.

Al terminar sus labores, los ciudadanos deben encontrar toda clase de opciones culturales en las cuales, en lo posible, deben participar, no ser meros espectadores. Lo mismo debe hacerse con los deportes. La distracción masiva que lleva a la idiotización a multitudes, mediante la expectación improductiva de deportes, donde se gastan las mejores energías psíquicas, ha de ser reemplazada por la participación, por el protagonismo real de los ciudadanos.

La organización del tiempo libre no debe trabajar, en absoluto, en forma especial para los distintos grupos profesionales, sino que toda profesión debe encontrarse en la comunidad y vivirla. Los viajes, el turismo, el desarrollo de los individuos al margen de sus profesiones, no han de ser privilegio de unos pocos "ricos y famosos". La más grande de las injusticias sociales modernas contra los pueblos del mundo, es la creación del sistema de mercado basado en el capitalismo y el individualismo, porque ha creado dos castas claramente diferenciadas y separadas por un abismo: Ricos y pobres.

La Econogenia no hará a "*todos iguales*" como ha pretendido el comunismo marxista, sino -en todo caso-

como lo ha logrado en buena parte el comunismo cubano y el socialismo bolivariano: "**A cada uno, lo suyo**", pero con las mismas posibilidades para todos, asegurando con total gratuidad los cinco pilares básicos de la sociedad que deben estar bajo el estricto control del Estado Asambleario: educación, seguridad, información, salud y justicia.

Los trabajadores de estas actividades, con los médicos como única excepción y en su tiempo libre, no podrán ejercer su profesión principal fuera de sus cadenas de organización, pudiendo dedicarse a otras actividades económicas si lo desean. Serán todos empleados del Estado y sus sueldos se ajustarán al promedio determinado como valor general de "h/h", es decir "hora-hombre". Las pequeñas o no tan pequeñas diferencias de sueldos serán obtenidas mediante mayor tiempo de trabajo, mediante mayor dedicación e idoneidad demostrada en sus cargos.

e) Fijación del sueldo promedio: Este será establecido mediante acuerdo del Ministerio de Trabajo y las Cámaras Profesionales, la Cámara de la Industria y deberá ser aprobado por la Asamblea Nacional. No ha de hacerse en término de "negociación" como hacen los sindicatos, sino en términos de "*razonemos, saquemos cuentas y determinemos lo que es justo para todos*".

f) Creación del Tribunal de Trabajo, que funcionará independientemente del resto del aparato judicial. Las funciones de este Tribunal del Trabajo serán:

1. Asesoramiento a los ciudadanos, sobre cuestiones comunes de derecho laboral y de seguridad social.

2. La representación de los mismos ante el Ministerio cuando sea necesario y la resolución de todo conflicto laboral cuando no se consiga acuerdos.

3. Enseñanza técnica de los delegados y asesores en la jurisdicción de los Tribunales de Trabajo y de la seguridad social.

g) Al Ministerio de Trabajo en coordinación con el de Econogenia, compete la planificación económica mediante la cooperación de las empresas comunitarias con los grupos económicos privados, y con los representantes del trabajo.

h) También corresponde a este Ministerio, en coordinación con el Ministerio de Salud, la creación y mantenimiento de instituciones de auxilio en los casos de desocupación, invalidez, vejez y muerte.

B) ORGANIZACION DEL MINISTERIO DE TRABAJO

La estructura del Ministerio, debe estar armonizada con la dirección de la Asamblea Nacional y sus delegaciones han de estarlo con las Asambleas Provinciales para algunas actividades y resoluciones.

El Presidente de la Asamblea Nacional es el Jefe Directo del Ministro de Trabajo en función ejecutiva y práctica, aunque todas las resoluciones importantes han de pasar por la aprobación de la Comisión Directiva de la Asamblea Nacional.

El Ministro de Trabajo tendrá a su cargo las secretarías pertinentes y su organización se ajustará en un plan que deberá aprobar la Asamblea Nacional. Así mismo, formará una Junta Interna con sus secretarios y una Junta Externa, con los directivos de las empresas que considere estratégicas, las Cámaras de Profesionales, etc.

La organización administrativa del Ministerio de Trabajo posee las siguientes estructuras:

a) Al Ministro de Trabajo están subordinadas las secretarías principales: 1) *De Salud* (que rige a los trabajadores de la sanidad, no a las funciones propias del Ministerio de Salud), 2) La Secretaría *de Educación*, que atiende los asuntos de los trabajadores de la educación, no los asuntos propios del Ministerio de Educación, el cual sólo regirá sobre planes de estudio, asuntos edilicios, etc.

3) **De Seguridad Laboral** 4) **De Empleo**, que regirá sobre los trabajadores de las empresas 5) **De Autogestión**, que regirá a los trabajadores independientes y las Cámaras de Profesionales. 6) **De Vocación**, que orientará a las personas sobre este aspecto fundamental de la vida y del trabajo. 7) **De Ordenamiento Territorial,** que definirá la estrategia productiva por sectores, al margen de las jurisdicciones de Asambleas.

El Ministerio de Trabajo regulará de tal manera la distribución del empleo y de los autogestionados, que deban viajar lo menos posible desde sus hogares. Sólo la economía resultante, así como el beneficio en tiempo y esfuerzo humano, redundarán en un beneficio tal que subvenciona con creces los períodos vacacionales de los ciudadanos, que serán acordados por la Asamblea Nacional de acuerdo a las sugerencias del Ministerio de Trabajo.

Entre los Ministerios de Educación y el de Trabajo, se elaborarán los planes de ocio para las comunidades, de manera que el acceso de los ciudadanos a todas las actividades culturales sean gratuitas en todo lo posible, y guiadas hacia actividades de crecimiento interior, espiritual, mental y físico.

C) LAS CÁMARAS INDUSTRIALES ESTRATÉGICAS

Las Cámaras Industriales Estratégicas estarán divididas o estructuradas de modo celular, bajo el organigrama del Ministerio de Trabajo, a fin de mantenerse en óptima funcionalidad, ocupando a pleno sus plantillas, economizando al máximo los recursos, evitando cualquier deterioro al medio ambiente natural, y se recomienda la militarización de sus plantillas, toda vez que hablamos de industrias estratégicas. No se aplicará esto a la industria del calzado o pequeños y medianos talleres, por ejemplo, pero sí a la textil, las grandes fábricas metalmecánicas, automotrices, las empresas de energía, grandes químicas, los transportes públicos y todas aquellas que siempre precisarán de seguridad extra en sus establecimientos. En vez de pagar agentes privados de seguridad o requerirla de la policía, es preferible que sus propios trabajadores sean militarmente formados para defender su trabajo, su empresa, su Patria y su Pueblo. Ya hemos hablado de ello en el punto 9 de "Los Conceptos", Capítulo Tercero.

Los empresarios deben colaborar decisivamente en la constitución de los consejos de confianza. El jefe de la empresa debe confeccionar cada año, de acuerdo con el jefe de la célula industrial, una lista de delegados y suplentes. De este modo, todo miembro del consejo de confianza debe contar con la confianza del jefe de la célula y estos serán los principales candidatos a ser delegados de las Asambleas Locales y Provinciales.

Es fundamental que todos los empresarios o trabajadores sean debidamente instruidos en los pormenores organizativos y la doctrina Ecologénica. Ningún ejército, ningún poder en particular, tiene el poder que poseen los trabajadores, porque el trabajo es la energía más legítima de una Nación.

D) EL ORDENAMIENTO DEL TRABAJO NACIONAL

Para el cumplimiento del Plan Ecologénico y su consecuente Econogenia, es importante la compenetración del pueblo en el espíritu y doctrina de la Ecologenia. La ley se desentiende de la regulación de los casos particulares, salvo para la fijación y cumplimiento de las disposiciones de seguridad laboral y de sueldo "hora hombre", como sueldo mínimo. Ubica en primer plano, en cambio, los fundamentos espirituales de la nueva concepción del trabajo, tanto que su aplicación dirige las mayores exigencias hacia el sentimiento de responsabilidad, y al espíritu comunitario de todos aquellos a quienes comprende.

La ley debe inducir a un modo de sentir que debe ser enseñado a todos los ciudadanos. La felicidad de un pueblo no la hacen ni las leyes, ni los párrafos muertos ni la mera abundancia económica. Solamente el espíritu y la concepción del mundo que el hombre tiene, determinan su felicidad, su bienestar y su destino. La Ecologenia es enseñanza, es formación del espíritu y del alma, y no sólo una estructura y organización.

El Punto de partida de la ley en general y del trabajo en especial, es el pensamiento de que la comunidad se basa sobre los principios de la solidaridad, la lealtad, el honor, el respeto y el Amor a toda la comunidad, por parte de cada individuo. Todo otro interés es de una importancia menor. La lucha de clases es eliminada y sustituida por una relación de lealtad, de colaboración y de mutua confianza. Mientras en el "mercado" ha existido una serie de pautas de organización y sumisión al patrón, de diferencias económicas abismales, de oposición y lucha de clases, en la Ecologenia no pueden existir adversarios sociales. Las asociaciones patronales deben disolverse y reemplazarse por las Cámaras de Profesionales. Los dirigentes de empresas deben funcionar en armonía con el Estado, porque es la única manera de asegurar sus empresas, de contar realmente con sus empleados como aliados, de imprimirles su espíritu creador sin los riesgos de los vaivenes de las economías especulativas, sin posibilidad de quiebras, sin innumerables costos administrativos, sin cargas impositivas como las que llevan al desastre a la mayoría de las empresas en todos los países donde nada de la Ecologenia se aplica ni conoce.

El trabajo humano no es una mercancía, sino que el trabajo y la economía tienen un valor moral y una misión respecto del pueblo, y así la economía, la fábrica, el taller, más allá del concepto civil de la propiedad, pertenecen y deben servir a la comunidad, al Pueblo. La máquina y el lugar de trabajo, pertenece en alguna medida al trabajador que con estos elementos crea, cuando hace lo suyo correctamente. Aunque legalmente la herramienta, la máquina o la sala de trabajo correspondan a su propietario, el empleado debe *"hacerlas suyas"* en el sentir, en el cuidado, porque de algún modo es todo suyo.

El lugar de trabajo debe ser para él un templo, donde su capacidad se convierte en beneficio propio y de todos. Debe ser enseñado a cuidar también del "ambiente laboral" mediante el respeto y la alegría de compartir con sus compañeros la tarea que sea. Eso es infinitamente más importante que las técnicas administrativas de la economía. Eso es lo que genera en una Nación verdadera felicidad y riqueza. Esa educación es la que hace que el empleado no esté mirando el reloj deseando irse.

[N. del A. *En mi experiencia personal he vivido ese ambiente siendo empleado, trabajando en lo que me gustaba, junto a compañeros que a pesar de nuestras diferencias personales, compartíamos la satisfacción del trabajo, la educación respetuosa de nuestro jefe (trabajador como el que más) y los días eran cortos. Llegada la hora, nos avisaba, luego nos pedía y finalmente tenía que echarnos, porque trabajar era muy divertido. Hoy me ocurre lo mismo, pues trabajo en mi taller y luego escribiendo. Mi "patrona" personal es la que me reclama "tiempo libre", aunque también me acompaña en todo trabajo. Ir a divertirnos, sólo es cambiar de diversión y gastar algo de lo ganado*]

E) DIVISIÓN EMPRESARIAL

Las empresas se dividen básicamente en cuatro:

1) Privadas Menores: Las de cinco o menos empleados.

2) Privadas Mayores: Entre 6 y 10 empleados. Que podrán ser privadas, pero con vigilancia de la Asamblea Provincial.

3) Comunitaria Menor: De 11 a 19 empleados, que podrá ser privada pero estará bajo la regencia de la Asamblea Nacional.

4) Comunitaria Mayor: De 20 o más empleados. No podrá ser privada y estará a cargo del Ministerio de Trabajo y podrá ser intervenida por el Presidente de la Asamblea Nacional.

Cada empresa, cualquiera sea su tamaño, constituye una comunidad de destino, cuyos componentes están vinculados por una recíproca confianza y lealtad, el empresario como director de la empresa y los empleados y obreros como séquito, trabajan conjuntamente para el desarrollo de la empresa y la utilidad del pueblo y del Estado.

El empresario tiene como conductor la plena autoridad y responsabilidad. El principio de conducción y autoridad que antes sólo regía para la conducción del Estado, también rige en la Econogenia, en la dirección de las empresas económicas.

El empresario decide frente al séquito, en todo lo concerniente a la marcha de la empresa. Ante todo, dicta un reglamento de trabajo, que puede contener disposiciones sobre las condiciones laborales y éstas deben atenerse sin contradicciones a la Ley Laboral y las disposiciones del Ministerio de Trabajo.

El empresario debe velar por el bienestar de su séquito con el mismo ahínco que lo hacen los políticos en la Asamblea, debe ser un padre intelectual y moral respecto a los empleados. Conducción empresarial es sinónimo de alta responsabilidad, aunque el trabajador tiene también una responsabilidad innegable en su tarea específica.

El conjunto de empleados y obreros de la empresa, deben confiar en la conducción responsable del jefe. Ellos deben mantener con él, una relación de lealtad y comunicación al mismo nivel aunque uno decida y el otro obedezca, porque en eso se basa el trabajo comunitario. Deben acatar a las disposiciones del jefe, no por el chantaje común de las empresas del mercado, donde el miedo a perder el empleo produce el mínimo rendimiento esperado, sino porque se tiene conciencia de que toda mejora en la propia labor, implica un beneficio propio, para la empresa y para toda la comunidad. Para que ello se convierta en una cuestión de práctica con resultados, y no una mera declamación de la doctrina, los empresarios deben ser educados en la Ecologenia y conocerla profundamente. Esa es también tarea conjunta de los Ministerios de Educación y de Trabajo.

Las empresas de 20 o más empleados deben tener un delegado, que no ha de tener necesariamente salarios extras o asignaciones "por no trabajar" como el corrupto sistema sindical de muchos países, donde los "liberados" cumplen (por así decir) tareas sindicales y cobran a costa del trabajo de otros. En una correcta organización Ecológica y Econogénica, pocas veces deberán reunirse con sus pares para presentar asuntos a las Asambleas o al Ministerio. Sólo en esas justificadas ocasiones, en vez de su labor habitual cumplirán su rol de delegados de los trabajadores.

CREACIÓN DEL CEL, Consejo de Estado Laboral

La Inteligencia de Estado determinará un número igual de personas (a ser posible con representación pareja de sexos) entre empleados y empresarios, que no han de ser más de cuarenta (veinte obreros y veinte empresarios) que posean las más intachables cualidades éticas y antecedentes, y un elevado coeficiente intelectual, para formar el Consejo de Estado Laboral. Las funciones de sus miembros serán honoríficas, pero los tiempos de trabajo en el CEL, en el caso de los empleados, serán pagados como tiempo laboral normal por el Estado, no por sus patrones.

Este CEL debe asistir con su asesoramiento al Presidente de la Asamblea Nacional y al Ministro de Trabajo en las cuestiones relativas a la organización del trabajo. Sus tareas principales: fortalecimiento de la confianza recíproca dentro de las empresas; salvaguarda del bienestar de todos los miembros de la comunidad; arbitrar en los conflictos dentro de la empresa comunitaria o de la empresa privada, evitando en lo posible las cargas al sistema judicial. Entre el *Defensor de los Trabajadores* de cada Asamblea y el CEL, estarán harto cumplidas las funciones de los sindicatos, abolidos constitucionalmente.

La empresa o comunidad de trabajo se funda en el *honor* social, que goza de una especial protección. Los hombres no son valorados según parágrafos, contratos, decretos y disposiciones. Si bien no es admisible la creación de tribunales de honor, este factor subjetivo determina el destino de los pueblos, de modo que ha de ser asunto de estudio, de difusión y enseñanza en todos los niveles, concienciando al pueblo sobre este atributo del espíritu.

Las transgresiones a los deberes sociales, han de estar debidamente previstas en las leyes emanadas de las Asambleas.

a) Si el director de la empresa, abusando de sus facultades, aprovecha maliciosamente la fuerza de trabajo de los integrantes, de sus empleados, o lesiona su honor, o si un miembro de la comunidad de trabajo pone en peligro la paz laboral mediante incitaciones maliciosas, especialmente, cuando un delegado toma, a sabiendas, intervención indebida en la dirección de la empresa o lesiona constantemente, y con malicia, el espíritu de comunidad en la empresa, o publica sin autorización, informes confidenciales, y toda otra causa no resuelta por el CEL, puede ser sancionado por el Ministerio de Trabajo y una vez investigada la causa por un Juez Laboral, puesto a disposición de la Asamblea correspondiente.

Los tribunales laborales son instituidos en cada una de las zonas regionales de los representantes del trabajo, y se componen de un funcionario judicial, el director de una empresa y un delegado. Como segunda instancia funciona un Tribunal Superior. Las penas en las causas laborales son: advertencia, apercibimiento, penas reglamentarias, inhabilidad para ser directivo de empresa o delegado, hasta traslado del actual lugar de trabajo o cambio de funciones.

Los representantes del trabajo, tanto funcionarios judiciales como miembros del CEL y del Ministerio de Trabajo son funcionarios Ejecutivos de Gobierno. Están subordinados al servicio de vigilancia del Ministro de

Trabajo y están sometidos a las pautas e indicaciones del gobierno.

El Ministro de Trabajo puede nombrar delegados y designar representantes especiales para el cumplimiento de misiones determinadas, que escapen a su competencia ordinaria.

La misión esencial de los representantes del trabajo (o sea el CEL) y los delegados o representantes especiales del Ministerio, es mantener la paz laboral, mejorar constantemente las condiciones humanas del trabajo y la productividad, para cuyo fin tienen amplias facultades de resolución. En especial les corresponde:

1. Vigilar la constitución y desempeño de los consejos laborales locales y en determinados casos, nombrar subdelegados o dejarlos cesantes.

2. Revisar a pedido del CEL las decisiones del directivo de la empresa sobre el desarrollo de las condiciones generales del trabajo, en particular el reglamento del trabajo y, en determinados casos, dictar el ordenamiento necesario.

3. Verificar el cumplimiento de pago del sueldo mínimo y regular las ganancias extras, a fin de evitar mercadeo cultural aberrante en las profesiones liberales de cualquier naturaleza.

4. Colaborar en la efectividad del poder jurisdiccional de los tribunales laborales.

5. Ejercer el derecho de inspección en los despidos, en especial en los casos de paro, ya para evitarlos mejorando las condiciones de las empresas, revisando las causas y reubicando a los desocupados.

A instancia del CEL o de cualquier funcionario del trabajo que investigue una causa, en caso de reincidencia, son perseguidas penalmente las transgresiones intencionales a sus ordenanzas escritas y de carácter general.

ORDENAMIENTO ECONOGÉNICO DE LA NACIÓN

Al Ministerio de Trabajo y la Comisión Directiva de la Asamblea Nacional, corresponde crear el Tribunal Laboral de la Nación y a éste una Ley que regule de manera elástica, sintética y eficaz, la actividad laboral en general y en particular, la distribución del trabajo y las funciones de cada uno según el Servicio de Orientación Vocacional, dependiente del Ministro de Trabajo. Este servicio no sólo atenderá el factor vocacional como el deseo individual en sí, sino también la idoneidad, formación y capacidad psicológica, intelectual y física. La Subsecretaría de Transportes Públicos, dependiente de la Secretaría de Empleo de la Nación, desarrolla los planes estratégicos de transportes para, economizar recursos, tiempo y esfuerzo de los ciudadanos para asistir a sus labores. La Secretaría de Empleo tiene como misión fundamental distribuir los puestos de trabajo del modo más adecuado por cercanía, así como promover o facilitar el alojamiento de los ciudadanos que residan habitualmente en otros sitios más alejados. Los mismos criterios estratégicos se aplicarán para el comercio, la industria y transportes en general.

ATRIBUTOS DEL MINISTRO DE TRABAJO

El Ministro de Economía tiene facultad para:

1.- Reconocer asociaciones económicas como únicas representantes del respectivo ramo; constituir, disolver, o unir este tipo de asociaciones. Son consideradas asociaciones económicas aquellas asociaciones o reunión de asociaciones, a las que concierne la salvaguarda de los intereses económicos de los empresarios y de las empresas.

2.-   Modificar y completar los estatutos y contratos sociales de las asociaciones económicas para establecer en especial el principio de dirigencia.

3.-   Nombrar o dejar cesante a los jefes de las asociaciones económicas y empresas Comunitarias Mayores. No así a los directivos de empresas privadas, que sólo podrían cesar por inoperancia o delitos, y la decisión corresponde en tales casos al Tribunal Laboral, previo análisis del CEL.

ATRIBUTOS DEL MINISTRO DE ECONOGENIA

Como hemos explicado y repetido, la Econogenia es un mero instrumento al servicio de la Econogenia, así como ésta es instrumento del Pueblo. Y como mero instrumento que es la Econogenia, su Ministerio es sin duda el que menos recursos y personal necesita para funcionar aunque se divida en más secretarías. Sensiblemente menor que el Ministerio de Trabajo, porque la importancia del trabajo y su complejidad y variedad, es infinitamente mayor que las variantes de las simples técnicas administrativas y manejo de cifras.

El Ministro de Economía puede dictar, con acuerdo al Ministro del Interior y al Ministro de Trabajo, decretos y disposiciones administrativas generales. Todas ellas han de ser aprobadas por la Comisión Directiva de la Asamblea Nacional como habitual, o por la Asamblea en Pleno cuando se trate de medidas de importancia estratégica, Podrá dictar disolución de empresas por motivos judiciales graves o por falencias económicas que afecten a empresas de nivel 2, 3 y 4. Las transgresiones a estas normas son penadas a su requerimiento, según la Ley.

Podrá disponer, en acuerdo con la Comisión Directiva de la Asamblea Nacional, los planes de emisión de dinero y todos sus detalles.

Podrá instituir un Tribunal Económico Especial cuyos miembros no podrán cobrar su gestión ni podrán estar vinculados en nada con los sujetos de juicio.

Sus atributos son básicamente los mismos que los de cualquier ministerio de economía de cualquier país, pero su conciencia Ecologénica ha de destacar, como en todos los Ejecutivos de Gobierno de altos cargos, toda vez que han de dar ejemplo intachable y heroico a la sociedad. Sobre reglamentación técnica de las finanzas y administración, no es necesario agregar más en este libro, toda vez que el plan en conjunto simplifica la economía en grado sumo.

LOS FINES DE LA LEY LABORAL

La ley laboral, como ley econogénica, procura suprimir la hasta ahora parasitaria estructura de las asociaciones y organismos financieros. Debe organizar la economía e insuflar en ella y en el campo de las asociaciones el espíritu Ecologénico. Las metas del nuevo ordenamiento son, además:

A) Creación de una organización clara y unitaria en lo relativo a las asociaciones. La ley persigue la economía financiera y bancaria usuraria, y en lo que a la estructura de las asociaciones respecta, las reemplaza mediante la creación de un reducido número de asociaciones vinculadas entre sí por el ordenamiento del trabajo, la producción y el consumo.

1.- Los nuevos grupos económicos constituidos ejercen la representación exclusiva del respectivo ramo económico. La anterior multiplicidad de organizaciones y uniones que continuamente luchaban entre sí, queda suprimida.

2.- Cada empresa debe pertenecer a un determinado grupo económico, logrando así su preciso y adecuado lugar, en el marco de la economía total. Hasta ahora, era absolutamente facultativo para las empresas ingresar a la asociación y a cuantas distintas organizaciones quisieran. Pues ahora deben ser obligatoriamente incorporadas, en lo relativo a la asociación, en un lugar preciso y adecuado y no pueden ser miembros de más de una organización.

B) Subordinación de la conducción económica a la conducción del Estado, de acuerdo con el principio Ecologénico de la supremacía de la política sobre la economía. No pueden volver a ser los economistas, los que den órdenes a los políticos.

1.-.En lo referente a las asociaciones profesionales, también es aplicado "el principio de dirigencia". El dirigente de la organización total de la economía, el dirigente de cada grupo y de toda asociación profesional, decide autoritariamente sin considerar la decisión de la mayoría. Para eso están las Asambleas y las normativas derivadas de ellas.

La autoridad del verdadero dirigente económico, ocupa el lugar de los esquemáticos preceptos legales, y de los acuerdos de derecho privado. De este modo, se asegura de ahora en adelante la orientación del dirigente del conjunto de empresas e industrias, en la cosmovisión y en la concepción económica de la Ecologenia, que es fijada por la ley sobre el ordenamiento de trabajo.

2.- La dirigencia econogénica debe conducir el cambio de los anteriores grupos de intereses, convirtiéndolos en grupos profesionales responsables ante su pueblo y su patria.

Mientras las asociaciones del sistema de mercado sólo se empeñan en asegurar su ventaja particular, los grupos profesionales y económicos, deben ser miembros de la totalidad, y considerar siempre su bienestar. El espíritu Econogénico, como herramienta de la Ecologenia, debe traducirse, ante todo, en la desaparición de la "competencia", que hasta ahora fue realizada mediante cárteles monopólicos, oligopolios y acuerdos sobre precios logrados mezquinamente con perjuicio del Pueblo. En su lugar, debe imperar la colaboración, la solidaridad, la optimización. Incluso en las mejoras que un particular o grupo privado puedan lograr en cualquier sentido, sólo será válido para el creativo si sirve a la totalidad. Para ello, la Oficina de Patentes, dependiente del Ministerio del Interior, ha de valorar los descubrimientos y los inventos para redituar a sus propietarios, pero a la vez facilitar la difusión de las mejoras tecnológicas y científicas a toda la comunidad.

Los cárteles y acuerdos sobre precios son totalmente indeseables y sólo podrían ser utilizados como medida de transición y en determinados casos especiales. El Ministro de Economía podría instituir un tribunal económico especial.

DISTRIBUCIÓN ECONOGÉNICA DE RUBROS

La distribución técnica del Ministerio de Economía se hace en doce grupos principales a saber, con sus correspondientes secretarías:

1) Minería y producción de minerales y metales.

2) Industrias mecánicas, electrónicas, ópticas y mecánicas de precisión.

3) Siderurgia y metales en general.

4) Industrias cerámicas y del vidrio, forestal, canteras y minas de productos para la construcción.

5) Industrias químicas, refinerías, papel, etc.

6) Cuero, textiles e Indumentaria.

7) Agro, Ganadería y Alimentación.

8) Artesanías.

9) Comercio.

10) Bancos y Casa de Moneda.

11) Seguros.

12) Transportes.

La subdistribución territorial del funcionamiento económico se hará de acuerdo a la infraestructura existente en cada país, más que por la distribución jurídico-política. Ello no obsta para que las Asambleas Menores, Locales y Provinciales realicen los controles políticos que correspondan en su jurisdicción.

El objeto de la subdistribución regional de la industria, consiste en el tratamiento de cuestiones industriales comunes, por encima de lo técnico, que exceden un determinado campo económico. Una organización regional correspondiente a una zona, debe tratar, entonces, aquellos casos que interesan en común a las distintas asociaciones económicas. Estas tareas son propias de las cámaras industriales y comerciales. Para el cumplimiento de estos objetivos, debe mantenerse una estrecha vinculación, entre la correspondiente subdivisión territorial, con los demás grupos económicos restantes, y también con las cámaras industriales y comerciales. Los acontecimientos mostrarán si esas tareas ajenas a la especialidad serán efectuadas por una organización particular a constituirse, o serán transferidas a las cámaras industriales o comerciales.

LA ALIMENTACIÓN

La Secretaría de la Alimentación merece especial atención y abarca no solamente las industrias derivadas de la agricultura, sino la totalidad de la economía de la alimentación. Ejerce la representación económica de la agricultura, incluyendo asociaciones agrícolas, el comercio agrícola mayorista y minorista y la industrialización de los productos agrarios. Es una corporación autónoma de derecho público.

Sus objetivos:

Tiene la finalidad de mancomunar a sus miembros en la responsabilidad hacia la nación y el gobierno, de apoyar vitalmente el renacer, la conservación y el fortalecimiento del pueblo. Sobre todo, tiene por objetivo impulsar al campesinado, la agricultura, las asociaciones y el comercio agrícola, así como la preparación e industrialización de sus productos; resolver los problemas sociales entre sus miembros, lograr un equilibrio beneficioso para el bien común en las fuerzas que reúne, y apoyar a las autoridades, en todos los problemas que le competen. Tiene además, como todos los demás organismos, la obligación de velar por el honor de la clase de sus miembros.

La corporación representada en la Secretaría de Agricultura y Ganadería comprende a todos los ciudadanos que trabajan permanentemente en la agricultura como propietarios poseedores, usufructuarios, arrendadores o arrendatarios de explotaciones agrícolas, miembros de familia, obreros, empleados, funcionarios, así como el anterior propietario o usufructuario de inmuebles destinados a la agricultura, cuando tiene sobre éste algún derecho. Le competen los asuntos de las asociaciones agrícolas, incluyendo sus uniones y las instituciones por el estilo, y todas las personas físicas o jurídicas que trabajan en el comercio (mayorista o minorista), o en la preparación o elaboración de productos agrícolas. La agricultura en el sentido de la ordenanza abarca también, la industria forestal, vitivinícola, apicultura, horticultura, pesca - en aguas interiores y costas - y la caza, control de aguas de consumo y riego.

El Ministerio de Econogenia debe servir técnicamente en todos los ámbitos requeridos para lograr todo tipo de mejoras en la producción y la distribución.

CULTURA Y EDUCACIÓN EN LA ECONOGENIA

El Ministerio de Cultura y Educación, representa la reunión en una elevada unidad espiritual, de todos los que trabajan en el campo de la cultura. Tiene por finalidad promover la cultura que corresponde a cada país, como asunto prioritario, en defensa de la nación y de la esencia espiritual de los pueblos, mediante la colaboración de los miembros de todas las ramas de la actividad, abarcados por ella; regular los asuntos económicos y sociales de la profesión cultural y lograr un equilibrio entre todas las aspiraciones de los grupos que comprende.

La responsabilidad del Ministerio de Cultura y Educación no es la de formar "*buenos empleados del sistema*", ni empollones repletos de datos, sino formar varones y mujeres dignos, intelectual y espiritualmente abiertos y políticamente aptos para participar en la política y en la defensa del modo de vida Ecologénico, a la vez que individuos con visión trascendente de la vida.

Ha de enseñar a pensar, a analizar, antes que a "creer". Para ello, es preciso formar primero y enseñar a todos los representantes de la cultura, en especial a los artistas, la responsabilidad frente al pueblo y a la patria en su modo de sentir y pensar, en sus obras y en la elección de sus temas. Sólo de ese modo puede dar frutos la enseñanza de la Ecologenia en todos sus detalles a la masa ciudadana. Como ya se ha dicho, en especial en "*Ecologenia, Política de Urgencia Global*", ésta no es un mero "sistema político" ni un "sistema económico", sino que estos sistemas son herramientas que dan cuerpo y fuerza a la Ecologenia como modo de vida.

El ideal cultural, político y popular, se deriva necesariamente de la cosmovisión Ecologénica bien conocida y comprendida por toda la ciudadanía.

Arte y cultura no tienen una existencia especial y separada, ni puede seguir siendo mera mercadería para élites, ni pueden estar definidos sus valores por los especuladores del mercado, ni es aceptable en una sociedad Ecologénica, que cualquier mamarracho pseudo-musical o cualquier cuadro de manchas que puede hacer un primate, tenga valor por el mero hecho de haber sido pintado o interpretado por un sujeto cuya firma tenga valor económico independiente de la obra, aunque pueda encontrarse borracho o drogado a la hora de pintar o cantar.

El Arte y la Cultura están condicionados por la vida del pueblo y deben servir para mantener los más altos valores éticos y los valores políticos de los que depende la felicidad y seguridad de todos. Política y ética son cosas diferentes, pero una política separada de la ética sólo puede servir a esclavistas. Si la política es como la argamasa que une y afirma, la ética es el sillar, el bloque, el ladrillo. Se puede construir una fortaleza sólo con los bloques. Sin la argamasa su fuerza, tenacidad y permanencia son mucho menos seguras. Pero con la mera argamasa, sin el sillar de la ética, ninguna fortaleza puede hacerse. Y el arte, tan sutil como la ética, es sin embargo tan importante como ella para fortalecer el espíritu de los pueblos.

Esto no implica que los artistas dejen de ser creativos, ni que se vaya a aplicar algún modo de censura. Por el contrario, pues la peor censura artística y cultural de la historia ha sido la producida por el mercado, negando posibilidades a los talentosos, difundiendo sólo aquellas obras adecuadas a la destrucción de los valores reales. Lo peor, es que han sido impuestas por los mercados, las "personalidades" por encima de sus obras. Las masas conocen más la vida personal, las casas y fortunas de los artistas, que sus creaciones o las historias que las inspiraron.

El arte y la cultura tienen una elevada misión moral. Especialmente en tiempos de preocupaciones y penurias económicas, en épocas de cambios, es importante esclarecer las ideas a todos los ciudadanos. Esta tarea es inconmensurable comparada con la de consagrarse a un recíproco egoísmo económico. Los monumentos culturales de la humanidad, fueron siempre los altares del reconocimiento de su mejor misión y superior dignidad. La Econogenia, aún como mero instrumento económico de la Ecologenia, ha de embellecer la vida de los ciudadanos, enaltecerla, y por eso el Ministerio de Economía ha de proporcionar al Ministerio de Cultura y Educación, los medios necesarios para la formación artística del pueblo. Dicha formación pone las fuerzas del entusiasmo, de la alegría y de toda la espiritualidad que conlleva, al servicio de la comunidad, a mejorar la convivencia e impulsar el sentido de Trascendencia en todas las personas. La Ecologenia no puede en modo alguno ser una Teocracia y para ello hay disposiciones constitucionales de libertad de culto y laicidad del Estado, pero una política que no prevé el desarrollo espiritual del pueblo, no es más que un remedo de política, ejercido sólo por utilitaristas al servicio de intereses ajenos al pueblo.

No se pretende que un nuevo credo domine y de hecho, la Ecologenia no es un "credo", sino una forma de vida concreta, objetiva, con una DOC-TRINA clara y eterna. Pero donde quiera que aparezca, en el país que sea, como un sentir popular, hay que cuidar celosamente que corresponda en su forma artística, a la totalidad del proceso histórico que debe desarrollar la Ecologenia.

Debemos procurar como ideal, una profunda unión de la concepción heroica de la vida, con las leyes eternas del arte. No se trata de atenazar al arte, ni de ponerle en casillas de censura, sino de enaltecerlo sin dejar lugar a los improvisados que la sinarquía mundial ha fabricado como íconos para destruir las artes propias de todos los pueblos. Las leyes del arte en sí mismas, como bien sabe cualquier verdadero artista, nunca pueden ser cambiadas, son eternas y extraen su sustancia de los dominios de la eternidad, por eso permiten la infinita creación.

En cuanto a la economía de los artistas, ésta podrá ser de carácter privado, siendo exclusivamente la aprobación popular sin influencias de mercado, el único juez. Sin embargo el Ministerio de Cultura y Educación dará ayudas económicas y prioridades diversas, sólo a aquellos artistas que interpreten en cualquier expresión del arte, el sentir de su pueblo.

Es de suma importancia, tanto en la política como en la economía, que el pueblo tienda -como en los deportes- a ser protagonista cuanto pueda, no mero y eterno espectador.

Titulo Sexto

LA ABOLICION DE LA ESCLAVITUD DEL INTERES

La exigencia de la abolición de la esclavitud del interés es uno de los puntos medulares del programa del movimiento Ecologénico y muestra más claramente, que cualquier otro punto, que la Econogenia no es una simple forma económica sino una obligación moral. Esto implica la liberación del trabajo creador, del dominio del capital especulativo financiero.

A) EL DESARROLLO DE LA IDEA

Ha existido en la historia, desde las Guerras Púnicas, innumerables luchas contra el sistema de la dinerocracia, pero todas ellas han sido disfrazadas mediante malversación histórica, como motivos religiosos, acusación de megalomanía de los líderes anti-dinerocracia, expansionismo imperial y muchas otras supuestas causas. La Primera Guerra Mundial se debió simplemente al ideal de Bismark de acabar con la especulación financiera y la usura. La Segunda Guerra Mundial tuvo las mismas causas, porque Hitler declaró en 1933 que debía abolirse el interés usurario, cosa que ya habían intentado diversos políticos en Estado Unidos, Francia e Inglaterra de modo mundialmente conocido y que consta en los periódicos y diarios de la época. El resultado para ellos, fue denostación pública, persecución y muerte en muchos casos. El resultado para Alemania, fue la provocación bélica y ataque de la sinarquía internacional, utilizando al capitalismo como al comunismo por igual y a todos los resortes políticos secuaces del mundo. De no haber sido así, todo el asunto racial y otros que hacen estrictamente a los alemanes, no habrían pasado fronteras y el mundo no habría tenido que soportar esa guerra.

Antes, digamos desde algunos siglos atrás, la Iglesia Católica ha venido cediendo también, modificando sus permisos a la usura que condenaba absolutamente en otros tiempos, como *"la forma más diabólica de esclavitud, debido a su sutileza"*, al decir del Papa Inocencio II, que en el Segundo Concilio de Letrán II condenó la usura como la peor herejía de lesa humanidad. Las más importantes escisiones dentro de la Iglesia se debieron a la imposición del Nuevo Testamento con la historia de Cristo como crucificado, pero hubo varias que sólo fueron causadas por la permisividad que algunos papas querían dar al agio económico.

La situación en el siglo XXI es muy diferente, porque ya no se sostiene el sistema y los pueblos, casi en general, han comprendido la trampa monstruosa de la economía financiera. Los objetivos que hay tras ella, no son otros que el control absoluto, la permanencia en el poder más o menos oculto de unas pocas familias de banqueros, con un séquito de casas reales, políticos esbirros y grandes capitalistas. Hoy los pueblos están ahogados por deudas, hipotecas, apenas con tiempo a trabajar como esclavos, para poder pagar durante toda la vida unos pocos bienes, que cualquier economía no pervertida les daría muy multiplicados y sin sacrificios extremos.

Para cualquier persona con acceso a internet que desee ocupar unas horas averiguando, hoy es posible enterarse muy bien cómo funcionan las trampas de la economía financiera, de que el dinero "no existe", porque una décima parte del dinero es circulante pero las otras nueve décimas partes son "deuda", puros ceros en unos ordenadores. Cierto es que la Econogenia ha de luchar contra intereses, pero el peor enemigo a vencer, es el miedo de las multitudes a perder lo poco que tienen (que en muchos casos será del banco toda la vida). Sólo una comprensión masiva y global de la Ecologenia y su instrumento económico, podrán vencer ese fantasma psicológico de las masas y movilizarlas para obtener su libertad.

B) LAS EXIGENCIAS PROGRAMATICAS

Posición fundamental de la Ecologenia con respecto al interés: La "*abolición de la esclavitud del interés*" no significa, en general la eliminación total del dinero, sino que el privilegio pertenece al trabajador y el dinero tiene un patrón que es la hora-hombre de trabajo, y no las exigencias del capital financiero.

El Privilegio del trabajo es total, frente al capital. Es teóricamente absurdo y prácticamente deleznable, el cobro y consumo de intereses de un capital, sin que para ello se aplique o haya aplicado trabajo alguno. Es lícita toda ganancia acumulada por el trabajo y por los negocios particulares, pero de ningún modo puede ser lícita la ganancia mediante la venta de dinero. El dinero es una herramienta del Estado, no una mercancía.

Para un pueblo, el trabajo es lo primario y el interés económico lo secundario. La *ganancia* es producto inevitable, inexorable y justo del trabajo.

La Econogenia da absoluta preeminencia de la seguridad del empresario frente a la legítima exigencia económica del capital dado en préstamo. Por eso sólo el Estado puede ser quien otorgue el préstamo, porque aún a fondo perdido, no hará otra cosa que enriquecer a la Nación, activar la maquinaria del trabajo, que produce todas las legítimas riquezas representadas en bienes y servicios para los ciudadanos. Y al mismo tiempo, es el Estado quien se asegura que la empresa que reciba un préstamo, sea productiva y devuelva -sin usura ninguna- el monto recibido, toda vez que no existe "pérdida del valor de la moneda". No puede haber inflación ni perder valor una moneda que está fundamentada en el trabajo de todos, sin relación alguna con los desmanes económicos que se haga en otros países o en un consorcio financiero trasnacional.

El capital dado en préstamo con objeto usurario, olvida totalmente que depende del resultado económico de la empresa; olvida que pierde su legitimidad moral cuando no está dispuesto a servir a las empresas. Sólo se precave mediante avales, recuperar lo no devuelto, pero en realidad la devolución, cuando se sacan bien las cuentas, son un constante drenaje que desangra a las empresas y particulares, con riesgo de pérdida de lo trabajado, pérdida de los avales, de las relaciones humanas con los avalistas, y todo eso ya lo sabe por propia experiencia casi cualquier persona en cualquier país.

El concepto de la esclavitud del interés surge en la práctica porque la masa mundial ha sido engañada y no se ha dado cuenta que no hay una propiedad mágica en el dinero, sino que todo interés fluye del trabajo de otro, que el interés que embolsa el capitalista disminuye el beneficio del que trabaja, no podrá tener jamás ninguna duda sobre el papel que ejerce el sistema productivo de intereses. La fuente principal de la internacional del dinero, es el interminable y fácil flujo de bienes que genera el interés a costa del trabajo de quienes apenas tienen para vivir. El dominio internacional del oro, ha nacido del inmoral pensamiento del préstamo a interés.

La esclavitud del interés se presenta también en el abuso del poseedor del capital que se da en préstamo, del cual nacen los daños morales y culturales de las conciencias de los pueblos, dineralizadas a tal punto, que creen que no es posible que un país o un individuo prospere si no es endeudándose.

Hoy la "abolición de la esclavitud del dinero" debe llegar, como el único escape a la servidumbre internacional que amenaza al mundo. La fuerza internacional del dinero entroniza, sobre el derecho de autodeterminación de los pueblos, el poder financiero supraestatal; el gran capital internacional. En segundo término, una posición espiritual que se ha expandido sobre amplios círculos del pueblo: El consumismo, la voracidad insaciable de bienes, que ha llevado a un pavoroso hundimiento de todos los principios morales. En esto reposa el rechazo del pensamiento en el dinero, y el rechazo de la evaluación de la riqueza del pueblo, en los guarismos de la cuenta de capital. La riqueza del pueblo encuentra exclusivamente su expresión, en las fuerzas espirituales y físicas del trabajo de toda la nación.

C) TENTATIVAS DE DISMINUCION DEL INTERES

Algunos gobiernos patriotas en muchos países, se han abstenido de intervenir compulsivamente en la fijación de los tipos de interés, y repetidas veces se han pronunciado por el método de la disminución orgánica de los intereses, se ha hecho esfuerzos por pagar la deuda externa y pocos los han conseguido, a costa de sus propios recursos estratégicos y la pobreza y sacrificio temporal del pueblo. Sin embargo, una y otra vez consiguen los mercaderes de las finanzas infiltrar los Estados partidocráticos, derrocar las "dictaduras" que han conseguido oponerse a los esclavistas de la usura internacional, y finalmente el mundo va como va, con "deuda externa" impagable. Todo el mundo lo sabe, todo el mundo lo condena, pero al parecer nadie consiguió esclarecer las ideas y métodos para librarse de la esclavitud del interés.

Algunas revoluciones lo han pretendido, ya sea por las armas, ya sea por las manifestaciones pacíficas como el 11-M en España, pero nada de eso puede funcionar para lograr resultados, sin un plan claro y completo, o sin líderes realmente responsables y dispuestos a concretar las aspiraciones de los pueblos. Por eso la difusión de la Ecologenia es por ahora, al momento de editar estos libros, la prioridad absoluta. Es preciso que cada ciudadano con capacidad de traducir a otros idiomas sin pérdida de ni un solo concepto, lo haga.

Hoy puede parecer imposible encarar este problema y derrocar la servidumbre de la usura en un país solitario, sin riesgo de una nueva guerra mundial. Sin embargo es ahora cuando están creadas las condiciones para que cualquier país que cumpla con su más anhelado destino, sirva de ejemplo para el mundo entero. Debe ser la masa mundial la que reaccione y produzca el cambio esperado, por más difícil que parezca. No sirven ya los intentos económicos de algunos políticos que aún no comprenden el alcance de la trampa económica global y pretenden producir una *"disminución paulatina del interés"*.

Por la disminución paulatina del interés debe entenderse, la tentativa de influir indirectamente sobre la rebaja de los tipos de interés, mediante medidas adoptadas especialmente en el mercado de capitales. Se procura, en primer lugar, sólo una disminución de los intereses de los valores, con tasa de interés fija. Supuestamente, el mercado privado del dinero, será influido muy poco por esta circunstancia, para lograr poco a poco un acomodo de los tipos, acordes a los réditos de la riqueza real, pero todo eso es un espejismo que jamás ha resultado a ningún país.

El tipo de interés se supone que es determinado por la oferta y la demanda de capitales. La oferta del capital depende del monto y del tiempo de formación del capital en el proceso productivo, lo cual siempre está condicionado por el monto de la parte del ingreso que puede ser ahorrado, por encima de lo indispensable para atender las necesidades mínimas. Pero todo esto es una ilusión, porque si bien es cierto que en la economía de mercado la demanda de capital es determinada por las necesidades de los consumidores en función de sus ingresos, lo cierto es que la entropía aritmética de los intereses, puestos además mediante manipulaciones estratégicas de los mercados y no por la auténtica relación demanda y oferta, hace que todo el mundo quede endeudado por encima de sus posibilidades de producción real. Para colmo, generando una disminución de la capacidad productiva, en virtud de mayor número de rentistas que de trabajadores... Esto vale tanto para individuos y empresas, como para los Estados. Cualquier teoría puede oponerse a lo dicho, pero lo dicho es un hecho innegable y evidente. ¿Hay acaso una mejor teoría que explique las falencias económicas de tantas personas, empresas y hasta de los propios Estados?.

Al problema se suma una variante de fondo, que es la más desesperante: Los políticos se empeñan más en "medidas económicas" que no pasan de juegos especulativos que producen mayores deudas, aumentando cargas impositivas al pueblo y -peor aún- en perjuicio del conjunto de empresas, con lo que muchas deben cerrar, disminuyendo más aún la capacidad productiva de la Nación. La esclavitud del interés es como una trampa armada dentro de un pozo de barro, donde todo resbala hacia abajo, hacia la pobreza. Se pretende con cada crédito un tramo de cuerda para poder subir, pero el pozo se hace en realidad, más profundo y ancho, y nunca alcanza para salir de él porque cada vez es preciso endeudarse más. Se sacan créditos para pagar créditos y "tapar agujeros" más urgentes, agrandando en el tiempo la deuda y los problemas.

Por lo tanto, la disminución paulatina del interés por la disminución de la prima del riesgo, o por cualquier otra medida o razón, es siempre una trampa dentro de la trampa mayor.

Para el pueblo y la nación, el restablecimiento y el fortalecimiento de la confianza en el trabajo, en vez que en la especulación financiera, es un problema político, no económico ni matemático. Por lo tanto una vez más se hace claro que, en la política y no en la economía está el destino del Pueblo.

Los países pueden crear, en el modelo Ecologénico, una riqueza basada en la autarquía, aprovechando todos y cada uno de sus recursos para hacerse fuertes y abundantes en todo sentido. No necesitan "capital". El dinero en manos del Estado como instrumento, jamás debe ser comprado o vendido. Sólo ha de permitir el desarrollo interno del país en todas las áreas. Incluso en la importación y exportación, el dinero puede ser reemplazado por bienes de consumo, maquinaria, materias primas, tecnología, etc., valorando en aproximación de h/h, incluso para transacciones con países aún no Ecologénicos.

En un paso evolutivo posterior, cuando el mundo entero sea Ecologénico, será posible abolir el uso del dinero o simplemente éste desaparecerá simplemente por no ser necesario para la mayor parte de las actividades humanas. Por lo pronto, con eliminar la usura en cualquiera de sus formas, nacional la banca y el dinero, volviendo los países a tener su "moneda nacional", será suficiente. El control de la información ha de ser el desafío mayor para los ecologenistas a nivel mundial, para que las masas de todo el mundo puedan comprender cómo actuar, para no dejarse arrastrar a las guerras a las que se les pretenderá llevar en contra de todo país Ecologénico.

Ya hay en marcha planes de genocidio mundial por causa del problema demográfico que representa un riesgo de colapso y pérdida de poder de los gobernantes ocultos, de modo que arriesgarse a una guerra no es tan terrible como lo que ya está en marcha, de una élite altamente tecnificada y con sobra de los más altos recursos materiales y científicos, contra las ingenuas poblaciones vacunadas, teleidiotizadas y que ni miran al cielo. Basta a cualquier ciudadano informarse sobre los chemtrails y los efectos "Morguellons", "armas escalares" y otros asuntos descritos en el primer libro de Ecologenia. Nada tenemos que perder, sino mucho que ganar, destronando a los gobernantes de los mercados.

Los Estados deben garantizar el ahorro de los ciudadanos, y pueden hacerlo en dinero mismo, o bien en el propio valor h/h ("hora-hombre"), dependiendo del tipo de trabajo que se tenga. Como es lógico, las profesiones liberales tendrán mejores posibilidades de ahorro que los empleados a turno fijo. No obstante, el sueldo mínimo asegurado ha de dar una calidad de vida que ningún Estado ha podido dar y mantener en el tiempo, bajo las pautas del mercado internacional.

Volviendo a las tentativas de reducción del interés mediante políticas financieras, son como decirle al ladrón "*róbame un poco menos*", o al asesino decirle "*mátame más lentamente*".

D) LAS RIQUEZAS Y AHORROS EXISTENTES

En un paso fundamental, al nacionalizar la banca, pueden considerarse seguros los ahorros de los ciudadanos, que serán convertidos a la moneda nacional en cualquier caso. Esto es preciso para no dañar la ya maltrecha economía de los ciudadanos y las empresas. Pero a este "capital ahorrado" no se le volverá a dar un interés, sino una inversión segura en los rubros productivos que cada uno elija. Ni tampoco se creará un "impuesto a los capitales", toda vez que ellos servirán para mantener la marcha de la actividad nacional, hasta que el sistema Econogénico esté totalmente funcional.

Dicho proceso no ha de pasar de uno a dos meses, luego de instaurarse el sistema Asambleario, pues como hemos dicho, no es problema económico, sino político. Y la política ha de resolverse en las Asambleas. Las medidas económicas no requieren largo tiempo, son mera técnica de aplicación urgente.

Los ahorristas no deben temer ningún experimento monetario y ninguna intervención compulsiva sobre lo que le pertenece. Más importante que todos los parágrafos y prescripciones es que el gobierno tenga además, el propósito y la decisión de proteger al ahorrista. Es conveniente declarar una especie de "amnistía financiera", mediante la cual y en virtud de que no se pagarán intereses ni se cobrarán impuestos, los ahorristas puedan declarar su dinero sin importar su origen ni modo anterior de obtención. No interesa castigar en modo alguno a antiguos vividores de rentas, sino volcarlos a una nueva forma de ver la economía, el sistema político y la forma de vida.

En un sistema donde no existe la devaluación del dinero, puede sin embargo ocurrir lo contrario. El dinero nacional puede aumentar su valor respecto al extranjero por mayor producción, a medida que se perfeccione la maquinaria laboral del país. Por ello, aunque se permita ahorrar en oro u otras formas de bienes, nunca estarán tan seguros como el ahorro en moneda nacional.

Los créditos sólo serán dados por el Estado y sin interés alguno, salvo las penas que puedan surgir por incumplimiento. Aún así, ha de considerarse cada caso y dar especial ayuda a las empresas, porque de ellas deriva toda riqueza legítima. El crédito debe ser creador para la comunidad. Dado que la riqueza de una nación, en última instancia, reside en la capacidad y fuerza de trabajo de sus hijos; es esto, entonces, lo que constituye el último límite para la creación de crédito que debe dar el gobierno. Un aumento sustancial de la oferta de capital no puede suceder en un tiempo previsible, al menos de los medios privados y en un valor nominal apreciable. Los que demandan crédito, deben limitarse a la utilización económica del capital escaso y valioso, especialmente para la producción. Poco a poco irá creciendo la riqueza real y con ella el capital disponible para los particulares.

Titulo Séptimo
EL DERECHO A HUELGA

Así como la "obligación legal" de dar trabajo por parte del Imperio Romano resultaba absurda, toda vez que no había impedimento alguno para desarrollarlo según vocación y capacidad, por lo tanto no estaba dicha "obligación" reglamentada por un Estado que funcionaba bajo leyes naturales y un censo eficiente basado justamente en las capacidades laborales, el "derecho a huelga" en un Estado Ecologénico es una perogrullada, dadas las cualidades de la Ecologenia, el Gobierno Asambleario y las normativas que impiden la esclavitud y disconformidad laboral, así como los organismo creados a fin de optimizar la seguridad, la actividad vocacional, el pago justo, las protecciones a las empresas y a los empleados, etc.

Las huelgas han sido siempre otro de los factores que permiten medir la ineptitud de los políticos y del sistema político mismo, no sólo por la intensidad y frecuencia de la huelga, sino por su sola realización. El Derecho a Huelga instituido por los gobiernos, no es otra cosa que un paliativo destructivo, un indicador de injusticia laboral constante, que se pone como amortiguador para tapar un poco la ineptitud de los político y el trasfondo de corrupción del propio sistema.

LA LUCHA CONTRA LA DESOCUPACION

El fundamento de la creación de trabajo, es la convicción inquebrantable de que el hombre puede dominar la economía y no debe ni puede ser dominado por ésta. La Econogenia puede aplicar en la creación de trabajo las fuerzas de la fe y la voluntad. Las naciones se alzan, se fundan, se desarrollan y prosperan gracias al mismo espíritu que anima a las personas en cualquier orden de la vida. Es decir, la fuerza que brida todo bien e impulsa está compuesta de entusiasmo, de fe en los valores propios y de los compatriotas. "Fe en el Pueblo". Lo decisivo es la fe y no los medios técnicos externos.

Las características espirituales y anímicas del pueblo encierran en sí las fuerzas del resurgimiento; la fe da paso a la confianza en las propias fuerzas. El cielo - religiosamente hablando- sólo ha ayudado, en todos los tiempos, a quien puso su confianza en sus propias fuerzas. Para el Estado se deriva la obligación irrenunciable de ayudar y efectivizar el derecho al trabajo.

Tratamos en estos libros de Ecologenia, Constitución Asamblearia y Econogenia, los asuntos técnicos, políticos y las cuestiones de organización económica, pero la esencia del asunto está en los factores más subjetivos, como la ética, lealtad, dignidad, respeto, entusiasmo, alegría, fe, patriotismo, altruismo, heroísmo, y en definitiva la DOC-TRINA de la Ecologenia que es Amor, Inteligencia, Voluntad en perfecto equilibrio, sin los cuales la mera técnica es vacua.

Los mercantilistas han hecho creer a gobiernos y pueblos que existen leyes económicas inmutables y que éstas son las Leyes de Mercado, defendidas en los parlamentos partidocráticos y en la literatura y cinematografía, con una historia de dineros hasta entre los cavernícolas de la Edad de Piedra. Sólo una parte eso es cierto: Que existen Leyes Económicas Inmutables, pero no son las del mercado, sino las de la Naturaleza. Pues a ellas hemos de atenernos si deseamos tener una vida repleta de bienes para todos y seguir teniendo un mundo hermoso.

Los Estados formados por charlatanes y mediocres, inconscientes a veces de a quienes sirven realmente, no han podido ver las sutiles trampas que a modo de Nudo Gordiano se fueron tramando contra los países. Vieron casi como un fatalismo, como sus casas reales fueron infiltradas, y cuando no pudieron con ellas, destruidas con revoluciones sangrientas. Han visto todos los pueblos, sin entender muy bien la situación como sus economías se han ido hundiendo progresivamente y aumentando la cifra de los desocupados, de hipotecados, de suicidios y crímenes por causas económicas. Millones de personas sufren la injusta desgracia económica, en la desesperación, sin consuelo, mirando un "futuro sin futuro", incluso en los países desarrollados.

Se hicieron propuestas de organización unas sobre otras, pero no se consideró que la economía deba ser empujada por la fe y la confianza del pueblo. Y allí reside el más grande de los errores. Ni siquiera el mejor plan puede llevarse a cabo si el pueblo no tiene fe en el plan ni en sí mismo.

En el mundo Ecologénico que debemos crear, el Estado no distribuirá rentas sino que creará posibilidades de trabajo. En tanto sea posible, ningún ciudadano debe aceptar un beneficio proveniente de la comunidad sin una contraprestación, sino que debe prestar un servicio al pueblo y a la patria aún en los casos de recibir la más pequeña ayuda.

Las "obras sociales" se dedican a distribuir limosnas, y lo que los pueblos merecen no es eso. Necesitan oportunidades, trabajo, honestidad administrativa y comportamiento ejemplar por parte de los políticos. El desocupado que recibe un subsidio sin contraprestación, está herido en su dignidad y no puede sentirse como ciudadano libre y con iguales derechos.

De muchas formas puede medirse la aptitud o ineptitud de los políticos, pero la forma más evidente de todas, es el índice de desocupación.

Solamente el trabajo crea el capital. La organización del trabajo bien hecha produce demanda de bienes y servicios. Esto determinará a su vez, aumento de la demanda de trabajo.

Cuando mucha gente no tiene lo suficiente para comer y vestir, o para tener una casa, mientras que otros no tienen oportunidad para trabajar, o las empresas no pueden crecer, no es porque "no hay suficiente dinero". Eso sólo ocurre porque los políticos son ineptos o porque trabajan para otros patrones que no son quienes les han votado.

Estos gobiernos títeres echan siempre la culpa al partido que gobernó antes, y a la escasez de capital, o sea a que una especie de Dios de los Mercados no da lo suficiente pero hay que insistir en pedir más. Entonces impulsan una política de depresión, consideran la creación de trabajo, en primer lugar, como un problema de capital y de crédito y aún en parte, como una cuestión dependiente de la situación crediticia y monetaria internacional. Los "rescates financieros" de los países, así como las compras y ventas de deudas, son ya el extremo del engaño, la superchería económica de unos supuestos magos modernos con "algunos problemas" para ajustar los mercados.

Los gobiernos Ecologénicos deben impulsar unas políticas económicas a corto y largo plazo, que deben ser empujada solamente por el pensamiento de la productividad económica nacional, descartando cualquier fórmula financiera interior y eliminando definitivamente la idea de ayuda financiera exterior.

La utilidad de una medida destinada a crear trabajo, así como la construcción de autopistas, vías férreas o fábricas Comunitarias, no siempre se puede comprender exactamente en un cálculo de cifras. Lo económico no es principalmente un problema de cálculos, lo cual no quiere decir que los bienes económicos deben ser dilapidados; tampoco que la moneda nacional sea sacudida. Las grandes medidas de creación de trabajo deben ser realizadas sin hacer peligrar la moneda nacional y las divisas existentes en ahorro. Estas deben transferirse al Banco Nacional y éste debe ser el único banco posible. Los bancos como empresas privadas deben ser abolidos de la faz de la Tierra, o el mundo seguirá esclavo de unos pocos banqueros.

La moneda nacional es un instrumento del pueblo y no debe ni puede tener un proceso de "inflación", ni nada que se le parezca. Para ello, los créditos han de servir sólo para la creación de trabajo y aumento de la producción material de bienes y servicios. Su valor sólo puede aumentar en función de mayor ahorro. La mayor capitalización del país, las empresas y de las personas, sólo puede producirse mediante el aumento de la producción en todos los rubros.

El Estado Ecologénico no debe procurar organizar una burocracia económica, sino contar con técnicos objetivos para administrar, a la vez que promover el fortalecimiento de la iniciativa privada. La mediana y pequeña empresa debe apoyarse de verdad, con créditos sin necesidad de otros avales que proyectos bien redactados y la firma de su propietario junto con los empleados a contratar. Aunque sólo el propietario ha de ser responsable de devolver el crédito, del mismo modo que será quien mayor rédito tenga, los empleados han de contar con un salario mínimo asegurado, más los beneficios que obliguen las leyes y los acordados con el patrón.

Como se comprenderá, la Ecologenia y su Econogenia, es algo muy diferente al marxismo, al capitalismo, al feudalismo y pocos ejemplos históricos o actuales se podrían citar como aproximaciones a la vida Ecologénica. La meta de la nueva política económica es producir primero los bienes para que después puedan consumirse, de modo que los mercados han de organizarse también con criterios de empresa privada en lo posible, pero en cualquier caso, con las mismas pautas fijadas en el reglamento de División Empresarial del Ministerio de Trabajo.

Si se quiere disfrutar de auténtica riqueza, primero hay que producir. Si se quiere vivir en una Econogenia, donde cada uno trabaje sólo en lo que le guste y esté capacitado, y que la tranquilidad y abundancia económica sea la que todos sueñan y anhelan, primero hay que formar Estados Ecologénicos. Nos gustaría decir que existen otras alternativas, pero la Ecologenia y en especial la Econogenia, han sido concebidas gracias a los más claros y concretos ejemplos históricos. Incluso algunos párrafos han sido traducidos y trascritos con las debidas adaptaciones, de los mejores documentos históricos sobre lo que ha funcionado en el pasado lejano, cercano y actualidad.

No es un invento de un "iluminado", sino de un trabajo de un hombre común, que ha puesto al servicio de la humanidad todo lo aprendido en la investigación histórica y antropológica, en especial lo aprendido sobre política en la teoría y en la práctica.

Los únicos factores desconocidos al momento de la edición, son dos: Si los metapolíticos o los fenómenos naturales podrán dar tiempo para esta realización, y qué pueblos merecen este trabajo que ha de servirles de guía y de chispa de ignición para hacerse dueños de su destino. El profundo deseo del autor y de todos quienes han contribuido con estas obras, es que sirvan a todo el mundo. Esperamos *que así sea*.

Titulo Octavo

Estructura de Ejecutivos de Gobierno, Dependientes de la Asamblea Nacional:

Ministerios, Secretarías y otros organismos. Podrán crearse otros organismos sólo en caso necesario, evitando todo funcionario o cargo innecesario.

MINISTERIO DE TRABAJO: (SBS = SUBSECTARÍA)

Salud Laboral (SBS de Inspección, SBS de investigación para la seguridad laboral)
Educación Laboral (Escuelas de Educación Socio-laboral)
Empleo (SBS de Enlace Vocacional, SBS de Distribución del Empleo, SBS de Control de Pagos, SBS Transportes Públicos).
Autogestión
Vocación
Orden Territorial (SBS de Industria, SBS de Pymes, SBS de Enlace de Ministerios)

CEL (Consejo de Estado Laboral)

MINISTERIO DE SALUD:

Centros de Salud
Seguridad Social
Farmacia (SBS de Elaboración Farmacéutica, SBS de Distribución de Medicamentos)
Control Alimentario
Control de Aguas
Drogas y Licores
Emergencias
Bomberos

MINISTERIO DE ECONOMÍA:

Aduanas
Banco Nacional
Casa de Moneda
Cuentas Públicas
Cuentas Privadas
Comercio Interior

Obras Públicas
Turismo y Paisaje

MINISTERIO DEL INTERIOR:

Patentes y Tecnología
Catastro y Urbanismo
Inteligencia de Estado
Fuerzas Armadas
Policías
Control Aéreo y Marítimo
Infraestructura Estratégica

MINISTERIO DE EDUCACIÓN:

Educación Infantil
Educación Media
Educación Superior
Edificios y Museos
Registro Intelectual
Ocio y Cultura
Recuperación Histórica

Investigación Científica

MINISTERIO DE INFORMACIÓN:

Escuela de periodismo
Cadena de mandos
Control Mediático
Radio y Televisión
Imprenta
Boletín Oficial
Información de Asambleas

MINISTERIO DE RELACIONES EXTERIORES y CULTO:

Cuerpo Diplomático
Registro de Extranjeros

Registro de Cultos
Escuela de Diplomáticos
Enlace de Comercio Exterior
Enlace de Asuntos de Frontera

PARA EMPEZAR A TRABAJAR:

Visite **www.humanidadlibre.com** y descargue los documentos de acción judicial para evitar la vacunación y las fumigaciones, para promover acciones legales contra los criminales de las mafias médicas y financieras. Si este libro llega tarde a sus manos, quizá ya no sea necesario y se habrá enterado de ello, pero mientras haya Internet esa página será importante.

En su defecto, contacte por carta al redactor o mediante los enlaces de *http://ecologeniablogspot.com*:

Reúnase con sus vecinos, estudie profundamente lo expuesto en este volumen, aclare las ideas y conviértase en un político enseñando estos conceptos a sus amigos, vecinos... Sea PROTAGONISTA de la política, en vez de esperar a que aparezca un mesías para resolver los cientos de problemas que tiene su comunidad, su Patria y la Humanidad en conjunto.

Gabriel Silva

Apdo. 2161 - Alicante

03080 - España

INDICE GENERAL DE VOLUMEN
ECOLOGENIA POLÍTICA DE URGENCIA GLOBAL
INDICE:

NOTA PRELIMINAR..3

PARTE PRIMERA

Definición y Advertencias 5

Prólogo de Pepón Jover 6

Capítulo I - Dos Grandes Propósitos 14

Ecologenia contra Dinerocracia 17

Capítulo II – El Mito de la Cuarta Dimensión 25

Capítulo III - La Política Actual 28

Aberraciones Políticas – El Comercio Justo ....,,..28

Conspiraciones y conspiranoicos 30

Polarización 32

Derecha e Izquierda: Dos manos sucias 36

El Voto Anónimo 39

Entretenimiento y Desvío 40

Sobre terrorismo y falsa bandera.........................54

Anarquía 54

Unificación y División Nacionales 60

Sobre la Democracia 63

La Mediática 78

Sobre la Tolerancia 80

La Patria 81

Perpetuación en el Poder 83

La Medicina Genocida del Mercado 84

Los Nanochips 98

La Crisis Demográfica – Ecologenia o Genocidio 99

Leyes Urbanísticas 104

La Demografía Concreta 128

Políticas de Engaño Global 131

Política Militar Global 132

Soluciones Inmediatas 134

PARTE SEGUNDA

El Plan Ecologénico

Plan T.E.O.S.

(Tratado Educativo de Orden Superior)....................144

Objetivos 146

Pautas Filosóficas y Doctrinarias 146

Documento Económico y Laboral Único 151

Educación Ecologénica 157

Esparcimiento y Tiempo Libre 159

Actividad Laboral 161

Distribución de Tierra, Propiedad y Establecimientos....165

Las Leyes De La Nación - Plan T.E.O.S.

Código De Justicia 167

Capítulo Iº

Composición Del Estado ....,,........168

La Estructura Judicial y La Ley 173

Capítulo IIº Los Delitos y Las Penas 177

Capítulo IIIº De Las Cárceles 185

Capítulo IVº Asuntos Militares y de Estado 188

Capitulo Vº Leyes de Periodistas y la Información 189

Capítulo VIº La Asamblea de Ciudadanos 192

CAPÍTULO VIIº Leyes De Regulación Ética y Moral........193

CAPÍTULO VIIIº Las Libertades y Garantías 195

)()()()()()(

INDICE CONSTITUCIÓN ASAMBLEARIA

Introducción...201

Prólogo del Autor..208

Rasgos Generales de la Ecologenia.....................211

Ética Nacional Ecologénica................................219

CAPÍTULO II

Ecologenia Local, Paso A Paso...........................224

Transformación Económica Local y Global.............226

Algunos detalles de la dinerocracia......................227

La Mente del Hombre Mediocre...........................229

La Consecución del Poder Ecologénico..................241

Eliminando la Dinerocracia, paso a paso................247

Plan Político del Movimiento Ecologenia.................252

Primeras Acciones de las Asambleas....................256

Preguntas y Respuestas al Plan de Gobierno...........260

Esquema del Sistema Asambleario.......................270

CONSTITUCIÓN ASAMBLEARIA..........................273

Ideario y Recomendaciones................................362

La Guerra y la Paz..362

Los Falsos "Antisistema"...................................362

Cambio de Paradigmas Políticos..........................366

INDICE ECONOGENIA

Prólogo del Autor... 371

Capítulo Primero

Axiomas...373

Economía Y Cosmovisión..................................374

Programa Básico Gobierno Ecologénico.................375

Esencia de la Economía y Política Económica.........379

Diferencias con el liberalismo y el marxismo...........385

Liberalismo e individualismo...............................385

El Marxismo..390

a) El materialismo filosófico...................................392

b) La concepción materialista de la historia................392

Las Consecuencias del Marxismo...........................393

Capítulo Segundo

La concepción del mundo Ecologénico

1 - Los fundamentos de la Ecologenia.....................395

El movimiento no puede carecer de líderes.................396

2.- La Propuesta...397

3.- Más Sobre el Programa Ecologénico...................402

4.- El Entusiasmo...403

Capítulo Tercero

Elementos del Mundo Ecologénico 412

I .- La Econogenia 413

II. La Ética...413

III. Individuo y colectivos:...................................413

IV. La Cultura...434

V. Las Razas..416

VI. Las Ideologías..417

VII. Los Conceptos...419

VIII. La Ciencia Política

  1. Toda ciencia es ciencia política.....................429

  2. Todos debemos colaborar............................430

  3. El sentimiento Ecologénico y Patriótico.............432

  4. El Liderazgo..432

Capítulo Cuarto

La Econogenia Pura...435

Relación Entre Economía y Política........................439

Finalidad de la Econogenia...............................443

Medidas Econogénicas.....................................444

El Bien Común Antes que el Propio.....................445

Línea Rectora de la Econogenia.........................449

Desarrollo Empresario......................................450

Fines a Corto y Largo Plazo..............................452

Producción y Consumo.....................................457

Conceptos Económicos Fundamentales

I. Finalidad...459

II. El Trabajo..462

III. La Propiedad Privada...............................469

El Derecho Al Trabajo.....................................471

La Liberación de la Agricultura

Generalidades...476

Medidas Agrarias Importantes...........................477

La Cámara Agrícola Nacional............................478

Precios Máximos y Mínimos..............................479

Autarquía y Comercio Exterior...........................481

Capítulo Quinto
Orden Social y Económico Ecologénico

La Concepción Econogénica..............................485

Concepciones Individualista y Universalista...........486

Concepto de Socio-Economía............................490

Resumen de Objetivos.....................................491

Desarrollo del Orden Econogénico

El Nuevo Orden en el Trabajo

El Ministerio de Trabajo....................................493

 A) La Misión Del Ministerio de Trabajo.................493

 B) Organización Ministerio de Trabajo..................497

 C) Cámaras Industriales Estratégicas..................498

D) Ordenamiento del Trabajo Nacional...............499

E) División Empresarial...................................501

Creación del Consejo de Estado Laboral..............503

Ordenamiento Econogénico Nacional..................506

Atributos del Ministro de Trabajo.....................-....506

Atributos del Ministro de Econogenia...................507

Los Fines de La Ley Laboral.............................508

Distribución Econogénica de Rubros...................510

La Alimentación...511

Cultura y Educación en la Econogenia...................512

Titulo Sexto
La Abolición de la Esclavitud del Interés
A) El Desarrollo de la Idea...............................516

B) Las Exigencias Programáticas.......................518

C) Tentativas de Disminución del Interés.............520

D) Las Riquezas y Ahorros Existentes.................524

Titulo Séptimo
El Derecho A Huelga......................................525

La Lucha Contra La Desocupación.....................526

Título Octavo
Estructura De Ejecutivos De Gobierno.................531